金融工程及其在中国的应用研究

谢一青 著

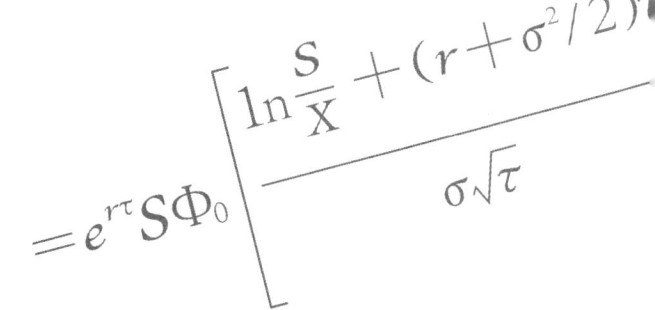

上海社会科学院出版社
SHANGHAI ACADEMY OF SOCIAL SCIENCES PRESS

上海重点智库丛书
编委会

主 任：朱国宏

主 编：沈桂龙　周　武

编 委：王　震　王圣佳　乔兆红　吴雪明　梅俊杰　焦世新
　　　　（按姓氏笔画排序）

前　言

自从布雷顿森林体系崩溃之后，外汇市场、货币市场、债券市场以及股票市场上各种金融风险无不时时袭击着每一个投融资的主体，甚至危及整个国家金融体系的稳定。

在早期，由于金融工具较少，人们对规避风险的金融目标不宜期望过高。但随着信息处理技术的飞速发展，在金融业界人士的积极努力推动下，一场大规模的金融创新浪潮从20世纪70年代开始了，至今仍方兴未艾。金融工具创新层出不穷，如金融期货、金融互换、金融期权、互换期权等。我国也不例外，金融市场迅速发展，金融产品不断涌现，股指期货、国债期货、权证、理财产品等形形色色新的金融产品活跃在我国的证券市场上。国际金融市场上众多的金融创新工具给予了现代金融分析家们种种启示。他们能根据各种金融业务的需求，对各种金融风险进行分析，运用类似于机械工程、电子工程和航天航海工程等工程思路，充分利用金融工具，达到各种规避风险的目的，从而产生了金融工程这门学科。

虽然现代金融工程浩如烟海，但是透过它的复杂建造系统，其中的最基本原理是显而易见的，那就是，围绕金融目标，应用金融工具，分解与组合、设计与开发、创新金融产品。在复杂的金融市场环境下，人们遵循金融工程的基本原理，综合地采用数学建模、数值方法、仿真模拟、网络图解以及优化方法等各种工程技术方法，以实现预期的金融目标。金融工程的创新特征，足以表明它是当今金融行业中的高科技；这种高科技的魅力就在于：更加有效地规避金融风险，降低借贷成本，提高金融市场的流通性，发现未来价格，促进经济健康、稳定、高效地发展。

实践证明，一国或一地区金融业缺乏金融工程这门高科技的支持，金融风险意识薄弱，金融监管体系建设滞后，金融主体抗风险能力较差，若长期这样，恐怕难以承受来自自由化矛盾突发而来的冲击波，危机自然难免，如1994年的墨西哥及1997年的东南亚金融危机。

然而在一个金融工程应用较广泛的金融市场中，形形色色的金融衍生工具，各种各样的套利和保值策略，大大增强了管理和转化各类风险的能力。在这种环境下，金融自由化不仅不会引起城门失火，殃及池鱼，而且会对社会经济稳定发展具有重大作用。如20世纪80年代中期美国股票出现了类似于1929年的金融风暴，90年代后期美国长期资金管理公司的倒闭，以及2008年的金融海啸（以美国次贷危机引起的全球金融危机），这些金融风波并未引起美国长期金融恐慌、经济危机。其中，最主要的奥妙之一是：金融工程的功能确保了它的经济发展。

反观2010年欧洲债务危机，耐人寻味。欧盟诸国经济虽然没有像东南亚各国因1997年金融危机而长期陷入困境，但也没有像美国那样很快走出危机，却折腾了好几年。这充分反映出：同样为发达地区，欧盟诸国的金融工程功能不及美国。

随着我国改革开放的不断深入，我国的企业、金融业加大了向国际惯例接轨的步伐。我国金融市场已拥有各类交易品种（如股票、债券、基金及其衍生品等）和先进的交易系统，形成巨大的市场规模。现今我国股票和债券的总市值均位居全球第二。我国的金融市场尽管取得了举世瞩目的成就，但是与发达的国际金融市场相比，还是比较粗放的，依然充斥着风险。因此，及时开展金融工程及其在我国的应用研究，具有非常重要的现实意义。

正是本着这一初衷，笔者确立了《金融工程及其在中国的应用研究》一书的框架。

第一篇，金融工程的基本工具。第一章至第五章分别讲述了股票、债券、货币与外汇等各种市场上的基础工具，讨论了由他们各自最初衍生出来的远期合约、互换合约、期权合约的性质与特征。该篇中每一种金融工具都是组建金融工程大厦的最基本砖块。

第二篇，金融工程原理。第六章至第八章分别以远期合约、互换合约、期权合约及其他基础产品为主体，阐述了它们与其他金融产品创生金融工具的演变规律。第六章，阐述了远期合约的创生原理，即单纯远期合约的组合原理、远期合约分别与互换合约和期权合约的组合原理、远期合约的分解原理、远期合约的设计与开发原理；第七章，阐述了互换合约的创生原理，即互换合约的设计与开发原理、互换合约分别与远期合约和期权合约的组合原理、互换合约的分解原理等；第八章，阐述了期权的创生原理，即期权的组合原理、期权的设计与开发原理。

第三篇，金融工程在我国的一些应用。本篇将重点展开金融工程在我国股票指数及其期货构造、股指期货定价、期现套利策略设计、债券市场创新开拓以及与我国债券市场相适应的定价建模等方面的应用研究。本篇共分七章。第九章，从我国股指期货构建过程中，领悟金融工程的创设原理是成功建设我国证券市场的重要理念，并透过股指期货的主要功能及其作用，体现出金融工程高超技术的魅力所在；第十章，运用了工程上的组合原理及其数学建模思路，分别为完善市场和我国市场的股票指数期货进行定价建模；第十一章，展示了我国股指期货期现套利策略的实现过程；第十二章，说明金融工程理念在我国债券市场的开拓及其产品的创设过程中所起的重要作用；第十三、十四和十五章，运用金融工程原理及其技术方法（数学建模、数值方法、仿真模拟、网络图解、优化控制等工程技术方法），先后讨论了适合我国债券市场的利率模型、债券及其一些衍生品的价格模型。

由于《金融工程》这门学科在世界上比较年轻，理论体系尚待进一步完善，加上我国金融市场起步较晚，特别是由于本人认识的局限性，书中难免会有不妥甚至错误之处，敬请读者批评指正。

最后，感谢唐云松老师、刘欢欣老师为出版本书所做出的努力。

作　者
2020年3月26日

目 录

前言 ··· 1

第一篇　金融工程的基本工具

第一章　基本的股权工具 ································· 3
第一节　基础的股权工具 ································· 3
第二节　股权远期 ··· 5
第三节　股权期货 ··· 7
第四节　股权期权 ··· 13
第五节　股票及其衍生资产的现代定价理论 ······ 19

第二章　基本的债券工具 ································· 38
第一节　基础的债券工具 ································· 38
第二节　债券期货 ··· 44
第三节　债务期权 ··· 51
第四节　债券期权的定价 ································· 60

第三章　基本的货币市场工具 ························· 69
第一节　基础的货币市场工具 ························· 69
第二节　远期利率 ··· 74
第三节　短期利率期货 ···································· 82

  第四节 短期利率期权 ································ 92

第四章 基本的外汇市场工具 ································ 102
  第一节 即期外汇 ···································· 103
  第二节 外汇远期 ···································· 108
  第三节 外汇期货 ···································· 129
  第四节 外汇期权 ···································· 133
  第五节 外汇期权的定价 ······························ 143

第五章 基本的金融互换工具 ································ 152
  第一节 收益率曲线 ·································· 152
  第二节 互换特征与结构 ······························ 166
  第三节 利率互换与货币互换的价值 ···················· 179

第二篇 金融工程原理

第六章 远期合约的创生原理 ································ 192
  第一节 单纯远期合约组合 ···························· 192
  第二节 远期合约与互换合约组合 ······················ 198
  第三节 远期合约与基本期权组合 ······················ 200
  第四节 远期合约的分解 ······························ 213
  第五节 远期合约的设计与开发 ························ 218

第七章 互换合约的创生原理 ································ 227
  第一节 互换合约的设计与开发 ························ 227
  第二节 互换合约及与远期合约组合 ···················· 236
  第三节 互换合约与期权组合 ·························· 239
  第四节 互换合约的分解 ······························ 247

第八章 期权的创生原理 …… 254
   第一节 期权的组合 …… 254
   第二节 期权的设计与开发 …… 286

第三篇 金融工程在我国的一些应用

第九章 我国股指期货的创建及其作用 …… 307
   第一节 我国股票指数与股指期货 …… 308
   第二节 股指期货功能及其作用 …… 312

第十章 完善市场和我国市场的股指期货定价原理 …… 316
   第一节 完善市场条件下的远期合约与期货合约的定价原理 …… 316
   第二节 适应我国股票指数期货市场的一般套利模型 …… 322

第十一章 我国股指期货期现套利策略的实现过程 …… 329
   第一节 股票指数现货的构造 …… 329
   第二节 股指期货套利成本分析 …… 332
   第三节 一种特定的期现套利 …… 340

第十二章 我国债券市场的创新开拓与产品的创设开发 …… 349
   第一节 我国债券市场的开拓 …… 349
   第二节 我国债券产品的开发及其创设 …… 351

第十三章 利率期限结构理论与模型 …… 357
   第一节 利率期限结构理论 …… 357
   第二节 利率期限结构模型 …… 359
   第三节 即时远期利率模型——HJM 模型 …… 364
   第四节 多因子利率模型 …… 365
   第五节 利率期限结构模型在我国的适应性 …… 367

第十四章 适应我国债券的定价模型 ………………………… 369
- 第一节 债券定价的基本原理 ………………………… 370
- 第二节 单因子利率的债券定价模型 ………………… 373
- 第三节 多因子利率的债券定价模型 ………………… 376
- 第四节 常见的两因子利率债券价格模型 …………… 380
- 第五节 我国附息债券与零息票债券之间的定价关系 … 382

第十五章 我国可回售、可赎回债券与可转换债券的定价模型 …… 384
- 第一节 我国可回售债券的定价模型 ………………… 384
- 第二节 我国可赎回债券和可回售、可赎回债券的定价模型 ……………………………………………………… 386
- 第三节 适应我国可转换债券的定价模型 …………… 388

附录 ……………………………………………………… 395
- A：ITO 定理的推导 …………………………………… 395
- B：遵循几何布朗运动的股票价格 $S(t+\Delta t)$ 的均值与方差 …………………………………………………… 396
- C：托管债券种类 ……………………………………… 399

参考文献 ………………………………………………… 401

第一篇

金融工程的基本工具

自从布雷顿森林体系于20世纪70年代崩溃以来，金融全球化成为世界经济全球化极其重要的组成部分。金融创新浪潮不仅积极地推动世界经济的迅速发展，更重要的是，它深刻地改变了金融市场的面貌与机制。特别是进入20世纪90年代，几乎任何一种传统金融市场的工具（如股权、债券、货币及其外汇等市场的工具）都有可能充当"变色龙"，衍生为其他金融工具。传统的金融市场扮演出一种新的角色——金融衍生市场。当今世界上大多数的银行和金融机构都在积极地从事金融衍生业务，极大地推动着世界交易量迅猛增加。金融衍生市场已成为当今金融领域中的主旋律。

按照金融市场的这一新的特征，对于每一种金融市场，均可将它分解成为基础市场（underlying market）和衍生市场（derivatives market）来加以认识。基础市场包括传统的股票市场、债券市场和外汇市场等，股票的价格或股票指数、债券与货币面值、利率等都是基础价格。衍生市场是基础市场的延伸领域。一般来说，衍生工具（产品）是一种价值基于某种或某些基础工具（产品）之上的金融工具（产品），每一种衍生合约取决于基础工具的价格，或为基础工具价格的函数。例如，股票指数期权，是股票指数的衍生品，它的价值将随着股票指数变化而变化，是股票指数的函数。须强调一点，本篇所指的基本金融工具，包括基础市场上的传统工具以及4种衍生工具（远期、期货、期权及互换等合约）。

经过40多年来的金融创新，金融工具实在令人眼花缭乱，头晕目眩。因本篇的篇幅有限，我们不可能对这些琳琅满目的金融工具一一进行展示，只打算着重讲述金融市场上较常见的基本工具及其演变过程，为掌握金融工程原理、研究金融风险管理技术打下基础。

第一章
基本的股权工具

当今的股权市场包括传统的股票市场和股权衍生市场。传统的股票市场是最基础的股权市场,股权衍生市场又可分为股权远期市场、股权期货市场和股权期权市场。本章基本上按照这一市场的框架,来讨论有关的股权工具。

第一节 基础的股权工具

最基础的股权工具是公司的股票。股票的最基本的性质是公司的所有权凭证。股票持有者,一般拥有与其所持股份成比例的投票权。所有权的典型代表是占股份多数的股东或股东群体具有重大决策的决定性影响力,股权的规模经济实际上挤占了少数股东的所有权,使得他们在自己的意愿无法实现时不得不"用脚投票"。

但在盈余分配上,同质的股票不管数量的多少具有同样的权利。股利的分配可以采用两种方式:现金股利和股票股利。现金股利是以一定数量的现金支付给每一股份,一般,支付现金股利后,每股净资产减少,股票价格会随之下降。股票股利的发放形式是按持股的比例给予每个股东增发股票,这与现金股利发放的效果是一样的,即每股净资产减少,股价大致同比例下降,所不同的是,股票股利就像未分配利润,乃是公司内部一种融资方式。

通常,股票可以分为普通股和优先股。这两种类型的股票在发行公司进入破产清算时所获得求偿权是不一样的。虽然持有股票的股东是公司资产变卖后所得收益的最后受益人，但优先股的股东在所有债权人获得清偿后可以获得比例或全额清偿，在优先股的股东获得全额清偿后，普通股股东才可以按其比例获偿剩余的部分。就是说，优先股股东对发行公司资产的求索权位于普通股和债券之间。

股票的风险是很大的，这主要表现在两个方面：第一，通过股票获得未来的收入是不确定的。因为公司没有承诺何时归还当初投资于股票的现金，也没有保证何时一定要支付股息。第二，在发行公司破产的情况下，股东拥有的求偿权也在所有债权人之后。尽管如此，持有股票的投资者还是大有人在。由于风险与报酬之间存在着一定的相关关系，因此持有股票面临额外风险的投资者，期望获得额外收入，以此来得到补偿。这就是股权风险的诱惑力。

股票市场有一级市场和二级市场之分。一级市场即为发行市场，二级市场为已经发行股票的流通市场。股票的发行一般通过证券商进行，证券商提供承销、推销和咨询服务。股票的发行有面向公众发行，也有面向特定的机构私募发行。前者能够吸引众多的潜在投资者，后者可以降低融资的成本。

股票的交易可以在股票交易所内进行，也可以在场外（OTC）进行。在股票交易所上市的公司需要履行交易所规定的义务，当然包括定期财务报告在内的信息披露。如果公司不能满足交易所上市条件或情愿少披露信息，那么可选择场外交易。世界上最大的股票市场是纽约股票交易所（NYSE），其次是伦敦股票交易所和东京股票交易所。

另一种基础的股权工具是股票指数（stock index），它以特定的时点为基数（比如100点，1 000点等），一个特定股票组合的某种加权平均通常是用流通股份作为权数。组合中的股票可以有相同的权重，或权重以某种方式随时间变化。如果将整个股票市场的所有股票作为一个股票组合，这就是一个全集，此种股指的变动理所当然反映了整个市场状况，这样股指称为综合指数。实证分析表明，20个以上股票组合的风险基本上是系统风险。由几十个股票组合构成的股指来反映整个市场的走势，这样的股票指数被称为成分股指。采用这种方法编制的股指比较普遍。例如，主要市场指数MMI，该指数是由在纽约交易所上市的20只蓝筹股组合而编制的;道·琼斯工业平均指数也是包含相对较少的几种股票的组合;标准普尔500指数,简称S&P500指数,包括500种股票的组合,其中有400种工业股、40种公用事业股、20种交通事业股和40种金融机构股;由东京股票交易所交易的225家最大股票组合而构成的日经225股票平均指数;而NYSE指数包括了在纽约股票交易所上市的所有股票,该指数当然是综合指数,等等。

第二节 股权远期

一、定义

股权远期合约是一种最简单的股权衍生资产。这种合约是在将来某一特定时间按照某个确定的价格买卖特定的股权或进行特定交易的合约。我们称合约中将来某一特定时间为到期日(maturity);称某个确定的价格为交割价格(delivery price);称特定的股权为基础资产(underlying);称购买特定的股权的一方为多头(long position),另一方为空头(short position)。对于买卖双方来说,在合约签署时,股权合约的价值都为零,这意味着股权远期合约可以免费进行。这一原则适应于任何一种远期合约(如外汇远期合约,利率远期合约,等等)。

二、股权远期合约的损益

股权远期合约到期日必须交割。多头持有者以交割价格支付现金获得空头持有者交付的股权资产。由于签署远期合约时刻股权远期合约价值为零,因此,远期价格等于交割价格。这一结论同样适应于外汇远期合约、利率远期合约以及任何一种远期合约。随着时间向后发展,股权的远期价格可能发生变化,而交割价格不变,远期价格和交割价格可能不再相等,股权远期合约的价值可能为正,也可能为负。

如果我们用 X 表示股权远期合约的交割价格,S_T 为到期时股权的即期价格,那么一单位股权远期合约多头的损益(pay-off)为 $S_T - X$,而合约的空头损益为 $X - S_T$,如图1-2-1所示。

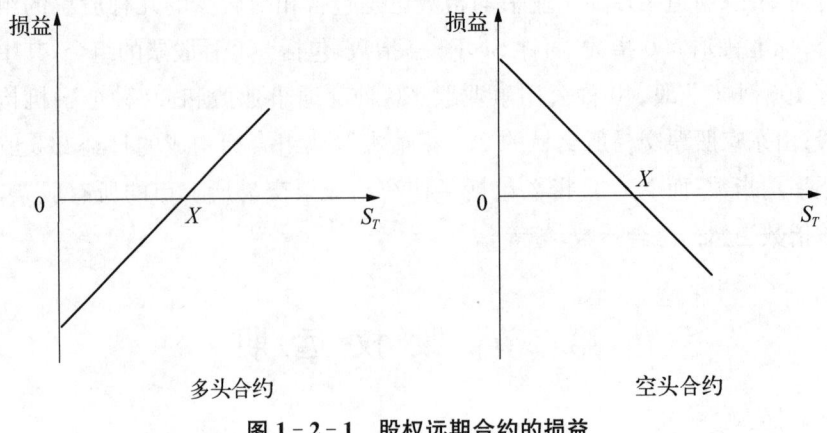

图 1-2-1 股权远期合约的损益

三、市场参与者

金融衍生市场参与者可分为三大类：保值者(hedger)，投机者(speculator)，套利者(arbitrageur)。这三种参与者同样活跃在股权远期市场上。保值者的目的是要减少未来的不确定性，而不在于增加未来的盈利。比如某个人购买一种股票远期合约，对于他来说，股票价格的上升或许是很难承受的，然而他并不指望从股票价格的可能大降中节省成本或者他认为这种可能性不大。投机者的目的与保值者的目的相反，他希望增加未来的不确定性，进行股票远期合约交易旨在赚取远期价格与实际价格之间的差额，打赌股票价格上涨，或者打赌股票价格下降。比如出售一种股票，他很自信这种股票的价格必定要下跌，或者愿为股票价格下跌时获益而承担涨价的可能损失。套利者可以在某一瞬态在两个或多个市场进行同一股票远期交易，以锁定一个无风险的收益，也可以在不同的时点上进行远期套利。前者为跨市套利；后者为跨时套利。跨市套利或跨时套利将使得不同地点市场价格或不同时间的价格趋于一致。

四、股权远期合约的缺点

股票远期合约存在着两个缺点：第一，二级市场很难发展。股票远期合约不易于在到期前就在二级市场上出售掉，从而不需要履行实物交割的义务。原因是,远期合约是由具体的买卖双方制订的,合约中的条件很难被其他第三者所接受。这就导致二级市场的交易费用较高,大多数的远期合约在柜上交易。当然也有少数的远期合约在交易所内进行交易。第二,存在违约风险(信用风险)。上述远期合约的特点决定了远期合约的违约风险也较高。这一缺点是相对于其他衍生市场(如期货市场、期权市场)而言的,本书将在以后的章节中来逐步论述。

第三节 股权期货

通常,在股权期货市场上,基础资产指的是股票指数,简称股指。股指期货是一种典型的现金结算合约。下面具体地介绍这一基本的股权衍生工具。

一、定义

股票指数期货(stock index futures)是按照交易所的规定设定和交易安排进行买卖和维护相应股票指数面值的远期合约。但与远期合约不同,股票指数期货合约是一种交易所内标准化的远期协议,这使得股票远期合约双方相当明白某一特定时期某特定的一篮子股票,只剩下交割价格作为竞争目标。由于股指期货合约的双方不一定相识,因此不像远期合约由交易双方商定协议的每一个细节,交易所根据详细规定的标准化条款,为交易双方提供该期货合约的承兑保证。

二、股票指数期货的标准化

股票指数期货的标准化涉及交割标的品种、规格、数量、期限、交割地点等。这里的标的就是基础资产,即股票指数,上节中已列举了一些股票指数的实例。股票指数通常由几十个或几百个股票构成,股票指数期货合约都是通过赋予指数一定的价值或乘数(multiplier)来确定名义值的。例如,标准普尔 500 指数期货合约价值为该指数乘以 500 美元;日经 225 指数期货合约的价值是该指数乘以 1 000 日元等。股票指数期货是以指数点来进行报价的,最小变动价位有 0.05 点,0.5 点,0.1 点,1 点以及 5

点等形式。对每一种股票指数期货的最小变动价位赋予相应的乘数,就得到该股指期货的最小变动价值,如表1-3-1所示。

表1-3-1 主要几种股票指数期货合约

股票指数名称	乘 数	最小价位	最小变动价值
标准普尔500指数	$500×	0.05	$25.00
日经225股票指数	￥1 000×	10	￥10 000
主要市场指数	$250×	0.05	$12.5
NYSE综合指数	$500×	0.05	$25.00

除上述之外,股票指数期货合约交割是以现金结算的。这是由于股票指数是一篮子股票,直接交割标的资产非常不方便。例如,日经225股票指数期货合约,交割标的资产将包括交割一个225种股票,交割这样一组庞大的资产的交易成本是很高的。一笔现金结算当然高效。同时,股票指数期货合约的交割日期、交割月份、交割结算价以及交割可利用的账户都有了交代。例如,对于标准普尔500指数期货,是交割月份的第三个星期五之前的那个星期四。股票指数期货可以交割的月份为3月、6月、9月、12月。大多数股票指数期货合约在最后一个交易日的结算价格定为该日指数的收盘指数,而标准普尔的结算价定为次日的开盘指数。前者保证了期货价格收敛于到期的即日价格,后者目的是为避免"魔鬼时分"(triple witching hour)。

股票指数期货合约的标准化大大提高了合约的流通性。合约交易的活跃表现在到期前多次转手买卖。大多数期货合约交易者在到期日之前就通过购买一份内容相同、方向相反的合约进行对冲(offsetting),避免了在最后交易日所要进行的烦琐的交割手续。

三、防范方法规范性

虽说股票指数期货合约与远期合约有着相同之处,即期货合约也要求合约的所有者在合约到期日按约定的交割价格(协定价格)购买约定的标的资产,而且两种合约的损益状况均可用图1-2-1来表示,但是在控制违约风险(信用风险)方面,期货合约远胜于远期合约,这一成就主要归因于股票指数期货合约的防范方法规范化。

我们知道,远期合约的交易双方都担负着对方违约的风险,当股票指数的价格在协议期间上涨时,股票指数远期合约的多头具有正价值,空头可能会后悔,极力想毁约,多头可能面临空头违约的风险;反之,空头可能面临多头违约的风险。对于这种违约风险,股票指数期货市场实行一种保证金(margin)制度,采取逐日盯市(marking to market)方法,使得股票指数期货合约变成了好像每天收盘时订立的期货合约。说得具体一些,股票指数期货合约的损益是在其被实现的当天末被转移的。请见图1-2-1所示,假定合同签订后,股票指数期货价格上涨,结果按当天的股票指数期货清算价格,多头具有正价值,逐日盯市就是盯住清算价格的合约,从保证金中当天结束就让空头支付多头这一相应的价值。反之,逐日盯市操作会让多头支付给空头相应的价值。而在远期合约中这些损益转移不到合同到期日是不会实现的。

在股票期货合约中,损益转移支付都是通过每个期货交易者的保证金账户来实现的。因此,保证金账户必须有维持各种情况的资金账户,这就是维持保证金(maintenance margin)。当然,合约刚刚签订时通常要求投资者按规定存足保证金,这种保证金被称为初始保证金(initial margin)。维持保证金通常低于初始保证金数额。当保证金额低于维持保证金时,交易所要求交易者增加保证金至初始保证金,这个增加的部分称为变动保证金(variation margin)。不断变化与补充的保证金账户,有效地控制了股票期货合约中的违约风险。

合约的标准化以及防范方法的规范化,使得期货交易所直接成为交易双方的对手。交易双方的违约风险转化为交易的风险。期货交易所为了进一步实现风险极小化,必要时会采取另外一些措施:如可能在交割月要求更高的保证金,即交割月保证金(delivery month margin);实行股票指数期货价格每日涨跌停板制度(daily price movement limits),即当股票指数期货价格下降的金额达到交易所规定其每日价格变动的限制,或者股票指数期货价格上升的金额达到每日价格限制时,该合约达到跌停板(limit down),或者达到涨停板(limit up)等。这些措施都不同程度地弱化了股票指数期货合约的风险。

四、股票指数远期合约与其期货合约

股票指数期货市场实行保证金制度,期货合约的损益在每天结束时清算,昨天的合约被结算,而一份新的合约又被制订。只要交易双方严格遵守保证金制度,逐日盯市连续发生下去,第一天的合约被第二天新的合约所代替,第二天的合约又被第三天的新合约所代替,如此类推,直至合约终止日。正因为如此,费歇尔·布莱克(Fischer Black)称期货合约为一系列的远期合约。

逐日盯市使得股票期货合约的履行期缩短到最小单位——天,无疑违约风险也相应达到最小。而在远期合约中,合同的到期日不能改变,违约风险难以减小。另外,如果交易方的保证金账户的余额低于维持保证金数额,而拒绝保证金催讨(margin call)通知,那么他的合同终止,违约风险也就没有了。

弄清楚股票指数远期合约与其期货合约之间关系的另外一个重要意义是:我们只需要给这两种合约的其中一个定价,就可以知道另一种合约的价格。

五、中国股票指数期货合约的例证

虽然我国股指期货市场起步较晚,但是后来居上。目前市场上已经有沪深300股指期货合约(2010年4月16日起)、上证50股指期货合约和中证500股指期货合约(2015年4月16日起)3种股指期货合约上市交易。

由中国金融期货交易所发布的股指期货合约交易规则[1],可见我国股指期货合约在标准化条款、逐日盯市制以及风险防范等方面,既与国际市场接轨,又具有自身的特点。

(一) 合约的基础资产及其规模

沪深300股指期货合约标的指数为中证指数有限公司编制的沪深

---

[1] 中国金融期货交易所,www.cffex.com.cn。

300指数；该指数是由上海和深圳证券市场中市值大、流动性好的300只A股作为样本编制而成的成分股指数，具有良好的市场代表性。

上证50股指期货合约标的指数为上海证券交易所编制的上证50指数；该指数是由上海证券市场规模大、流动性好的最具代表性的50只股票为样本股编制而成的成分股指数，能综合反映上海证券市场最具影响力的一批龙头企业的整体状况。

上述两种股指期货合约乘数为每点人民币300元；股指期货合约价值为股指期货指数点乘以合约乘数。

中证500股指期货合约标的指数为中证指数有限公司编制的中证500指数；该指数是由沪深证券市场内具有代表性的500只中小市值公司股票为样本股编制而成的成分股指数，能综合反映沪深证券市场内中小市值公司的整体状况；合约乘数为每点人民币200元；股指期货合约价值为股指期货指数点乘以合约乘数。

(二) 3种股指期货合约的标准化条款

3种股指期货合约均以指数点报价；合约的最小变动价位均为0.2指数点，合约交易报价指数点均为0.2点的整数倍；合约月份均为当月、下月及随后两个季月，季月是指3月、6月、9月、12月；合约的交易时间均为每个交易日9:30—11:30(上午)和13:00—15:00(下午)；合约的最后交易日均为合约到期月份的第三个周五，最后交易日即为交割日，遇国家法定假日顺延。

(三) 结算条款

3种股指期货合约结算价均为合约最后1小时成交价格依成交量的加权平均值；合约均采用现金交割方式；合约空头的当日盈亏=$\{\sum[(卖出成交价-当日结算价)\times卖出量]+(上一交易日结算价-当日结算价)\times(上一交易日卖出持仓量)\}\times$合约乘数，合约多头的当日盈亏=$\{\sum[(当日结算价-买入成交价)\times买入量]+(当日结算价-上一交易日结算价)\times(上一交易日买入持仓量)\}\times$合约乘数；合约的交割结算价为最后交易日标的指数最后2小时的算术平均值;除此之外,合约还有交易或交割费用,各种交易或交割费用可详见本书第三篇(金融工程在我国的应用)第九章内容。

(四) 逐日盯市制及其风险防范措施

3种股指期货实行逐日盯市制,交易双方的每日盈亏通过保证金账户进行转移。3种股指期货合约最低交易保证金标准均为合约价值的8%,并严格实行保证金制度(初始保证金、维持保证金、变动保证金、交割月保证金),以避免期货市场上的违约事件发生。

为了进一步规避我国股指期货市场的违约风险,3种合约均实行熔断制度和涨跌停板制度。以各合约标的指数为基准指数,设置5%和7%两档熔断幅度;基准指数较前一交易日收盘首次上涨或者下跌达到或者超过5%的,本合约进入12分钟的熔断期间,即暂停交易、指令申报和撤销;基准指数较前一交易日收盘首次上涨或者下跌达到或者超过7%的,或者本合约收市前15分钟内基准指数较前一交易日收盘首次上涨或者下跌达到或者超过5%的,本合约暂停交易至当日收市。合约交易日涨跌停板幅度为上一交易日结算价的±10%,即每日价格最大波动限制;到期月份合约最后交易日涨跌停板幅度为上一交易日结算价的±20%。最后再强调一点,交易所还可以根据市场风险具体状况调整涨跌停板幅度。

(五) 盈亏转移的例子

例如,某天某个时间一份沪深300股指期货合约以3 800点成交了,当天的股指期货合约结算价格为3 810点。相对于这一结算价格来说,交割价格为3 800点的期货合约多头增加了3 000元[(3 810-3 800)×300]的价值,而空头却亏了3 000元。期货交易所通过交易双方的保证金账户,迫使空头当天向多头支付3 000元。这样,多头保证金账户的余额就增加了3 000元,而空头保证金账户的余额就减少了3 000元。反之,当天的期货合约结算价格下降至3 790点,那么逐日盯市制将使得多头保证金账户的余额减少3 000元,而空头保证金账户的余额则增加3 000元。需注意,这里没有考虑交易费用成本。实际上,在我国股指期货市场上存在着各种交易费用,详见第三篇第九章内容。

综上所述,我国在规范股指期货合约的同时,建立严格的保证金制度,适时地实行熔断制度和涨跌停板制度,确保了近期我国股票指数期货市场沿着稳定、健康的轨道运行。

第四节 股权期权

在股权市场上,除股权远期或股权期货这两类衍生工具外,还有一类衍生工具名叫股权期权。

一、定义与规定

股权期权合约就是一方通过支付期权费(premium)获得未来某一确定的时间以一定的价格向另一方购买或出售一定数量特定的股权的权利的合约,权利方称为期权的多头(long position),义务方称为期权的空头(short position)。

在股权远期和股权期货合约中持有者有义务购买或出售以股权为基础的资产,但股权期权赋予持有者一种权利,而非义务。就是说股票期权合约持有者不一定必须行使该权利,有放弃合约的权利。股票期权合约的这一特点决定了它不像股票远期合约或期货合约那样可以"免费";对于股票期权多头来说,"天底下没有免费的午餐"——必须支付期权费。

在股权期权市场上,最基本的工具有两种,一种是以单个股票为基础资产的期权;另一种是以股票指数为基础资产的期权。

(一) 股票期权合约的特点

股票期权始于1973年,此后股票期权市场迅猛发展,芝加哥期权交易所(CBOE)是美国最大的股票期权交易所,另外,费城交易所(PHLX)、美国股票交易所(AMEX)、太平洋股票交易所(PSE)和纽约股票交易所(NYSE)都进行股票期权交易。交易最活跃的股票期权是 IBM、柯达和通用汽车等一些股票期权。

如同股权期货,期权交易所对股票期权合约的期限和协定价格等交易方面进行规定。

例如在芝加哥期权交易所,股票期权合约的交割月份是根据该期权在1月份,或2月份或3月份所形成的周期。1月份的周期包括1月份、4月份、7月份和10月份;2月份的周期包括2月份、5月份、8月份和11月份;3月份的周期包括3月份、6月份、9月份和12月份。如果股票期权合约没有超过当前月份的到期日,则该期权合约包括到期日在当前月份、下个月份和当前月份所处的周期内的下两个月份的合约。倘若股票期权合约超过当前月份的到期日,那么该期权合约包括到期日在下一个月份、再下一个月份和该期权所处周期内的下两个月份的合约。例如,柯达股票期权处于2月份的周期,若处在2月初,上市期权的到期月份在2月份、3月份、5月份和8月份。在2月末,上市的期权的到期月份在3月份、4月份、5月份和8月份。

在芝加哥期权交易所,股票期权合约精确的到期时间是到期月第三个星期五之后的那个星期六美国中部时间中午10:59。到期的第三个星期五即是该期权的最后交易日。股票期权的多头要在最后交易日下午4:30之前向他的经纪人发出是否执行期权的指令。经纪人接受指令后,要在第二天(星期六)10:59之前通知交易所进行交割。

在期权交易所,上市的股票期权合约在制订执行价格(协定价格)上也是有规定的。交易所通常规定在股票价格低于25美元/每股的情况下,股票期权的执行价格的变动间隔为2.50美元;当股票价格高于25美元/每股而小于200美元/每股时,其执行价格的变动间隔为5美元;股票价格高于200美元/每股,执行价格的变动间隔为10美元等。上述有关期权合约执行价格的规定,仅限于不拆股或不分红的情况。对于拆股与分红情况,上市的期权执行价格应作相应的调整。

除上述有关规定之外,期权交易所还会对股票期权的交易头寸和执行合约进行限制,也像期货合约一样,也实行保证金制度等。

(二) 股票指数期权合约的特点

就像在场内交易的股票期权,在交易所上市的股票指数期权合约通常也有标准化的要求,即要有基础资产、执行价格、到期日、执行方式、清算、部位限制、保证金、最后交易日和交易时间等具体规定。现以芝加哥期权交易所的因特网指数(缩值)长期期权预期证券[CBOE Internet Index (Reduced-value) LEAPS]为例,来说明股票指数期权的标准化特征,见表1-4-1。

表1-4-1 芝加哥期权交易所的因特网指数(缩值)长期股权预期证券

基础资产	CBOE因特网的1/10。该指数是12个提供因特网访问和软硬件设计制造公司的美元等值加权平均指数。指数每季度在3月、6月、9月和12月的第三个星期五结束时重新调整
乘 数	100美元
最小价格变动	2点
交割价格	基于CBOE因特网指数价值的1/10的价内、平价和价外执行价格先上市。新的序列随着基础资产远离现有的最高和最低执行价格时逐渐加入
期权费报价	以点和分数表示。一点等于100美元。对于小于3的序列,最小波动是1/16(6.25美元),其他序列为1/8(12.50美元)
到期日	到期日第三个星期五后第一个星期六
执行方式	到期前的最后一个交易日
期权执行的清算	执行清算值是在到期日前的最后一个交易日(通常是星期五)每个成分股在原来市场上的第一个(开盘)报告销售价基础上计算得出的,四舍五入到0.05。如果指数中的某个股票在执行清算值决定日没有交易,就用最近一个报告销售价。执行清算额等于执行清算值减去期权的交割价格与100美元的乘积。现金结算于到期日次营业日完成
部位限制	总部位限制是同一方向的1.2万张合约。10张INXLEAPS等同于1张足值INX期权合约
保证金	未保值的出售者必须存入100%的期权费收入外加20%的合约总价值减去使期权成为价外的金额。最低保证金100%的期权费收入外加10%的合约总价值。看跌或看涨期权的多头必须全额支付期权费
最后交易日	执行清算值计算的前一个营业日(通常是星期四)
交易时间	中部时间(芝加哥时间)上午8:30至下午3:02

由表1-4-1可见,该股票指数期权的基础资产是指数值乘以1/10,因此为缩值,但是乘数为100美元,这相当于每点的价值为10美元,所以

还是足值的指数期权。该股票指数期权只能在到期日前的最后那个交易日执行，对每个期权来说，交易日的精确时间都是确定的。具体规定缴纳的保证金可以防范空方的违约风险。部位限制可以防止投机者操纵市场。表1-4-1所体现出来的标准化格式，基本上是场内交易的股指衍生品的通用做法。

实际上，并非所有的股权期权合约都在交易所内进行交易，更多的股权期权是在场外交易的。场外股权期权交易的主要优点是金融机构可以根据交易双方的需求直接订立期权合约，一些非规范化的条款可以写入合约之中。这类股权期权的执行价格和到期日不必与场内交易的期权合约相一致。类似于标准化股权期权，非标准化股权期权品种也相当多。譬如，障碍期权（barrier option）、亚式期权（Asian option）、回望期权（look back option）以及百慕大期权（Bermudan option）等都是非标准化期权。关于这些非标准化期权的特征，我们将在以后的篇章中加以说明。

二、期权的种类

股权期权有两种基本类型：看涨期权（call option）和看跌期权（put option）。前者是指持有者有权在某一确定时间以某一特定的价格买入某项股权资产（如股票，或股票指数），后者是指持有者有权在某一确定时间以某一特定的价格出卖某项股权资产（如股票，或股票指数）。股权期权合约中的确定时间为到期日，或执行日，或期满日（expiration date, exercise date, maturity）。合约中的某一特定价格被称为执行价格或者敲定价格（exercise price or strike price）。股权期权的购买者被称为该期权的多头。期权多头支付期权费。股权期权的出售者（writer）被称为该期权的空头。期权空头收取期权费，承诺期权多头。由于期权费是购买者获取期权的支出费用，所以它也就表示期权本身的价格。

股权期权多头执行期权的时间规定为必须在到期日，这样的期权称为欧式期权（European option）；若执行期权的时间可为期权有效期内的任何时间，这样的期权称为美式期权（American option）。

每一种类型的股权期权都有多头与空头之分，因此，上述两种类型的股权期权可分成4种基本部位：看涨股权期权多头，看涨股权期权空头，看跌股权期权多头,看跌股权期权空头。

如果用 X 表示股权期权的执行价格,S_T 表示到期日(T)股权资产的价格,c 表示股权期权的价格(期权费),那么对应上述 4 种部位的欧式股权期权的损益状态如图 1-4-1 所示。

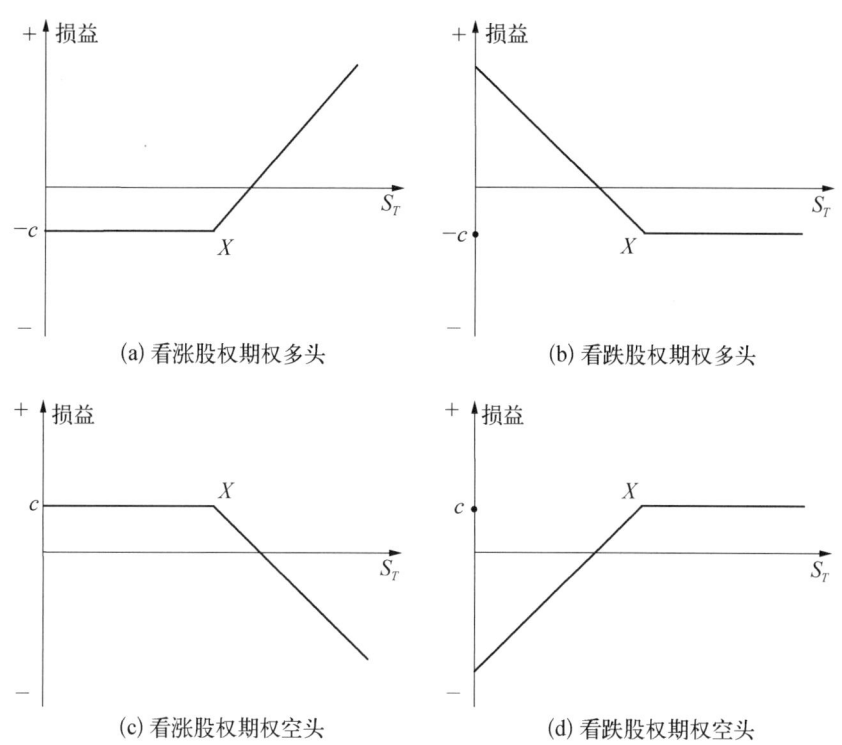

图 1-4-1 欧式股权期权 4 种部位的损益

三、股权期权的价值

(一) 欧式股权期权合约的损益

如果不考虑股权期权的费用(初始期权成本),则上述 4 种欧式股权期权合约的损益状态如图 1-4-2 所示。

图 1-4-2(a)反映出欧式看涨股权期权多头的损益状况,即当到期日股权的价格 S_T 大于执行价格 $X(S_T > X)$ 时,该期权被执行;若到期日股权的价格 S_T 小于或等于执行价格 $X(S_T \leqslant X)$,该期权将被放弃,一文不

值。这种情况下的欧式看涨股权多头的损益为 $\max(S_T - X, 0)$。

图 1-4-2(b)反映出欧式看跌股权期权多头的损益状况,说明到期日股权的价格 S_T 小于执行价格 X,该期权被执行;若到期日股权的价格 S_T 大于或等于执行价格 X,则该期权将被放弃,一文不值,可见,此时的欧式看跌股权期权多头的损益为 $\max(X - S_T, 0)$。

图 1-4-2(c)表明,欧式看涨股权期权空头的损益为 $-\max(S_T - X, 0)$ 或者 $\min(X - S_T, 0)$,这与欧式看涨股权期权多头的损益相对应,即为看涨多头部位损益的负值。

同理可知[见图 1-4-2(d)],欧式看跌股权期权空头的损益为 $-\max(X - S_T, 0)$,或 $\min(S_T - X, 0)$。这与欧式看跌股权期权多头

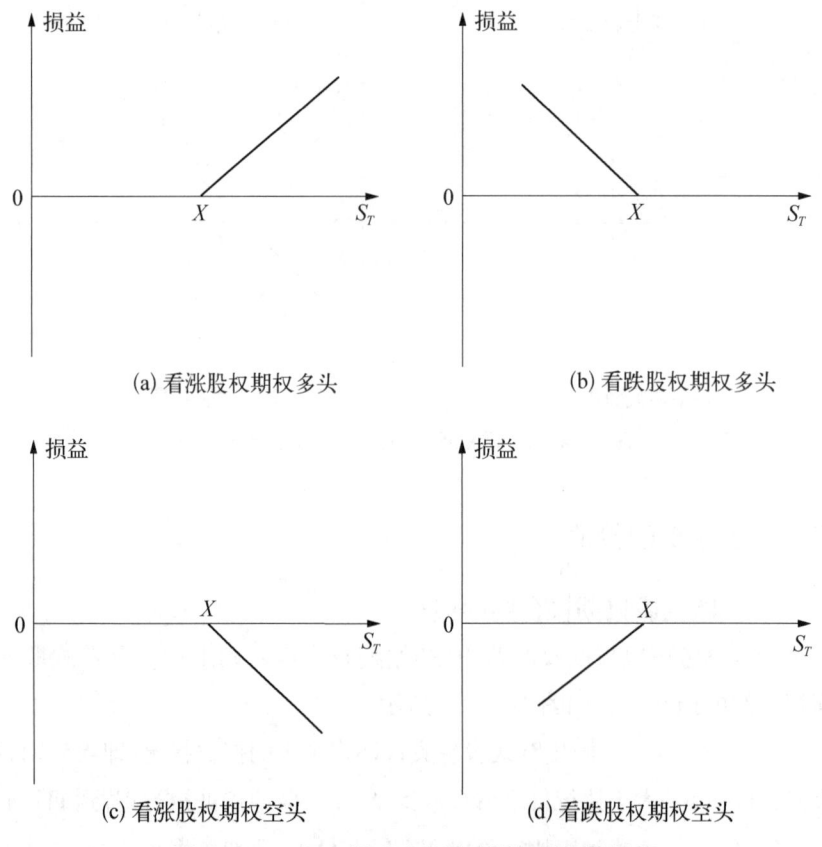

图 1-4-2　无初始成本的欧式股权期权的损益

的损益相对应,即为看跌多头部位损益的负值。

(二) 内在价值、时间价值与期权价格

我们知道,股权期权把权利和义务分开。股权期权的多头方,不论是看涨还是看跌,只有权利而无义务。但是,股权期权的空头方只有义务。这就决定了在无初始期权成本的情况下多头的价值总是非负的。天底下没有免费的午餐,因此多头方须向空头方支付一定的期权费。这笔期权费就是期权的价格。期权的价格应该来自它本身的价值。

我们可以从两个方面来理解期权的价值:期权的瞬时价值;期权的动态价值。这两种价值的合成才是期权的完整价值。

股权期权的瞬时价值是指期权立即执行可以实现的非负价值,通常人们称它为内在价值(intrinsic value)。假定 t 时的股权价格为 S,执行价格为 X,则看涨股权期权多头或看跌股权期权多头的内在价值为 $\max(S-X, 0)$ 或 $\max(X-S, 0)$。

因为股权期权的内在价值为持有者通过立即执行而实现,只要该期权还没有到期,该期权就有可能增值,这意味着期权卖方的损失机会大于获利机会。这就是该期权的时间价值(time value)。

股权期权的总价值为内在价值与时间价值之和。

相对于股权期权的内在价值来说,该期权价值还有价内、价外和平价之分。执行价格等于股权资产价格的期权称为平价(at-the-money)期权,具有内在价值的股权期权称为价内(in-the-money)期权,不具有内在价值并在日后执行时可能亏损的期权称为价外(out-of-the-money)期权。

上述有关股权期权的定义、规定及其概念与后面所提到的其他基础资产类(如债券、货币等)期权是相通的。

第五节 股票及其衍生资产的现代定价理论

如前所述,基本的股权工具包括基础的股权工具、股权远期、股权期货、股权期权等。事实上,后面几种股权工具是基础的股权工具衍生品。

因此,要讨论基本的股权价格的随机过程特性以及定价问题,首先要从基础的股权工具入手,即要弄清基础的股权价格行为特征。因为股票为基础的股权工具中最普通的一员,所以早在 20 世纪 70 年代初,Black 和 Scholes 以此为突破点,运用物理上布朗运动的理论来分析股票价格的随机过程特性,创造性地解决了股票及其衍生品的定价问题。由于随机的布朗运动具有一定的复杂性,使西方国家一些人对此产生一种畏惧感,往往把这一领域的研究专家称为"火箭专家"。其实并非如此。就笔者的感受,只要我们选择适当的表达方式、循序渐进的方法,就能够克服理解上的困难。下面笔者将作一些尝试性的探讨。

一、股票价格的布朗运动

尽管股票价格与物质分子属于不同的范畴,但它们运动现象却有着相似之处。像在股票市场上,众多的投资者盯着股票价格的变动寻找机会,随时试图从中获利。这就如同液体中微粒因受到很多微小随机力的作用而做随机运动的现象。这一现象被称为布朗运动[①](Brownian motion)。

关于布朗运动,爱因斯坦(Einstein)首先作出理论的、量化的分析。到 1923 年,维纳在 Paul Levy 早期工作的基础上,第一个严格地给出布朗运动的数学定义,并用维纳空间上的随机过程描述了爱因斯坦的物理意义下的布朗运动。因而人们又将布朗运动叫作维纳过程(Wiener Processes)。

(一) 标准的维纳过程

按照爱因斯坦的分析,标准的布朗运动是表示粒子在 t 时的位移 $\xi(t)$。随机过程 $\{\xi(t), t \geqslant 0\}$ 具有如下性质:

$1°$ 对于任意 $t_1 < t_2 < \cdots\cdots < t_n$,增量 $\xi(t_2) - \xi(t_1)$, $\xi(t_3) - \xi(t_2)$, $\cdots\cdots$, $\xi(t_n) - \xi(t_{n-1})$ 是互相独立的随机变量;

$2°$ 每一个增量 $\xi(s+t) - \xi(s)$ 服从均值为零、方差为 t 的正态分布,

---

① 1827 年布朗(Brown)发现水中的花粉(或其他液体中某微粒)受到周围众多分子不平衡的碰撞而做随机运动。

即 $\xi(s+t)-\xi(s)$ 概率密度函数为 $\dfrac{1}{\sqrt{2\pi t}}e^{-\frac{x^2}{2t}}$；

3° 对于每一个 ω，$\xi(t,\omega)$ 是 t 的连续函数，且 $\xi(0,\omega)=0$。

由性质 2° 知：

$$\Delta Z(t)=Z(t+\Delta t)-Z(t)=\varepsilon\sqrt{\Delta t}, \qquad (1.5.1)$$

式中，ε 是服从标准正态分布的随机变量，即 $\varepsilon \sim N(0,1)$。当 $\Delta t \to 0$ 时，上式就成为：

$$dZ(t)=\varepsilon\sqrt{dt}。 \qquad (1.5.2)$$

显然，

$$E(dZ)=0, D(dZ)=dt。 \qquad (1.5.3)$$

满足上述的性质的布朗运动被称为标准的维纳过程。

(二) 一般的维纳过程

将标准的维纳过程进行推广，可获得如下形式的一般化维纳过程：

$$d\xi(t)=\mu dt+\sigma dZ(t), \qquad (1.5.4)$$

式中，μ 表示漂移率(drift rate)，σ^2 表示方差率(variance rate)。

由式(1.5.3)可见

$$E(d\xi)=\mu dt, D(d\xi)=\sigma^2 dt。 \qquad (1.5.5)$$

比较式(1.5.2)和式(1.5.4)，不难发现，在标准的维纳过程中，漂移率 $\mu=0$，方差率 $\sigma^2=1$。

根据布朗运动的性质，$\xi(t+s)-\xi(s)$ 与过去的随机变量相互独立，即当 $\tau<s$ 时，$\xi(\tau)$ 不影响 $\xi(t+s)-\xi(s)$ 的概率分布，因此布朗运动具有马尔科夫性质。

由于股票资产价格的运动类似于物质微粒的布朗运动，通常股票价格的模型可用著名的维纳过程来描述与表达。实际上，只要将上述的维纳过程中随机变量 $\xi(t)$ 理解为股票价格即可。

二、ITO 模型

随着衍生市场的发展,金融资产价格的运动过程比物质微粒的布朗运动要复杂得多。若以 $\xi(t)$ 表示金融基础资产价格,则相应的金融衍生资产的价值 $\eta(t)$ 与 $\xi(t)$ 的一般关系为

$$\eta(t)=f[\xi(t),t]。 \qquad (1.5.6)$$

ITO 定理是处理上述随机变量问题最重要的工具之一。实际上,它是泰勒公式在随机变量中的应用。

(一) ITO 过程

若将一般的维纳过程[式(1.5.4)]进一步推广,则有

$$d\xi(t)=a(\xi,t)dt+b(\xi,t)dZ(t)。 \qquad (1.5.7)$$

上式被称为 ITO 过程,或曰更一般的维纳过程。ITO 过程表明:随机过程 $\{\xi(t), t \in T\}$ 的漂移率和方差率不再为常数,而随时间与变量变化而变化。

(二) ITO 定理

设函数 $\eta=f(\xi,t)$ 及其二阶导数均为连续函数,如果

$$d\xi=a(\xi,t)dt+b(\xi,t)dZ,$$

则

$$df=\left[\frac{\partial f}{\partial t}+a(\xi,t)\frac{\partial f}{\partial \xi}+\frac{1}{2}b^2(\xi,t)\frac{\partial^2 f}{\partial \xi^2}\right]dt+b(\xi,t)\frac{\partial f}{\partial \xi}dZ。$$

$$(1.5.8)$$

欲知该定理的证明过程,请见本书附录 A。

三、无套利原则

金融衍生市场上最基本的概念之一就是套利。套利指同时持有不同资产头寸,以确保无风险利润高于国债的无风险收益。如果这样的利润

存在,则套利存在。如果某种投资方案能获得更高的无风险收益,那么理性的投资者将从银行以较低的利率尽可能多地借贷并投入到这个投资方案中。众多投资者都这么做,需求和供给的作用将使银行提高利率,该投资方案的无风险收益也将随之下降。因此,市场上出现的任何无风险套利机会都会因为众多的投资者之套利活动而消失。

无套利可以简单地理解为"天底下没有免费的午餐"。以金融术语来讲就是,金融市场上不存在任何获取瞬间无风险收益的机会。或者说,这种机会一旦出现,众多的投资活动带来价格变动立即就使该机会消失。

在一种完全市场上,人们曾给予无套利原则的严格的数学定义,并证明了各种资产收益的数学期望相同,即所有的预期收益都等于无风险收益 r。

本书涉及的所有金融理论都假定存在一个无风险收益率。通常,人们认为国债利率或者一个资信极高的大银行的存款利率具有无风险性。在一个有效金融市场上,任何投资组合可能获得的无风险收益不会超过投资于上述无风险工具所获得的收益,即不存在套利机会。

事实上,无套利原则是贯穿现代金融学各个研究领域的唯一概念。当今所有衍生资产定价方法均使用了套利这个概念,资产价格一般在无套利机会条件下确定。因此无套利原则也是股票衍生品定价的一个基本原则。

四、股票价格的几何布朗运动模型

维纳模型或维纳过程没能抓住像股票这类证券价格的运动特性。维纳模型表明:股票价格变动的期望收益与其价格本身无关。实际上,投资者关注股票价格的上涨率或价格的相对变化率。例如,初始,在股票价格为 20 元时价格上涨 1 元和股票价格在 10 元时价格也上涨 1 元的效果是截然不同的。前者的上涨率为 5%,后者的上涨率为 10%。所以,此刻人们如果用相对变化率 $\dfrac{\Delta \xi(t)}{\xi(t)}$ 来衡量股票的收益显然比用绝对变化 $\Delta \xi(t)$ 来衡量的效果要好得多。

1973 年,布莱克-斯科尔斯在为看涨期权定价过程中使用了如下所示的股票价格变动的模型：

$$\frac{dS(t)}{S(t)} = \mu dt + \sigma dZ(t)。 \quad (1.5.9)$$

这一随机过程被称为几何布朗运动过程。股票价格相对变化率的均值和方差分别为：

$$E\left(\frac{dS(t)}{S(t)}\right) = \mu dt, \quad (1.5.10)$$

$$D\left(\frac{dS(t)}{S(t)}\right) = \sigma^2 dt。 \quad (1.5.11)$$

$\frac{dS(t)}{S(t)}$ 服从如下形式的正态分布：

$$\frac{dS(t)}{S(t)} \sim N(\mu dt, \sigma^2 dt)。 \quad (1.5.12)$$

方程(1.5.9)的等价形式是：

$$dS(t) = \mu S(t)dt + \sigma S(t)dZ(t)。 \quad (1.5.13)$$

比较式(1.5.7)和式(1.5.13)，易见：

$$a(S, t) = \mu S, \ b(S, t) = \sigma S。 \quad (1.5.14)$$

将上式代入式(1.5.8)，并获得对应式(1.5.13)的 ITO 方程：

$$df = \left(\frac{\partial f}{\partial t} + \mu S \frac{\partial f}{\partial S} + \frac{1}{2}\sigma^2 S^2 \frac{\partial^2 f}{\partial S^2}\right)dt + \sigma S \frac{\partial f}{\partial S}dZ。 \quad (1.5.15)$$

根据式(1.5.9)，股票价格的自然对数形式 $f = \ln S$ 服从布朗运动。由于

$$\frac{\partial f}{\partial t} = 0, \ \frac{\partial f}{\partial S} = \frac{1}{S}, \ \frac{\partial^2 f}{\partial S^2} = -\frac{1}{S^2}, \quad (1.5.16)$$

再由 ITO 定理，得

$$df = \left(\mu - \frac{1}{2}\sigma^2\right)dt + \sigma dZ。 \quad (1.5.17)$$

由此可见，$f = \ln S$ 的漂移率为 $\left(\mu - \dfrac{1}{2}\sigma^2\right)$、方差率为 σ^2。换言之，$S(t)$、$S(t+\Delta t)$ 分别表示 t 时（即期）和 $(t+\Delta t)$ 时的股票价格，那么 $\ln S(t+\Delta t) - \ln S(t) = \ln \dfrac{S(t+\Delta t)}{S(t)}$ 的均值和方差为：

$$E\left[\ln \frac{S(t+\Delta t)}{S(t)}\right] = \left(\mu - \frac{1}{2}\sigma^2\right)\Delta t, \quad (1.5.18)$$

$$D\left[\ln \frac{S(t+\Delta t)}{S(t)}\right] = \sigma^2 \Delta t。\quad (1.5.19)$$

因此，股票价格的自然对数服从如下形式的正态分布：

$$\ln \frac{S(t+\Delta t)}{S(t)} = \ln S(t+\Delta t) - \ln S(t) \sim N\left[\left(\mu - \frac{\sigma^2}{2}\right)\Delta t, \sigma^2 \Delta t\right],$$
$$(1.5.20)$$

或 $\quad \ln S(t+\Delta t) \sim N\left[\ln S(t) + \left(\mu - \dfrac{\sigma^2}{2}\right)\Delta t, \sigma^2 \Delta t\right]。\quad (1.5.21)$

如果一种股票价格的自然对数服从正态分布，那么称之为对数正态分布。图 1-5-1 表示的是一个对数正态分布的曲线。

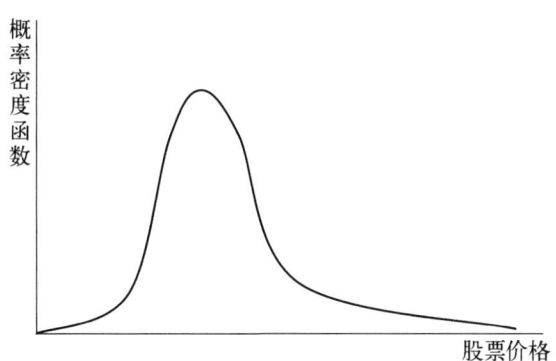

图 1-5-1　股票价格的对数正态分布

需注意，与正态分布曲线不同，对数正态分布曲线是不对称的。因为原来的股票价格 $S(t)$ 的概率分布均值、方差与式(1.5.18)至式(1.5.20)

所示结果都是不同的,根据式(1.5.20),可以算出 $S(t+\Delta t)$ 的均值与方差值[①],即

$$E[S(t+\Delta t)]=S(t)e^{\mu\Delta t}, \quad (1.5.22)$$

$$D[S(t+\Delta t)]=S^2(t)e^{2\mu\Delta t}[e^{\sigma^2\Delta t}-1]。 \quad (1.5.23)$$

通常,股票或股票指数的波动率 σ 一般在 0.4—0.5(σ^2 的单位为每年)。波动率通常以百分数表示,如 $\sigma=0.4$,即波动率为 40%。

五、股票衍生资产价值的微分方程

如前所述,无套利原则是贯穿所有金融衍生资产定价模型的一个最基本原则。按照无套利思路推断,股票衍生资产定价涉及用股票构造无风险保值组合,而且一个无风险保值组合的收益率必须等于无风险利率。

下面,我们将遵循这一原则,根据如下的市场假设,推导出与股票价格随机过程相适应的股票衍生资产价值所满足的微分方程。

(一) 市场假设

假设:

(1) 市场交易是连续的;

(2) 无风险利率 r 为已知函数;

(3) 股票在衍生资产生命期内不支付利息;

(4) 不存在任何交易费用;

(5) 股票允许卖空;

(6) 股票资产是完全可分的;

(7) 不存在无风险套利机会;

(8) 股票价格遵循上述的几何布朗运动。

当然,在一些情况下,股票价格和股票衍生资产价值可能会违反上述某些市场假设,如股票价格随机过程中的常数项可能不会一成不变,是 t 的函数,等等。一些违反的情况超出了本书的讨论范围。

---

① 本书附录 B 给出其推导过程。

(二) 微分方程

因为股票价格 $S(t)$ 的随机过程遵循 ITO 过程,即式(1.5.13)。而一份股票衍生资产价值 $\eta=f(S,t)$ 的随机过程满足式(1.5.15)。直接对式(1.5.13)和式(1.5.15)进行组合,得

$$df - \frac{\partial f}{\partial S}dS = \left[\frac{\partial f}{\partial t} + \frac{1}{2}b^2(S,t)\frac{\partial^2 f}{\partial S^2}\right]dt \text{。} \quad (1.5.24)$$

上式等号的右端项不含有随机过程项 $dZ(t)$,方括号中各项均为即期 t 时的量,为确定性量,即消除了任何投资者风险偏好的随机影响。由此可见,方程(1.5.24)左端项表示一个无风险的资产组合。

可以这样来理解该项资产组合,投资者在开始时买入一份股票衍生资产(如期权),而卖出 $\frac{\partial f}{\partial S}$ 份的股票,这项资产组合的价值应该是:

$$\Pi = = f - \frac{\partial f}{\partial S}S \text{。} \quad (1.5.25)$$

Δt 时间后,该项资产组合的价值变化为

$$\Delta \Pi = \Delta f - \frac{\partial f}{\partial S}\Delta S \text{。} \quad (1.5.26)$$

当 $\Delta t \to 0$ 时,有

$$d\Pi = df - \frac{\partial f}{\partial S}dS \text{。} \quad (1.5.27)$$

根据无套利原则,该项资产组合的瞬时收益率等于短期无风险证券收益率 r,所以有

$$d\Pi = r\Pi dt \text{。} \quad (1.5.28)$$

将式(1.5.25)和式(1.5.27)代入上式,得

$$\left(df - \frac{\partial f}{\partial S}dS\right) = r\left(f - \frac{\partial f}{\partial S}S\right)dt \text{。} \quad (1.5.29)$$

将上式代入式(1.5.24),得

$$\frac{\partial f}{\partial t}+rS\frac{\partial f}{\partial S}+\frac{1}{2}b^2(S,t)\frac{\partial^2 f}{\partial S^2}=rf, \qquad (1.5.30)$$

这就是股票衍生资产价值所满足的微分方程。

由式(1.5.14)可见，$b(S,t)=\sigma S$，因此式(1.5.30)的具体形式为

$$\frac{\partial f}{\partial t}+rS\frac{\partial f}{\partial S}+\frac{1}{2}\sigma^2 S^2\frac{\partial^2 f}{\partial S^2}=rf。 \qquad (1.5.31)$$

方程(1.5.31)就是著名的 Black-Scholes 微分方程。

六、欧式期权微分方程的最终条件与边界条件

如果微分方程式(1.5.31)表示欧式期权的微分方程，那么应有其具体的最终条件和边界条件。

为了与一般的微分方程相区别，这里，引进 $c(S,t)$ 表示 t 时欧式看涨期权的价值，用 $p(S,t)$ 表示欧式看跌期权的价值，并用 X 和 T 分别表示欧式看涨或看跌期权的执行价格与到期日。

(一) 欧式看涨期权的求解条件

对于欧式看涨期权来说，最终条件为

$$c(S,T)=\max(S_T-X,0); \qquad (1.5.32)$$

两个边界条件为

$$c(0,t)=0, \qquad (1.5.33)$$

$$c(S,t)|_{S\to\infty}\sim S-Xe^{-r(T-t)} \text{（或为 } S\text{）}。 \qquad (1.5.34)$$

实际上，当 $S=0$ 时，由股票价格的随机模型 $dS=\mu Sdt+\sigma SdZ$ 知，$dS=0$，即股票价格不变，保持 $S=0$，则欧式看涨期权在到期日也就变得一文不值。因此，式(1.5.33)在 $S=0$ 条件下成立。

当股票价格无节制地增长，则看涨期权被执行的可能性越来越大。当 S 增加到很大很大($S\to\infty$)时，执行价格 X 在即期 t 时就已确定，可视为一个给定的常数，其重要分量越来越小。因此，我们认为当 $S\to\infty$ 时，$c(S,t)\sim S-Xe^{-r(T-t)}$。这就解释了第二个边界条件式(1.5.34)。

(二) 欧式看跌期权的求解条件

对于欧式看跌期权来说,最终条件为

$$p(S, T) = \max(X - S_T, 0);\tag{1.5.35}$$

两个边界条件为

$$p(0, t) = Xe^{-r(T-t)},\tag{1.5.36}$$

$$p(S, t)|_{S\to\infty} \sim 0。\tag{1.5.37}$$

这两个边界条件可以直接从看跌期权价值 $p(S, t) = \max(X - S, 0)$ 看出。

由于欧式期权不存在提前执行的可能性,因此可以通过式(1.5.32)至式(1.5.34)[式(1.5.35)至式(1.5.37)]和欧式看涨(看跌)期权的微分方程,求得其解。

(三) 欧式看涨、看跌期权的定价模型

由式(1.5.31)以及式(1.5.32)至式(1.5.34),可得到如下形式的欧式看涨期权的一般定价模型:

$$\begin{cases} \dfrac{\partial c}{\partial t} + rS\dfrac{\partial c}{\partial S} + \dfrac{1}{2}\sigma^2 S^2 \dfrac{\partial^2 c}{\partial S^2} = rc \\ c(S, T) = \max(S_T - X, 0) \\ c(0, t) = 0 \\ c(S, t)|_{S\to\infty} \sim S - Xe^{-r(T-t)} (\text{或为 } S) \end{cases}。\tag{1.5.38}$$

而由式(1.5.31)以及式(1.5.35)—(1.5.37),可得到如下形式的欧式看跌期权的一般定价模型:

$$\begin{cases} \dfrac{\partial p}{\partial t} + rS\dfrac{\partial p}{\partial S} + \dfrac{1}{2}\sigma^2 S^2 \dfrac{\partial^2 p}{\partial S^2} = rp \\ p(S, T) = \max(X - S_T, 0) \\ p(0, t) = Xe^{-r(T-t)} \\ p(S, t)|_{S\to\infty} \sim 0 \end{cases}。\tag{1.5.39}$$

除了欧式看涨、看跌期权的定价模型外,还有美式看涨、看跌期权的定价模型。与欧式看涨、看跌期权相比较,美式看涨、看跌期权的定价问题更为复杂,因此这类问题将被放在另一部书中加以讨论。

根据微分方程的理论,上述各种定价模型的解是存在的,且是唯一的。

七、欧式股票期权的定价公式

在上面,我们已经给定欧式股票期权的定价模型。下面,围绕两种欧式期权模型来讨论它们的定解问题。

(一) 欧式看涨期权的定价公式

为了清晰地导出欧式看涨期权的定价公式,我们按如下几个步骤进行:

1. 变换后的欧式看涨期权模型

据前所析,基础资产价格 S_T 的对数服从正态分布,即

$$\ln S_T \sim N\left[\ln S + \left(\mu - \frac{\sigma^2}{2}\right)\tau,\ \sigma^2\tau\right].$$

任意固定 $\tau(\tau=T-t)$,到期的基础资产价格 S_T 的对数 $(\ln S_T)$,在风险中性下的概率密度函数为

$$\varphi(\ln S_T,\ \ln S;\ \tau) = \frac{1}{\sigma\sqrt{2\pi\tau}}\exp\left(-\frac{\{\ln S_T - [\ln S + (r-\sigma^2/2)\tau]\}^2}{2\sigma^2\tau}\right).$$

(1.5.40)

当 τ 变动时,上式表示 T 时 $\ln S_T$ 的转移密度函数[①]。

作变量变换:

$$v = \ln S, \qquad (1.5.41)$$

欧式股票看涨期权模型变化为

---

① 这一名词来自随机过程著作。注意,S 表示早期 t 时的股票价格。

$$\frac{\partial c}{\partial \tau} = \left(r - \frac{\sigma^2}{2}\right)\frac{\partial c}{\partial v} + \frac{\sigma^2}{2}\frac{\partial^2 c}{\partial v^2} - rc \, . \tag{1.5.42}$$

变换后的转移密度函数为

$$\varphi(v_T, v; \tau) = \frac{1}{\sigma\sqrt{2\pi\tau}} \exp\left(-\frac{\{v_T - [v + (r - \sigma^2/2)\tau]\}^2}{2\sigma^2\tau}\right) \, .$$
$$\tag{1.5.43}$$

2. 转移密度的控制方程

根据无套利原则,所有的预期收益率等于无风险收益率 r,即市场是风险中性的。若用 E_t 表示在 t 时风险中性条件下的期望值,则到期(T)的欧式看涨期权的期望价值为

$$E_t[\max(S_T - X, 0)] \, .$$

无风险利率 r 将 T 时的欧式看涨期权的期望价值贴现到即期(t)的值,这就是欧式看涨期权在 t 时的价值,即

$$c(S, \tau) = e^{-r\tau} E_t[\max(S_T - X, 0)] \, . \tag{1.5.44}$$

于是

$$\begin{aligned} c(S, \tau) = c(v, \tau) &= e^{-r\tau} E_t[\max(e^{v_T} - X, 0)] \\ &= e^{-r\tau} \int_{-\infty}^{\infty} \max(e^{v_T} - X, 0) \varphi(v_T, v; \tau) dv_T \, . \end{aligned}$$
$$\tag{1.5.45}$$

将上式代入式(1.5.42),得

$$\begin{aligned} 0 &= \frac{\partial c}{\partial \tau} - \left(r - \frac{\sigma^2}{2}\right)\frac{\partial c}{\partial v} - \frac{\sigma^2}{2}\frac{\partial^2 c}{\partial v^2} + rc \\ &= e^{-r\tau} \int_{-\infty}^{\infty} \max(e^{v_T} - X, 0) \left[\frac{\partial \varphi}{\partial \tau} - \left(r - \frac{\sigma^2}{2}\right)\frac{\partial \varphi}{\partial v} - \frac{\sigma^2}{2}\frac{\partial^2 \varphi}{\partial v^2}\right] dv_T \, . \end{aligned}$$
$$\tag{1.5.46}$$

因此,被积函数必须等于零,即有

$$\frac{\partial \varphi}{\partial \tau} = \left(r - \frac{\sigma^2}{2}\right)\frac{\partial \varphi}{\partial v} + \frac{\sigma^2}{2}\frac{\partial^2 \varphi}{\partial v^2} \text{。} \quad (1.5.47)$$

这样,欧式看涨期权模型的求解问题就转化为求解转移密度 $\varphi(v_T, v; \tau)$ 所满足的控制方程(1.5.47)的问题。

3. 欧式看涨期权的定价公式

式(1.5.46)表明:转移密度函数式(1.5.43)使得控制方程(1.5.47)成立,当然也使得式(1.5.46)的第一等式成立,即使得欧式看涨期权方程式(1.5.42)成立。这意味着式(1.5.45)为方程(1.5.42)的解。

将式(1.5.43)代入式(1.5.45),

$$c(S, \tau) = c(v, \tau)$$
$$= e^{-r\tau} \int_{\ln X}^{\infty} (e^{v_T} - X) \cdot$$
$$\frac{1}{\sigma\sqrt{2\pi\tau}} \exp\left(-\frac{\{v_T - [v + (r - \sigma^2/2)\tau]\}^2}{2\sigma^2 \tau}\right) dv_T \quad (1.5.48)$$

因为

$$\int_{\ln X}^{\infty} e^{v_T} \frac{1}{\sigma\sqrt{2\pi\tau}} \exp\left(-\frac{\{v_T - [v + (r - \sigma^2/2)\tau]\}^2}{2\sigma^2 \tau}\right) dv_T$$

$$= \exp\left[v + \left(r - \frac{\sigma^2}{2}\right)\tau + \frac{\sigma^2}{2}\tau\right]$$

$$\int_{\ln X}^{\infty} \frac{1}{\sigma\sqrt{2\pi\tau}} \exp\left(-\frac{\{v_T - [v + (r - \sigma^2/2)\tau + \sigma^2\tau]\}^2}{2\sigma^2 \tau}\right) dv_T$$

$$= \exp(v + r\tau)\Phi_0\left[\frac{v + (r - \sigma^2/2)\tau - \ln X + \sigma^2\tau}{\sigma\sqrt{\tau}}\right]$$

$$= e^{r\tau} S \Phi_0 \left[\frac{\ln\dfrac{S}{X} + (r + \sigma^2/2)\tau}{\sigma\sqrt{\tau}}\right], \quad (1.5.48\text{a})$$

$$\int_{\ln X}^{\infty} X \frac{1}{\sigma\sqrt{2\pi\tau}} \exp\left(-\frac{\{v_T - [v + (r - \sigma^2/2)\tau]\}^2}{2\sigma^2 \tau}\right) dv_T$$

$$=X\Phi_0\left[\frac{v+(r-\sigma^2/2)\tau-\ln X}{\sigma\sqrt{\tau}}\right]=X\Phi_0\left[\frac{\ln\frac{S}{X}+(r-\sigma^2/2)\tau}{\sigma\sqrt{\tau}}\right],$$

(1.5.48b)

将式(1.5.48a)和式(1.5.48b)代入式(1.5.48)中,获得

$$c(S,\tau)=S\Phi_0\left[\frac{\ln\frac{S}{X}+(r+\sigma^2/2)\tau}{\sigma\sqrt{\tau}}\right]-Xe^{-r\tau}\Phi_0\left[\frac{\ln\frac{S}{X}+(r-\sigma^2/2)\tau}{\sigma\sqrt{\tau}}\right]。$$

记

$$d_1=\frac{\ln\frac{S}{X}+(r+\sigma^2/2)\tau}{\sigma\sqrt{\tau}},\quad d_2=\frac{\ln\frac{S}{X}+(r-\sigma^2/2)\tau}{\sigma\sqrt{\tau}},$$

(1.5.48c)

于是

$$c(S,\tau)=S\Phi_0(d_1)-Xe^{-r\tau}\Phi_0(d_2)。\qquad(1.5.49)$$

说明一下,式(1.5.49)中的 Φ_0 是表示标准正态分布函数的符号。

由式(1.5.48)和式(1.5.49)知

$$\begin{cases}c(S,0)=\max(S-X,0)\\ c(0,\tau)=0\\ c(S,\tau)|_{S\to\infty}=S-Xe^{-r\tau}\end{cases}。$$

这充分表明,微分方程(1.5.42)的解[式(1.5.49)]满足欧式看涨期权方程所对应的最终条件和边界条件。曾经说明过,微分方程(1.5.42)加上最终条件和边界条件,有且有唯一解。所以,式(1.5.49)为欧式看涨期权定价公式的唯一表达形式。

(二) 欧式看跌期权的定价公式

完全类似于欧式看涨期权定价公式的分析与推导过程,可以获得如下形式的欧式看跌期权的定价公式

$$p(S,\tau) = Xe^{-r\tau}\Phi_0(-d_2) - S\Phi_0(-d_1)。 \quad (1.5.50)$$

可以验证上式满足方程式(1.5.39)最终条件和边界条件。因此,式(1.5.50)为欧式看跌期权定价公式的唯一表达形式。

八、看涨与看跌期权之间的平价关系

尽管欧式看涨期权和看跌期权看起来完全不同,但它们的价值都存在一个固定的关系,即

$$S + p(S,\tau) - c(S,\tau) = Xe^{-r\tau}。 \quad (1.5.51)$$

事实上,用式(1.5.50)的等号左右两边分别减去式(1.5.49)的等号左右两边,有

$$\begin{aligned}&p(S,\tau) - c(S,\tau)\\&= [Xe^{-r\tau}\Phi_0(-d_2) - S\Phi_0(-d_1)] - [S\Phi_0(d_1) - Xe^{-r\tau}\Phi_0(d_2)]\\&= Xe^{-r\tau}[\Phi_0(-d_2) + \Phi_0(d_2)] - S[\Phi_0(-d_1) + \Phi_0(d_1)]。\end{aligned}$$

注意到,$\Phi_0(-d_2) + \Phi_0(d_2) = 1$ 和 $\Phi_0(-d_1) + \Phi_0(d_1) = 1$,

$$p(S,\tau) - c(S,\tau) = Xe^{-r\tau} - S,$$

就是式(1.5.51)。通常,人们称式(1.5.51)为欧式看涨和看跌期权之间的平价关系。

实际上,欧式看涨和看跌期权之间的平价关系式(1.5.51)反映以下的一种投资组合:

一份股票多头+一份欧式看跌期权的多头+一份欧式看涨期权的空头

即

$$S + p(S,\tau) - c(S,\tau)。$$

到期时(T),该组合的价值有如下两种可能性:

(1) 若 $S > X$，则执行看涨期权，放弃看跌期权。此时该组合的价值为

$$S_T + 0 - (S_T - X) = X。$$

(2) 若 $S < X$，则放弃看涨期权，执行看跌期权。此时该组合的价值为

$$S_T + (X - S_T) - 0 = X。$$

无论如何，到期时，该组合的价值总是固定的值，即为 X。根据无套利原则，该组合价值的即期(t时)值应该等于到期(T)时价值 X 以无风险利率 r 贴现到 t 时的值，即

$$S + p(S, \tau) - c(S, \tau) = e^{-r\tau} X。$$

这从实务上再次说明了欧式看涨期权与看跌期权之间的平价关系。

九、股票远期和期货合约的定价公式

毫无疑问，股票远期合约或期货合约也是一种衍生资产。尽管它很简单，但它也服从布莱克-斯科尔斯微分方程。

由于期货合约为一系列的远期合约，因此，这两种衍生资产的定价问题实质上是一个问题。知道远期合约的价值或价格，也就知道相应的期货合约的价值或价格；反之亦然。因此，只需分析股票远期合约的定价问题。

这里假定：

T：远期合约到期的时间，

t：远期合约即期的时间，

S：远期合约股票在 t 时的价格，

F：t 时的股票远期价格，

X：远期合约中的交割价格，

f：t 时股票远期合约多头的价值，

r：无风险利率。

在不考虑支付利息或没有任何交易费用的情况下，欧式股票看涨期

权多头与欧式股票看跌期权空头的损益状态如图 1-5-2 和图 1-5-3 所示。

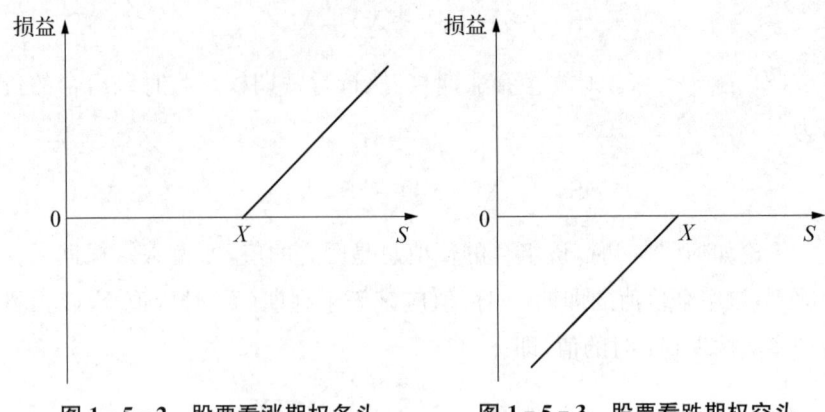

图 1-5-2　股票看涨期权多头　　图 1-5-3　股票看跌期权空头

把这两张图合成一张图,即成为图 1-5-4,这是一张股票远期合约多头的损益图。显而易见,股票远期合约多头是由相同的执行价格(交割价格)和到期时间的一份欧式股票看涨期权多头与一份欧式股票看跌期权空头组合而成的。于是该股票远期合约多头的价值为

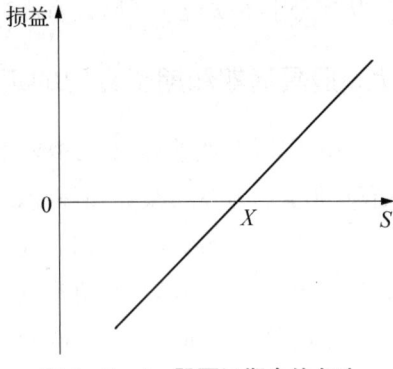

图 1-5-4　股票远期合约多头

$$f = c(S, \tau) - p(S, \tau), \tau = T - t. \tag{1.5.52}$$

由式(1.5.51)易见

$$f = S - Xe^{-r\tau}. \tag{1.5.53}$$

在股票远期和期货市场上,一般规定,远期合约生效时使得合约价值为零的交割价格等于远期价格,即

$$当 f = 0 时, F = X = Se^{r\tau}. \tag{1.5.54}$$

实际上,这是根据无套利原则来确定的。假设 $F > Se^{r\tau}$,那么套利

者将以无风险利率借 S 美元,买进股票资产,同时卖出该股票资产的远期合约。到期时,该套利者卖出股票资产,同时支付借款本息 $Se^{r\tau}$,获得无风险利润 $F-Se^{r\tau}>0$。相反,假设 $F<Se^{r\tau}$,该套利者将持有上述投资策略的相反头寸,从而将无风险利润锁定在 $Se^{r\tau}-F>0$。上述的两种情况均出现套利,因而式(1.5.54)成立。

其实,推导远期合约定价公式的方法是很多的。这里仅应用布莱克-斯科尔斯的期权定价公式导出了远期合约的定价公式。与其他一些直观的方法相比,上述的思路比较清晰,清楚地说明了远期合约的价值、交割价格与远期合约价格等变量之间的不同之处。

第二章

基本的债券工具

如同股权市场,现代的债券市场也分为基础和衍生两大市场。本章将按照基础市场到衍生市场这一发展顺序来介绍一些基本的债券工具。

从债券期限考虑,1年以下的短期融资划入货币市场的范围,期限在1年以上或更长的融资则属于资本市场的范围。具体而言,隔夜、次日……1个月、2个月……6个月、9个月……1年、2年……10年、20年……永久期限的债务都有交易。本章主要讨论一些期限较长的债券工具,所说的债券市场属于资本市场。而对于那些初始期限为1年或小于1年的债券工具,我们将在下一章来加以表述。

第一节 基础的债券工具

本章所涉及的债券发行人是政府、金融机构和公司。政府可以利用不同期限的债券,并以政府级别的差异形成各种政府债券;公司可以利用中期票据、公司债券等来筹资;金融机构则利用回购、抵押证券等债券工具。在以下的简述中,我们大致按照债券发行人的角度来浏览,这是因为债信的不同表现是与发行人的不同类型紧密相关的。

一、政府债券

无论是从公共权力的角度来看,还是从公共产品提供的理论来说,政府是一个最可靠的实体。由于政府极具有权威,成为社会经济中货币供给以及它的债券的高流动性的控制者,因而厌恶风险的投资者倾向于投资政府的债券。这就决定了，在资本市场上政府债券的收益率比相似期限的其他固定收入证券要低，是无风险利率的反映，其他实体发行的债券的收益率与之的差额可以很自然地理解为风险溢价。

在发达的资本市场上，大多数政府债券是在一级市场上以拍卖方式发行的。这一拍卖方式保证了政府能以最低的利息率发行债券。一级市场承销商及投资者根据一定的利息率提出买价。投资者的标购将按次序排列，其中利率最低者（即报价最高者）享有优先权。

世界上以美元和日元标明面值的债券，约占世界债券市场的 2/3，其次是以欧盟区域货币、英镑标价的债券市场。这些债券市场反映了这些国家的政府债券发行是十分惊人的，足以说明各国政府利用债券的巨大程度。

在美元市场上，基础投资工具是中期国库券和长期国库券（T-notes and T-bonds）。中期国库券往往附有可赎回条款，即美国政府有权在 10 年期限内按面值提前赎回。长期国库券不可以提前赎回，一般初始发行期限为 10～30 年。两种国库券都是每 6 个月支付票面利息，到期支付面值的带息证券，并按净现值报价精确到 1/32 个百分点。

在美元市场上，通常最活跃的债券是那些 2 年、3 年、4 年、5 年、7 年、10 年、15 年、20 年、25 年及 30 年后到期的债券。其中 30 年债券，或称长期公债，是反映投资者的通胀预期的重要风向标，因此它常被称作"领头证券"或"龙头证券"。

在其他币种的政府债券中，大多数为 1 年期息票债券，通常，它们作为市场收益曲线的基准。其中最主要的有：英国政府的金边债券市场，德国的政府公债，法国 OATs 公债，以及日本政府债券。在上述及其他债券市场上，不同期货按各自对应的政府债券的收益率来定价（参见后面章节论及期货的部分）。

二、公司债券

公司债券（corporate bonds）是公司为融通长期资金而发行的债券，大部分是一种到期支付面值，在此之前支付一定利息的带息证券。像银行贷款一样，公司债券的利率可以固定也可以浮动。

固定利率债券的持有者每期领取固定利息,期满后收得本金。欧洲债券市场上通常是每年支付利息的。

浮动利率票据(Floating Rate Notes,FRNs)与固定利率票据不同,它们在计息日不按固定利率付息,而利率则由起息日当天的市场短期利率为准。通常的做法是先选取基准利率———一般是 LIBOR(伦敦同业银行拆借利率),然后浮动利率票据根据发行者信用等级不同而加上一个固定的风险溢酬。息票计息及浮动利率票据的应计利息计算视不同的货币市场惯例而定(一般是实际天数/360,英镑证券按实际天数/365 计算期限)。由于浮动利率票据的利率是定期调整的,因此它与同时到期的固定利率债券或零息债券有不同的利率风险。对一份以 6 个月 LIBOR 为基准的浮动利率票据,其息票利率确定日当天的"久期"就是 0.5;随着下一次息票日的到来,"久期"逐渐降至 0。因此,6 个月 LIBOR 每发生 1% 的变动,浮动利率票据的价格变动不超过 0.5%。实际上,许多浮动利率票据的定价与面值相当或接近。假如市价大大地低于面值,说明市场一致认为加在 LIBOR 上面的溢酬还不足以补偿持有该种债券的风险。同样,假如市价大大地高于面值,说明风险溢酬过于丰厚。

市场上,浮动利率票据也是多种多样的。比如,有一种迟设安排的浮动利率票据,即一段时间按期末而不是期初的参考利率支付;又如,某种浮动利率票据按 6 个月内平均的 LIBOR(加上溢酬)计息;再如,某种递增型浮动利率票据的溢酬随时间递增:投资者可以在前 2 年获取 10 个基点($0.01\% \times 10$)的风险溢酬,接下去的 5 年获取 25 个基点,最后 3 年溢酬达 35 个基点,这样一种结构就属于一种 10 年期递增型浮动利率票据;等等。

随着金融业务的发展,各类债券工具向所有的大公司敞开大门,公司既可以发行短期的债券,又能发行期限较长的公司债券,在美国,一些公司还发行期限位于两者之间的中期票据(MTNs),实际上这种债券的期限可以在 9 个月至 30 年甚至更长;区别于其他公司债券的一个显著特点是发行人给出了不同期限的各档利率以有利于投资者从中选择,并且中期票据采取了持续销售的形式。

还有一些公司债券以各种条款赋予债权人或债务人某些有利的权

利。如可赎回（callable）债券，可售回（puttable）债券，以及可转化（convertible）债券，等等。这些债券都属于金融衍生产品，我们将在后面加以说明。

与政府债券相比，公司债券发生违约风险的可能性较高。违约风险的概率大小是由债券的信用评级机构来评定的。债券的信用评级越低，风险越大，其收益率会越高。公司债券被评级机构划分为投资级和非投资级。非投资级有一个较为难听的名称，即垃圾债券（junk bonds），也有人给这类债券一个诱人的称呼，叫高收益债券（high-yield bonds）。可见，债券的债信度对其收益率有很大影响，于是许多债券发行人决定给债券附上评级标志，这样就容易向不熟悉债券名称的投资者推销其债券。标准普尔（Standard & Poor's）和穆迪（Moody's）是两家主要的信用评级机构。两家机构选用一系列符号标志对债券品质进行分类。最高信用级别是 AAA 级（标准普尔）和 Aaa 级（穆迪）；其次是 AA 级（标准普尔）和 Aa 级（穆迪），或 A 级债券；最低信用级分别是 D 级（标准普尔）和 C 级（穆迪），因此发行者必须提供更高的收益率以补偿相应的高风险。

三、金融机构的债务

金融机构是专业从事融资及相关业务的机构。许多金融机构的债信不断提高，使得它们得以持续发行债务。存款（deposits）是商业银行债务的主要形式，到期支付本金，并且在一定时点支付固定的或浮动的利息。保单（policies）则是保险公司的典型负债，保单的持有人通过支付保费（premiums）获得保险公司的承诺，在将来事件发生时得到特定金额的保险金赔付。承诺中的将来事件可能是指死亡、生病、财产损失等保险标的。存款和保单的流动性都是很差的，后者的转让因为承保风险的不同需得到保险公司的认可从而影响了流动性，前者可通过创新增强流动性。

自从 1987 年以来，抵押证券日趋走红。通过以某一个拥有高质量资产的特殊公司的名义发行债券，则债券评级将上升。金融机构在这方面作出了许多创新，这实际上增加了贷款的流动性。经营抵押贷款是金融机构的一个重要业务，特别是不动产抵押（mortgage），即以客户的不动产作为抵押品，发放贷款，按照确定的利率分期偿还本息，也可以提前偿还。

分期偿还的现金流是可以计算的。这种抵押贷款是相当可靠的资产,因此金融机构以此作为担保发行债券有了可能。最后的问题是,只要解决好抵押贷款与债券发行的期限匹配问题,就可以了。下面,我们来介绍两种抵押债券。

(一) 抵押担保证券(mortgage-backed securities)

抵押担保证券是以抵押贷款为担保发行的证券,这是对抵押贷款组合的现金流进行重新构造而发行的一种证券。一种最简单的抵押担保证券为抵押过手证券(mortgage pass-through securities),这是一个包含许多抵押贷款的组合证券,在其现金流上扣除一些费用之后同质地以移递息票利率传递给所有证券的持有人。这种证券以预期收到本金金额为权数的平均本金偿付时间衡量了抵押担保证券的现金流时间特征,其现金流特征依赖于原抵押组合的加权平均息票率(WAC)和加权平均偿还期(WAM)。以这种方式金融资产证券化的例子有信用卡贷款(credit card loans)和汽车分期付款协议(car hire-purchase agreements)等。投资者欢迎这种证券是因为其相对来说具有高收益、低风险的特性。

(二) 担保抵押债券

这是一种设计更加精巧的抵押担保证券,是对组合的现金流扣除一些费用之后按照不同的档(tranches)形成的不同类别的债券。这种债券按照顺序依次偿还本息,其平均寿命在各档之间重新分布,顺序在先的档的平均寿命以顺序在后的档的平均寿命延长为代价得到了缩短,每一档的平均寿命都有不同的合理区间。应计档(accrual tranche)的设计使得不但各档的本金是顺序偿还的,而且应计档的各期利息并不支付,只是累积起来最后支付,收到的利息用来对其他各档进行本金的偿还。这样其他各档的平均寿命更加缩短了。

四、外国或多币种债券

随着国际金融的发展,国际资本市场的相互依存程度日益提高,不同市场之间的区别日益模糊,许多借款人可以发行外国债券或多币种债券。

如果按照国别来划分,债券有本国债券与外国债券之分。本国债券是由公司、金融机构或政府机构在本国境内发行,且以本币标价的债券。它以本国投资者为目标,根据发行国法律不同,一些息票要求扣除税款后按净值支付。

外国债券也是以发行国货币标价的债券。主要区别在于发行外国债券的公司是由国外控制的。常可以见到一些外国债券的名称带有国籍特征,比如,有一种"斗牛士"(Matador)债券,是由一家非西班牙公司在马德里发行的以西班牙比塞塔标价的债券,其他类似的例子还有"猛犬"(Bulldog)债券(英国)、"扬基"(Yankee)债券(美国)、"武士"(Samurai)债券(日本)、"海盗"(Viking)债券(丹麦),等等。

还有一种名叫欧洲债券,这是一种在国外发行以非东道国货币标明面值的债券。投资者可以获得全额息票支付,且不要登记债权。比如说,在伦敦、法兰克福或东京发行的美元标价的债券,无论发行公司是否是美国公司,都叫欧洲债券。欧洲债券市场是一个自律性市场。国际初级市场协会(International Primary Markets Association,缩写 IPMA)负责监督一级市场的发行;而国际债券交易商协会(Association of International Bond Dealers,AIBD)监管二级市场。

除上述的外国债券外,一部分借款人为了达到一定的融资目的,发行一种特殊的指数型债券,名叫"双重货币债券"(Dual Currency Bonds),即对债券的息票用一种货币标价和支付,而本金支付却用另一种货币。当两种货币的收益曲线相差很大时,双重货币债券特别具有吸引力。一般说来,双重货币债券的息票高于市场平均息票率,但是用利率较低的币种支付,而本金偿还则用强势币种(利率较高的币种)。由于两种货币的远期汇率之间的相互关系,到期的强势货币本金偿还额将超过用当前现货价表示的价值。因此投资者的收益率实际上是以两种货币之间远期汇率为基准的指标的一种指数。

尽管我们对基础的股权工具和基础的债券工具进行了比较严格的区分,但在实际中,有一些基础的金融工具的确既(有时)属于债券又(有时也)属于股权类资产,即为"脚踏两只船"的金融工具。例如,优先股的股息是在盈利分配中获得事先确定的比例,这就具有了债券的特征,与债券不同的是，在遇到股息无法完全支付的年份，不支付优先股的利息不算违约；又如可转化债券，发行时它是债券，若在特定的条件和时期它被转化为公司的一定数量股份，它就成了股票。其实，我们对一些特殊的金融工具进行硬性分类，那可能是为了满足某种需要，或者是为了某种方便而已。换一名研究者，他有可能会不满意我们这种做法。

第二节 债券期货

在资本市场上，除股票指数期货之外，债券期货(bond futures)则是交易最频繁的金融期货，目前国际上大多数主要的期货交易所都至少提供一种此类合约。

虽然股票指数期货与债券期货有区别，即前者以一个抽象指数为基础资产，后者却以有形的资产作为基础资产，但两者在定义，合约的规范化，以及交割机制上都有着许多相似之处，因此可以类似于上一节讨论过程来解释债券期货。

一、债券期货合约的定义及其规范化

与股票指数期货合约一样，债券期货合约是交易双方就将来某一确定的时间以一定的价格购买或出售某一种特定债券而签订的协议。

在期货交易所中，国债期货是最受普遍关注的。即国债期货合约持有人能够在事先约定的未来某时刻购买由政府担保的债券。这样，国债期货也就成为期货市场上一种最基本的金融工具，或者说是资本市场的一种基本的衍生工具。下面我们就结合国债期货合约来讨论债券期货的标准化。如同股票指数期货合约一样，债券期货合约的标准化也涉及交割单位、交割时间、交割地点以及报价单位等条款。现以伦敦国际金融期货交易所(LIFFE)即将推出的德国国债期货合约规格设定作为例子，来理解国债期货标准化的概念，见表2-2-1。

表2-2-1只展示了一种国债期货合约的规格。虽然各种不同的交割国债所涉及的质量规格、数量规格、交割时间、交割地点及其价格波动等都有着共同之处，但对于不同的国债期货合约在合约面额、最小价格变

动、变动价值以及交割品种要求等地方不一定都完全一致。

表 2-2-2[①] 概括地介绍其他一些主要国债期货合约。

表 2-2-1 伦敦国际金融期货交易所的德国国债期货

交易单位	息票率为 6%，名义本金为 10 万欧元的名义德国国债
交割月	3月、6月、9月、12月
交割日	交割月的第 10 个日历日，如果不是法兰克福的营业日则顺延
最后交易日	交割日的前 2 个法兰克福营业日法兰克福时间 11:00
报价单位	每 100 欧元名义值
最小价格波动	0.01(10 欧元)
APT 交易时间	7:00—17:55
合约标准	用以交割的德国国债必须在 LIFFE 上市，发行量至少为 20 亿欧元，在交割月的第 10 个日历日距到期日的时间间隔在 8.5~10.5 年。交割可以通过(1) Deutsche Borse 清算所、(2) Euroclear 或 (3) Cedel S. A. 的账户进行
交易所交割清算价	最后交易日法兰克福时间 11:00 的 LIFFE 市场价格，每一种可交割德国国债的发票金额用价格因子系统计算得出，可交割德国国债和它们的价格因子的最后清单由交易所在交割月最后交易日的 10 个市场日前宣布

表 2-2-2 一些主要国债期货合约

品种/交易所	合约单位	最小价格变动	价值	交割品种要求
20 年期 8% 长期国库券/CBOT，LIFFE，SFE	10 万美元	1/32	31.25 美元	至少 15 年期的美国长期国库券
10 年期 8% 中期国库券/CBOT	10 万美元	1/32	31.25 美元	6.5~10 年的中期美国国库券
5 年期 8% 中期国库券/CBOT	10 万美元	1/64	15.625 美元	4.25~5 年的美国国库券

① CBOT：芝加哥期货交易所；LIFFE：伦敦国际金融期货交易所；TSE：东京股票交易所；SFE：悉尼期货交易所。

续 表

品种/交易所	合约单位	最小价格变动	价 值	交割品种要求
2年期8%中期国库券/CBOT	20万美元	1/128	15.625美元	1.75～2年到期的美国国库券
长期英国政府债券（金边债券）/LIFFE	5万英镑	1/32	15.625英镑	10～15年到期的英国政府债券
10年期6%日本政府债券/TSE, LIFFE	1亿日元	0.01	1万日元	6.5～10年到期的日本政府债券
20年期6%日本政府债券/TSE	1亿日元	0.01	1万日元	至少15年后到期的日本政府债券

在芝加哥交易所，最普遍的长期债券合约要算美国长期国债期货。由表2-2-2最后一栏可见，对于长期国债期货合约，期限至少15年且在该期间不可赎回的任何政府债券都可以进行交割。其次，交易较频繁的是中期（10年或5年）国债期货合约，对于这类国债期货合约，期限在6.5～10年或在4.25～5年的任何政府债券都能进行交易。

在维护合约的标准化方面，债券期货市场和股权期货市场一样，债券期货交易商必须就每份合约向交易所缴纳保证金，实行逐日盯市制，保证金在合约到期后全部退出。然而在长期国际期货市场上，由于保值合约往往长达数月之久，因此挂在账上的保证金就构成显著的交易成本。对于长期债券期货市场出现的这一突出问题，期货交易所通常采用如下一些办法来进行缓解：

第一，期货交易者可以通过缴纳能够生息的证券作为保证金；

第二，有些交易所除了现金之外，也同意接受一些像长期国库券这样的证券，用于保证金账户清算；

第三，也有的交易所同意支付保证金的利息；等等。

上述这些方法在不同的程度上降低了期货交易者保证金的利息成本。尽管如此，由保证金增加的交易成本还是不能完全消除，实际因素诸多，譬如，保证金账户的利率通常要比其他地方低。

二、可交割债券与名义债券

前文已提到过,对于长期国债期货合约,要求空方可以选择最低有效期限 15 年且在 15 年内不可赎回的任何一种国债进行交割。这就需要对那么多种国债进行定价,并且能够相互折算。期货交易所选定一种名义债券(notional bond)期货合约,并对其进行标价。这种名义合约要求年息票率为 8% 每半年支付一次利息、最低有效期限 15 年的国债。其他一些债券可以通过使用一种折算系数转换成标准债券。这种折算系数被称为转换因子(conversion factor)。空头方交易时收到的价款等于名义期货价格乘以转换因子再加上交割债券的累计利息,我们可以用以下数学公式来表达:

空头方收到的价款＝名义债券期货报价×交割债券的转换因子
　　　　　　　　＋交割债券的累计利息

空头方收到的价款又被称为发票价格(invoice amount)。如果不包括交割债券的累计利息,交割债券的转换因子乃为发票价格与名义债券期货报价的比,或者认为发票价格是名义债券期货价格的转换因子倍数。

若引进记号,I_a 表示发票价格,F_p 表示名义期货价格,C_F 表示转换因子,A_C 表示累积利息,则上式可表示成:

$$I_a = F_p \times C_F + A_C \text{。} \tag{2.2.1}$$

例 2.1:已知名义国债期货价格为 111 - 11,空方所选择的交割债券的转换系数为 1.089,在交割时每一面值为 100 美元的债券的应计利息为 3.4 美元,问:在交割时,空方交割每一面值为 100 美元的债券,发票价格等于多少?

解:已知 $F_P = 111\text{-}11 = 111\dfrac{11}{32} = 11.34375$,$C_F = 1.089$,$A_C = 3.4$,由式(2.2.1)得

$$I_a = 111.34375 \times 1.089 + 3.4 = 124.65(\text{美元}),$$

即发票价格(空方收到的价款)是 124.65 美元。

在计算转换因子时,芝加哥交易所为了方便,将到期日和付息日四舍五入取整数到最近的 3 个月。若债券的有效期限为 6 个月的整数倍,则假定下一次付息日是在 6 个月后。若债券有效期限是 3 的倍数有余,则假定在 3 个月后付息。下面,我们举两个例子来加以理解。

例 2.2:某一可交割的长期国债年息票率为 6.50%,距到期日有 24 年,请计算转换因子。

解:该债券到期日距今 24 年,为 6 个月的整数倍。假定在 6 个月后第一次付息,以后每 6 个月付息一次,24 年后到期支付本金。相应的名义债券年贴现率为 8%,每半年名义贴现率为 4%,则每 100 美元面额债券的现值为

$$\sum_{i=1}^{48} \frac{3.25}{1.04^i} + \frac{100}{1.04^{48}} = 84.1037 \text{(美元)},$$

因此,转换因子为

$$C_F = \frac{84.1037}{100} = 0.841037。$$

例 2.3 某一可交割的长期国债年息票率为 12%,距到期日有 18.25 年,求转换因子。

解:该债券到期日距今 18 年 3 个月,为 3 个月的整数倍。假定下一次付息在 3 个月后,18 年又 3 个月后到期归还本金,现将所有将来息票支付的现金流贴现到距今 3 个月后的时点上,这种情况下 100 美元债券的现值为

$$\sum_{i=0}^{36} \frac{6}{1.04^i} + \frac{100}{1.04^{36}} = 143.81656 \text{(美元)}。$$

由于 3 个月期的名义利率为 $1.04^{1/2}-1$,即 1.9804%,因此将上面 3 个月后债券的现值贴现到当前,其价值为

$$\frac{143.81656}{1.019804} = 141.0237 \text{(美元)}。$$

用这个价值减去债券所附有的利息 3 美元,获得债券的价值为

138.081 96 美元，从而转换因子为

$$C_F = \frac{138.081\ 96}{100} = 1.380\ 819\ 6\ (美元)。$$

上述两个例子表明：对于一份既定的期货合约，各种不同的交割债券都有与它相对应的转换因子。就是说，可交割债券的息票率和期限不同，其转换因子不一定相等。在其他条件一致的情况下，息票率高于8%，转换因子大于1.0，息票率低于8%，转换因子小于1.0，或者说，高息票率债券的转换因子要高于低息票率债券的转换因子。

对于每种可交割债券的转换因子，由期货交易所计算后公布，这极大地方便了债券期货的交割工作。

三、最便宜的交割债券

在期货交易所，国债期货合约的空方始终掌握着交割的主动权，他可以选择任何一种符合条件的国债进行交割①。这样，如果金融市场上有多种息票率和期限不同的国债可供交割使用，那么空方在交割债券时就有多种选择的可能性。例如，在芝加哥期货交易所，大约有30种国债可以用来交割长期国债期货合约。由于各种不同的交割债券各自对应的转换因子有差别，由式(2.2.1)所确定的发票价格就不一定相等，于是空方选择的交割债券所付出的成本就有"高"与"低"之分。也就是说，空方能在较多的可能选择之中选择一种最便宜的债券（cheapest-to-deliver bond）来进行交割。下面，我们就讨论哪种债券为最便宜的交割债券这样的问题。

式(2.2.1)表示空方在交割时所收到的金额，而他从现货市场上直接购买债券的成本为债券报价外加应计利息，其数学表达式为

$$B_n = P + A_C, \qquad (2.2.2)$$

式中，P 表示交割债券价格，A_C 表示应计利息，B_n 表示持有债券的成本。

式(2.2.2)减去式(2.2.1)的结果表示空方的净成本，即

---

① 这里的讨论集中在长期国债期货合约上，讨论的结果也适用于其他国债期货合约。

$$C_B = B_n - I_a = P - F_P \times C_F \text{。} \quad (2.2.3)$$

使上述成本 C_B 达到最小的债券就是最便宜的交割债券。由此可见,确定最便宜可交割债券的主要步骤大致如下:

第一,明确各种可供交割的债券及其市价;

第二,计算转换因子;

第三,求出空方的净成本。

例 2.4 国债期货合约的空方现在可从表 2-2-3 的 6 种债券中选择一种债券来进行交割,假定名义债券的期货价格 112-16,那么交割每种债券的成本分别为:

$$C_{B1} = 105 - 112.5 \times 0.9155 = 2.0063,$$
$$C_{B2} = 112.0625 - 112.5 \times 0.9860 = 1.1375,$$
$$C_{B3} = 119.5 - 112.5 \times 1.0546 = 0.8575,$$
$$C_{B4} = 122.0625 - 112.5 \times 1.0795 = 0.6188,$$
$$C_{B5} = 127.5938 - 112.5 \times 1.1298 = 0.4913,$$
$$C_{B6} = 150.4688 - 112.5 \times 1.3322 = 0.5963,$$

式中,$C_{Bi}(i=1,2,\cdots\cdots,6)$ 表示第 i 种债券的交割净成本。经过比较,发现第 5 种债券为最便宜的交割债券。

表 2-2-3 6 种债券的净成本

债 券	1	2	3	4	5	6
息票率(%)	7.25	7.625	8.5	8.75	9.25	11.25
期限(年)	29.25	28.75	26.75	24	22.75	21.75
债券价格	105-00	112-02	119-16	122-02	127-19	150-15
转换因子	0.9155	0.9860	1.0546	1.0795	1.1298	1.3322
净成本	2.0063	1.1375	0.8575	0.6188	0.4913	0.5963

债券期货市场的定价是由供需因素决定的,其价格的波动受到最便宜的交割债券、无风险利率与期货价格之间的内在联系的制约。假如相对于最便宜的可交割债券来说,期货价格过高,投资者就可以一面出售期

货；一面在现货市场上买入长期国债以从中套利。假如情况相反,就存在反方向的套利机会。

特别地,在收益率曲线上升时,那些持有固定收入资产的机构投资者可以在不改变投资组合的前提下通过售出债券期货来完成保值目标。这就是机构投资者热衷于债券期货保值的原因所在。

第三节 债 务 期 权

根据期权的基本特征,即它赋予合约持有者一种权利,而非义务,债务期权与股权期权定义基本一致,两者所不同的仅仅是它们所对应的基础资产不同。基本的股权期权是以股票、股票指数为基础资产,而基本的债务期权则是以本章第一节和第二节中所提到的那些基本的债务工具为基础资产,如政府债券、公司债券、抵押证券、中长期国债期货等均可作为债务期权的基础资产。由于作为债务期权的基本债务工具的价格与利率紧密相联系,因此国外大多数学者将债务期权称为利率衍生证券,或利率期权。当然利率衍生证券(利率期权)所涉及的基础资产既包括 1 年以下的短期融资工具,又包括 1 年以上或更长时期的融资工具。而我们在这里所说的基础债务工具属于资本市场的融资工具,对于那些短期的债务工具,我们将放在下一章(基本的货币市场工具)中论述。为了将资本市场上债券期权与货币市场上债券期权这两种概念加以区别,这里我们借用"债务期权"来反映资本市场上的债券期权特征,下一章我们将用"短期的利率期权"来概括货币市场上的债券期权。

如同股权期权一样,债务期权也有柜台交易和交易所交易之分。在交易所交易的债务期权合约有着它自己一定的标准规定,如对基础资产、最小价格变动、执行价格、期权费、到期日、执行日、头寸限制等方面都进行明确的规定。各交易所都实行保证金制度,但各交易所的保证金机制是有差异的。有的交易所要求债券期权交易者按保证金的全部金额足额存入保证金余额账户,当基础资产价格变化时,客户必须相应调整其保证金余额。另一种保证金机制为风险基点系统(risk-based system)。这种机制的运行方式是:对于给定的基础资产价格改变量,预测(估计)总体组合价值变动的期望值,债券期权的买方和卖方都必须按基础资产的风险值调整其保证金余额。这一机制,目前已越来越多地被投资者接受。

与股权期权完全一样,债务期权也只有看涨期权和看跌期权这两种基本类型。每一种基本的债务期权都包括购买与出售两种部位,这样,两种基本的债务期权合约就衍生出 4 种部位,即:看涨债务期权多头;看涨债务期权空头;看跌债务期权多头;看跌债务期权空头。如果合约可在到期前的任何一天执行,则称之为美式债务期权;若合约规定在到期日当日执行或放弃,称之为欧式债务期权。我们只要重新定义债务期权的基础资产(债券)价格为 B,到期日(T)的价格为 B_T,以此来代替前述的股权资产价格 S 和 S_T,4 种部位的欧式债务期权的损益状态就完全如图 1-4-1 和 1-4-2 所示的那样。在不考虑债务期权的初始成本的情况下,欧式看涨债务期权多头的损益为

$$\max(B_T - X, 0)。$$

欧式看涨债务期权空头的损益为

$$\min(X - B_T, 0),$$

或者

$$-\max(B_T - X, 0)。$$

欧式看跌债务期权多头的损益为

$$\max(X - B_T, 0)。$$

欧式看跌债务期权空头的损益为

$$\min(B_T - X, 0),$$

或者

$$-\max(X - B_T, 0)。$$

通常情况下,

债务期权总价值=债务期权内在价值+债务期权时间价值。

综上所述,债务期权与股权期权有着许多相似之处。

但由于债务工具的价格取决于利率,如当利率下降时,债券价格上升,当利率上升时,债券价格下降。因此可以认为债务期权是一种能提供以事先约定的最小或最大利率进行借款或贷款的选择权的金融工具,这是债务期权的另一种意义。与股权期权相比,债务期权具有这种双重特性(债务期权和利率期权),以及债务工具(作为期权的基础资产)的多样性,这些决定了债务期权的复杂性。本章将围绕在交易所交易的和在柜台交易的各种不同的金融工具,来介绍一些重要的基本债务期权工具,为后面建设复杂的金融工程系统服务。

一、中长期国债期货期权

在芝加哥交易所内,最常见的期货期权合约是长期国债期货期权、中期国债期货期权和欧洲美元期货期权。就是说,在债务期权市场上中长期国债期货期权是一类最基本的衍生工具。需注意,这类期权的基础资产是长期或者中期国债期货。为简单起见,下面我们仅以长期国债期货期权为例来说明该类期权合约的若干规定[①],及其损益情况。

就合约的规模而言,在芝加哥期货交易所交易的每一份长期国债期货合约与每一份长期国债期货期权合约的面额一样,均为 10 万美元。这两种不同的合约选择这样一种规模是比较适当的。因为合约规模过小,交易成本就会较高;如果合约规模过大,许多希望持有较小头寸的投资者或希望对冲较小风险头寸的投资者就很难利用期货合约或期货期权合约来进行交易。

长期国债期货合约是一种以现货国债为基础资产的简单衍生工具,而长期国债期货期权则是一种以国债期货为基础资产的复杂衍生工具。国债期货期权合约持有者具有一种权利而没有义务,这一点使得期权合约不同于国债期货合约,国债期货期权的价值总是非负的,天底下没有免费的午餐,该期权的多头必须支付一定的期权费,才能拥有这种权利。长期国债期货与相应的期权合约的这两种不同特征,导致这两种合约的报价方式不相同。CBOT 的长期国债期货价格是以美元和 1/32 美元的倍

[①] 中期国债期货期权合约的规定与长期国债期货期权合约的规定几乎一样。

数来标价的,最小价格变动单位为 1/32 美元。例如,芝加哥交易所交易的 8%,20 年期限国债 6 月份交割的期货合约价格为 95—12,即期货价格等于 95.375 美元。长期国债期货期权的标价为合约的债券面额的百分比,最小价格变动单位为 1/64 个百分点。因此它的标价单位的一点等于期货的一点的一半。例如,一份 6 月份看涨的长期国债期货期权的价格为 4—42,就是说购买这样一份期权合约需要支付 4 656.25 美元的期权费。

对于每一种期货合约,以固定间距围绕即期期货价格的一组协定价可用于看涨与看跌期权。对于美国长期国债期货期权,其执行价的间隔为两点。期权合约的执行价取决于基础期货的价格。如果国债期货按票面价值交易,那么 96、98、100、102 和 104 将是看涨和看跌期权的可用的执行价。

通常,接近基础期货价格,至少有 6 个可用的期权执行价。当国债期货价格变动时,在即期水平的上方与下方必须至少要有 2 个合约。因此交易所可以引进新的期权合约,以使在交易日至少有 6 种期权合约可供交易。

在芝加哥交易所,6 月份到期的长期国债期货合约报收于 95—24(期货标价按 1/32 为变动单位),相应日期的 6 月份合约的看涨与看跌期权的期权费被显示在表 2-3-1 中。

表 2-3-1　6 月份长期国债期货期权的期权费

执 行 价 格	6 月份看涨	6 月份看跌
92	4—42	1—01
94	3—20	1—37
96	2—10	2—25
98	1—20	3—32
100	0—49	4—61
102	0—28	6—36

资料来源:《华尔街日报》。

由表 2-3-1 可见,任何看涨期权的净价为其执行价加上期权费,而看跌期权的净价为执行价减去期权费。例如,一位购买一份执行价格为

96 的看涨期权投资者的盈亏平衡成本为 $98\frac{10}{64}$，而一份同样执行价的看跌期权多头的盈亏平衡的出售价格为 $93\frac{39}{64}\left(96-2\frac{25}{64}\right)$。

二、利率上限、利率下限与双限

上述的中长期国债期货期权是在交易所内交易最广泛的以利率为基础变量的期权。相应地，在交易所以外的市场上也有一类交易十分活跃的利率期权，这类期权是利率上限（caps）、利率下限（floors）以及利率双限（collars）等。下面，我们就来具体说明之。

（一）利率上限

利率上限是一方通过支付一定费用获得在未来某个时期借款的浮动利率不超过某一确定利率的权利的合约，利率差额由另一方支付。一份利率上限提供了对最高利率限制性的保护。当 LIBOR 超过协定的执行价格一定幅度后，利率上限的持有方可以获得一定的赔偿。天底下没有免费的午餐，像期权的多头方一样，利率上限的购买者需要支付一笔费用。通常预付费用的报价按标的物面值的百分比计算。例如，购买一份面值 1 000 万美元的利率上限的投资者需支付 1.25% 的预付费用，即支付 12.5 万美元。

通常利率保证由合约双方协定，期限可以是 10 年以内的任意年限。一份典型的利率上限保证一个最大利率，以 3 个月 LIBOR 作为季度利率，每季度结算一次，期限 5 年。

运用利率上限策略可以防范利率升高而带来的风险，当然在利率下降时同样获利。在每个开始确定利率的那天，若市场利率比利率上限值大，利率上限多头有效地将借款利率控制在这个上限值，从而消除高利率的影响；若市场利率比利率上限值小，借款者就以现行市场利率支付利息，享有低利率的好处。

显然利率上限可以看成为若干个单期上限（caplet）的结合。例如，对于一份 5 年期每 6 个月按 6 个月 LIBOR 重新调整利率、名义本金为

1 000万美元的利率上限,共有 10 次利率调整,具体数值如表 2-3-2 所示。假定上限利率为 9.05%,这相当于 10 个单期上限,其中第 5 个单期上限至第 9 个单期上限提供了第二年末至第 4 年末 6 个月 LIBOR 的保护,并且分别产生了 1 万美元、3.5 万美元、4.75 万美元、2.25 万美元和 1 万美元的收入,合计为 12.5 万美元的收入。

表 2-3-2 利率上限的溢差

序 号	时间(年)	6 个月 LIBOR(期初)	溢 差	应付款(期末)
0	0	8.25%	——	——
1	0.5	8.00%	——	$0
2	1	7.75%	——	$0
3	1.5	8.00%	——	$0
4	2	9.25%	0.20%	$0
5	2.5	9.75%	0.70%	$10 000
6	3	10.00%	0.95%	$35 000
7	3.5	9.50%	0.45%	$47 500
8	4	9.25%	0.20%	$22 500
9	4.5	9.00%	——	$10 000
10	5	——	——	
合计				$125 000

购买利率上限的作用是锁定筹资成本。在上例中,如果投资者支付 1.10%的预算费用,即支付 11 万美元,那么他通过购买利率为 9.05%的利率上限,可以锁定最高成本(9.05%+1.10%=10.15%)。

一般,假定利率上限为 i_x,A 为本金,τ 为保护期时间长度,期限为 T,整个期限包括 $0, \tau, 2\tau, \cdots\cdots, n\tau$ 时刻,i_k 为第 k 个保护期重定利率日的利率($k=1, 2, \cdots\cdots, n$),利率上限的利息支付要延迟到保护期期末,则利率上限的出售方在每个保护期末必须向那个借款人支付金额:

$$\tau A \max(i_k - i_x, 0), k=1, 2, \cdots\cdots, n 。 \qquad (2.3.1)$$

因此,可以把利率上限看成是一个基于 i_x 的看涨期权的组合。

例： 如表2-3-2所示，第5个保护期至第9个保护期重定利率日的利率分别为

$i_5=9.25\%$，$i_6=9.75\%$，$i_7=10.00\%$，$i_8=9.50\%$，$i_9=9.25\%$。

由于利率上限设定为9.05%，于是利率上限的出售方在第5个至第9个保护期末须支付的金额分别为

$$0.5 \times 10\,000\,000 \times 0.002 = 10\,000（美元），$$
$$0.5 \times 10\,000\,000 \times 0.007 = 35\,000（美元），$$
$$0.5 \times 10\,000\,000 \times 0.009\,5 = 47\,500（美元），$$
$$0.5 \times 10\,000\,000 \times 0.004\,5 = 22\,500（美元），$$
$$0.5 \times 10\,000\,000 \times 0.002 = 10\,000（美元），$$

这就是表2-3-2第5栏中的数据。

为了将式(2.3.1)所示的期权归结为一类规范性期权，我们必须将单期上限贴现至保护期初。设第k个保护期内的远期利率为f_k，以此来作为第k个保护期的贴现率，这是比较合理的。这样，利率上限的出售方在第k个保护期末支付金额的期初现值为

$$\frac{\tau A}{1+\tau f_k}\max(i_k - i_x, 0)。 \tag{2.3.2}$$

这就能够把每个单期上限看成一个基于第k个保护期间的利率的欧式看涨期权，每个期权的本金为$\tau A/(1+\tau f_k)$。

把利率上限归结为利率的欧式看涨期权，将有助于我们对它进行科学定价。

(二) 利率下限

利率下限为利率上限的另一个方面的问题，是一方通过支付一定费用获得在未来某个时期以不低于某一确定利率(下限利率)的LIBOR利率贷出名义本金的权利的合约，利率差额由另一方支付。一份利率下限保证了最低利率水平，可以看成看跌期权的组合。由于利率下限与利率上限属于一对镜像问题，讨论过程相似，因此这里从略，请读者自己去思考。

(三) 利率双限

所谓利率双限实际上是一份利率上限和一份利率下限的组合,所以也称为利率上下限。利率双限的多头相当于买入一份利率上限的同时卖出一份利率下限,可以在未来某个时期名义上以不超过上限利率但是不低于下限利率的浮动利率借入名义本金。如果上限约定的利率在借款人承受能力之内,下限约定的利率定得相当高,卖出后就能获得一定收入,那么利率双限既能防范利率风险,又能同时降低成本。

例如,上述的那位借款人需要在 5 年内按 6 个月 LIBOR 支付浮动利率,他决定购买一份上限利率为 9.05%、下限利率为 8.00% 的利率双限来进行保值。这份利率双限当 LIBOR 高于 9.05% 时给予持有人保护;但当利率低于 8.00% 时持有人必须支付超额部分。综合起来的效果是使持有人在上下限之间以浮动利率借款,并且锁定了 9.05% 的最大利率和 8.00% 的最小利率。

由于利率双限是由两份期权组成的,因此它的定价也应该由其构成部分的期权的各自价格给出。利率双限的购买者所支付的期权费就完全取决于他所选择的利率上限值和利率下限值。如果合理制定上限和下限,就有可能产生零成本的利率双限;如果利率上限头寸为价内,而利率下限头寸为价外,那么购买者必须支付期权费。与单纯的利率上限相比,借款人通过出售一份利率下限,实际上放弃了一部分潜在收益,因此利率双限多头的成本比单独购买一份利率上限要低。

表 2-3-3 显示了上述那位借款人需要在 5 年内按 6 个月 LIBOR 支付浮动利率的 3 种筹资情况。第一,未保护情况的现金流及其筹资成本;第二,单独购买一份利率为 9.05% 的利率上限时现金流情况;第三,购买一份利率双限的现金流情况,即购买一份上限利率为 9.05%、下限利率为 8.00% 的利率双限。

经过计算(应用第四节中利率上限与利率下限的定价方法),借款人出售利率为 8.00% 的利率下限所获得的期权费占本金的 1%,即获得 10 万美元。结合上例的分析结果,现在构成的利率双限期权费仅有基础资产的面值的 0.10%(1.10%-1%)。

表 2-3-3 利率上限与利率双限的现金流

序号	时间(年)	6个月LIBOR(期初)	溢差	未保护现金流	利率上限现金流	利率双限现金流
0	0	8.25%		+1 000	+989	+999
1	0.5	8.00%		−41.25	−41.25	−41.25
2	1	7.75%	−0.25%	−40.00	−40.00	−40.00
3	1.5	8.00%		−38.75	−38.75	−40.00
4	2	9.25%	0.20%	−40.00	−40.00	−40.00
5	2.5	9.75%	0.70%	−46.25	−45.25	−45.25
6	3	10.00%	0.95%	−48.75	−45.25	−45.25
7	3.5	9.50%	0.45%	−50.00	−45.25	−45.25
8	4	9.25%	0.20%	−47.50	−45.25	−45.25
9	4.5	9.00%		−46.25	−45.25	−45.25
10	5			−1 045.00	−1 045.00	−1 045.00
净筹资成本				8.87%	8.85%	8.67%

由表 2-3-3 可见，借款人在未采取任何防范利率风险的情况下，净筹资的利率（成本）为 8.87%；当采用利率上限策略时，净筹资利率下降为 8.85%；最后采取利率双限，净筹资利率又下降至 8.67%，即筹资成本达到最低。

（四）平均利率的利率上限、利率下限以及双限

无论是利率上限、利率下限，还是利率双限，这些金融工具都与特定的 LIBOR 有关，因而常会产生不可避免的基差风险。尤其是对那些频繁不断地需要进行浮动利率商业票据筹资的公司来说，它们需要防范整个期限的利率风险，而不仅仅是个别时点的利率风险。公司的财务监管人士们都希望通过利率上限、利率下限以及利率双限来加强对整个多时期利率风险的控制。这样就引申出平均利率上限、平均利率下限以及平均利率双限这类新的金融衍生产品。这些新的金融工具是基于协定利率的

整个时期平均浮动利率(而不是单一的浮动利率)的期权的组合,可以进一步降低基差风险。

实施平均利率上限、利率下限以及利率双限的策略过程基本上与普通的利率上限、利率下限以及利率双限的策略过程类同,在此不赘述。

第四节 债券期权的定价

与股票期权相比,债券期权有其特殊性。股票期权的基础资产是股票或股票指数,其未来的价值在零和无穷大之间变动;而债券期权的基础资产是依赖于利率的证券,其未来价值必定在零和赎回价格之间变动。债券价格波动率始终保持常数的假设就很难成立。如在债券接近到期日按面值赎回时,其波动率趋于零;而债券处于有效期限的中间时,其波动率显著异于零。这表明:对于股票、股票指数期权的假设难以全部适合债券期权。从而,第一章所描述的 Black-Scholes 模型不一定都适用于债券期权的定价。就是说,债券期权的定价有它的独特性。

一、长期债券的短期期权定价公式

长期债券的短期期权定价属于债券期权中一种简单问题,是可以直接应用 Black-Scholes 模型的。这是因为基础资产为债券的期权的期限比债券的期限短,债券与债券期权的关系就如同股票与股票期权关系一样,我们有理由假设债券期权在其期限内波动率不变。

例:

B:债券现值

I:债券在期权期限内息票利息的现值

X:债券期权的执行价格

T:债券期权的到期日

$\tau = T - t$:债券期权的期限

σ:债券价格的波动率

r:期限 τ 的无风险即期利率

根据第一章中 Black-Scholes 模型,可得到 t 时长期债券的短期欧式看涨和看跌期权的价值：

$$c = (B-I)\Phi_0(d_1) - e^{-r\tau}X\Phi_0(d_2), \quad (2.4.1)$$

$$p = e^{-r\tau}X\Phi_0(-d_2) - (B-I)\Phi_0(-d_1); \quad (2.4.2)$$

式中

$$d_1 = \frac{\ln[(B-I)/X] + (r+\sigma^2/2)\tau}{\sigma\sqrt{\tau}},$$

$$d_2 = \frac{\ln[(B-I)/X] + (r-\sigma^2/2)\tau}{\sigma\sqrt{\tau}}。$$

如果考虑的基础资产为零息票债券，那么上式中的 I 就等于零。

由式(1.5.54)可以想象，债券远期价格与债券现价之间存在着如下关系

$$F = (B-I)e^{r\tau}。 \quad (2.4.3)$$

运用 ITO 定理，把上式代入式(2.4.1)和(2.4.2)中，便可获得 t 时债券远期的欧式看涨和看跌期权价值：

$$c = e^{-r\tau}[F\Phi_0(d_1) - X\Phi_0(d_2)], \quad (2.4.4)$$

$$p = e^{-r\tau}[X\Phi_0(-d_2) - F\Phi_0(-d_1)]; \quad (2.4.5)$$

式中，

$$d_1 = \frac{\ln(F/X) + \sigma_F^2\tau/2}{\sigma_F\sqrt{\tau}},$$

$$d_2 = \frac{\ln(F/X) - \sigma_F^2\tau/2}{\sigma_F\sqrt{\tau}},$$

σ_F 表示债券远期价格的波动率。

类似于股票欧式看涨与看跌期权之间的平价关系，债券期权满足如下形式的看涨与看跌之间的平价关系：

$$c + Xe^{-r\tau} = p + Fe^{-r\tau}。 \quad (2.4.6)$$

二、债券期权的二项定价方法

本节一开始就指出,一般情况下 Black-Scholes 模型不能有效地为债券期权定价。主要原因是:

第一,期权的基础资产债券在到期日应按平价交易,所以,随着时间接近到期日,债券价格的波动率将不断地下降,不能假设波动率保持不变;

第二,债券是一种依赖于利率的证券,债券价格的波动率不是固定不变,其收益分布会不一样,不能假设短期利率保持不变。

为了有效地为债券期权定价,人们从认识短期利率 i 的随机过程开始来探讨债券及其期权的定价问题,创建了许多债券(利率)期权的定价模型。这里,我们主要来说明 Rendleman and Bartter(1979)提出的债券期权二项定价方法。

Rendleman-Bartter 假设短期利率 i 服从如下形式的几何布朗运动:

$$di = midt + sidZ, \qquad (2.4.7)$$

式中,常数 m、s 分别表示短期利率 i 的期望增长率和波动率,Z 与式(1.5.1)中的定义相同。

用二项方法来为债券期权定价的主要步骤如下:

首先,确定利率变化树型结构;

其次,确定树型上每一个分叉点处利率所对应的债券价值;

再次,确定债券期权的价值。

下面,我们将围绕上面的 3 个步骤来说明债券期权的二项定价过程。

(一) 债券利率的二项树模型

如果把期限等分为 n 个时间段,那么每一个时间段 $\Delta t = \dfrac{\tau}{n}$。假定在每一个时间段 Δt 内利率从开始的 i,不是上升至 iu,就是下降至 id,且利

率上升的概率为 p，下降的概率为 $q=1-p$，如图 2-4-1 所示。

根据上述假定，不难发现，参数 u、d、p、a 满足以下条件：

$$\begin{cases} u = e^{s\sqrt{\Delta t}} \\ d = e^{-s\sqrt{\Delta t}} \\ p = \dfrac{a-d}{u-d} \\ a = e^{m\sqrt{\Delta t}} \end{cases} \quad (2.4.8)$$

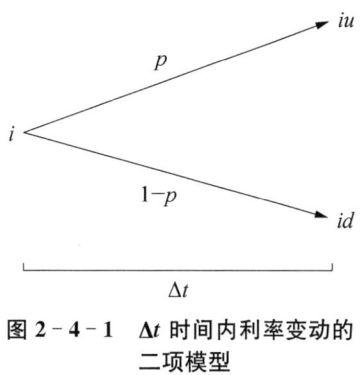

图 2-4-1 Δt 时间内利率变动的二项模型

一个完整过程的利率二项模型如图 2-4-2（箭头线与括号值）所示。人们形象地把它叫作二叉树图。

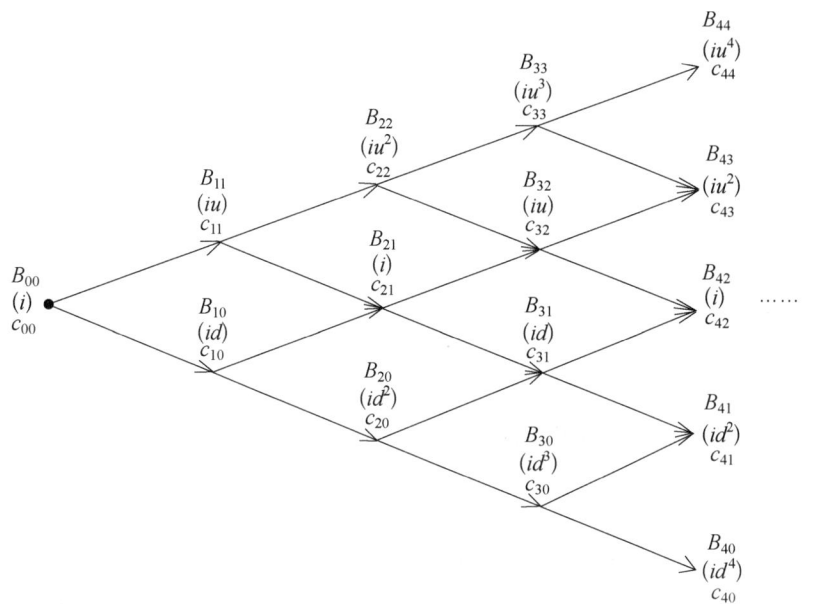

图 2-4-2 利率、债券及其期权值的二项树模型

一般情况下，在 $t+k\Delta t(k=0,1,2,\cdots\cdots,n)$ 时刻，各节点上利率的值是

$$i_{kj} = iu^j d^{k-j}, \quad j=0,1,2,\cdots\cdots,k。 \quad (2.4.9)$$

需注意,在图 2-4-2 中我们利用了关系式 $ud=1$。

(二) 确定节点处的债券价值

假定债券到期价格为 B,在每一个 Δt 时间段末支付 B_c 利息,我们可以通过从利率变动的二项树中倒推算出前每一个时刻的债券价值。若用 B_{kj} 表示在 $t+k\Delta t$ 时刻对应利率 i_{kj} 的价值,则有

$$B_{kj} = e^{-i_{kj}\Delta t}[pB_{k+1,j+1} + (1-p)B_{k+1,j} + B_c]. \qquad (2.4.10)$$

图 2-4-2 中各节点处利率值上方的字母分别表示债券的价值。

(三) 确定债券期权的价值

根据利率与债券价值的二项树模型,我们可以计算出执行价格为 X 的债券期权价值。

首先确定出债券期权到期日的价值:

$$c_{n,j} = \max(B_{n,j} - X, 0), \quad j = 0, 1, \cdots\cdots, n, \qquad (2.4.11)$$

然后由倒推算法,确定出期权到期日前每一个时刻的价值,即

$$c_{k,j} = e^{-i_{kj}\Delta t}[pc_{k+1,j+1} + (1-p)c_{k+1,j}]. \qquad (2.4.12)$$

图 2-4-2 各节点处利率值下方的字母分别表示对应的债券欧式看涨期权的价值。

类似地,我们可以获得债券欧式看跌期权值的二项树定价公式。只要下述看跌期权的边界条件

$$p_{n,j} = \max(X - B_{n,j}, 0), \qquad (2.4.13)$$

替换式(2.4.11),即可倒推算出看跌期权的价值。

同样,我们也可以导出债券美式看涨和看跌期权的二项树定价公式。由于债券美式期权在其有效期内任意一时刻都可以执行,因此,需要在每一个节点处对期权价值与提前执行所获得收益进行比较,方可确定美式期权的价值。对于美式看涨期权而言,边界条件为:

$$C_{n,j} = \max(B_{n,j} - X, 0), \qquad (2.4.14)$$

在到期日前,每一时刻的价值为

$$C_{k,j} = \max\{B_{k,j} - X, e^{-i_{kj}\Delta t}[pC_{k+1,j+1} + (1-p)C_{k+1,j}]\}。$$
(2.4.15)

对于美式看跌期权而言,边界条件为

$$P_{n,j} = \max(X - B_{n,j}, 0),$$
(2.4.16)

在到期日前每一时刻的价值为

$$P_{k,j} = \max\{X - B_{k,j}, e^{-i_{kj}\Delta t}[pP_{k+1,j+1} + (1-p)P_{k+1,j}]\}。$$
(2.4.17)

按照上述步骤,我们可以倒推算出初期时刻的期权价值。

(四) 例

为了进一步弄明白债券期权的二项定价过程,下面,我们举一个实例来具体地说明这种方法。

考虑一份执行价格为 $100(X)$、息票率为 8% (每年年末支付) 的 5 年期债券的 4 年期欧式看涨期权,面值为 100。当前的即期利率为 10% (i),短期利率的期望增长率为 $4\%(m)$,波动率为 $12\%(s)$。时间间隔 $\Delta t = 1$ 年。

由式(2.4.8)可计算出参数 u、d、p 与 a 的值。

$$u = e^{0.12} = 1.1275$$

$$d = e^{-0.12} = 0.8869$$

$$a = e^{0.04} = 1.0408$$

$$p = \frac{1.0408 - 0.8869}{1.1275 - 0.8869} = 0.6397$$

根据上述参数,首先由式(2.4.9),可以算出 1 年后 1 年可能的远期利率,如图 2-4-3 中括号中数据所示;

其次,由式(2.4.10)倒推计算出对应各节点处短期利率的债券价值,如图 2-4-3 中括号上方的数据所示;

再次,由式(2.4.11)先确定出该债券欧式看涨期权的边界值,再由式(2.4.12)从二项树图的末端开始向后倒推计算出每个节点(每个时刻)上的期权价值。

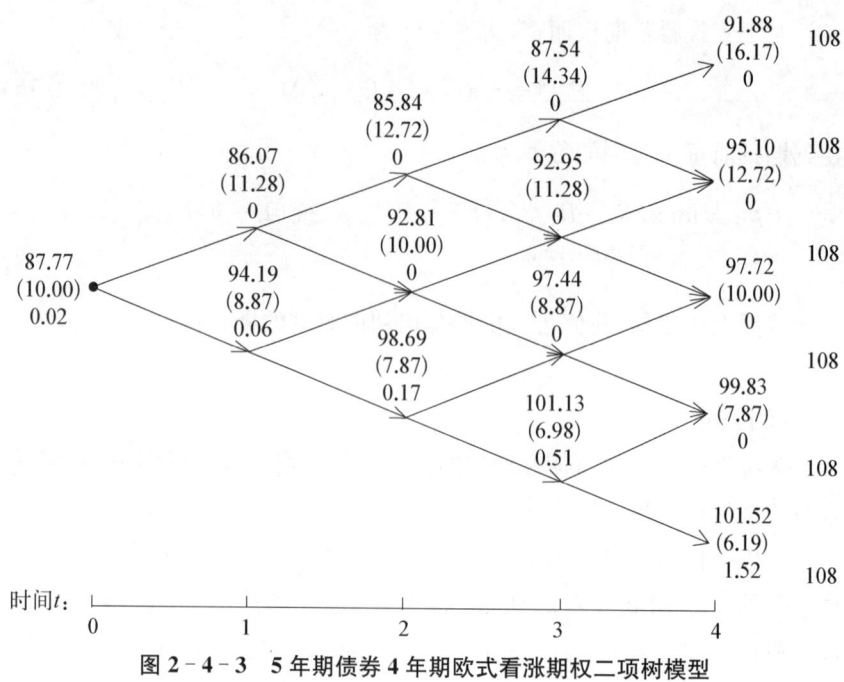

图 2-4-3　5 年期债券 4 年期欧式看涨期权二项树模型

从图 2-4-3 可见,这个债券欧式看涨期权在初始时($t=0$ 时)的价值为 0.02。

三、利率上限的定价公式

本章第三节,介绍了利率上限、利率下限及利率双限等产品,无论是其中哪一种利率期权,都是由若干个单期利率期权组合而成的。因此,在这些利率期权定价时,只要导出一般的单期利率期权的定价公式,再运用本书第二篇中所讲述的组合原理,很容易就可以获得完整的利率上限或利率下限或利率双限的定价公式。又鉴于这三种利率期权的定价原理相同,所以,本节只着重推导单期上限及利率上限的定价公式。

据上节所知,一旦一个利率上限的期限被理解为保护期时间长度均

为 τ 的 n 个单期上限,其中第 k 个单期上限的现值就如式(2.3.2)所示。如果市场利率超出上限利率,那么单期上限被执行,投资者在第 k 个期初就可获得 $\dfrac{\tau A}{1+\tau f_k}i_k$,支付 $\dfrac{\tau A}{1+\tau f_k}i_x$,获得一笔单期上限收入 $\dfrac{\tau A}{1+\tau f_k}(i_k-i_x)$,以补偿借款时的超额利息支付。这与股票欧式看涨期权非常相似,即 $\dfrac{\tau A}{1+\tau f_k}i_k$ 相当于 Black‐Scholes 定价公式[式(1.5.49)]中的股票价格 S,而 $\dfrac{\tau A}{1+\tau f_k}i_x$ 相当于股票期权的执行价格 X。

$$c = S\Phi_0(d_1) - Xe^{-r\tau}\Phi_0(d_2),$$

$$d_1 = \frac{\ln(S/X)+(r+\sigma^2/2)\tau}{\sigma\sqrt{\tau}},$$

$$d_2 = \frac{\ln(S/X)+(r-\sigma^2/2)\tau}{\sigma\sqrt{\tau}}。$$

由于 i_k 表示第 k 个保护期重定利率日的利率,因此,我们可以用远期利率 f_k 来替代 i_k;再注意到 S 是股票的现价,而 $\dfrac{\tau A i_x}{1+\tau f_k}$ 与 $\dfrac{\tau A f_k}{1+\tau f_k}$ 的差表示第 k 个保护期末支付额在第 k 个保护期初的现值,我们就可以作以下替代:

$$S = \frac{\tau A f_k e^{-r(k-1)\tau}}{1+\tau f_k},\ X = \frac{\tau A i_x}{1+\tau f_k}。 \qquad (2.4.18)$$

式中,r 表示在 $k\tau$ 时刻到期的股票期权的无风险利率。在把式(2.4.18)代入股票欧式看涨期权公式中的同时,用远期利率 f_k 的波动率 σ_f 替代股票价格波动率 σ,就可获得如下形式的单期上限的定价公式:

$$c_k = \frac{\tau A e^{-r(k-1)\tau}}{1+\tau f_k}[f_k\Phi_0(d_1) - i_x\Phi_0(d_2)],\ k=1,2,\cdots\cdots,n,$$

$$(2.4.19)$$

式中，

$$\begin{cases} d_1 = \dfrac{\ln(f_k/i_x) + \sigma_f^2(k-1)\tau/2}{\sigma_f\sqrt{(k-1)\tau}} \\ d_2 = \dfrac{\ln(f_k/i_x) - \sigma_f^2(k-1)\tau/2}{\sigma_f\sqrt{(k-1)\tau}} \end{cases} \tag{2.4.20}$$

实际上，利率上限的价格就是这些独立的单期上限的价格之和，即

$$c_{cap} = \sum_{k=1}^{n} c_k = \sum_{k=1}^{n} \frac{\tau A e^{-r(k-1)\tau}}{1+\tau f_k}[f_k \Phi_0(d_1) - i_x \Phi_0(d_2)]。 \tag{2.4.21}$$

对利率上限的深层次理解，将在本书下篇第六章第五节中论述。

第三章
基本的货币市场工具

资本市场包括所交易的工具的期限长于1年的金融市场，而在货币市场上，大多数工具的期限都是1年或1年以下。有关资本市场交易的一些基本工具，我们已经在前面两章介绍过。在这一章中，我们着重来讨论货币市场上的一些基本工具。

第一节 基础的货币市场工具

基础的货币市场工具可分为两大类，一类是非可转让债权的工具；另一类是可转让债权的工具。这两类基础的货币市场工具包括哪些东西呢？请见下文分解。

一、非可转让债权的货币市场工具

非可转让债权的货币市场工具有一个很活跃的一级市场，但相当大的部分没有二级市场，因此持有者不能交易这些资产。这类工具主要包括银行同业存款、回购和逆回购、联邦基金（美国）等一些基础债权。

（一）银行同业存款(interbank deposits)

银行同业市场(interbank markets)是一种以商业银行为主，有金融交易公司、各国交易所经纪人和有关客户参加而形成起来的国际货币交易市场。它主要是由现代化通信工具组成起来的通信网络，每天24小时都工作，主要进行利率工具和外币的现货、期货和期权交易。

银行相互之间利用银行同业市场进行借贷。由于这些市场上的利率反映了融资成本,因此它们充当了其他货币市场的基准利率。

由伦敦银行同业市场报出的利率LIBID以及LIBOR,是货币市场上用得最广泛的基准利率。除此之外,还有其他一系列可供参考的利率,如NYBOR(纽约)、SIBOR(新加坡)、FIBOR(法兰克福)、PIBOR(巴黎)、HIBOR(香港)和TIBOR(东京)等,都是最普遍的市场利率。

实际上,LIBOR并不是指单一的一个利率,是各个银行根据它们资金的需求状况报出的不同的LIBOR。鉴于这些,根据LIBOR支付息票的金融工具通常要精确地指出LIBOR为多少。例如,在一个典型的浮动利率票据的条款中,6个月期的LIBOR是指在上午11点钟,由伦敦6家有名银行标价的,去掉最高和最低利率,取余下4个利率的平均数,并四舍五入至1/16个百分点。

银行同业市场主要分为两个部分,即国内市场与欧洲市场。与国内市场上相同期限的同业存款相比,欧洲市场上的利率一般会高出几个基点。这反映了持有离岸资金所带来的虽然小但也可觉察得到的额外风险。市场管制越多,相应的利差会越大。例如美国国内的利率一般显著地低于欧洲美元利率。欧洲市场利率广泛地被其他带息资产作为参照的基准利率。在欧洲市场上,其他所有按浮动利率借款的人是以高于银行间同业拆借利率一定幅度的利率支付保证金。

在活跃的现金市场上,买卖差价一般为12.5个基点,主要的到期日有隔夜、1个星期、2个星期、1～6个月和9～12个月。银行同业存款的利息通常在每个满期年或到期日的结束时支付。

(二) 回购(repo)

回购是卖方同意以一定的价格出售高质量债券(如国债),并且承诺在将来某一日期以另一个价格购回债券的协议。实际上,回购协议(repurchase agreements)是卖方以债券为抵押品向买方借款的协议。

与回购协议镜像对称的是反回购协议(reverse repurchase agreements,或reverse repo)。反回购协议是买方同意以一定的价格买进债券并在将来某一确定日期以另一个价格卖出该债券的协议。实际上,反回购协议是买方购进债务向卖方贷款的协议。回购协议与反回购协议是一个交易的两个方面,有一方,必有另一方存在。由于这一原因,通常在交易市场上,大多听说"回购协议"或"回购交易",而另一方面的交易就隐含在其中。

回购利率密切地反映了银行间同业拆借的利率,并使证券交易所能以相对便宜的代价为它的经营活动融资。例如,一家证券交易所希望以当前货币市场的利率借一个月的钱,而就它目前的资信度,它不得不支付比 LIBOR 高得多的利率。但是,它可以利用回购协议来借款,即它和贷款者(反回购者)达成协议,出售一些债券并以当天就决定了的价格在 1 个月后购回,两个价格之差则为该融资的成本。

回购协议的这一机制促使它在国际证券市场上蓬勃发展,特别是在美国和日本。在美国纽约联邦储备银行批准了 40 多家主要银行和非银行经销商经营回购协议,他们帮助联邦储备系统积极推动公开市场的业务活动。

由于回购协议交易市场上的抵押品是高质量的,通常回购的信用风险是相当低的。这是因为贷款者在贷款期拥有债券,他不需要关心借款者的信用风险,假如借款者不能购回债券,贷款者总能把它卖给别人。其结果是,债券的信用等级而不是借款者的信用等级,决定了他所要求的差价幅度。不过,期限回购仍然存在与抵押品相关的风险。如抵押品跌价至不足值,此时回购者违约,抵押品的价格可能不能完全弥补损失的资金和收益,反回购者面临协议不被执行的风险;相反,当抵押品升值时,类似的风险将转移至回购者。

(三) 联邦基金

存款准备金制度要求银行按存款的一定比例在央行留足准备,在央行超出和不足的银行之间就有了借贷的可能。在美国,联邦储备系统的会员银行必须将其存款按规定的比例作为法定准备金存入联邦储备银行,并且不能擅自动用。商业银行的这种准备金就被称为联邦资金。联邦储备系统可能通过准备金占存款的比例(准备金率)来调控各会员银行的可贷资金,从而达到控制货币供给量的目的。美国联邦储备系统会员银行之间拆借资金所支付的利率被称为联邦基金利率。当某些会员银行达不到准备金率时,即缺乏一部分准备金时,通过联邦储备系统,向那些有多余准备金的会员银行按联邦基金利率借入资金。这样就形成了银行之间的联邦基金市场,这种借贷通常是隔夜的,所以与期限有关的风险很小,但是由于不采用任何担保,利率要比隔夜回购的高。

上述只是货币市场上一些重要的非转让债权工具。其实这类工具相当丰富多样,由于篇幅有限,我们只能叙述其中一些主要的工具。至于其他工具,读者可以在今后的实践中逐渐认知。

二、可转让债权的货币市场工具

与非可转让债权的货币市场工具不同,大多数可转让债权工具存在着相应的二级市场,交易双方在债权到期日之前可以进行交易。许多债权是以可转让票据为基础的。这里将简要地描述如下一些主要的可转让债权工具。

(一) 短期国库券

短期国库券(Treasury Bill,T-bill)是一种期限不足1年或为1年的短期政府公债,期限分别为13、26或52个星期等。有许多国家政府定期,通常每周一次发行有特定到期日的这类短期票据。短期国库券通常是按其面值折价的形式发行的,而折扣的幅度是基于贴现率的基础上决定的。折价与面值之间的差额即为利息,表示向资产持有者预先支付的数额。除了在英国,大多数市场在利率报价时以360天作为一年的实际天数。例如,贴现率为12%的90天期的短期国库券售价为97.00。

由于政府为短期国库券的发行者,政府就是该短期票据的担保人。政府的信用具有相当突出的特色,无论是从公共权力弥漫的一般现实来看,还是从公共产品提供的理论来看,政府是一些最不会失去信用的实体,所以很快它就成为最流行和很受欢迎的投资工具。自1929年12月首次发行以来,它已经成为短期货币市场上交易最活跃的一种债券。

(二) 商业票据(commercial paper, CP)

商业票据是公司为融通短期资金而发行的一种债务,即由公司发行的无担保但有信誉的一定期限的债务票据。它类似于大规模的透支机制。商业交易中产生的债权债务关系用商业票据来表示是很自然的,债务人可能一时没有用以支付的现金,但在将来的某一时间有一笔收入,债权人同意在不久的将来获得本息,票据就应运而生了。商业票据通常是短期的可转让票据。发行者可根据投资者的要求发行期限为7天至1年(例如,30天、45天、60天或90天,在美国最高期限为270天)的票据。在美国,商业票据的发行量最高可达5亿美元。商业票据的发行,通常是通过约定的交易商销售来完成的,交易商通过交易而赚取少量的差价。像短期国库券一样,商业票据是一种到期支付的贴现证券。在美国,商业票据的利率以贴现率的方式标价。但在欧洲市场上,一般以等价的收益率的形式报价。由于商业票据是凭着信誉而无担保的票据,因此信用等级是确定风险溢价的主要因素,可想而知,最高信用等级的机构可以达到最低的利率。

虽说商业票据是一种可流通的资产,但与短期国库券相比,二级市场欠发达一些,使得大多数投资者一直将它们持至到期日,这是商业票据近年来交易量大减的原因。

(三) 存单

存单(certificate of deposit,CDs)是在银行或金融机构根据银行间同业拆借利率按一定期限存入一定金额的存款单据。存单是一种可转让的票据,并可在期货市场上交易,因此它深受银行和金融机构的欢迎。自1960年代开始引入以来,它在许多国家金融市场都得到了发展。

投资者购买存单,实际上是他在向发行者提供资金。或者说,二级市场上的存单交易,表现为存单购买者向资产持有者支付货币。当然,存单持有者也可以通过出售存单筹措资金,这相当于借一笔与存单相同期限的钱。交易者还可以进入回购市场交易存单,能进行比票面规定的期限更短的期限的借贷。由此可见,买卖存单能给交易者在筹措和使用资金上提供更多的便利。

发行者可以根据他自己的需求或者投资者的需求来设计存单的结构。如浮动利率存单(FRCDs),这是一种基于LIBORs具有多利息支付日的票据;又如零息票存单,这是一种按面值折价发行、期限超过1年的复利工具等,都曾在一定时期内流行过。

虽说存单与银行同业存款都是短期债券,存单是银行同业存款的一种补充形式,但两者有差别。为了控制利率风险与信用风险,银行实际的常规做法是建立一种限额体系。如果借款行超过了贷款行设立的限额,那么它们利用银行同业存款工具,无论如何也不能获得额外的借款(不管它们多么急于借款)。但是借款行可以通过向贷款者出售由第三方银行发行的存单来筹集所再需要的资金,并且这个第三方银行在贷款行的账簿上一直未突破限额。

除了上述几种主要的以可转让票据为基础的债权工具,货币市场上还有一些常见的交易工具,如欧洲商业票据(ECP)、欧洲票据、贸易票据等。由于这些工具与上述的可转让票据属于同类,在此不赘述。

综上所述,货币市场上的交易工具的报价通常是以贴现率方式表示,或以货币市场收益率的形式报价。不论哪种货币市场工具都与利率紧密相关,所以它们都可能衍生为其他形式的利率工具。

第二节 远 期 利 率

自20世纪70年代以来,利率的波动越来越频繁,传统的银行借贷业务很难完全满足市场的需求。譬如,远期对远期贷款的形式就要求银行或金融机构提供一种保护借款不受市场利率影响的方法,从而产生出远期利率(forward rate)和远期利率协议(forward rate agreement,FRA)这两种基本的金融工具,这两种金融工具虽只一词(协议)相差,但它们的含义的确有差别,前者是指名副其实的远期对远期借贷的利率;而后者是一种名义上的远期对远期借贷的契约,即在借贷过程中没有贷款本金的交付,借贷双方只是利用利差进行相互补偿。它们确实属于两个不同的概念,但两者又紧密相连。

一、远期利率

(一) 概念

要理解远期利率的概念并不难,因为现实中像这样的例子实在太多了。

例如,某位高中毕业生 8 月 10 日收到某入学通知书——梦想成真。但当他获悉 9 月 10 日需要带上 5 000 元人民币去该校报到时,他发愁了。因为他家境贫寒,得完全依靠自己力量读大学,想通过贷款来完成学业。现在他关注 1 个月后 1 年的利率,盘算着一年贷款的成本。

又如,一家银行被要求从现在开始 3 个月后提供为期 6 个月的 100 万美元贷款,银行不希望承担任何风险,需要将 3 个月后 6 个月的融资成本锁定下来,即确定出 3 个月后 6 个月的利率。

1 个月后 1 年的利率和 3 个月后 6 个月的利率均称为远期利率。一般,远期利率就是未来某个时点借贷一定期限的款项所支付的利率。

(二) 远期利率的计算公式

实际上,我们可以运用无套利原则,根据即期利率与期限,来导出远期利率的报价公式。

在给出精确的公式之前,我们先来看一个具体的远期贷款的实例。

例:一家银行答应了一家公司财务人员的要求,提供 3 个月后 6 个月的 100 万美元的贷款。假定市场上的即期利率:3 个月为 6.125%,9 个月为 6.5%,那么这家银行可以这样来向客户提供贷款:借入 984 918 美元[100 万÷(1+6.125%×3/12)],贷 3 个月获得 100 万美元,再将这笔美元贷给它的客户,期限为 6 个月;按照无套利原则,银行为了锁定从现在开始 3 个月后为期 6 个月的借款成本,它现以 6.5%的利率借 984 918 美元,为期 9 个月,到期银行要支付 1 032 933 美元;从现在开始 9 个月的客户归还的借款,将正好为银行的 9 个月借款。于是,银行至少以 6.586 6%的利率对这笔远期的贷款进行报价,到期收入方能补偿初始的 9 个月的利息(32 933 美元)。图 3-2-1 表明了这个无套利过程的现金流。

图 3-2-1 中的远期利率 6.586 6%,通常被称为 3×9 的远期利率。

完全类似于上述分析过程,可以得出一般情况下,远期利率的计算公式。下面通过图 3-2-2 来说明。

图 3-2-2 中,t_S、t_F、t_L 分别表示以年度表示的从即期到交割日的期限、协议期限和从即期至到期日的期限;i_S、i_F、i_L 分别表示从即期直

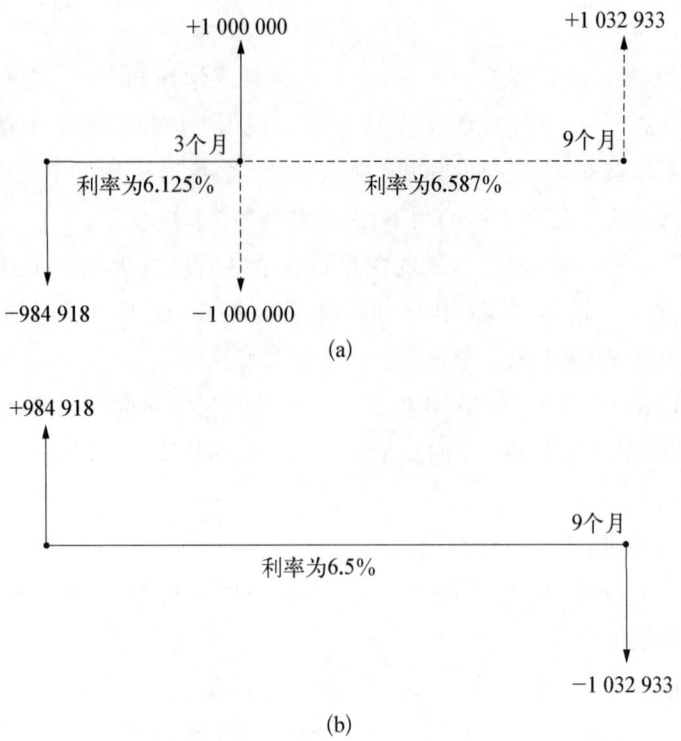

图 3-2-1 远期贷款的实例

至交割日的市场利率、远期利率(协议利率)和从即期直至到期日的市场利率；A_0、A、A_1 分别表示即期金额、协议金额以及到期金额。

由图 3-2-2(a)得：

$$A_0(1+i_S t_S)=A, \; A(1+i_F t_F)=A_1 \text{。} \tag{3.2.1}$$

由图 3-2-2(b)得：

$$A_0(1+i_L t_L)=A_1 \text{。} \tag{3.2.2}$$

根据无套利原则,通过图 3-2-2 的(a)与(b)两条途径分别获得的最终本金相等,即

$$A_0(1+i_S t_S)(1+i_F t_F)=A_0(1+i_L t_L), \tag{3.2.3}$$

化简得

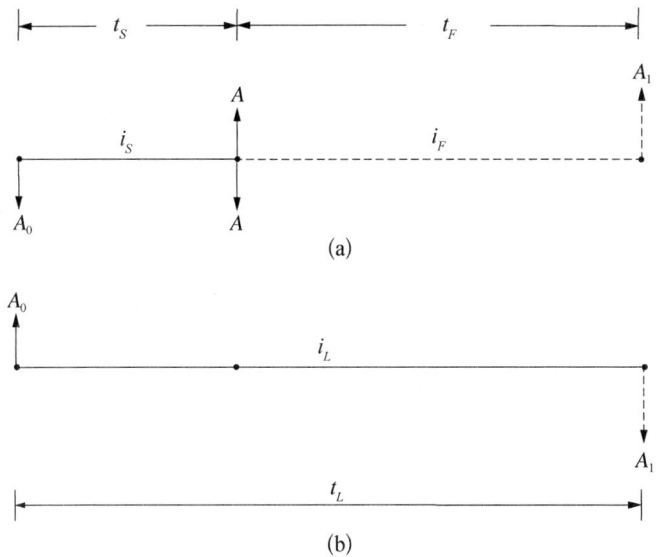

图 3-2-2 远期利率的几何说明

$$(1+i_S t_S)(1+i_F t_F) = (1+i_L t_L), \quad (3.2.4)$$

整理得

$$i_F = \frac{i_L t_L - i_S t_S}{t_F(1+i_S t_S)}, \quad (3.2.5)$$

这就是计算远期利率的一般公式。

需注意,计算美元时 1 年按 360 天,而计算英镑时则按 1 年 365 天。

例:9 个月、12 个月到期的美元 LIBOR 水平分别为 6.687 5%、6.812 5%,求 9×12 的远期利率。

解:由题意知,$t_S = 3/4$,$t_F = 1/4$,$t_L = 1$,$i_S = 6.687\,5\%$,$i_L = 6.812\,5\%$,将这些数据代入式(3.2.5),得

$$i_F = \frac{0.068\,125 \times 1 - 0.066\,875 \times 0.75}{0.25(1 + 0.066\,875 \times 0.75)} = 6.844\%。$$

(三) 远期利率与预期的未来的即期利率

一个令人们感兴趣的问题是,某项金融资产的远期价格与它的预期

的将来的即期价格是否相等。在这里,针对远期利率与预期的未来的即期利率是否相一致的问题。关于这一问题,众说纷纭,莫衷一是。正确认识这一问题,需要将市场风险考虑进去。一般情况,市场风险越高,投资(投机)者要求的预期利率将越高,以此来给他们承担的风险进行补偿,反之亦反之。

实际上,式(3.2.5)隐含着无套利的这一假设前提。就是说,相对于现在一段时间,市场信息没有突变(政治、军事、经济等方面的情况正常),市场处于风险中性状态。在这种情况下,市场的力量总是驱动远期利率与预期的未来那天即期利率保持一致。但现实的金融市场瞬息万变,风险时常涌现,市场不断发生变化。因此,预期的未来的即期利率将随之调整,两种利率的不一致也就毫不奇怪了。

尽管如此,但远期利率的一般公式(3.2.5)仍是短期利率研究上的一块重要基石。

二、远期利率协议(FRA)

本节一开始就说过,与通常远期利率不同,远期利率协议实质上是一种名义上的远期对远期贷款协议,并不发生实际本金支付,这就决定了该种金融工具不需要出现在资产负债表上,也就不必受到资本充足率的限制,从而使得它成为利率风险管理中一种重要的金融工具。

(一) 概念

远期利率协议是交易双方的一种约定,这种约定是买卖双方在未来特定的日期按照某个固定利率支取一定期限特定币种的一定名义本金所达成的相互补偿的协议。

定义中所说的固定利率早在协议签订日双方已经定下来,所以也称之为协定利率。固定利率的支付者是远期利率协议的购买者,这表明远期利率协议的买方是一个名义上的借款人;固定利率的接受者是远期利率协议的出售者,这表明远期利率协议的卖方是名义上的贷款者。"名义"一词意味着买卖双方或借贷双方并不发生实际借贷行为,只是支取远期利率协议中规定的利率与协议到期日市场利率(参考利率)之差的交割额。协议利率是远期利率协议的价格，参考利率即为 LIBOR。市场参与者双向报远期利率协议的价格，其价差从 5 个基点到 20 个基点不等，视流动性而定。

早在 1985 年，英国银行家协会就起草了标准市场文件，建立了明确的法规条文，定义了诸多重要的概念。下面，我们再结合图 3-2-3 进一步来理解远期利率协议中这些概念。

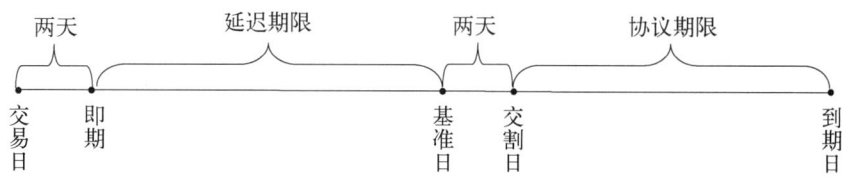

图 3-2-3 远期利率协议的时间说明

远期利率协议双方达成协议的一开始时间为交易日，即为远期利率协议的执行日。交易日的后 2 天通常为即期日。交割日是名义借款或贷款的开始日。但利率要在交割日的前 2 天决定下来，这个日期被称为基准日。到期日是名义借款或贷款的最后日期。协议货币、协议数额、协议利率等均在交易日就敲定下来。参考利率就是市场决定的利率，其确定日期是在基准日。弄清楚远期利率协议中的这些重要概念，对正确计算出远期利率协议的交割值是很有帮助的。

远期利率协议是柜台（场外）的金融交易产品。交易双方通常是银行和它们的客户或者是 2 家银行。协议上条款由他们协商而定。理论上可以任何规模、任何期限，用任何货币进行交易。当然，条件越不标准，该工具就越缺少流动性。

（二）远期利率协议的作用

对于不同的市场参与者来说，远期利率协议在利率风险管理中所起的作用是不同的。

保值者（hedger）利用远期利率协议是为了避开市场利率波动的风险。远期利率买方以事先确定的固定利率（协议利率）进行名义上借款，因此他不受利率上升的影响。当然，市场利率下降了，他也得按既定的利率支付交割额。实际上,买方的目的是规避利率上升的风险。相反,远期利率协议的卖方将受到利率下跌的保护。所以,也有一些中国学者,将"hedger"一词译成为避险者。

与保值者不同,投机者(speculator)希望增加利率风险,利用远期利率协议,目的在于赚取协议利率与市场利率之间的差额。远期利率协议的投机者,充当买者,会下注赌利率将上升;而充当卖者的投机者则会下注赌利率下降。

远期利率协议能够满足市场上各种人员的要求,这是它在诞生以来短短的 20 年间就活跃起来的原因。

(三) 交割额

当远期利率协议交割时,交易双方支付或收取以一定量名义本金的一特定期限的参考利率与协议利率之间的利息差。

如果远期利率协议像现金市场那样运行,利息的交换将在约定好的到期日进行。然而在实践中,实际的支付是在远期利率协议期限的开始日进行的。这样做是为了减少信用风险。但早支付的这笔利息差,具有再投资的可能性,这就需要考虑货币的时间价值,有必要将到期日支付的现金额折到交割日的价值。假定 i_m 表示市场利率,i_a 表示协议利率,A 表示协议金额,t 表示以年度表示的远期利率协议期限,D_a 表示交割额,于是结算公式为

$$D_a = \frac{A(i_m - i_a)t}{1 + i_m t}。 \qquad (3.2.6)$$

上式表明,如果市场利率低于协议利率,远期利率协议买方就得向卖方支付一定数额,即远期利率协议的购买者将会是净损失者;反之,远期利率协议买方将会是净收入者。这符合交易中通行的"低买高卖"的规则。正常的远期利率协议的净收入者将不得不贷出这笔差额,将推迟至到期日再收取这笔差额,所以选择参考价 i_m 作为贴现率。

例如,一借款者,他希望 6 个月后以 6.5% 的利率借入 6 个月的资金 100 万美元,他可以就 6 个月 LIBOR 这一参考利率与另一个交易者达成

协议利率为 6.5% 的远期利率协议。如果 6 个月后 6 个月的 LIBOR 为 7.5%，那么他可以从交易对手得到 7.5%－6.5%＝1% 的利率补偿，获得交易额是：

$$D_a = \frac{1\,000\,000 \times (7.5\% - 6.5\%) \times 0.5}{1 + 7.5\% \times 0.5} = 4\,819.28(美元)。$$

即在交割日，远期利率协议买者净收入为 4 819.28 美元。

但是，如果 6 个月后 6 个月的 LIBOR 为 5.5%，那么由式(3.2.6)得

$$D_a = \frac{1\,000\,000 \times (5.5\% - 6.5\%) \times 0.5}{1 + 5.5\% \times 0.5} = -4\,866.18(美元)。$$

上式中负号表示远期利率协议买方为损失，即他向交易对手支付 4 866.18 美元，或者说，远期利率协议卖方获得收益 4 866.18 美元。

（四）远期利率协议的信用风险

远期利率协议交易的每一方都拥有权利和义务，交易双方依靠买卖远期利率协议的头寸以转嫁他们利率风险，这是运用远期利率协议积极的一面。但由于事先没有支付任何保证金，因此对交易双方而言就会存在信用风险。这种信用风险不是来自名义本金上的风险，而是由利差所造成的风险。

实际上，只有利息差额的净收取者才会面临潜在的信用风险。在任何既定的时期，机构只是在相对交易对手的净头寸上才会有总的信用风险。因此，银行借此理由来说服监管者，取消了对远期利率协议需要资本金充足率的要求。

大量的实践表明，远期利率协议的价格不可能偏离参考利率更多个百分点。许多金融机构通常以年利率 5% 作为最大的利率差来计算这种交易的信用风险。照这样计算，远期利率协议的信用风险并不显著。例如，一位直接投资者，购买了一份 100 万美元的 6×12 个月期限的远期利率协议，他所面临的最大信用风险为 2.5 万美元(1 000 000×5%×0.5)。因此，在银行同业市场上远期利率协议的信用风险总是被交易团体所忽略不计。

第三节　短期利率期货

上两章对资本市场上金融期货（股权期货和债券期货）作了一些基本介绍。本章将详细讨论货币市场上一类基本的期货合约，即短期利率期货。在国际金融市场上，一些主要的金融期货交易所都进行短期利率期货合约的业务，可以说，这是一种交易最频繁的合约，掌握这类金融工具是很有益处的。

一、短期利率期货合约的规定

（一）定义

如同其他金融期货合约的定义，短期利率期货合约是交易双方就将来某一确定的时间以一定的价格买卖某一种不久的带息的金融资产而签订的协议。这里需注意两点：第一，定义中的"带息的金融资产"，这一术语要求该基础资产的价格唯一决定于利率水平；第二，定义中"不久"一词限定了这种金融期货合约的期限较短，通常期限是1个月和3个月等的短期。这是由货币市场的特征所决定的。如果某种金融期货只满足第一点，而不符合第二点，那么这种金融期货即使称之为利率期货，但它不是短期利率期货；倘若某种金融期货满足第二点，但不具备第一点，该种金融期货就不属于利率期货。如中长期国债期货合约具备第一点，但不满足第二点，可以称它为利率期货，但不是短期利率期货。由于本书是按照资本市场和货币市场来划分期货种类，因此在本书中，我们将中长期国债期货合约称为债券期货，而把短期国债期货合约称为短期利率期货。这样称呼两种债券期货，有利于我们学习、研究与应用。

短期利率期货的定义告诉我们，它的交易价格是适用未来的某个特定时期的固定利率。合约的买卖双方相当于存借款者。买入一份短期利率期货合约等同于一笔存款，而卖出一份短期利率期货合约等同于一笔借款。这与远期利率协议的买卖方不同。远期利率协议的买方是一个名义上的借款人，其卖方是一个名义上的贷款人。

(二) 基础资产

短期利率期货的基础资产是货币市场上的一些基础金融工具(见上一节内容),包括商业票据、存单、短期国债等。由于短期利率期货的价格为不久的将来一段时期的利率,因此,1个月(或30天)与3个月(或90天)的市场利率,如1个月的LIBOR,3个月伦敦同业拆放利率都有可能成为短期利率期货定价的基准。进行短期利率期货合约交易的基础金融资产还可以为各种主要货币,如英镑、美元、日元、加元、澳元、瑞士法郎、欧洲美元以及欧元等货币。这么多的基础金融资产形成了多种多样的短期利率期货。例如,在芝加哥期货交易所(CBOT)交易一种"30天利率"的短期期货合约;在芝加哥商业交易所国际货币市场部(CME/IMM)交易3种短期利率期货合约,即1个月的LIBOR,90天的欧洲美元,3个月的美国短期国债期货;在伦敦国际金融期货和期权交易所(LIFEE)也交易3种短期利率期货,即3个月英镑利率,90天欧洲美元,90天欧洲货币;还有在法国国际商品交易所交易3个月巴黎银行同业拆放利率(PIBOR)合约和90天法国短期国债期货合约,等等。

在众多的短期利率期货合约中,交易最频繁最活跃的合约要算短期银行同业拆放利率、短期国债期货和欧洲美元期货等合约。因此,本节将这三种类型的短期利率期货合约视为最基本的合约来加以详细说明。

(三) 标准化

与其他期货合约一样,短期利率期货合约在数量规格、信用质量以及其他为增进流动性而设置的条款方面都是标准化的。表3-3-1显示出一些常见的短期利率期货合约的主要条款。

由表3-3-1可见,不同的期货交易所所交易的短期利率期货的品种不完全一样。如在芝加哥商业交易所国际货币市场部,合约的品种有3个月美国短期国债和3个月欧洲美元,而在法国国际期货市场,合约的品种是3个月PIBOR和90天法国短期国债。表中的第二列数据表明,对应不同的合约品种,合约的数量规格也不完全相等。这样,即使在最小价格波动一致的情况下,各种合约品种的最小变动价值就不一定全相等(见表3-3-1中第4列数据)。除1个月(或30天)交割月份外,几乎所有的 3 个月短期利率期货合约的交割月份都是 3 月、6 月、9 月和 12 月。

表 3-3-1 短期利率期货合约的主要条款

合约名称	合约规模	最小价格变动	最小变动价值	交割月份	交易所
30 天利率	500 万美元	0.01%	41.67 美元	全部月份	芝加哥期货交易所
3 个月美国短期国债	100 万美元	0.01%	25 美元	3、6、9、12 月	芝加哥商业交易所国际货币市场部
3 个月欧洲美元	100 万美元	0.01%	25 美元	下两个月和 3、6、9、12 月	芝加哥商业交易所国际货币市场部
3 个月英镑利率	50 万英镑	0.01%	12.50 英镑	3、6、9、12 月	伦敦国际金融期货交易所
3 个月欧洲美元	100 万美元	0.01%	25 美元	3、6、9、12 月	伦敦国际金融期货交易所
3 个月 PIBOR	500 万法国法郎	0.01%	125 法国法郎	3、6、9、12 月	法国国际期货市场
90 天法国短期国债	500 万法国法郎	0.01%	125 法国法郎	3、6、9、12 月	法国国际期货市场

需注意,表 3-3-1 并未将短期利率期货合约的标准化条款全部反映出来。一份标准化的合约,除了包括合约名称、合约规模、最小价格波动、最小变动价值、交割月份和交易地点之外,还应规定最后交易日、交割日期以及交易时间等条款。例如,伦敦国际金融期货交易所对 3 个月英镑利率期货规定的最后交易日为交割月份第 3 个星期三的上午 11:00、交割日期为最后交易日之后的第一个营业日、交易场交易时间为 08:05—16:02 以及 APT 屏幕交易时间为 16:27—17:57。所有的短期利率期货合约都有严格的时间安排,交割月份、交割日期和最后交易日共同规定了该合约具体交割发生的时间。

(四) 保证金制度

就像其他金融期货,短期利率期货合约的交易双方也都担负着对方违约的风险，即存在着信用风险。交易所必须通过"保证金制度"来减少短期利率期货使用者的信用风险。

短期利率期货的交易者每次在新开一个头寸时必须向交易所存入保证金。在每个交易日结束时，对短期利率期货合约买卖方的头寸实行账面盈亏结算，这一办法称为逐日盯市法。每次合约重新定价时，保证金就从亏损者转移到获利者那里。对于亏损头寸的合约持有者来说，这就需要他对保证金账户进行补充，以确保该账户维持最低保证金要求。如果合约持有者不能满足最低保证金要求的话，在第二天交易日开始时他就被自动地认为是违约。对于盈利头寸的合约持有者来说，保证金账户中盈余出现的额外资金可以被提出，当然也可以选择将这笔钱继续留在保证金账户内。

与远期利率协议不同的是，利率期货很少真正地被交割。套利者与风险管理者买进卖出短期利率期货只是为了盈利，以抵补因利率环境变动引发实际暴露造成的损失。由于对冲可能需要持续一段时间，这就会引起显著的交易成本。为了减少交易成本，一些交易所采用"价差保证金"或"跨式保证金"的办法，即将内部对冲的期货头寸综合起来收取一定的保证金。举例说，一个短期利率期货交易者对 4 月份的合约持多头，对 12 月份的合约持空头，可见他只是暴露于相对价格变动而不是绝对的收益水平。交易所对这些价差头寸允许减少保证金的缴纳，是考虑到总的风险减少了。

为了减少保证金利息损失，也有一些交易所向保证金账户支付利息。由于这个利息通常较低，因此，期货合约持有者还是要承担相当大的利息成本。

减少保证金利息损失的另一种办法是，一些交易所允许合约持有者缴纳带息证券，如接受国库券作为保证金。

需注意，存放在交易所的保证金所构成的成本仅仅是它存放的利息，并不是保证金本身，因为它是一种临时性转移的资产。

二、合约的报价

虽说短期利率期货的价格为未来某个特定时期的利率，但这并不符合"贱买贵卖"的市场规则。我们知道,短期利率期货的买者相当于存款者,卖者相当于借款者。当利率上升时,市场参与者会买入期货合约(贷出资金),当利率下降时,参与者会卖出期货合约(借入资金),这种"贵买贱卖"的策略违反了正常的市场规律。为了纠正这一现象,人们设计了一种指数价格,即短期利率期货合约的价格等于100减去以百分数表示的参考市场利率,其数学公式为

$$P = 100 - i_F \times 100, \tag{3.3.1}$$

式中,P 表示交易所交割结算价,i_F 表示未来的利率。

按照式(3.3.1)所示的这种报价方式,当利率上升时,期货价格下降,而利率下降,则期货价格上升。这就遵循了正常的市场规律。例如,假设未来的利率 i_F 为 8.25%,最小价格波动为 0.01%。由式(3.3.1)知,短期利率期货价格为 91.75。某一交易者预期利率将会下降,买入 20 份合约。果真不出他所料,半小时后,利率下降至 8.15%,期货价格上升至 91.85。该交易者平仓后,每份合约赚取 10 个最小变动价值,总共赚取 200 个最小变动价值。假定该短期利率期货为 3 个月英镑利率期货合约,则每个最小变动价值是 12.50 英镑,这笔交易共获取 2 500 英镑的利润。

式(3.3.1)表明:短期利率期货合约的价格,在合约到期前,应该取决于现金市场利率的预期水平,即预期利率。预期利率可以用远期利率公式(3.2.5)来进行计算。不过该式中的利率和期限的概念需要重新进行界定,使之符合短期利率期货的特征。

实际上,短期利率期货合约与远期利率协议有着许多相似之处,前者的最后交易日相当于后者的确定日,而前者的交割日却相当于后者的结算日。再根据短期利率期货合约的定义,我们可以将这一交易理解为一份名义性的一种固定利率的定期存款。弄清楚这些关系后,我们不难看出式(3.2.5)中各种字母符号在这里的具体含义:

t_S:以年度表示的自合约最初买卖的交易日存款的正常起息日至相应合约的最后交易日存款的正常起息日之间的时间;

t_F:以年度表示的自合约的最后交易日存款的正常起息日至到期日

之间的时间；

t_L：以年度表示的自合约的最初买卖的交易日存款的正常起息日至相应合约的最后交易日存款的到期日之间的时间；

i_S：至合约的最后交易日存款的正常起息日现金市场利率；

i_L：至合约的最后交易日存款的到期日现金市场利率。

经过这样重新定义,短期利率期货合约到期前的价格可重新表达成为如下形式：

$$P=100-\left[\frac{i_L t_L - i_S t_S}{t_F(1+i_S t_S)}\right]\times 100。 \quad (3.3.2)$$

例如,3个月短期利率期货合约最初买卖交易日为2月1日(星期二,2月份29天),该合约最初买卖交易日存款的起息日就是2月3日(星期四)。3月到期的期货合约的到期日是3月15日(星期三),该合约的最后交易日的存款的正常起息日就是3月17日(星期五)。于是$t_S=0.118(43/365)$，$t_F=0.258(94/365)$（6月17日为星期六,所以存款到期日是6月19日)，$t_L=0.375(137/365)$。若假定43天期利率为8.00%(i_S),137天期利率为8.5%(i_L),则3月15日的三个月远期利率为

$$i_F=\frac{i_L t_L - i_S t_S}{t_F(1+i_S t_S)}=\frac{0.085\times 0.375 - 0.08\times 0.118}{0.258\times(1+0.08\times 0.118)}$$
$$=0.0861=8.61\%,$$

把上面计算的结果代入式(3.3.2),得出合理的期货价格乃是91.39。

三、几种重要的短期利率期货

上述的定义及其标价公式(3.3.1)或式(3.3.2),将适合任何情况的短期利率期货合约,即对于短期利率期货而言具有普遍性。由式(3.3.2)求得的合约的价格,适合所有具体的基础资产所对应的短期利率期货合约的价格。譬如,上面的91.39,当基础资产为3个月的英镑利率时,它意味着91.39英镑；当基础资产为3个月欧洲美元时,它意味着91.39欧洲美元,等等。这些例子说明,对应不同的基础资产,由式(3.3.2)所确定的价格的含义是不一样的。

综观国际金融市场,短期利率期货的基础资产还是不少的。限于篇幅,我们不可能而且也没有必要对所有的短期利率期货一一进行解释,现介绍几种比较特殊的重要短期利率期货,即3个月英镑利率期货,3个月短期国债期货以及90天欧洲美元期货。

(一) 3个月英镑利率期货

伦敦国际金融期货交易所的3个月英镑利率期货是一种十分典型的短期利率期货的品种。由表3-3-1可见,该合约规模固定在50万英镑,这也就是它的交易单位。就像其他物理上不可再分割的单位一样,买卖该合约的金额必须为50万英镑的整数倍。这与远期利率协议不同,协议的双方协商确定交易的金额,不一定为50万英镑。除此之外,3个月英镑利率期货与远期利率协议在其他方面也存在着一些重要区别。读者仔细推敲表3-3-2中各项条款后,就不难发现这两种金融产品之间的差别所在。

表3-3-2 伦敦国际金融期货交易所3个月英镑利率期货合约

合约单位	50万英镑
交割月份	3月、6月、9月、12月
最小价格变动	0.01%
最小变动价值	12.50英镑(0.000 1×500 000×3/12)
报价	100减去用百分数表示的未来利率
交割日	最后交易日之后的第1个营业日
最后交易日	交割月份第3个星期三上午
交易场交易时间	8:05—16:02
APT屏幕交易时间	16:27—17:57

由于短期利率公式(3.3.2)是一个一般性的公式,因此我们可以直接应用该式来计算3个月英镑利率期货的价格。

例: 2月18日(星期五,2月份28天)现金市场上,1个月,2个月,3个月及6个月的英镑LIBOR分别为13.687 5%,13.437 5%,13.125 0%,12.625 0%。3个月英镑利率期货合约的到期日是3月16日(星期三),

显然,合约的最后交易日的存款的正常起息日为 3 月 18 日(星期五)合约的最后交易日的存款的到期日为 6 月 20 日(星期一)(实际上是 6 月 18 日星期六到期)。求 3 月 16 日的 3 个月英镑利率期货的理论价格。

解: 由题意知,$t_S = 0.0767$,$t_L = 0.3342$,$t_F = 0.2575$,$i_S = 13.6875\%$。根据题中所给出的利率,可以推算出 $i_L = 12.9565\%$,将这些数据代入式(3.3.2),有

$$P = 100 - \left[\frac{0.129565 \times 0.3342 - 0.136875 \times 0.0767}{0.2575 \times (1 + 0.136875 \times 0.0767)}\right] \times 100$$
$$= 100 - 0.1261 \times 100 = 87.39,$$

这就是 3 月 16 日的 3 个月期英镑利率期货的理论价格。

(二) 90 天短期国债期货

其实,历史上最早交易的短期利率期货合约是在芝加哥商业交易所交易的 13 周国债期货合约,目前它已成为期货市场上一种主要的交易品种,特别是美国 90 天短期国债期货,交投活跃,流动性较大,表 3-3-3 列出了美国国际货币市场(IMM)上 90 天国债期货合约的相应条款。

表 3-3-3 国际货币市场上 90 天国债期货合约

合约单位	100 万美元
交割月份	3 月、6 月、9 月、12 月
最小价格波动	0.01%
最小变动价值	25 美元(0.0001×1 000 000×90/360)
交割日	交割月份中的第 1 天,这一天某个 1 年期短期国债尚余 13 周期限
最后交易日	交割日前 1 天
交易时间	芝加哥时间 8:00—14:00

人们之所以要进行短期国债期货合约的交易,是因为债券的价格与债券利率成反向变动关系。譬如,某人预测利率要下降,他就会买入短期国债期货,若果真不出他的所料,将来的利率下降了,那时短期国债价格上涨,他就卖出买入的短期国债期货,从中获利。反之,他就做短期国债

期货的空头,最后从买入中获利。可见将短期国债期货合约看成为利率衍生产品,即短期利率期货产品,乃是有道理的。

比较表3-3-2和表3-3-3,3个月英镑利率期货合约与90天短期国债期货合约之间存在着许多相似之处。如在交割月份和最小价格波动等方面,两种条款是一致的。而两种合约单位的数量规格就不相等,前者为50万英镑,后者为100万美元,由此而导致出两种合约的最小变动价值不一致,前者是12.50英镑,后者是25美元。其余方面,两者大致差不多。表3-3-3比表3-3-2缺少一条"报价"条款,这正是我们所需要强调的一点。

我们知道,短期国债是以贴现的方式发行的,贴现率是按年计算的,等于它收益与面值的百分比。假定 y 为面值100的90天短期国债的现金价格,那么它的贴现率为 $4(100-y)\%$,相应的报价是 $4(100-y)$ 。例如,一个90天短期国债的现金价格为97,报价就是12。

90天国债的报价方式决定了相应的期货采用一种独特的报价方法,即

$$P = 100 - 4(100 - y), \quad (3.3.3)$$

上式与式(3.3.1)是一致的,这里的 P 表示90天国债期货的报价, $i_F \times 100$ 意为"以百分数表示的短期国债的贴现率",实际上,这就是90天短期国债的未来收益率。因此,式(3.3.1)仍然不失一般性。

式(3.3.3)可以被改写成

$$y = 100 - 0.25(100 - P)。 \quad (3.3.4)$$

上式表明,我们可以从90天国债期货的报价来计算出该种国债期货合约的现金价格。

例如,90天国债期货合约的报价(价格指数)为94.5,这意味着 $P = 94.5$,将该数据代入式(3.3.4),得

$$y = 100 - 0.25(100 - 94.5) = 98.625。$$

又如,120天期的年利率为8.5%,210天期的年利率为9%,则120—210天的远期利率为

$$i_F = \frac{0.09 \times 210 - 0.085 \times 120}{90 \times \left(1 + 0.085 \times \frac{120}{365}\right)} = 0.0940 = 9.40\%。$$

那么 120 天交割的面值为 100 的 90 天国债期货的现金价格为

$$y = 100e^{-0.0940 \times 0.2466} = 97.71,$$

相应的期货报价为

$$P = 100 - 4(100 - 97.71) = 90.84。$$

(三) 欧洲美元期货

欧洲美元(Eurodollar)是指存于美国境外银行或欧洲商业银行中而不受美国联邦储备系统管辖的任何美元存款。因此又称之为欧洲美元存款(Eurodollar deposit,或 Euro deposit)。顾名思义,欧洲美元始于欧洲。早在 20 世纪 50 年代冷战时期,当时社会主义阵营中一些国家(像苏联、中国、东欧诸国等)担心因世界形势的变化而导致美国政府可能会控制其在美国境内银行的存款,因而将美元存在欧洲。后来世界的主旋律为经济发展,经济主体的借贷活动是为了逃避美国货币管理政策和条例规定的制约,如不受准备金条款的约束,逐步将美元存款业务转移到除美国以外的任何国家或地区的银行。今天的欧洲美元已经不仅仅局限于欧洲地区了。

一般,欧洲美元存单的固定期限为 3 个月或 6 个月。欧洲美元的利率通常是伦敦市场银行同业拆借利率(LIBOR)。3 个月的 LIBOR 是对伦敦 12 个第一流银行在交易所最后 90 分钟的报价,分别去掉 2 个最高的和 2 个最低的,然后对余下的 8 个报价取平均值而算得的利率。由于欧洲美元具有较强的商业性,而美国短期国债的政府行为较浓,因此前者利率高于后者利率。

由欧洲美元衍生出来的一种普遍流行的金融新产品乃是 90 天欧洲美元期货,这是一种标准化的合约。在芝加哥商业交易所国际货币市场部(CME/IMM)、伦敦国际金融期货交易所(LIFFE)、悉尼期货交易所(SFE)等均经营欧洲美元期货业务。现以伦敦国际金融交易所的 90 天欧洲美元期货合约为例来看一看这种期货合约的概况。

表 3-3-4　伦敦国际金融期货交易所的 90 天欧洲美元期货合约

合约单位	100 万美元
交割月份	3 月、6 月、9 月、12 月
最小价格波动	0.01%
最小变动价值	25 美元
交割日	交割月份的第 3 个星期的星期三
最后交易日	交割日前第 2 个伦敦营业日下午 3:30
交易时间	8:00—16:00

欧洲美元期货合约的报价(P)为 100 减去以百分数表示的欧洲美元利率的报价。若记报出的欧洲美元利率为 R，则有

$$P = 100 - R。 \qquad (3.3.5)$$

显然，欧洲美元期货合约是不同于贴现的短期国债期货合约，它是基于利率的期货合约，其报价方式完全与短期的利率期货合约的报价方式相一致。正因为如此，我们没有必要再对欧洲美元期货做更琐碎的讲述。

综上所述，3 种主要的短期利率期货合约在标准化条款方面以及报价方式上大同小异，基本上一致。其实，其他一些短期利率期货合约相互之间以及与这三种主要合约之间也是相似或相近的，所以就不再赘述了。

第四节　短期利率期权

利率期权是指给予持有者在未来某一安排好的时期以确定的利率借入或贷出一定资金的权利，持有者拥有权力但并无义务。在第二章第三节中，我们曾说过，从某种意义来说，债务期权也就是利率期权，作为利率期权的基础资产包括资本市场上的一些基本债券工具。如长期国债期货，中期国债期货，等等。根据利率期权的定义，本章前三节所阐述的各种基本工具都有可能成为利率期权的基础资产。尽管如此，第二章与本章所涉及的基础工具还是有差别的，前者的基础工具期限为 1 年以上或

更长时间,属于资本市场工具;而后者的基础工具期限通常为 1 年或 1 年以下的时间,属于货币市场工具。为了区别这两类利率期权,我们将基础工具属于资本市场工具的利率期权称之为债务期权,而将基础工具属于货币市场工具的利率期权称之为短期利率期权。

短期利率期权有交易所交易的期权和场外交易的期权之分。在交易所交易的短期利率期权,绝大多数为短期利率期货期权,即构成该类期权的基础资产是短期利率期货,如 90 天短期国债期货期权,3 个月英镑利率期货期权,3 个月欧洲美元期货期权,3 个月欧洲瑞士法郎期货期权,3 个月欧元期货期权,等等。由于在交易所内交易的利率期货合约具有标准化的特征,短期利率期货期权合约应该为一种标准化的合同,即对该类合约要有基础资产、合约规模、最小价格波动、最小变动价值、交割月份、交割地点、最后交易日、交割日期以及交割时间等具体规定。同时还实行保证金制度。短期利率期货期权的特征与股权期权、债权期权的标准规定大同小异,基本一致。

场外(柜台)交易的短期利率期权的基础金融资产多数为货币市场上的基础工具,如银行同业存款、存单、商业票据、短期国债、远期利率协议,等等。这类期权的合约规模、到期日和执行价格是由交易双方根据各自的需要单独协商确定的,不是由交易所建立的。这是一类非标准化的期权合约,没有严格的保证金与逐日盯市制度。场外交易的短期利率期权的违约风险主要取决于期权出售者的信誉。倘若出售者违约,则期权的买方将蒙受损失。

短期利率期权也有欧式期权与美式期权之分。一般短期利率期货期权是欧式的,拥有者只能在期货交割日那天行使权利。当然,市场参与者能在期货交割日之前通过交易他们的头寸来实现利益。场外的一类利率远期合约期权,根据交易双方可以是美式期权,也可以是欧式期权。短期利率期权是欧式期权,持有者只能在交割日行使权利;作为美式期权,持有者有权利在到期日前任何一天行使权利。然而在特定的收益曲线情况下,在实际操作中会引起美式期权的价格比相应的欧式期权的价格还要低,这就产生了套利机会。套利者就能买进便宜的美式期权,同时卖出欧式期权,并在交割日同时使用两个期权的权利,就能获取来自溢价差的无风险的利润。

对于短期利率期权也有两种基本类型,即看涨期权和看跌期权,每一种类型的期权都会有多头或空头。两种类型与两头部位组合排列成为4种基本部位,即短期利率的看涨期权多头,短期利率的看涨期权空头,短期利率的看跌期权多头,短期利率的看跌期权空头。这四种部位的欧式损益状况也如图1-4-1所示。

如同股权期权和债务期权,短期利率期权的价值是由它的内在价值和时间价值构成的。高价内期权(deep in money options)几乎完全由内在价值所构成,而高价外期权(deep out money options)则几乎没有任何时间价值,也无任何内在价值。平价期权没有内在价值,但可能有时间价值。根据价内、价外和平价期权这些概念,短期利率期货期权市场至少提供6种期权价格以供选择,即执行价格和相应期货价格最接近的6种价格。当短期利率期货价格变动时,至少有2个要处于价外状态,而另2个则处于价内状态。随着期货价格变动,新的期货期权合约就会被引入,到了期货交割日,交易所里就会不止有6个期权在被交易。

从构成短期利率期权的基础资产来看,该类期权有它的复杂一面。为了进一步具体了解该类期权的特征,下面我们介绍2种常见的短期利率期权的品种,即欧洲美元期货期权和利率保证。

一、欧洲美元期货期权

所谓欧洲美元期货期权就是基础资产为欧洲美元期货的期权。设T为期权的到期时间,F_T为欧洲美元期货到期日的价格,X为该期权的执行价格,在不考虑期权的初始成本的情况下,欧式欧洲美元期货看涨期权多头的损益为$\max(F_T-X,0)$;欧式欧洲美元期货看涨期权空头的损益为$\min(X-F_T,0)$或者$-\max(F_T-X,0)$;欧式欧洲美元期货看跌期权多头的损益为$\max(X-F_T,0)$;而欧式欧洲美元期货看跌期权空头的损益为$\min(F_T-X,0)$或者$-\max(X-F_T,0)$。

如果我们用F_T代替图1-4-1和图1-4-2中横轴S_T,那么4种部位的欧式欧洲美元期货期权的损益状态完全如这两张图所描述的那样。

当欧洲美元期货看涨期权执行时,期权的多头变成为相应期货的多头,而期权的空头却成为相应期货的空头。

由于欧洲美元期货合约在结构上与短期利率期货合约一致,实际上利率期货合约的买方获得一种与远期——远期贷款相同的名义工具。一个贷款者买入一份欧洲美元期货看涨期权合约,如果利率下跌,欧洲美元期货价格上升,他将行使期权,并以期权执行价格下的利率使贷款收益有下限;如果利率上升,贷款者就让期权作废(失效),而以现行的市场利率贷款;可见欧洲美元期货期权实际上是一种最低利率保证的工具,即利率下限。相反,欧洲美元期货看跌期权拥有者有权利固定他的最高利率,因此是一种利率上限的工具。

我们知道,欧洲美元期货合约是一种标准化合约,具体条款列于表3-3-4中。在伦敦国际金融交易所,欧洲美元期货合约的基础资产为100万美元3个月存款,最小变动单位为0.01%(称为1个基点),最小变动价值为25美元。而欧洲美元期货期权则是以100万美元3个月美元存款期货合约为基础资产的利率期权。由于期权多头的价值总是正的,而天底下没有免费的午餐,因此期权合约的多头必须支付一定的期权费方可从空头那里获利。为了与欧洲美元期货标价形式一致,欧洲美元期货期权的标价方式也是基点式的。表3-4-1列出了国际货币市场3月份、6月份以及9月份欧洲美元期货的看涨与看跌期权所支付的期权价格。

表3-4-1 国际货币市场欧洲美元期货看涨与看跌期权的收盘价格

执行价格	看涨期权收盘价格			看跌期权收盘价格		
	3月份	6月份	9月份	3月份	6月份	9月份
9 525	0.58	0.48	0.34	0.02	0.13	0.36
9 550	0.34	0.30	0.23	0.03	0.20	0.49
9 575	0.14	0.18	0.14	0.08	0.33	0.64
9 600	0.05	0.09	0.08	0.24	0.49	0.83
9 625	0.01	0.05	0.05	0.45	0.69	——
9 650	0.004	0.03	0.03	0.69	——	——

资料来源:华尔街日报。

根据表3-4-1中的报价,可以算出在最坏情况下(the worst case)市场参与者购买期货的净价格。例如,一个95.50欧洲美元期货看涨期权的购买者,在最坏情况下买进3月份期货的净价格为95.84(95.50+0.34),而对于95.50看跌期权购买者而言,3月份期货净价格为95.47(95.50-0.03)。这意味着,对看涨期权,欧洲美元期货的净价格为执行价格加上期权价格;而对于看跌期权,欧洲美元期货的净价格为执行价格减去期权价格。这一计算方式同样适合用来计算一般的短期利率期货期权的基础资产净价格。

与欧洲美元期货合约一样,欧洲美元期货期权中的1个基点的价值也是25美元。更一般情况,短期利率期货期权的1个基点所代表的价值同样是25美元,因此当期权价格变动时,交易者能迅速了解损益状况。现以执行价格为95.50、期权价格为0.30的6月份欧洲美元期货看涨期权为例来加以说明。假定某交易者购买了这份看涨期权,并预期利率下跌、期货价格上涨。果然不出他所料,在后来的3个月内,短期利率下跌了,欧洲美元期货价格上升至95.90,于是他执行了这份看涨期权。不难看出,执行看涨期权获利1 000(25×40)美元,而当时购买期权的成本费为750(30×25)美元,该投资者净获利就是250(1 000-750)美元。

二、利率保证(interest rate guarantees,IRGs)

所谓利率保证通常是指基础资产为远期利率协议(FRA)的期权。如本章第二节所述,远期利率协议保证在未来某一特定的期限内有一个确定的利率,远期利率协议的买方是一个名义上的借款人,而卖方却是一个名义上的贷款者。远期利率协议的看涨期权实际上是借款者期权。例如,一个借款者买一份远期利率协议,如果利率到时高于协议利率,借款者就可以行使期权,并买入远期利率协议,立即以现金结算从而保证借款利率为一个特定的约定利率;如果利率最终下降,他就会让期权作废,以现行的市场利率借款。由此可见,借款者可以应用远期利率协议的看涨期权来保证支付最高利率。类似地可以理解,远期利率协议看跌期权是贷款者期权,贷款者可以用来保证实现最低的利率。

利率保证是一种场外(柜台)交易的期权工具。其条款由交易双方直接谈判而成，通常情况下它们是欧式期权，和其他金融工具一样，可用于管理利率风险。

利率保证价格是以基点方式报价的，并要求期权费在期初支付。例如，某交易者以协定利率为7.0%买入6×9的远期利率协议的看涨期权，假定对应的9个月的利率为7.5%，它的期权价格为51个基点，那么这个期权的购买者将为100万美元的合约首先支付1 275（1 000 000×0.25×0.51%）美元，才能保证6个月后借一笔3个月期限资金的利息成本有上限。

短期利率期权的价值（期权费）是由内在价值和时间价值构成的。在上例中，协定利率为7.0%的6×9的远期利率协议的看涨期权是价内期权，51个基点为全部价值。乍一看，可能会认为远期利率为7.5%时协定利率为7.0%的看涨期权的内在价值是50个基点。实际上，利率保证的出权人承诺在交割日支付给购买者以参考利率与协定利率之间的正的利息差。然而，参考利率通常是期限结束之后才支付的，而期权费则是事先一开始就支付，因此，对支付的利息要折现，折现的方式与远期利率协议相似。在本例中，名义的50个基点按9个月利率7.5%折现，内在价值就是47.3个基点，因而该期权的时间价值为3.7个基点。

要真实反映期权购买者最坏情况下融资成本，就必须计算出花在它身上的净利率。对于6个月后的3个月期限的远期利率协议看涨期权的融资成本就是9个月的成本。9个月的利率为7.5%，7.0%的远期利率协议看涨期权保证它的拥有者获得7.54%[7.0%+0.51%×(1+0.075×0.75)]的净利率。

据前所述，对于欧洲美元期货期权的损益状况，可用图1-4-1或图1-4-2来加以描述。但利率保证的损益状况就不能照搬这两张图来加以说明。也就是说，利率保证的损益图有其特殊性。由上例分析可以知道，7.0%的远期利率协议看涨期权盈亏图就是图3-4-1中那根折线。

在图3-4-1中，一条水平损益线表示借款者直接通过购买远期利率协议所支付的借款成本，在任何情况下他都将利率固定在7.5%的水平上。实际上，远期利率协议期权在协定利率7.0%以上也有类似的性质，即最终利率也被固定在7.54%的水平上，倘若利率到时低于7.0%，

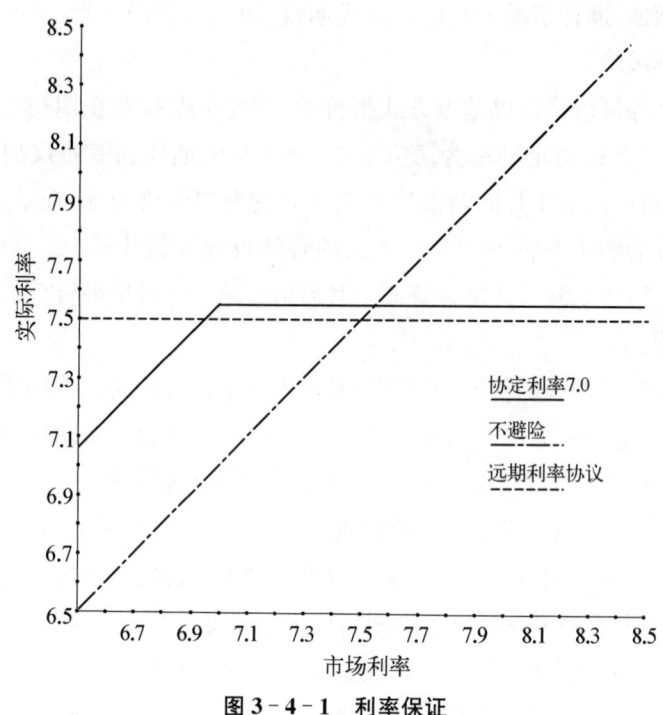

图 3-4-1 利率保证

放弃期权将有利于借款者。

图中一条45°的直线表示借款者不采取任何避险措施,随着利率逐渐升高,他的实际借款成本将直线增加;反之亦然。这种策略当利率上升时对借款者不提供任何保护。

需注意,对于价内程度深的远期利率协议看涨期权,期权费用较高,损益图与相应的远期利率协议相似;而对于价外程度深的远期利率协议看涨期权,期权费用较低,因此提供的保护较少,其损益图与风险完全敞口的非常相像。实际上处在这两者之间的远期利率协议看涨期权,对于风险敞口的保护程度、获利能力以及期权费用这三者提供了一些不同的折中方法。

三、短期利率期权的定价公式

短期利率期权一般有两种形式,一种基础资产为短期利率期货;另一种基础资产为利率本身。如前所述,短期利率期货的报价是100减去远期利率,远期利率协议的报价为远期利率。另外,短期利率期权的交易也有场内与场外之分,场外交易的主要是基于利率的期权,如基于远期利率的利率保证;场内交易的主要是基于短期的利率期货的期权,如 CME 的 3 个月欧洲美元期货期权和 LIFFE 的 3 个月的英镑利率期货期权等。场外交易的利率期权通常是需要支付期权费而不需要保证金的;而场内交易的利率期权有些是不用支付期权费的,和期货合约一样交纳保证金。因此,在运用 Black‐Scholes 模型来为短期利率期权定价时,就必须要考虑到短期利率期权的这些形式与特点。

(一) 场外交易的短期利率远期(期货)期权的定价公式

无论是利率保证,还是短期的利率期货期权,一个共同的特点就是基础资产价格均为某种金融工具的远期价格。如果我们能将 Black‐Scholes 模型中的基础资产 S 转化为远期价格 F,那么短期利率远期(期货)期权的定价问题即便解决。

$$c = S\Phi_0(d_1) - Xe^{-r\tau}\Phi_0(d_2), \quad p = Xe^{-r\tau}\Phi_0(-d_2) - S\Phi_0(-d_1), \tag{3.4.1}$$

其中, $d_1 = \dfrac{\ln(S/X) + (r+\sigma^2/2)\tau}{\sigma\sqrt{\tau}}$, $d_2 = \dfrac{\ln(S/X) + (r-\sigma^2/2)\tau}{\sigma\sqrt{\tau}}$。

实际上,我们在第一章第五节中已经说明:在远期和期货市场上,远期合约价值为零的交割价格等于远期价格,即

$$F = Se^{r\tau}, \tag{3.4.2}$$

于是有

$$S = Fe^{-r\tau}。 \tag{3.4.3}$$

在把式(3.4.3)代入式(3.4.1)的同时,用远期价格 F 的波动率 σ_F 替代式(3.4.1)中的波动率 σ,就得到短期利率远期(期货)期权的定价公式:

$$\begin{aligned}c &= e^{-r\tau}[F\Phi_0(d_1) - X\Phi_0(d_2)], \\ p &= e^{-r\tau}[X\Phi_0(-d_2) - F\Phi_0(-d_1)]。\end{aligned} \tag{3.4.4}$$

式中

$$\begin{cases} d_1 = \dfrac{\ln(F/X) + (\sigma_F^2/2)\tau}{\sigma_F\sqrt{\tau}} \\ d_2 = \dfrac{\ln(F/X) - (\sigma_F^2/2)\tau}{\sigma_F\sqrt{\tau}} \end{cases} \quad (3.4.5)$$

在应用上述公式为场外交易的短期利率远期（期货）期权定价时，需注意两点：

第一，式(3.4.4)默认了 Black-Scholes 的假设对它来说是合理的。事实上，短期利率比长期利率波动大，基础资产越是临近到期日，其波动率变动就越会增大。因此，与利率远期（期货）特别相关的一个假定是远期（期货）的波动率保持不变，限制了该定价公式在存续期较短的期权定价中的应用。

第二，定价公式(3.4.4)适用的范围是有限的。该模型仅适用于欧式期权。但是场内交易的所有的期货期权大多是美式期权。

为了克服第一个问题，人们在应用式(3.4.4)来为短期利率期权定价时，实际的做法是从交易的期货期权的隐含波动率推出波动率的值，并将其应用于定价公式中。这只是一种近似的方法。当然，我们也可以采用第二章第四节介绍的二项定价方法来为短期利率远期（期货）进行定价。

（二）场内交易的短期利率期货期权定价公式

针对上述的第二个问题，场内交易的期货期权并不是预先支付期权费，而是交纳保证金。由于保证金制度是逐日盯市的，价内期权的账面利润每天都得到实现，因而这些期权没有提前执行的诱因。虽然场内期货期权在形式上是美式期权，但对它们定价是可以应用欧式期权的定价模型的。

因为式(3.4.4)中贴现因子 $e^{-r\tau}$ 反映支付期权费用的机会成本，既然场内交易的期货期权不支付期权费，也就不存在机会成本。因此，只需要对式(3.4.4)进行适当的修正，即可获得如下形式的交纳保证金的期货期权的定价公式：
$$c = F\Phi_0(d_1) - X\Phi_0(d_2),$$
$$p = X\Phi_0(-d_2) - F\Phi_0(-d_1),$$
式中，d_1、d_2 的表达式与式(3.4.5)相同。

第四章
基本的外汇市场工具

外汇是指外国货币和以外国货币计值的票据等。外汇市场是进行外汇交易的场所。外汇市场的主要参与者包括中央银行、商业银行、其他金融机构、外汇经纪人、公司和个人等。外汇市场的主要作用是实现国际资金的转移、提供国际融资渠道以及防范外汇风险等。国际现汇市场上最基础且最重要的外汇是美元、英镑、澳元、日元、瑞士法郎、新加坡元、加拿大元和欧元等。外汇市场主要有两种形式,一种是设有固定的交易场所,如法兰克福的外汇交易所;另一种是通过电传、电话和电报等通信工具成交,没有具体固定的交易场所,如伦敦外汇交易市场。随着高新技术特别是信息技术的发展,现代通信手段的大量涌现与应用,将世界各地的金融中心以及外汇市场联结成一个巨大的交易网络,可以这么说,目前乃至今后无形的外汇市场独占鳌头。

外汇市场的分散性导致了它比传统的股票市场复杂,同时用"国际上"的电信和计算网络将各交易者彼此联系在一起,这又促使这个市场越演越膨胀,使得今天的外汇市场的日交投量十分巨大。据国际清算银行的调查数据,全球包括即期外汇、直接远期外汇和外汇互换在内的传统外汇日平均交易的名义本金额达到数万亿美元。外汇市场的复杂性和庞大特征引起了经济与金融业各层人士的特别关注。因此,本书很有必要单立一章内容来讨论外汇市场的交易工具。然而,外汇市场上的种种原因,决定了本章对琳琅满目的外汇交易工具不可能进行面面俱到的研究,研究的兴趣仅能局限在某几个基本层面上,即着重讨论最基础的外汇工具——即期外汇和一些基本的衍生工具——远期外汇、外汇期货以及外汇期权。

第一节　即期外汇

一、即期外汇交易

即期外汇交易是在场外进行的,它们的价格条款是双方同意的,双方签订合约在交易日后第 2 个工作日交换通货,如星期二成交的外汇交易,将于星期四买卖双方相互交换货币。如果交割日(到期日)是节假日或为不对外营业时,交割日自然向后顺延。如交易日是星期四,第 2 个工作日将是星期六,交割日应该放在星期一。即期外汇的交易日与交割日可用图 4-1-1 表示。

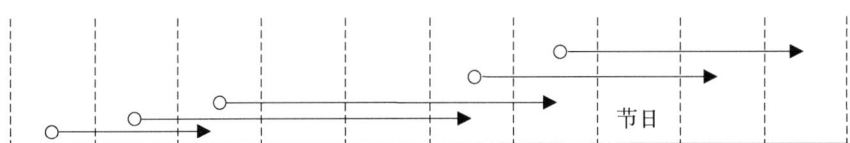

图 4-1-1　即期汇率交易日

注:箭头线的起始点"○"表示处于交易日,箭头线的终点表示到达交割日。

外汇交易根据补偿价值的原则成交,即一个外汇交易是两种通货同时成交的双向交易,这可以限制各交易方的信用风险。

从货币分布来看,在所有的外汇交易中,主要的币种美元交易最多,占 80% 以上,欧元占比次之,再次是日元、英镑等;从地理分布来看,最大的 3 个交易中心依次是英国、美国和日本,俗称为金三角,接下来就是新加坡,在这四个地方,外汇交易约占了全球的一半以上;从货币对的分布来看,欧元/美元的交易占 20%,美元/日元的交易占 18%,接下来是美元和其他货币的交易;从交易的行为来看,估计约有不到 20% 的来自商业交易,其余的都是投机交易,等等。这些都已成为今日外汇市场的重要特色。

二、外汇表示法

在商品市场上,通常用某一种货币来标明单位商品的价格,这就告诉顾客：购买一单位商品需要支付多少数量的货币。例如购买1斤大米需要支付人民币5.00元。实际上，商品交易只涉及一种货币，标价的职能很容易归属。然而在外汇交易中，同时至少涉及两种不同的货币需要相互标价，相互关系可以被表达为不同的方式，外汇交易对不熟悉它的人会显得迷惑不解。但是，我们可以借助于买卖商品的思路来思考外汇的表达方式，可能会明白许多。我们将两种货币的其中一种货币称为基本货币(the base currency)，记作A，视为"大米"，而用另一种货币来标明一单位基本货币(大米)的价格，并将这另一种货币记作B。我们通常将基本货币A称为被标价币，另一种货币B称为标价币。外汇汇率就是一单位基本货币A可以兑换标价货币B的数量，记为A/B。例如EUR/USD，这意味着买卖1EUR需要USD的数量，而USD/EUR意味着买卖1USD需要EUR的数量。

通常汇率有"直接标价法(the direct quote)"和"间接标价法(the indirect quote)"两种标价形式。

汇率的直接标价形式简称为直接汇率，是指以一定数量的本国货币(本币)来表示单位外国货币(外币)的价格。这里的本币就为标价币，外币为被标价币。目前世界上大多数国家均采用直接标价法。我国也不例外。例如2020年3月23日1美元兑换7.0816元人民币。在直接标价法下，汇率的数值下降表示汇率上升，即本币相对于外币升值(上涨)，外国货币相对于本币贬值(下跌)，反之亦然。

汇率的间接标价形式是指以单位本国货币来表示一定数量的外国货币，即以本币为被标价币，外币为标价币。例如，2020年3月23日，1美元合110.62日元(从美国人的角度来说)。在间接标价法下，汇率的数值变大，汇率升高，本币相对升值(上涨)，外国货币相对贬值(下跌)，反之亦然。

由上述定义可见，"直接"与"间接"这两种标价法是以某一个国家处于主导地位来考察的。例如，1欧元＝0.8724英镑，在英国看来这是直接标价法，而在欧洲国家看来这是间接标价法。除了这两个地区，在其他国家或地区看来这既不属于直接标价法，也不属于间接标价法，譬如对澳大利亚人来说，就是这样的。

第二次世界大战后随着国际金融市场一体化的发展,一些大的金融中心的外汇市场逐渐形成了一个共同采用美元为基本货币,以美元为被标价货币的标价法称为欧式(European terms)标价,通常记为 USD/CCY,读作 1 美元兑若干其他货币(如瑞士法郎、欧元、日元等)。例如,USD/CHF 0.980 4,即 1 USD=0.980 4 CHF,表示 1 美元兑 0.980 4 瑞士法郎。

由于历史上原因,国际金融市场上也采用非美元的货币作为基本货币,以美元为标价币,这种标价法称为美式(US terms)标价,表示一单位其他货币可以兑换的 USD(美元)数量。例如,欧元和美元之间关系通常描述为 EUR/USD,具体来说,EUR/USD 0.872 4,这意味着 1 欧元兑 0.872 4 美元。

注意,本书一律采用"基本货币/标价货币"的表示法,统一认为 1 个单位基本货币兑若干标价货币。

三、买价与卖价

在即期外汇市场上,造市者(如银行)对一种货币会报出两种价格,即买进基本货币的价格和卖出基本货币的价格,简称买进出价(bid)或卖出喊价(offer)。例如,USD/JPY 的即期汇率为 108.95/35(108.95/109.35),其中 108.95 是买入价格,109.35 是卖出价格,分别表示造市者买入 1 USD 付出 108.95 JPY(日元)、卖出 1 USD 收取 109.35 JPY(日元)。

按照市场惯例,即期汇率总是前小后大,第一个价格是买进报价,第二个价格是卖出价格。买卖差价表示这两种汇率的差,造市者在即期外汇交易中可以获得差价的益处。差价的幅度可以反映外汇市场的流动性。如造市者积极交易,差价就会变小,市场流动性就会提高,反之亦然。

多数外汇汇率的最小价格变动是用一个基点(basis point)来表示的,一个基点等于 0.000 1,汇率表示为 NN.NNNN,如 USD/HKD 7.754 7/57(7.754 7/7.755 7)。然而,也有一些其他货币,如 USD/JPY 的最小价格变动为 0.01,即一个 pip 等于 0.01,如 USD/JPY 108.95/35。外汇汇率是通过基点或"pip"来定价,买卖差价就可以表示成基点或"pip"的数量,如 USD/HKD 的差价等于 10 基点。活跃的货币交易通常报价只有

1~10个基点差价。但对于变化很大的外汇汇率来说,平均差价可能会超过 50 个基点甚至更多。

四、套汇汇率标价(Cross Rate Quotations)

在国际外汇市场上,习惯地采用欧式标价法和美式标价法,即以美元为基本货币,或者以美元为标价货币。但在活跃的外汇市场上经常出现两种非美元之间的交易,这就需要运用套汇汇率报价(cross rate quotations),诸如 GBP/AUD、GBP/JPY、CHF/CAD 和 EUR/JPY。此外造市者(市场主持者)通常会相应于本国货币报出多种套算汇率。

套汇汇率能够通过两种外汇交易而被合成出来,其计算规则大致有如下 4 种形式:

第一,两种即期汇率均属于欧式标价,要知道两种非美元之间的即期汇率,运用除法。

例:已知 2020 年 3 月 23 日 USD/CAD 1.444 4/46,USD/HKD 7.754 7/57,求 CAD/HKD。

解:因为两种即期汇率均为欧式标价,即它们都是以美元作为基本货币,所以可采用除法来求出 CAD/HKD,具体表达式为

$$CAD/HKD = USD/HKD \div USD/CAD。$$

于是加元的买入价(港元的卖出价)为

$$7.754\ 7 \div 1.444\ 6 = 5.368\ 1;$$

实际上这一套汇过程是:买进美元、卖出港元,同时卖出美元、买进加元。而加元的卖出价(或者港元的买入价)为

$$7.755\ 7 \div 1.444\ 4 = 5.369\ 5;$$

即造市者卖出美元、买进港元,同时买进美元、卖出加元。

上述的两个计算式,可归结为如下一个表达式:

$$CAD/HKD = 5.368\ 1/95。$$

第二,两个即期汇率均属于美式标价,要知道两种非美元之间的即期

汇率,运用除法。

例:已知 2000 年 10 月 10 日 EUR/USD 0.869 4/34,GBP/USD 1.448 7/27,求 EUR/GBP。

解:因为两种即期汇率均为美式标价,即它们都是以美元作为标价货币,所以可运用除法来求出 EUR/GBP,即

$$EUR/GBP = EUR/USD \div GBP/USD。$$

于是欧元的买入价(英镑的卖出价)为

$$0.869\ 4 \div 1.452\ 7 = 0.598\ 5;$$

这相当于买进欧元、卖出美元,同时卖出英镑、买进美元。

而欧元的卖出价(英镑的买入价)为

$$0.873\ 4 \div 1.448\ 7 = 0.602\ 9;$$

这相当于卖出欧元、买进美元,同时买进英镑、卖出美元。

最终可表述为

$$EUR/GBP\ 0.598\ 5/29。$$

第三,第一种货币与美元之间的即期汇率属于欧式标价,第二种货币与美元之间的汇率属于美式标价,要知道第一种货币与第二种货币之间的即期汇率,运用先乘后取倒数的方法。

例:已知 2020 年 3 月 23 日 USD/CAD 1.444 4/46,AUD/USD 0.582 4/25,求 CAD/AUD。

解:因为加元与美元之间的即期汇率为欧式标价,而澳元与美元之间的即期汇率为美式标价,所以

$$CAD/AUD = \frac{1}{USD/CAD \times AUD/USD}。$$

于是加元的买入价(澳元的卖出价)为

$$\frac{1}{1.444\ 6 \times 0.582\ 5} = 1.188\ 4;$$

而加元的卖出价(澳元的买入价)为

$$\frac{1}{1.4444 \times 0.5824} = 1.1888;$$

最后可表述为

$$CAD/AUD = 1.1884/88。$$

第四,第一种货币与美元之间的即期汇率为美式标价,而第二种货币与美元之间的即期汇率为欧式标价,要知道第一种货币与第二种货币之间的即期汇率,运用乘法。

例:已知 2000 年 10 月 10 日 GBP/USD 1.4487/27,USD/JPY 108.30/70,求 GBP/JPY。

解:因为英镑与美元之间的即期汇率为美式标价,而日元与美元之间的即期汇率为欧式标价,所以

$$GBP/JPY = GBP/USD \times USD/JPY。$$

于是英镑买入价(日元卖出价)为

$$1.4487 \times 108.30 = 156.89;$$

而英镑卖出价(日元买入价)为

$$1.4527 \times 108.70 = 157.91;$$

最后可表述为

$$GBP/JPY = 156.89/157.91。$$

综上所述,现今外汇市场上交易更加活跃,外汇买卖报价的平均价差较之 20 年前的平均价差大大缩小,这主要归功于电子交易深入普及。

第二节 外汇远期

外汇远期(FX forward)是双方同意在将来的某个时间以一定的汇率交换一定金额外汇的合约。进行外汇远期交易的动机一般可以划分为三类,即保值、投机和套利。在国际贸易商务合同中,经常会遇到与进口商所拥有的货币不一致。例如中国的进口商需要向外支出美元,而不是他

手中的人民币。进口商从国外进口商品就要购买一定的外汇,并且这种外汇的支付一般在未来的某个时期。为了避免在未来支付时因汇率波动所带来的外汇风险,进口商可以进行外汇远期买卖,事先固定成本,减少外汇风险,达到保值目的。像这样选择外汇远期的交易者被称为保值者(hedger)。在国际金融市场上,存在着一些与保值动机相反的人,他们愿意承担一定的外汇风险来取得利润。例如,在东南亚金融危机爆发的时候,货币贬值的狂潮使得一些人认为人民币也将会贬值。在那一段时间,外汇黑市上一些"黄牛"预测"人民币贬值",卖出人民币,买进美元,目的在于赚取远期利润,愿意承担人民币走稳或坚挺的可能损失。像这样选择外汇远期的交易者被称为投机者(speculator)。如果人们同时在两个或两个以上的金融市场上进行外汇远期,而几乎不承担外汇风险便可获取利润,像这类市场参与者被称为套利者。

例如,某家跨国公司关心全球的总资产和总负债,而该公司用总部所在地的货币来衡量它的资产和负债,这就应用到各分支机构所在地货币相对于总部所在地货币的汇率。如果分支机构所在地货币相对贬值(升值)那么会出现以当地货币计值的资产和负债相应的增加(减少)。若该公司想要保持总资产和总负债账面价值的不变,就进行各地的外汇远期交易。

外汇远期主要包括外汇直接远期(FX outright forward)、外汇互换(FX swaps)、汇率协议(ERA)、外汇远期协议(FXA)等。本节具体说明这些外汇远期工具。

一、外汇直接远期

外汇直接远期交易是一个场外交易双方同意在未来某个时期交换一定的货币,而并没有相应的即期交易。通常外汇直接远期的期限都是1年或1年以下的,比如1个月、2个月、3个月、6个月和1年等。

(一) 外汇远期汇率

外汇直接远期可以根据利率平价给出报价。假定 F、S 分别表示远期汇率和即期汇率,i_1、i_2 分别表示基本货币和标价货币的利率,D_1、D_2

和 D 分别表示基本货币 1 年的天数、标价货币 1 年的天数以及即期到远期的天数。

图 4-2-1 反映一投资者运用一个单位的基本货币在基本货币国投资和在标价货币国投资所获得的两种远期情况。如果该投资者把一个单位的基本货币投资于基本货币国内,D 天后,一个单位基本货币就将成为 $(1+i_1D/D_1)$ 个单位的基本货币。当然,他可以拿着这一个单位的基本货币在外汇市场上换成 S 个单位的即期标价货币,投资于标价货币国,D 天后他将获得 $S(1+i_2D/D_2)$ 单位的标价货币。然后他再打算通过外汇远期汇率(F)将这笔标价货币换为基本货币,数额为 $S(1+i_2D/D_2)/F$,或将 $(1+i_1D/D_1)$ 个单位的基本货币换为标价货币,其值为 $F(1+i_1D/D_1)$。根据无套利原则,得

$$S(1+i_2D/D_2)/F = (1+i_1D/D_1);$$

或者

$$F(1+i_1D/D_1) = S(1+i_2D/D_2);$$

于是远期汇率为

$$F = S\frac{1+i_2D/D_2}{1+i_1D/D_1}。 \qquad (4.2.1)$$

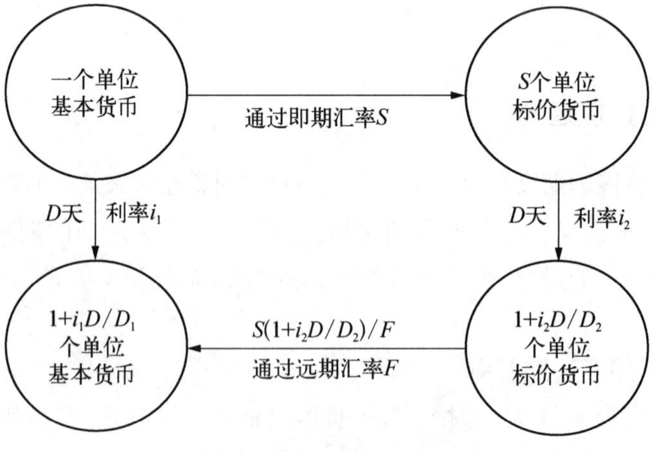

图 4-2-1 利率平价理论

由此可见，外汇远期汇率是由即期汇率和两种货币的利率相结合而得出的。

例：即期汇率 EUR/USD 0.850 0，3 个月欧元利率为 5.008 1%，3 个月美元利率为 6.773 8%，试问 3 个月的远期汇率是多少？

解：因为 $S = 0.850\,0$，$i_1 = 5.008\,1\%$，$i_2 = 6.773\,8\%$，所以由式 (4.2.1) 得

$$F = 0.850\,0 \cdot \frac{1 + 0.067\,738 \times \frac{90}{360}}{1 + 0.050\,081 \times \frac{90}{360}} = 0.853\,7。$$

(二) 远期汇差

所谓远期汇差(forward margin)就是远期汇率与即期汇率之间的差额。在外汇市场上，人们通常以即期汇率与远期汇差来表示远期汇率。这主要原因是远期汇差受即期汇率的影响没有像远期汇率对即期汇率的变动那么敏感，用远期汇差报价相对稳定。

如果用 W 表示远期汇差，那么

$$W = F - S = S\left[\frac{1 + i_2 D/D_2}{1 + i_1 D/D_1} - 1\right]; \quad (4.2.2)$$

或者

$$W = F - S = S\left[\frac{i_2 D/D_2 - i_1 D/D_1}{1 + i_1 D/D_1}\right]; \quad (4.2.3)$$

若将分母上的 $i_1 D/D_1$ 忽略不计，则可得到远期汇差的近似公式

$$W = F - S = S[i_2 D/D_2 - i_1 D/D_1]。 \quad (4.2.4)$$

显然，远期汇率就为即期汇率加上远期汇差，即

$$F = S + W = S + S\frac{i_2 D/D_2 - i_1 D/D_1}{1 + i_1 D/D_1}; \quad (4.2.5)$$

远期汇率的近似公式为

$$F = S + W = S + S[i_2 D/D_2 - i_1 D/D_1]。 \quad (4.2.6)$$

实际上,运用精确公式与近似公式来计算远期汇差和远期汇率,两者之间的误差并不大,因此,上述的近似公式也常常被使用。

特别地,当 $D_1 = D_2$ 时,式(4.2.4)成为

$$\begin{aligned} W &= F - S = S(i_2 - i_1)D/D_1 \\ \text{或} &= S(i_2 - i_1)D/D_2。 \end{aligned} \quad (4.2.7)$$

当 $i_2 > i_1$ 时,即当基础货币的利率低于标价货币的利率时,$W = F - S > 0$,或者 $F > S$,也就是远期汇率大于即期汇率,这表明:利率较低的基本货币在远期市场上将比利率较高的标价货币更有价值。我们就称基本货币对标价货币的远期汇率有升水(premium),或者说基本货币在远期市场上呈升水,又简称升水货币(货币升水);同时又称标价货币对基本货币的远期汇率有贴水(discount),或者说标价货币在远期市场上呈贴水,又称贴水货币(货币贴水)。

同理,当基本货币的利率高于标价货币的利率时,即 $i_2 < i_1$,$W = F - S < 0$,或者 $F < S$,意味着远期汇率小于即期汇率,这表明:利率较高的基本货币在远期市场上将比利率较低的标价货币有较低价值。我们称基本货币对标价货币的远期汇率有贴水,或者说基本货币在远期市场上呈贴水,同时称标价货币对基本货币的远期汇率有升水,或者说标价货币在远期市场上呈升水。

由式(4.2.4)可见,货币的升水或贴水大小取决于即期外汇汇率及运作两种货币的相对利息成本(或收益)。货币升水点(pip)等于远期汇差(W),而货币贴水点等于负的 W。这样,远期汇率又可表述为

$$\text{远期汇率} = \text{即期汇率} + \text{升水}; \quad (4.2.8)$$

或者

$$\text{远期汇率} = \text{即期汇率} - \text{贴水}。 \quad (4.2.9)$$

例如,在上面的例子中,即期汇率 EUR/USD 0.850 0,而 3 个月的远期汇率为 0.853 7,因此,远期汇差

$$W = 0.8537 - 0.8500 = 0.0037。$$

这说明欧元(对美元)远期呈升水,而美元(对欧元)远期呈贴水。其原因是欧元利率低于美元利率,两种货币之间存在一个利差。即期,一个美元持有者比相应的欧元持有者所获得的利率多出 1.7657%(6.7738%-5.0081%),或者说,与投资美元相比,投资欧元吃亏了 1.7657%的利差,利率平价理论就把这一差额打进远期欧元的价格中去,补偿这种差价,因此欧元远期要比即期贵一些,美元远期要比即期便宜一些,欧元远期呈升水,美元远期呈贴水,否则套利将发生。

再如,即期汇率 USD/JPY=108.09,6 个月的美元利率为 6.72%,6 个月的日元利率为 0.5175%。由此可知,$i_1=6.72\%$,$i_2=0.5175\%$,$S=108.09$,运用精确汇差公式(4.2.3),可得

$$W = F - S = 108.09 \times \left[\frac{0.005175 \times 180 \div 360 - 0.0672 \times 180 \div 360}{1 + 0.0672 \times 180 \div 360}\right]$$
$$= -0.03 \times 108.09 = -3.24;$$

负值表明:美元(对日元)远期贴水,而日元(对美元)远期升水。6 个月的远期汇率为式(4.2.9),即

$$F = 108.09 - 3.24 = 104.85。$$

综上所述,相对标价货币,基本货币是升水货币,外汇远期汇率等于即期汇率加上升水点;若基本货币是贴水货币,则外汇远期汇率等于即期汇率减去贴水点。

人们经常谈论美元贴水或升水点数。当美元是基本货币时,美元升水点数被加到即期汇率上,可得出外汇远期汇率;而当美元是标价货币时,美元升水点将从即期汇率中被减去,才可得到外汇远期汇率。由此可见,在进行外汇远期定价的过程中,究竟是要在即期汇率上加上还是减去"升水点"或者"贴水点",这要根据货币是基本货币还是标价货币来确定。

(三)外汇直接远期买卖

人们之所以要创造外汇直接远期这种金融工具,是因为这种交易能

使他们避免外汇远期风险。作为一个场外交易所,交易双方要在未来某个确定的日期交换确定数目的货币,这就需要计算外汇远期的买入价(bid)和卖出价(offer)。

我们已经知道,即期汇率有两个报价,即买进基本货币的价格和卖出基本货币的价格,外汇远期汇率是根据即期汇率和两种货币的利率计算出来的。由此推出,外汇远期的买入与卖出价应该是即期外汇买卖价格与两种货币的利率的函数。

根据无套利原则,即期买进的货币会以相应的利率被借出直至远期日,而卖出的货币则以相应的利率被借入至远期日。这有推迟即期交易的作用,外汇直接远期汇率可以通过计算两种货币在远期日的数量比而得出。如果我们记 S_1、S_2 分别为即期外汇的买入价和卖出价,记 F_1、F_2 分别为外汇远期的买入价和卖出价,记 i_{11}、i_{12} 分别为基本货币的拆入与拆出利率,记 i_{21}、i_{22} 分别为标价货币的拆入与拆出利率,那么由式(4.2.1)可以得到如下的计算远期汇率的公式:

$$F_1 = S_1 \frac{1 + i_{21} D/D_2}{1 + i_{12} D/D_1}; \tag{4.2.10}$$

$$F_2 = S_2 \frac{1 + i_{22} D/D_2}{1 + i_{11} D/D_1}. \tag{4.2.11}$$

而由式(4.2.5),远期汇率则为

$$F_1 = S_1 + S_1 \frac{i_{21} D/D_2 - i_{12} D/D_1}{1 + i_{12} D/D_1}; \tag{4.2.12}$$

$$F_2 = S_2 + S_2 \frac{i_{22} D/D_2 - i_{11} D/D_1}{1 + i_{11} D/D_1}. \tag{4.2.13}$$

特别地,根据式(4.2.7),远期汇率的近似公式为

$$F_1 = S_1 + S_1 (i_{21} - i_{12}) D/D_1; \tag{4.2.14}$$

$$F_2 = S_2 + S_2 (i_{22} - i_{11}) D/D_1. \tag{4.2.15}$$

下面,将举例来具体应用上述公式。

例1：即期汇率 EUR/USD 0.848 5/25,1 个月和 3 个月欧洲美元与欧元拆放利率列于表 4-2-1,计算欧元对美元的 1 个月和 3 个月的远期汇率。

表 4-2-1 欧洲美元与欧元拆放利率

期　限	欧洲美元拆放利率		欧元拆放利率		天　数
1 个月	$6\frac{1}{2}$	$6\frac{5}{8}$	$4\frac{5}{8}$	$4\frac{7}{8}$	31
3 个月	$6\frac{5}{8}$	$6\frac{3}{4}$	$4\frac{7}{8}$	$5\frac{1}{8}$	91

解：由式(4.2.12)和式(4.2.13)得：

1 个月远期欧元买入价 $= 0.848\,5 + 0.848\,5$
$$\times \frac{(6.5\% - 4.875\%) \times 31 \div 360}{1 + 4.875\% \times 31 \div 360}$$
$= 0.848\,5 + 0.001\,2$
$= 0.849\,7$

1 个月远期欧元卖出价 $= 0.852\,5 + 0.852\,5$
$$\times \frac{(6.625\% - 4.625\%) \times 31 \div 360}{1 + 4.625\% \times 31 \div 360}$$
$= 0.852\,5 + 0.001\,5$
$= 0.854\,0$

3 个月远期欧元买入价 $= 0.848\,5 + 0.848\,5$
$$\times \frac{(6.625\% - 5.125\%) \times 91 \div 360}{1 + 5.125\% \times 91 \div 360}$$
$= 0.848\,5 + 0.003\,2$
$= 0.851\,7$

3 个月远期欧元卖出价 $= 0.852\,5 + 0.852\,5$
$$\times \frac{(6.75\% - 4.875\%) \times 91 \div 360}{1 + 4.875\% \times 91 \div 360}$$
$= 0.852\,5 + 0.004\,0$
$= 0.856\,5$

例 2：即期汇率 GBP/CHF 1.105 9/65，1 个月和 3 个月的英镑与瑞士法郎拆放利率列于表 4-2-2，计算英镑对瑞士法郎的 1 个月和 3 个月的远期汇率。

表 4-2-2 英镑与瑞士法郎拆放利率

期 限	英镑拆放利率		瑞士法郎拆放利率		天 数
1 个月	6	$6\frac{1}{8}$	$4\frac{3}{4}$	$4\frac{7}{8}$	31
3 个月	$6\frac{1}{8}$	$6\frac{3}{8}$	$4\frac{7}{8}$	$5\frac{1}{8}$	91

解：1 个月远期英镑买入价 $=1.105\,9+1.105\,9$

$$\times \frac{4.75\% \times \frac{31}{360} - 6.125\% \times \frac{31}{365}}{1+6.125\% \times \frac{31}{365}}$$

$$=1.105\,9-0.001\,2$$

$$=1.104\,7$$

1 个月远期英镑卖出价 $=1.106\,5+1.106\,5$

$$\times \frac{4.875\% \times \frac{31}{360} - 6\% \times \frac{31}{365}}{1+6\% \times \frac{31}{365}}$$

$$=1.106\,5-0.001\,0$$

$$=1.105\,5$$

3 个月远期英镑买入价 $=1.105\,9+1.105\,9$

$$\times \frac{4.875\% \times \frac{91}{360} - 6.375\% \times \frac{91}{365}}{1+6.375\% \times \frac{91}{365}}$$

$$=1.105\,9-0.003\,9$$

$$=1.102\,0$$

3 个月远期英镑卖出价 $=1.106\,5+1.106\,5$

$$\times \frac{5.125\% \times \frac{91}{360} - 6.125\% \times \frac{91}{365}}{1 + 6.125\% \times \frac{91}{365}}$$

$$= 1.106\ 5 - 0.002\ 5$$

$$= 1.104\ 0$$

综上所述,当基本货币是升水货币时,有两个特点:第一,基本货币的远期汇率等于它的即期汇率加上升水点;第二,外汇汇差为正值,且远期买入价的升水点小于远期卖出价的升水点。当基本货币是贴水货币时,也有两个特点:第一,基本货币的远期汇率等于即期汇率减去贴水点;第二,外汇汇差为负值,且远期买入价的贴水点大于远期卖出价的贴水点。如在例1中,基本货币欧元(对美元)的1个月、3个月买入价中的升水点分别为12点和32点,就分别小于相应期限卖出价中的升水点15和40。又如在例2中,基本货币英镑(对瑞士法郎)的1个月、3个月买入价的贴水点分别为12点和39点,就分别大于相应期限卖出价中的贴水点10和25。根据这些特点,人们将远期汇率的表示方法归纳在表4-2-3中。

表4-2-3 远期汇率与升贴水

货币关系	位置顺序	利率关系	升贴水点大小	货币升贴水	远期汇率大小
基本货币/标价货币	左/右	低/高	小/大	升水	加小为买入价/加大为卖出价
基本货币/标价货币	左/右	高/低	大/小	贴水	减大为买入价/减小为卖出价

这样,例1和例2的计算结果又可用表4-2-4来表示:

表4-2-4 例1和例2远期汇率与升贴水

货币关系＼期限	即期汇率	1个月	3个月	1个月远期汇率	3个月远期汇率
EUR/USD	0.848 5/25	12/15	32/40	0.848 5+0.001 2/ 0.852 5+0.001 5	0.848 5+0.003 2/ 0.852 5+0.004 0
GBP/CHF	1.105 9/65	12/10	39/25	1.105 9−0.001 2/ 1.106 5−0.001 0	1.105 9−0.003 9/ 1.106 5−0.002 5

(四) 日期可选的外汇远期

外汇直接远期交易的一种变种形式是日期可选的外汇远期买卖(option dated forward)。这种金融工具是双方约定在特定未来时期中的某个时间以一定的汇率交易一定金额外汇,并且这个时间由一方选择的合约。有选择权一方的报价是从最有利的角度出发来制定的,通常是指银行一方。例如,在上面的例 1 中某客户在 3 月 1 日选择了在 4 月 1 日—6 月 1 日期限的任何一个工作日进行外汇买卖的交易。这就是一个 1 个月至 3 个月的日期可选的外汇远期买卖。由于 1 个月远期汇率为 EUR/USD 0.849 7/0.854 0 而 3 个月远期汇率为 EUR/USD 0.851 7/0.856 5,因此 1 个月至 3 个月日期可选远期的报价为 EUR/USD 0.849 7/0.856 5。银行按汇率 EUR/USD 0.849 7 买进欧元(卖出美元),而按汇率 EUR/USD 0.856 5 卖出欧元(买进美元)。在上面的例 2 中,1 个月至 3 个月日期可选远期的报价为 GBP/CHF 1.102 0/1.105 5,即银行以 1.102 0 买入英镑(卖出瑞士法郎),而以 1.105 5 卖出英镑(买进瑞士法郎)。在进行日期可选的外汇远期业务时,除遵循"报价选择方处于最有利角度"这一规则外,其他方面与一般外汇直接远期买卖都一样。

二、外汇互换

(一) 概念

外汇直接远期交易只是一种单纯做一笔外汇远期买卖,正因为这样也有人将"FX outright forward"翻译为"外汇单一远期"。由于外汇直接远期没有相应即期交易,因此,进行这种外汇远期买卖的双方都承担着相当高的风险。这时外汇互换[①](FX Swap)应运而生。

外汇互换是双方约定对一定金额外汇在某个时间以一定汇率(有时以现在的即期汇率)进行交易并且在之后另一个时间以另一种汇率换回的合约,或者说,是双方同意以预先确定好的价格在两个不同日期(如一个即期,另一个远期)来交换货币数量。一个外汇互换实质上是两个交易

---

① 外汇互换是一种传统的金融工具,不是后来金融创新工具"货币互换"。关于"货币互换",将放在下一章对它展开讨论。

合一：在互换期间内，各方借贷货币，从一方到另一方。例如，以即期汇率 GBP/CHF 1.106 5 卖出即期 100 万英镑，买进即期 110.65 万瑞士法郎；同时以 1 个月远期汇率 GBP/CHF 1.104 7 买入 1 个月远期 100 万英镑，卖出 1 个月远期 110.47 万瑞士法郎。既然外汇互换是一种进行同量、反方向的外汇交易，那么意味着互换中一个方向的损失将由另一个方向的得利弥补，交易者通过外汇互换，可以无须承担货币风险而提供远期流动性。

按照外汇互换的期限的不同，通常这种金融工具可以分为如下几类：

第一，即期对远期的外汇互换（Spot-Forward Swap）。在这种外汇互换中，两个时间一个为即期，另一个为即期后的某个时间。

第二，远期对远期外汇互换（Forward-Forward Swap）。这类外汇互换可以被看成两个时间长度不同、方向相反的即期对远期外汇互换的组合。

第三，短期的外汇互换（short term swaps）。这类外汇互换包括隔夜外汇互换（overnight 或 O/N），次日外汇互换（tomorrow/next 或 T/N），即期对次日的外汇互换（spot/next），以及所有的到期日不超过 1 个月的外汇互换。隔夜的外汇互换的两个时间一个为交易日；另一个为次日；次日外汇互换的两个时间一个为交易日的次日；另一个为交易日的次 2 日；即期对次日的外汇互换的两个时间一个为即期交割日（即 $T+2$）；另一个为即期交割日的次日，也是 tomorrow/next 的后一天。

（二）外汇互换汇率计算

由于外汇互换交易涉及两笔货币数量相同、买卖方向相反且交割日不同的外汇买卖，这就决定了外汇互换汇率与外汇直接远期汇率的计算方法是不一样的。下面，结合图 4-2-2 和图 4-2-3 来说明即期对远期的外汇互换汇率的计算方法。

由图 4-2-2 可见，在即期对远期的外汇互换交易中，远期汇差右边的值等于即期买入基本货币与远期卖出基本货币的两个汇率差。如果用 W_2 表示远期汇差右边的值，那么

$$W_2 = \tilde{F}_2 - S_1; \qquad (4.2.16)$$

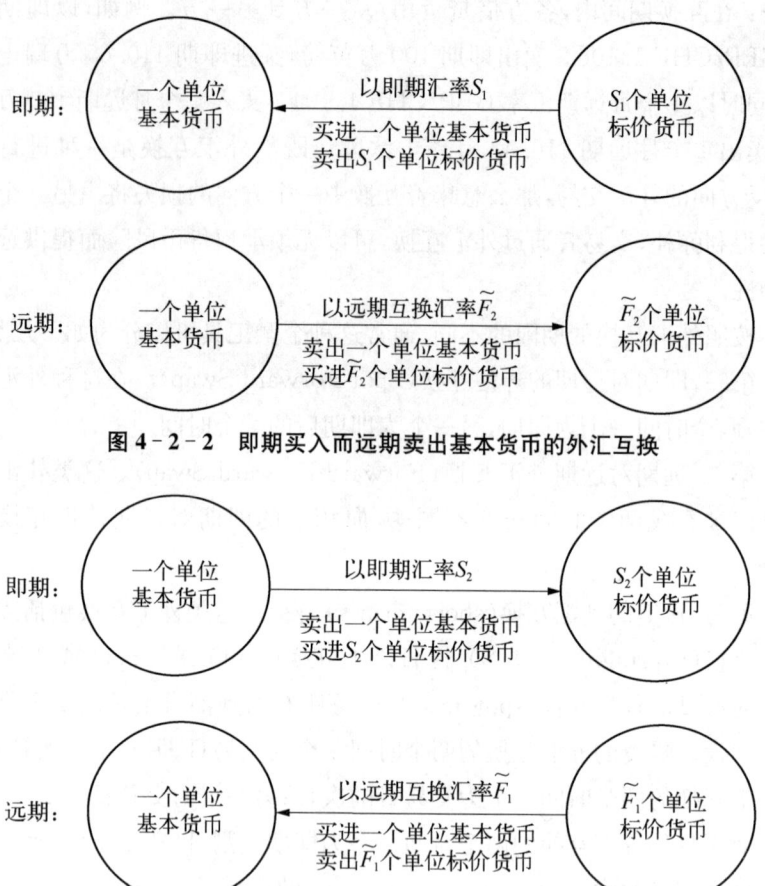

图 4-2-2 即期买入而远期卖出基本货币的外汇互换

图 4-2-3 即期卖出而远期买入基本货币的外汇互换

或者

$$\widetilde{F}_2 = S_1 + W_2 。 \tag{4.2.17}$$

式(4.2.17)表明：当基本货币为升水货币时，即期对远期外汇互换的基本货币卖出价格等于即期基本货币买入价加上远期汇差右边的升水点；当基本货币为贴水货币时，即期对远期外汇互换的基本货币卖出价格等于即期基本货币买入价减去远期汇差右边的贴水点。

由图 4-2-3 可见，在即期对远期的外汇交易中，远期汇差左边的值等于即期卖出基本货币与远期买入基本货币的两个汇率差。若用 W_1 表

示远期汇差左边的值,则有

$$W_1 = \widetilde{F}_1 - S_2; \quad (4.2.18)$$

或者

$$\widetilde{F}_1 = S_2 + W_1。 \quad (4.2.19)$$

式(4.2.19)表明:当基本货币为升水货币时,即期对远期外汇互换的基本货币买入价格等于即期基本货币卖出价加上远期汇差左边的升水点;当基本货币为贴水货币时,即期对远期外汇互换的基本货币买入价格等于即期基本货币卖出价减去远期汇差左边的贴水点。

例如,基本货币为英镑(GBP),标价货币为瑞士法郎(CHF),即期汇率、3个月的远期汇差以及3个月远期汇率如表4-2-5所示。

表4-2-5 GBP/CHF 3个月远期汇率

期限 货币关系	即 期 汇 率	3个月远期汇差	3个月远期汇率
GBP/CHF	1.105 9/65	39/25	1.102 0/40

由表4-2-5可见,基本货币英镑远期贴水,根据上述的即期对远期外汇互换汇率的计算规则,可得到如下的外汇互换汇率:

3个月远期英镑卖出价 = 1.105 9 − 0.002 5 = 1.103 4

3个月远期英镑买入价 = 1.106 5 − 0.003 9 = 1.102 6

再例如,基本货币为欧元(EUR),标价货币为美元(USD),即期汇率、3个月远期汇差以及3个月远期汇率如表4-2-6所示。

表4-2-6 EUR/USD 3个月远期汇率

期限 货币关系	即 期 汇 率	3个月远期汇差	3个月远期汇率
EUR/USD	0.848 5/90	32/40	0.851 7/30

由上表可见,基本货币欧元为升水货币,按照外汇互换的计算规则,即期对3个月远期外汇互换汇率为

3 个月远期欧元卖出价＝0.848 5＋0.004 0＝0.852 5

3 个月远期欧元买入价＝0.849 0＋0.003 2＝0.852 2

将两种计算结果分别与表 4-2-5 和表 4-2-6 中的两个 3 个月远期汇率相比较,不难看出,远期外汇互换汇率与外汇直接远期汇率有差别,通常是不相等的。

最后需提及,对于远期对远期的外汇互换汇率的计算类似于上述的计算过程。这可通过下面的远期外汇协议来加以理解。

三、综合的远期外汇协议

风险管理者能够运用远期对远期外汇互换来锁定两种货币远期对远期利率之间的当前利差,然而,使用两个外汇互换产生一种远期对远期头寸,实际上实施起来会出现真正的现金流,有风险,要求银行满足资本充足率要求。于是市场参与者创造出一种新的金融工具——综合的远期外汇协议(Synthetic Agreement for Forward Exchange,SAFE)。这种金融工具既能发挥远期对远期外汇互换的风险控制功能,又更加有效率。

(一) 概念

综合的远期外汇协议是交易双方为规避利差,或者外汇互换汇差,或者两者兼有之,进行投机而约定的协议。就综合的远期外汇协议的定义来说,它与远期利率协议的定义非常相似。远期利率协议可以被认为是资产负债表外的远期对远期存款,反映利率的绝对水平;而综合的远期外汇协议是资产负债表外的远期对远期外汇互换交易,反映利差或汇差的情况。

实际上,在一份综合的远期外汇协议中,市场参与者在名义上同意进行两种货币之间的远期对远期外汇互换的交易。综合的远期外汇协议的买方同意在交割日购进基本货币[或定义为"初级货币"(primary currency)],并在到期日出售它;而综合的远期外汇协议的卖方则同意在交割日卖出基本货币,在到期日买进它。也就是说,综合的远期外汇协议所涉及那些货币[基本货币和标价货币,标价货币被定义为次级货币(secondary currency)],先名义上在交割日互换,然后在到期日再名义上互换过来。与远期利率协议一样,在综合的远期外汇交易中并没有发生实际的现金流,因而也就避免了信用风险,没有资本充足率的要求。但在交割日交易双方同意按照协议原定的汇率与即期市场汇率之间的差额,由一方支付给另一方一笔交割额。

定语"综合"表明该种金融工具包括不止一种的外汇协议,事实上综合的远期外汇协议是一类远期外汇交易的总称,其中最基本、最普通两个,一是汇率协议(Exchange Rate Agreements, ERA);另一个是远期套汇协议(Forward cross-currency agreements, FXA)。ERA 是由 Barclays 提出的,其性质与远期利率协议类似;而 FXA 则是由 Midland 设计的。汇率协议和远期利率协议存在着货币敏感性的影响,而远期套汇协议使它的交易者不受货币敏感性的影响。稍后我们会说明这两种金融工具的区别。

英国银行家协会已经提出了 ERA 和 FXA 这两种金融产品的标准条款及有关术语①。现介绍其中一些主要词汇:

A_1:在交割日买卖的基本货币(初级货币)的名义数额;

A_2:在到期日买卖的基本货币的名义数额;

OER:协议中事先约定的交割日直接汇率;

CFS:协议中事先约定的协议期间的远期汇差;

SSR:在基准日确定的交割日直接汇率;

SFS:在基准日确定的协议期间的远期汇差。

为了进一步清楚地理解 ERA 和 FXA 交割额的计算方法,弄清这两者之间的区别,这里引进一些新的符号来分别代替上述那些符号,即 A_S、A_L 分别代替 A_1 和 A_2,F_S、F_m 分别代替 OER 和 SSR,W_a、W_m 分别代替 CFS 和 SFS。表 4-2-7 能一目了然地说明新旧符号之间的关系。

表 4-2-7 SAFEBBA 中符号与新引进的符号

SAFEBBA 中符号	A_1	A_2	OER	SSR	CFS	SFS
新引进的符号	A_S	A_L	F_S	F_m	W_a	W_m

① 见英国银行家协会出版的 SAFEBBA 文件。

综合的远期外汇协议是 20 世纪 80 年代后期出现的金融产品,是在场外进行交易的。通常它的期限都有标准规定。例如,一份 3×6 SAFE 的交割日在即期日 3 个月后,到期日在即期日 6 个月后。有关综合的远期外汇协议中日期的规定与远期利率协议一样,读者可参考第三章第二节。

交易双方在交割日和到期日进行交换的基本货币的名义数额 A_S 和 A_L,通常是相等的,即 $A_S = A_L$。按照 SAFEBBA 文件,定义,F_S 和 W_a 被事先约定好,而 F_m 和 W_m 是在基准日参照许多银行的报价通过计算被确定下来的市场汇率。手头上有了这些变量的数值,就可以决定出 ERA 和 FXA 的交割数额。

(二) 汇率协议的交割数额

汇率协议(ERA)的性质与远期利率协议(FRA)完全类似。我们知道,FRA 的价值取决于交割日与到期日之间的利差。由此不难理解,ERA 的交割额将取决于交割日与到期日之间的远期汇差。仿照 FRA 的交割额的计算公式,以及根据上述的符号定义,ERA 的交割额的计算公式,可表示成为如下形式:

$$V_E = A_L \frac{W_a - W_m}{1 + i_m t} \text{。} \qquad (4.2.20)$$

式中 V_E 表示 ERA 的交割额,i_m 表示标价货币在基准日决定的协议期间的利率(基准日的市场利率),t 表示以年度表示的协议期限(一年 360 天或 365 天)。式(4.2.20)与式(3.2.6)很相似,但两者仍有区别,区别之一,在计算 FRA 的交割额式中,分子含有一个期限长度的因子,而在计算 ERA 的交割额式中,分子没有这一项,这是因为利差没有包括时间积累因素,而远期汇率却将这一因素考虑在内了;区别之二,FRA 根据利率差额,要求一方向另一方支付交割额,而 ERA 则按照远期汇差要求一方向另一方支付交割额;区别之三,FRA 只涉及一种货币,因此其交割额是由该种货币表示,不会混淆,而 ERA 涉及两种货币,这就需要小心了,由式(4.2.20)知,其交割额是用标价货币来表示的。

计算 FRA 的交割额与计算 ERA 的交割额确实存在着如下两点相同之处：

第一，两者的交割额都是在交割日支付的，而不是在到期日，这就需要将算得结果贴现到交割日，因此两式的分母完全一样；

第二，无论是 FRA 还是 ERA，两式出现正的结果表示买方的净收入，而负的结果表示买方的净损失；买方的净收入也就是卖方的净损失，买方的净损失也就是卖方的净收入。

下面举例说明。假设一份 1×4 ERA，基本货币为欧元(EUR)，标价货币为美元(USD)，即期汇率、1 个月和 4 个月的远期汇差与远期利率以及 1×4 远期对远期互换汇差与 1×4 的远期利率的数值如表 4-2-8 所示。

表 4-2-8 初始的 EUR/USD 市场汇(利)率

汇率与利率\期限	即期汇率	1 个月	4 个月	1×4
EUR/USD 汇率	0.850 5	10/14	47/51	33/41
欧元利率		$4\frac{3}{4}\%$	5%	5.06%
美元利率		$6\frac{1}{2}\%$	$6\frac{3}{4}\%$	6.80%

由表 4-2-8 可见，1×4 欧元/美元远期利率之差为 1.74%，投资者预测这个差还会进一步扩大，决定采取卖出 100 万 1×4 ERA 的策略，果然不出他所料，1 个月后的市场利(汇)率出现了如下情况(见表 4-2-9)：

表 4-2-9 1 个月后 EUR/USD 市场汇(利)率

汇(利)率\期限	即期汇率	3 个月
EUR/USD 汇率	0.850 5	45/49
欧元利率		4.75%
美元利率		7%

根据表 4-2-8 和表 4-2-9 所提供的数据，可以运用式(4.2.20)来

计算 ERA 的交割额。

因为 $A_L = 1\,000\,000$，$W_a = 0.004\,1$，$W_m = 0.004\,5$，$i_m = 7\%$，$t = 1/4$，所以

$$V_E = 1\,000\,000 \times \frac{0.004\,1 - 0.004\,5}{1 + 0.07 \times \frac{1}{4}} = -393.12 \text{（美元）}。$$

在这种情况下，买方需要向卖方支付 393.12 美元的数额。由于投资者卖出了 1×4 ERA，因此他获得了 393.12 美元的利润。

由式(4.2.20)可见，ERA 的交割额受到四方面的影响：一是来自基本货币的名义数额的变动；二是来自市场利率的变动；三是取决于协议期限；四是受到远期汇差的影响。乍一看，ERA 已经考虑了许多影响因素。但仔细推敲，ERA 没有强调即期汇率变动的影响作用，仅考虑由利率变动而引起的远期汇差变动的影响作用。笔者曾在导出公式(4.2.2)时就说过即期汇率对于远期汇差的影响较小。例如，EUR/USD 即期汇率 0.850 5，3 个月的欧元利率与美元利率分别为 5% 和 6.77%，于是由式(4.2.2)求得 3 个月的远期汇差为 37.2 基点；如果欧元疲软，EUR/USD 即期汇率从 0.850 5 下跌至 0.840 5，即跌去 100 个基点，并假定 3 个月的欧元利率与美元利率保持不变，即仍分别为 5% 和 6.77%，那么此时的远期汇差 36.7 基点，与原来相比，下降不到 1 个基点，即 0.5 个基点，变动非常微小，但即期汇率的波动却相当大。这时不得不考虑到即期汇率波动对 ERA 的交割额的显著影响作用。这个例子足以说明 ERA 的不足之处。

（三）远期套汇协议的交割额

鉴于 ERA 避开了大部分汇率波动的影响作用，Middland 设计出远期套汇协议(FXA)。这种新的金融产品不仅涵盖了 ERA 结构，而且将汇率绝对水平的任何变动也体现在它的结构之中。计算 FXA 的交割额的公式如下：

$$V_F = A_L \frac{F_S - F_m}{1 + i_m t} + A_L \frac{W_a - W_m}{1 + i_m t} - A_S (F_S - F_m)。$$

(4.2.21)

式中，V_F 表示 FXA 的交割额，共有三部分组成。第二部分就是式(4.2.20)；第一部分考虑了到期日交换基本货币的名义数额，以及协议事先约定的交割日直接汇率与在基准日确定的交割日直接汇率之差，因为在到期日发生，所以要折现到交割日；第三部分与第一部分相比，少掉分母那一块因式，原因是在交割日论事，没有必要折现。另外，在讲述 SAFE 的概念时，笔者已经点明：FXA 的买方同意在交割日买进基本货币，并在到期日卖出它；而 FXA 的卖方同意在交割日卖出基本货币，并在到期买进它。在交割日进（或出），在到期日却出（或进），这一客观事实使得上式中右边的第三项与第一、二项的符号相反。由于 FXA 考虑了更多方面的影响因子，特别地参考了直接汇率的变动情况，因此它能比较精确地反映了外汇潜在的风险。

例如，投资者卖出 100 万 EUR/USD 的 1×4 FXA，即期汇率、1 个月和 4 个月的远期汇差与利率、1×4 月远期对远期互换汇差与远期利率、以及 1 个月后市场利（汇）率的数据仍以表 4-2-8 和表 4-2-9 为准。现应用式(4.2.21)来计算投资者的利得。

因为 $A_L = A_S = 1\,000\,000$，$W_a = 0.004\,1$，$W_m = 0.004\,5$，$i_m = 7\%$，$t = 1/4$，$F_S = 0.851\,5$，$F_m = 0.850\,5$，所以

$$V_F = 1\,000\,000 \times \frac{0.851\,5 - 0.850\,5}{1 + 0.07 \times \frac{1}{4}} + 1\,000\,000$$

$$\times \frac{0.004\,1 - 0.004\,5}{1 + 0.07 \times \frac{1}{4}} - 1\,000\,000(0.851\,5 - 0.850\,5)$$

$$= 982.80 - 393.12 - 1\,000$$

$$= -410.32（美元）。$$

这意味着 1×4 FXA 的卖方获取 410.32 美元的利润。

比较两种计算结果（即 ERA 交割额和 FXA 交割额），两者仅相差 17.20 美元，差额不大，原因在于事先约定的 1 个月后的汇率(0.851 5)与在 1 个月后市场确定的汇率(0.850 5)比较接近。

如果当 $A_L = A_S$ 时，那么将式(4.2.21)改写成为如下形式：

128　金融工程及其在中国的应用研究

$$V_F = A_L \frac{W_a - W_m}{1 + i_m t} - A_L i_m \frac{F_S - F_m}{\frac{1}{t} + i_m}。 \quad (4.2.22)$$

由此不难看出,当事先约定的交割日直接汇率非常接近基准日确定的交割日直接汇率时,上式中的右边第二项与右边的第一项相比,会很小,即汇率的变动对交割的影响较小,可以忽略不计,于是有

$$V_F \approx V_E = A_L \frac{W_a - W_m}{1 + i_m t}。$$

在交割日汇率保持不变的情况下,无论是应用 ERA 还是应用 FXA 来规避外汇风险,结果都是一样的。

(四) ERA 与 FXA 的差额

上述讨论的结果表明:当基准日确定的交割日直接汇率(有时简称即期汇率)发生较大的波动时,ERA 与 FXA 的交割额会出现大的差额。

例如,1 个月后,欧元疲软,市场利(汇)率数据如表 4-2-10 所示。

表 4-2-10　1 个月后欧元疲软的市场汇(利)率

期限 汇(利)率	即期汇率	3 个月
EUR/USD 汇率	0.830 5	44/48
欧元利率		4.75%
美元利率		7%

假定即期市场的利(汇)率数据仍如表 4-2-8 所示。投资者可以考虑采取下面两种策略:

第一种为卖出 1×4 ERA;

第二种为卖出 1×4 FXA;

试求出两种协议的交割额。

对应第一种策略,各变量的数值为

$A_L = 1\,000\,000$, $W_a = 0.004\,1$, $W_m = 0.004\,4$, $i_m = 7\%$, $t = 1/4$,

$$V_E = 1\,000\,000 \times \frac{0.004\,1 - 0.004\,4}{1 + 0.07 \times \frac{1}{4}} = -294.84(美元)。$$

这就是说,如果投资者采用第一种策略,那么他将获得 294.84 美元的利润。若投资者采用第二种策略,那么

$A_L = A_S = 1\,000\,000$,$W_a = 0.004\,1$,$W_m = 0.004\,4$,$F_S = 0.851\,5$,$F_m = 0.830\,5$,$i_m = 7\%$,$t = 1/4$,

$$V_F = 1\,000\,000 \times \frac{0.004\,1 - 0.004\,4}{1 + 0.07 \times \frac{1}{4}} - 1\,000\,000 \times 0.07$$

$$\times \frac{0.851\,5 - 0.830\,5}{4 + 0.07}$$

$$= -294.84 - 361.18$$

$$= -656.02(美元)。$$

显然,在其他条件不变的情况下,当欧元疲软,投资者卖出 1×4 FXA 所获得的利润要比他卖出 1×4 ERA 所获得利润多出 361.18 美元,差额之大,不得不令投资者倾向于使用 FXA。

其实,可以证明使用 FXA 所获得的结果与通过传统的现金市场远期对远期外汇互换所得出的结果是一模一样的。这可能就是 Middland 设计 FXA 的缘由所在。

第三节 外汇期货

外汇期货就是货币期货(currency future)。本书之所以这样称呼,是因为期货合约涉及两种货币,或者说与一种货币对做的一种货币期货交易。例如,在芝加哥国际货币市场(CME/IMM),对美元交易的币种有:瑞士法郎、英镑、日元、澳元、加拿大元以及其他币种,这些外币期货都是以美元来标价的。与外汇直接远期对应,外汇期货合约除在芝加哥商品交易所的国际货币市场交易外,在伦敦国际金融期货交易所、新加坡国际金融交易所、多伦多期货交易所、悉尼期货交易所等处都有交易。外汇期

货交易扩展到许多国家或地区。

一、概念

外汇期货合约是一种在未来某特定日期为持有者提供一定数量货币的标准合约。与其他类型期货合约(股权期货、利率期货、国债期货等合约)相同,是一种标准化的远期合约。

外汇期货的标准化要求,每份合约必须规定交割的外汇数量、交割的期限和日期、交割的地点、最小价格波动、最小变动价值,等等。表4-3-1列出了一些常见外汇期货合约在有关交易所交易的主要特点。

表4-3-1 一些常见外汇期货合约的主要特点

交易所 内容 条款名称	CME/IMM	CME/IMM	TFE	SFE	CME/IMM	CME/IMM	CME/IMM
币 种	澳元 AUD	英镑 GBP	美元 USD	澳元 AUD	加元 CAD	日元 JPY	瑞士 法郎 CHF
合约规模	100 000	62 500	50 000	100 000	100 000	12.5 m	125 000
最小价格波动	0.01 美分	0.02 美分	0.01 加分	0.01 美分	0.01 美分	0.000 1 美分	0.01 美分
最小变动价值	10 美元	12.5 美元	5加拿大元	10 美元	10 美元	12.5 美元	12.5 美元
交割月份	3、6、9、12	3、6、9、12	3、6、9、12	3、6、9、12	3、6、9、12	3、6、9、12	3、6、9、12

对于不同的币种,合约规模不完全相同,即必须交割的外汇数量不完全相等。例如,一个加元合约的金额为10万加元,而一个日元合约的金额为1 250万日元。不论在哪个交易所交易何种外汇期货市场合约,每一种外汇期货的每张合约都规定了一定数量的金额。而外汇远期就没有这样的标准规定,每个合同的金额可由买卖双方协定。

---

① CME/IMM:芝加哥商品交易所国际货币市场部;SFE:悉尼期货交易所;TFE:多伦多期货交易所;FINEX:纽约棉花交易所(NYCE)金融期货和期权部。

外汇期货合约只提供一些主要货币的交易。而在外汇远期市场上，任何货币均可以交易。

外汇期货合约的交割月份大多都规定在3月、6月、9月和12月，到期日为交割月份的第3个星期的星期三。但远期外汇买卖的交割就没有规定的固定日期，交割时间由买卖双方自由选定。

与其他期货合约一样，交易所规定了每一种外汇期货合约的最小价格变动幅度，这样可以计算出每一种外汇期货合约的最小变动价值。但在远期市场上，对许多货币都没有限制每天的价格波动幅度。

在交割形式上，外汇期货的交割全部在交易所进行，可在到期日交割，也可以在到期日之前随时做一笔方向相反、合约数量相同的外汇期货交易。远期外汇买卖就不同，可以通过电话、电传等方式直接与交易对方进行结算，大部分合约得实时交易。

综上所述，在合约的规定上，外汇期货与外汇远期之间确实存在着较大的差异，这就决定了这两种金融工具在外汇市场上所发挥出来的功效不尽相同。

二、保证金与交易成本

在前三章已说清楚，所有的金融期货清算所都把自己当作买卖双方的替代人，清算所对买方或卖方有直接的义务，而买卖双方彼此没有直接义务，或者说，清算所承担了每个买方的卖方(代理卖方)，或每个卖方的买方(代理买方)。清算所为防止交易方违约时承担巨大的风险，实行保证金制度。外汇期货也不例外。当交易开始时，买方和卖方都要交付给清算所一定的保证金额，作为履约保证。在进行外汇期货交易时，保证金也有初始保证金、维持保证金与追加保证金之分。有关外汇期货市场上保证金制度的运行机制与其他期货市场类似，这里不再细说，读者可参阅前三章内容。

与其他金融期货交易相同，外汇期货交易的成本主要来自两个方面：
第一成本因素为佣金(commission fee)。交易所会员替客户进行外汇期货合约买卖时收取固定的费用，这叫佣金。佣金是外汇期货商的主要收入。一次佣金包括了头寸的买或卖，通常是在平仓时或交割时支付。

佣金的标准数额一般应根据外汇期货商的经营成本和利润目标来确定一个占交易合约的比例。各个交易所制定佣金的标准数额均有所不同。佣金是外汇期货交易的直接成本因素。

第二个成本因素就是来自保证金。当合约终止时,保证金数目是可以返还的。但因为外汇市场可能需要保持几个月不变,这可能造成重大的交易成本。因为保证金被捆住,是需要支付利息成本的。例如,某套期保值者买进1 000个澳元外汇期货合约,合约期限为3个月,每个合约的初始保证金为1 000美元,假设3个月内期货价格保持不变,此期间的利率为6.77%,这样他将损失16 925(1 000×1 000×6.77%÷4)美元的利息收入。

与外汇期货交易相比,远期外汇交易一般不收取佣金,不需要支付保证金。外汇期货的交易成本阻止了它的迅速发展。为了适当地降低外汇期货交易的成本,交易所综合考虑总体风险,即将对冲的两笔交易额综合起来,采用"价差保证金"。实际上外汇期货交易承担的相对价格变动的风险,而非绝对收益水平变化的风险。

三、报价

外汇期货报价方式与外汇市场报价方式类似,即有美式或欧式两种报价方式。相对于美元交易的外汇期货采用美式报价法,如英镑、澳元、加元、欧元、瑞士法郎、日元等货币,是按照这些币种的一个单位折合多少美元来报价的,如表4-3-1所示,最小价格变动分别是:每澳元0.01美分、每英镑0.02美分、每加元0.01美分、每日元0.000 1美分、每瑞士法郎0.01美分。如果与非美元的货币相对交易,通常采用欧式报价法,如在多伦多期货交易所,与加元相对交易,按照1美元折合多少加元报价的,表4-3-1中数据表明:最小价格变动为每美元0.01加分。外汇期货的欧式报价为它的美式报价的倒数。表4-3-2描述了2000年10月12日和16日在芝加哥商品交易所相对于美元交易的澳大利亚元(澳元)、英镑以及欧元的外汇期货的价格变动情况。

由表4-3-2可见,外汇期货与外汇直接远期交易非常接近,合约的价值取决于货币相对于美元的即期汇价以及货币与美元之间的利差。如果采用欧式标价法来表示,那么在 2000 年 10 月 16 日美元与澳元、英镑和欧元期货分别成交于 1.910 9、0.690 2 和 1.173 6。

表 4-3-2　相对于美元交易的几种外汇期货的价格

币　种	日　　期	开盘价	最高价	最低价	收盘价
澳大利亚元 (AUD)	2000 年 10 月 12 日	0.533 5	0.535 5	0.529 5	0.532 8
	2000 年 10 月 16 日	0.528 0	0.529 4	0.522 5	0.523 3
英镑 (GBP)	2000 年 10 月 12 日	1.462 4	1.476 8	1.460 0	1.472 0
	2000 年 10 月 16 日	1.453 4	1.455 6	1.442 4	1.448 0
欧元 (EUR)	2000 年 10 月 12 日	0.872 20	0.872 50	0.863 90	0.865 50
	2000 年 10 月 16 日	0.857 30	0.858 40	0.848 40	0.852 10

资料来源:路透社。

四、外汇期货的适应性

综上所述,外汇期货合约的标准化固然较好,但束缚越多,灵活性减弱。对于风险管理者来说,因外汇期货合约必须根据份数调整,使得他们无法完全免疫于外汇价格的变化。由于外汇远期合约不受场所约束、不存在保证金问题、交易币种很少受到限制、可以一天 24 小时进行交易等无限制条件,大大提高了远期市场的流动性。尽管外汇远期合约所存在的信用风险高于外汇期货,但因外汇远期的灵活性,吸引着更多的人喜欢采用外汇远期交易来规避外汇风险。而对于金融市场上的投机商来说,他们既拥有专家、又拥有期货市场成功交易的基础设备,因此外汇期货市场比较适合这些专职部门。事实上,当今的外汇期货市场上唱主角的大多为投机商。

第四节　外　汇　期　权

对于未来需要支付一定外汇的进口商,可以选择外汇远期合约来达到避免外汇风险的目的。但需注意,利用外汇远期合约避险,既消除了不利于己的风险,同时也失去了可能存在的于己有利的利益。例如,一家英国进口公司,在3个月后需要支付一笔美元,现在它以GBP/USD 1.50的固定汇率购买了一笔3个月远期美元,从而不受3个月后市场汇率变动的影响。3个月后当美元走强时,它能获得远期交易中的好处,假定GBP/USD 1.45,该进口公司每卖出1英镑多收到0.05美元;而当美元走弱时,虽然该公司实现原来避险目的,但从投机的角度来看,它亏了,该公司的财务管理这时会感到不舒服,后悔"鱼和熊掌未可兼得"。

同样外汇期货合约也只能为那些面临金融风险的人提供像上述那样的某种程度的确定性。

要消除掉与己不利的外汇风险,留下对己有利的机会,即能"鱼和熊掌都可获得",外汇期权便应运而生了。外汇期权(FX option)创于1970年代,进入1980年代该类金融工具迅猛增长,目前已成为外汇市场上最活跃的避险或投资(机)工具之一。本节将着重讨论这类金融工具的特性。

一、概念

外汇期权是买卖双方之间的一个合约,与其他金融期权一样,这类合约赋予购买者一项权利而没有义务,具体地说,外汇期权就是一方通过支付期权费获得在未来某个时间或时期以一定的汇率向另一方购买一定外汇的权利的合约。卖者相应获得一个期权费,承担相应的义务。

外汇期权也有看涨与看跌两种基本类型。每一种基本的外汇期权也包括购买与出售两种部位,总的派生出4种部位,即看涨外汇期权多头、看涨外汇期权空头、看跌外汇期权多头与看跌外汇期权空头。只要买者行使权力,卖者就有责任履行合同。

与其他金融期权不同,外汇期权合约到期时或在到期前的任一时间买入一种货币、卖出另一种货币,同时涉及买入和卖出的权力,这是因为外汇涉及两种货币的兑换,而其他金融期权只涉及买入或卖出的权利。既然这样,一种货币的看跌期权同时也是另一种货币的看涨期权。如上例,某人购买一个英镑看涨期权(买入英镑的权利),他同时也买了一个美元看跌期权(卖出美元的权利)。

如果按到期日划分,那么外汇期权可分为欧式外汇期权和美式外汇期权。欧式外汇期权持有者只可在到期日履行合约。美式外汇期权使其持有者能够在到期日之前包括到期日的任何一天行使期权。不过,美式外汇期权很少有必要在到期之前履行合约,若真的想处理期权,通常在外汇市场上直接卖出较有利。

外汇期权也可以按交易方式来划分,可以分为在场外交易期权和在交易所交易期权。场外外汇期权交易早于场内外汇期权交易。前者始于20世纪70年代,后者于1982年由费城股票交易所引入场内,开始交易标准化外汇期权合约。后来芝加哥国际货币市场、蒙特利尔股票交易所、阿姆斯特丹股票交易所和伦敦国际金融期货交易所等先后成为外汇期权交易中心。

目前场外外汇期权的交易量超过场内外汇期权的交易量,地位比较重要。之所以这样,是因为场外外汇期权提供充分的市场流动性,可以适应各种客户的需要,合约的规格具有很大弹性,如金额、币种、到期日与协定价格等问题均可以协商,制定外汇期权合约。

而场内外汇期权合约都标准化了。如合约规模、执行价格(汇率)、到期日、期限、交割地点、期权费、交割时间等规定都由交易所来确定。

(一) 合约规模

每个交易中心对每一份外汇期权交易的额度都有具体的规定。表4-4-1列出费城股票交易所和芝加哥交易所的几种外汇期权的合约规模。

表4-4-1 几种外汇期权的合约规模

交易所的 合约规模 币 种	英 镑	瑞士法郎	加拿大元	日 元
费城股票交易所合约规模	GBP 31 250	CHF 62 500	CAD 50 000	JPY 6 250 000
芝加哥商业交易所合约规模	GBP 62 500	CHF 125 000	CAD 100 000	JPY 12 500 000

(二) 执行价格

外汇期权未来结算所适用的价格称为执行价格,这一价格取决于合约签订的当初,一般它不同于即期或远期汇率。即期或远期汇率都是反映当时的市场价格,而外汇期权的买方只要找到卖方愿意接受他所看中的结算价格,外汇期权的执行价格就可敲定。在费城股票交易所,投资者可以买卖各种对美元的外汇期权,如英镑、欧元、瑞士法郎、加拿大元、澳大利亚元、日元等。外汇期权的执行价格大多是以美分来表示的。例如,CAD 66 的看涨期权意味着以每加拿大元 0.66 美元的价格买入加拿大元,或者表示为

$$1.52\ CAD = 1\ USD。$$

日元期权的执行价格是以 1/100 美分来表示的。

(三) 到期日

与其他标准化的金融期权相同,外汇期权的到期月通常为 3 月、6 月、9 月或 12 月,也有最后到期日。外汇期权持有者如果希望执行合约,必须在到期前通知卖方。若外汇看涨期权被执行,卖方将不得不以执行价格卖出货币;若看跌期权被执行,卖方就得以执行价格买入货币,等等。

场内外汇期权合约种种规定都是非常明确的,市场投资者只要是否同意交易中合约的价格和数量。

二、期权费

外汇期权费(premium)是外汇期权的价格。为了弥补外汇期权空头所承担的风险,多头必须把期权费支付给空头。与其他金融期权一样,外汇期权的价格也是由它的内在价值和时间价值所构成。

外汇期权的内在价值是指相关的即期外汇价格与期权的执行价格的差额。如果外汇看涨期权的执行价格低于它的即期价格,则该外汇期权处于价内(in-the-money)状态,具有内在价值;类似地,若外汇看跌期权的执行价格高于它的即期价格,该期权也为价内期权,内在价值为正。

如果外汇期权的即期价格与执行价格相等,则该期权无内在价值,这

种外汇期权又被称为平价(at-the-money)期权。

如果外汇看涨期权的执行价格高于它的即期价格,或者外汇看跌期权的执行价格低于它的即期价格,则这类期权为价外(out-of-the-money)期权,也没有内在价值。

既然外汇期权的价格等于它的内在价值与时间价值之和,那么没有内在价值的期权但却很有可能有时间价值。实际上,时间价值是买方期望在到期日之前期权会增值并能卖出而获得的利润。高价内外汇期权的期权费几乎完全由内在价值所组成,而高价外外汇期权几乎没有任何时间价值。

对于欧式外汇期权来说,持有者将只能获得内在价值,因为欧式外汇期权将直至到期日才能履约。但对于美式外汇期权来说,到期日之前,该期权的时间价值总是正的。

例如,当加拿大元即期价格为 0.68 美元时,而在费城股票交易所有一笔离到期日还有 3 个月的 CAD 66 看涨期权,其期权费为 1 250 美元。而该期权的内在价值是 1 000(0.02×50 000)美元,时间价值就是 250(1 250－1 000)美元。倘若到期日加拿大元的即期价格还是 0.68 美元,那时该期权的价值就为内在价值 1 000 美元,但时间价值却为零。这就告诉我们:外汇期权的时间价值为时间 t 的递减函数。若在到期日加拿大元跌在 0.66 美元之下,则 CAD 66 看涨期权就一文不值,既没有时间价值,又没有内在价值。

值得注意,要充分了解外汇期权的性质及其在外汇风险管理中的作用,还得进一步知道外汇期权费的报价方式。通常,外汇期权费的报价方式取决于货币是基本货币还是标价货币。一般情况,外汇期权费以美元价值来确定。如果买者希望用另外一种货币来支付期权费,这可根据当时即期汇率将美元金额转换为相应的其他货币。对于以美式表示的货币,基本货币可能为英镑、欧元、澳元等,而标价货币为美元,外汇期权费通常以每基本货币多少美分来定价。例如在芝加哥商品交易所,购买一份执行价格为 1.445 8 的英镑看涨期权,期权费要价为每英镑 4.00 分,这意味着购买这份英镑看涨期权的总价为 2 500(62 500×0.04)美元。对于货币不是基本货币来说,美元期权费则用百分数来报价。例如,在场外购买 100 万美元的加拿大元看涨期权,执行价格为 1.517 9,即拥有卖出 100 万美元而获得 1 517 900 加拿大元的权利,但持有者必须支付 2.5% 的期权费。这 2.5% 表示 1 美元的 2.5%,即表示该期权费为 25 000 美元。

上面虽然给出了有关外汇期权费(或期权价格)的报价方式,但是至于外汇期权费是如何得出来的? 这是一个很复杂的问题,感兴趣的读者可参阅"期权定价模型"。

三、外汇期权的净汇率

外汇期权的净汇率是指由执行价格保证的最不利(最差情况)的汇率。当然,对于不同的外汇的报价方式,计算外汇期权净汇率的方法是不同的。现对美式和欧式两种报价法来分别说明之。

首先考虑美式汇率情形。对于外汇看涨期权来说,最不利情况下的汇率乃是该期权被履约时的执行价格再加上看涨期权多头所支付出去的期权费。例如,基本货币为英镑,标价货币为美元,投资者在费城股票交易所买入一份英镑看涨期权合约,执行价格为 GBP/USD 1.448 3,期权费标价为 7.5(每英镑 7.5 美分),当期权履约时,最不利情况现金流为买入 1 英镑,需要支付 1.448 3 美元和 0.075 美元的期权费,此时实际汇率(净汇率)为 1.523 3(1.448 3+0.075);另一方面对于一份英镑看跌期权,GBP/USD 的执行价格仍为 1.448 3,而期权费标价为 8.0(每英镑 8 美分),当该期权履约时,最不利情况的现金流为卖出 1 英镑,流入 1.448 3 美元,流出 0.08 美元,此时实际汇率(净汇率)为 1.368 3(1.448 3 − 0.08)。

其次,对于欧式标价法来说,美元是基本货币,标价货币为其他一些货币。计算这种情况下的净汇率稍微复杂一些。例如,场外的 100 万美元的 USD/CAD 加元看涨期权,执行价格为 1.520 0,期权费为 2.5%,这将导致最不利情形的现金流为流入 1.520 0 百万加元,流出 100 万美元,再加上支出 25 000 美元的期权费,因此净汇率等于 $1.482\,9\left(\dfrac{1\,520\,000}{1\,000\,000+25\,000}\right)$;与上述相应的看跌期权的最不利情况现金流为流出 1.520 0 百万加元,支付 25 000 美元的期权费,但同时流入 100 万美元,此时的净汇率为

$1.5590\left(\frac{1\,520\,000}{1\,000\,000-25\,000}\right)$。

不过，在费城股票交易所，外汇期权的执行价格是采用美式表示法来标价的，因此，外汇期权的期权费以及相应的净汇率都是以这种方式来报价的。

四、外汇期权的损益

外汇期权的诱人之处在于它不同于外汇远期，是一种新的外汇工具，可以为那些寻求规避外汇风险同时又可通过汇率波动而获利的人提供机会和手段。下面，我们将对4种不同的外汇期权部位来分别分析它们的损益状况。

（一）外汇看涨期权多头

外汇看涨期权多头通过支付一定的期权费，有权利而无义务在某特定日期或之前日，就某种特定的外汇价格买入特定数量的货币。该期权的持有者通常预测所买入的货币价格将会上升。如果外汇市场真的朝着看涨期权多头所期望的有利方向变动，那么他有可能获利；反之，看涨期权多头将会损失。

例如，在费城股票交易所买入一份3个月英镑看涨期权合约，一份标准的合约规模为31 250英镑，GBP/USD的执行价格为1.448 3，期权费标价为7.5（每英镑0.075美元）。这样多头需支付的总期权费为2 343.75（31 250×0.075）美元，净汇率（最不利汇率）为1.523 3（1.448 3＋0.075）。这份看涨期权合约的损益状况如图4－4－1所示。

由图4－4－1可见，当GBP/USD的即期汇率小于1.448 3，多头不会执行期权，损失是期权费，总损失为2 343.75美元，这也就是持有这份看涨期权的总风险。当GBP/USD的即期汇率大于1.448 3时，多头会执行期权；即期汇率在1.448 3～1.523 3，多头因执行期权而有一定的亏损，如果在此区间，多头不执行期权，直接到现货市场去购买英镑，那么他的损失会更大，因此多头不会放弃这个权利；但当即期汇率超过净汇率1.523 3时，多头执行期权将获利，而且美元越疲软，他将获得越多的利

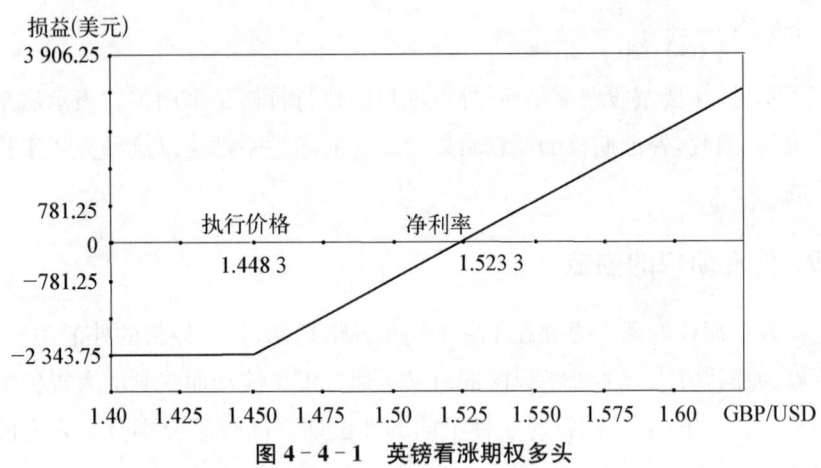

图 4-4-1 英镑看涨期权多头

润。外汇看涨期权多头承担有限风险,可能会给他带来无限利润,这正是看涨多头愿意支付一定的期权费而拥有这份权力的动因所在。

(二) 外汇看涨期权空头

外汇看涨期权空头通过收取期权费必须履行看涨期权被行使后的义务,即相应的外汇看涨期权多头执行期权,空头必须以执行价格卖出合约规定的货币。外汇看涨期权空头通常预测货币价格将会下跌。如果外汇市场真的朝着空头所期望的有利方向变动,那么他有可能获利;反之,期权空头将会损失。

例如,在费城股票交易所卖出一份3个月英镑看涨期权合约,GBP/USD 的执行价格和期权费标价都同上例一样,其损益状况如图 4-4-2 所示。

这里空头收取总期权费为 2 343.75(31 250×0.075)美元。当 GBP/USD 的即期汇率小于 1.448 3,多头不执行期权,空头就可以获取每英镑 0.075 美元期权费,最大利润为总的期权费。当即期汇率在 1.448 3～1.523 3,多头会执行期权,空头卖出 1 英镑,只能得 1.448 3 美元,看上去这是亏损的交易,但加上他所获取的期权费,还是获益,直至即期汇率达到 1.523 3 时,不亏也不盈,这一点被称为空头的盈亏平衡点(break-even point)。当即期汇率超过 1.523 3 时,空头将遭受损失,而且美元越疲弱,

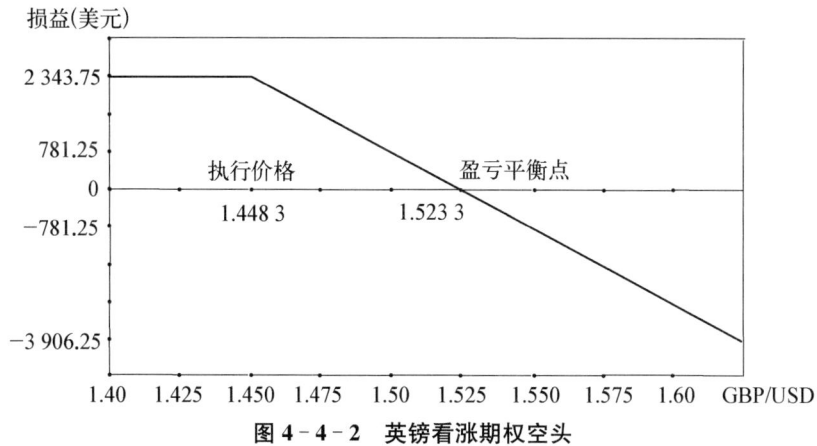

图 4-4-2 英镑看涨期权空头

他必须承受因期权被多头执行而带来更多的损失。由此可见,与外汇期权多头相比,空头承担的风险将是无限的,给予空头的期权费是对他所承担的风险的一种补偿。

(三) 外汇看跌期权多头

外汇看跌期权多头通过支付一定期权费有权利而无义务在某特定日期或之前日,就某特定的外汇价格卖出特定数量的货币。外汇看跌期权多头通常认为货币价格将会下跌。如果外汇市场朝着有利于看跌多头所期望的有利方向变动,那么他就有可能获利,反之,看跌期权多头将会损失。

例如,在费城股票交易所买入一份 3 个月日元看跌期权合约,JPY/USD 的执行价格为 0.009 3 美元,规模为 6 250 000 日元,期权费标价为 2.0,即为 1 美分的 2%,也就是每日元 0.000 2 美元。持有这样一份日元看跌期权需支付费用 1 250(6 250 000×0.000 2)美元,净汇率为 0.009 1 (0.009 3—0.000 2),其损益状况如图 4-4-3 所示。

当 JPY/USD 即期汇率大于 0.009 3 时,看跌多头不会执行期权,原因是到现货市场上直接卖出日元将会得到更多的美元,这时看跌多头损失的是期权费,持有每份日元看跌期权损失 1 250 美元。当即汇率在 0.009 1~0.009 3,看跌多头会执行期权,卖出日元,减去期权费,总体上亏损,如果这时看跌多头不执行期权,那么他将会损失得更多一些,当然

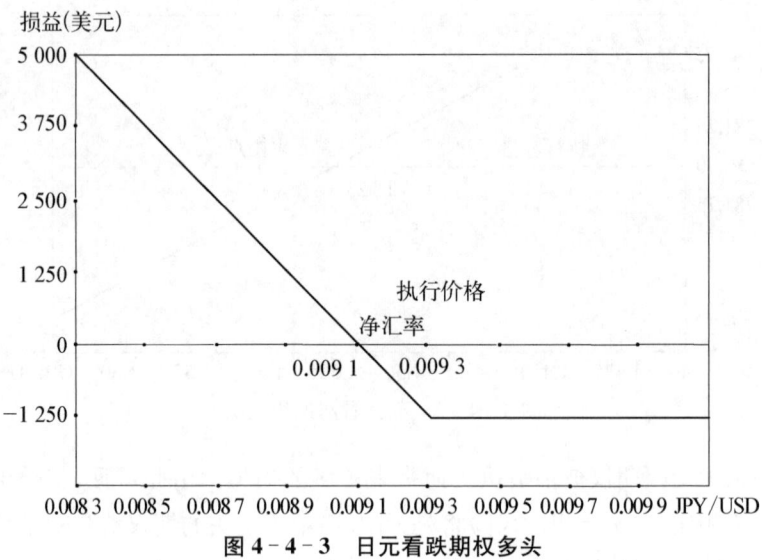

图 4-4-3 日元看跌期权多头

他会行使权利。当即期汇率小于 0.009 1 时,看跌多头会执行期权,获取利润,因为这时他以执行价格 0.009 3 卖出日元获得的美元,比直接从市场上出售日元得到的美元要多,而且日元越疲软,日元看跌期权多头盈利就越多。外汇看跌期权多头付较少的期权费来享有更大收益的可能性,这是值得的。

(四) 外汇看跌期权空头

外汇看跌期权空头通过收取期权费必须履行看跌期权被行使后的义务,即相应的外汇看跌期权多头执行期权,空头必须以执行价格买入合约规定的货币。外汇看跌期权空头预测货币价格将具有上升趋势。如果外汇看跌期权空头预测正确,他将有可能获利;反之,外汇看跌期权空头将会损失。

例如,在费城股票交易所卖出一份 3 个月日元看跌期权合约,JPY/USD 的执行价格和期权费标价都如同上例,其损益状况如图 4-4-4。

当 JPY/USD 即期汇率小于 0.009 1 时,看跌多头会行使期权,看跌空头会有责任履行合约规定,以执行价格 0.009 3 美元买入日元,支出美元,即使加上期权费 0.000 2 美元,仍将损失。日元越疲软,空头就越亏

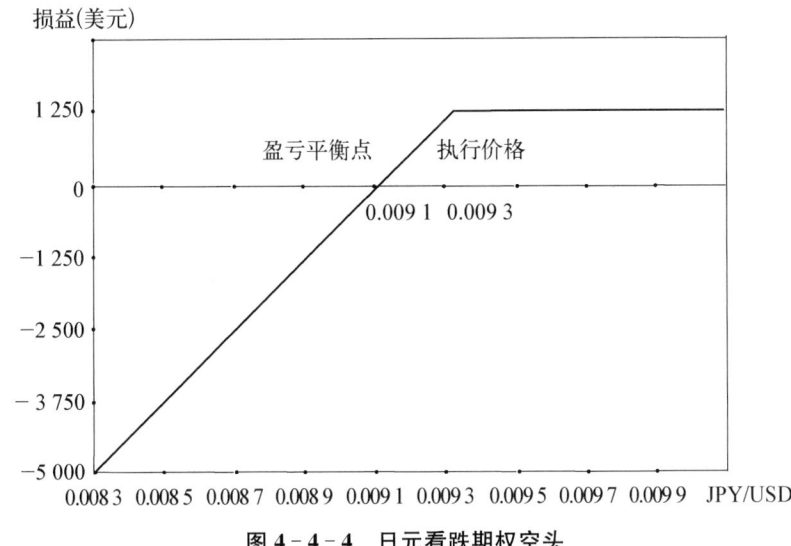

图 4-4-4 日元看跌期权空头

损。当 JPY/USD 的即期汇率在 0.009 1~0.009 3,看跌多头会执行期权,看跌空头有义务按执行价格 0.009 3 美元买入日元,支出美元,加上期权费 0.000 2 美元,他将获利,当 JPY/USD 即期汇率为 0.009 1 美元时,看跌空头支出 0.009 3 美元买进一日元,亏损 0.000 2 美元,加上他所获取的期权费 0.000 2 美元,盈亏达到平衡。当 JPY/USD 即期汇率大于 0.009 3 时,看跌多头不会行使期权,看跌期权空头将获取利润,利润值为期权费。由此可见,外汇看跌期权多头支付给看跌期权空头一笔期权费,弥补空头所承担的更大风险。

综上所述,外汇期权的 4 种不同部位(看涨多头、看涨空头、看跌多头、看跌空头)的损益状况分别与前面所讨论过的各种金融期权的损益状况相同。

第五节 外汇期权的定价

外汇涉及两种货币,外汇及其衍生工具的交易为一个镜像过程,其中一种货币买入、相应的另一种货币就卖出,一种货币期权为看涨、相应的另一种货币期权就为看跌。外汇工具的这种孪生性为我们给予外汇期权定价提供了方便性。

如果我们视基本货币为一种金融工具（如同股票），标价货币是用来反映基本货币的价格的（标价货币如同用来表示股票价格的一种币种），那么股票市场上的几何布朗运动、收益的波动率、无风险利率以及市场的完备性等各种假设，在外汇市场上均可以近似地认为成立。因此，股票期权 Black‐Scholes 模型也就可以推广到外汇期权的定价方面。实际上，Garman 和 Kohlhagen 等人在 1983 年就做出了尝试性的工作。

需注意，股票期权只涉及一种无风险利率，而外汇期权必然要涉及两种无风险利率，这是因为外汇涉及两种币种，即涉及两个自主的国家或地区。这可以从利率平价理论看出，远期外汇溢价等于两种货币的利率差。外汇期权的这一特殊性决定其定价问题不仅仅是 Black‐Scholes 模型的简单推广问题。具体讨论如下。

一、风险的市场价格

在讨论外汇期权定价问题之前，我们首先要搞清楚两种衍生工具的风险市场价格的概念。

设两种衍生资产的价格分别为 f 和 g，均遵循几何布朗运动规律，即

$$\frac{df}{f} = \mu_f dt + \sigma_f dZ; \tag{4.5.1}$$

$$\frac{dg}{g} = \mu_g dt + \sigma_g dZ。\tag{4.5.2}$$

式中，参数 μ_f 与 μ_g 分别表示 $\frac{df}{f}$ 与 $\frac{dg}{g}$ 的单位时间的期望漂移率（或 f 与 g 的期望收益率），σ_f 与 σ_g 分别表示 $\frac{df}{f}$ 与 $\frac{dg}{g}$ 的波动率，$dZ = \varepsilon\sqrt{dt}\,[\varepsilon \sim N(0, 1)]$。

上式的离散过程为

$$\Delta f = \mu_f f \Delta t + \sigma_f f \Delta Z; \tag{4.5.3}$$

$$\Delta g = \mu_g g \Delta t + \sigma_g g \Delta Z。 \quad (4.5.4)$$

由 $\sigma_g g \times$ 式(4.5.3)$-(\sigma_f f)\times$式(4.5.4)，得

$$(\sigma_g g)\Delta f - (\sigma_f f)\Delta g = (\mu_f \sigma_g fg - \mu_g \sigma_f fg)\Delta t, \quad (4.5.5)$$

上式右端项不含有随机项 ΔZ，为无风险资产组合。

现在，我们在市场上买入 $(\sigma_g g)$ 份的价格为 f 的资产，卖出 $(\sigma_f f)$ 份的价格为 g 的资产。于是将获得如下形式的资产组合价值

$$\Pi = (\sigma_g g)f - (\sigma_f f)g; \quad (4.5.6)$$

继而有

$$\Delta \Pi = (\sigma_g g)\Delta f - (\sigma_f f)\Delta g。 \quad (4.5.7)$$

由式(4.5.5)知，上式表示一种无风险资产组合。若设市场上无风险利率为 r，则：

$$\Delta \Pi = r\Pi \Delta t。 \quad (4.5.8)$$

由式(4.5.5)至式(4.5.8)，得

$$\mu_f \sigma_g - \mu_g \sigma_f = r\sigma_g - r\sigma_f; \quad (4.5.9)$$

整理得

$$\frac{\mu_f - r}{\sigma_f} = \frac{\mu_g - r}{\sigma_g}。 \quad (4.5.10)$$

上式表明：第一种衍生资产的期望收益率与无风险利率 r 之差除以其波动率 σ_f，等于第二种衍生资产的期望收益率与无风险利率之差除以波动率 σ_g，该比值仅取决于基础资产价格和时间 t，但不依赖于衍生资产的性质。我们引进符号 λ 来表示这一比值，于是有

$$\lambda = \frac{\mu_f - r}{\sigma_f} = \frac{\mu_g - r}{\sigma_g}。 \quad (4.5.10a)$$

这就是众所周知的，无套利市场中单位风险期望超额收益必须等同。

二、外汇期权的微分方程

我们引进如下一些符号：

S：即期汇率（用标价货币表示的每一基本货币的价值），
c：外汇看涨期权的价格，
p：外汇看跌期权的价格，
X：外汇期权的执行价格，
t：即期，
T：外汇期权到期时间，
$\tau = T - t$：外汇期权的期限，
r_1：基本货币国内无风险利率，
r_2：标价货币国内无风险利率，
μ：即期汇率的期望漂移率，
σ：即期汇率的波动率。

由式(4.5.10a)知,在持有基本货币情况下,风险的市场价格为

$$\lambda = \frac{(\mu + r_1) - r_2}{\sigma}. \qquad (4.5.11)$$

式中 $(\mu + r_1)$ 表示持有基本货币的期望收益率,等于即期汇率的期望漂移率加上持有基本货币资产（如基本货币的国库券或无风险证券）所带来的无风险利率 r_1。

另外,我们假定外汇看涨(看跌)期权价格 $c(p)$ 均为即期汇率 S 和时间 t 函数,并假设 S 和 $c(p)$ 均遵循几何布朗运动,即

$$dS = \mu S dt + \sigma S dZ; \qquad (4.5.12)$$

$$dc = \mu_c c dt + \sigma_c c dZ \ (dp = \mu_p p dt + \sigma_p p dZ). \qquad (4.5.13)$$

下面,我们将正式开始来导出外汇期权的微分方程。

(一) 欧式看涨期权的微分方程

由 ITO 定理,即由式(1.5.8)得

$$dc = \left(\frac{\partial c}{\partial t} + \mu S \frac{\partial c}{\partial S} + \frac{1}{2}\sigma^2 S^2 \frac{\partial^2 c}{\partial S^2}\right) dt + \sigma S \frac{\partial c}{\partial S} dZ. \qquad (4.5.14)$$

比较式(4.5.13)和式(4.5.14),不难发现

$$\mu_c c = \frac{\partial c}{\partial t} + \mu S \frac{\partial c}{\partial S} + \frac{1}{2}\sigma^2 S^2 \frac{\partial^2 c}{\partial S^2}, \tag{4.5.15}$$

$$\sigma_c c = \sigma S \frac{\partial c}{\partial S}. \tag{4.5.16}$$

由式(4.5.10)得

$$\lambda = \frac{\mu_c - r_2}{\sigma_c}. \tag{4.5.17}$$

联合式(4.5.11)、式(4.5.15)至式(4.5.17),再注意到 $\tau = T - t$,求得

$$\frac{\partial c}{\partial \tau} = (r_2 - r_1)S \frac{\partial c}{\partial S} + \frac{1}{2}\sigma^2 S^2 \frac{\partial^2 c}{\partial S^2} - r_2 c. \tag{4.5.18}$$

(二) 欧式外汇看跌期权的微分方程

类似地,由 ITO 定理与式(4.5.13),可得

$$\mu_p p = \frac{\partial p}{\partial t} + \mu S \frac{\partial p}{\partial S} + \frac{1}{2}\sigma^2 S^2 \frac{\partial^2 p}{\partial S^2}, \tag{4.5.19}$$

$$\sigma_p p = \sigma S \frac{\partial p}{\partial S}. \tag{4.5.20}$$

同样由式(4.5.10)得

$$\lambda = \frac{\mu_p - r_2}{\sigma_p}. \tag{4.5.21}$$

联合式(4.5.11)、式(4.5.19)至式(4.5.21),即可得到

$$\frac{\partial p}{\partial \tau} = (r_2 - r_1)S \frac{\partial p}{\partial S} + \frac{1}{2}\sigma^2 S^2 \frac{\partial^2 p}{\partial S^2} - r_2 p. \tag{4.5.22}$$

式(4.5.18)与式(4.5.22)分别表示欧式外汇看涨和看跌期权的微分方程,它们与式(1.5.38)及式(1.5.39)所示的欧式股票看涨及看跌期权的微分方程非常相似,所以说外汇期权定价模型是股票期权的定价模型

的一种推广形式。

三、欧式外汇看涨与看跌期权的定价公式

对应欧式看涨期权,微分方程式(4.5.18)的求解条件应该为

$$\begin{cases} c(S, 0) = \max(S - X, 0) \\ c(0, \tau) = 0 \\ c(S, \tau)|_{S \to \infty} = Se^{-r_1\tau} - Xe^{-r_2\tau} \end{cases} ; \quad (4.5.23)$$

而对应欧式外汇看跌期权,微分方程式(4.5.22)的求解条件应该为

$$\begin{cases} p(S, 0) = \max(X - S, 0) \\ p(0, \tau) = Xe^{-r_2\tau} \\ p(S, \tau)|_{S \to \infty} = 0 \end{cases} 。 \quad (4.5.24)$$

尽管欧式外汇看涨、看跌期权与欧式股票看涨、看跌期权的定价模型有差异,但我们可以进行变量变换,把前者转变成为后者,再运用后者的定价公式来导出前者的定价公式。

令 $c(S, \tau) = e^{-r_1\tau}c_1(S, \tau)$, $p(S, \tau) = e^{-r_1\tau}p_1(S, \tau)$, $r = r_2 - r_1$, 于是欧式外汇看涨和看跌期权的定价模型分别转化为

$$\begin{cases} \dfrac{\partial c_1}{\partial \tau} = rS \dfrac{\partial c_1}{\partial S} + \dfrac{1}{2}\sigma^2 S^2 \dfrac{\partial^2 c_1}{\partial S^2} - rc_1 \\ c_1(S, 0) = \max(S - X, 0) \\ c_1(0, \tau) = 0 \\ c_1(S, \tau)|_{S \to \infty} = S - Xe^{-r\tau} \end{cases} ; \quad (4.5.25)$$

和

$$\begin{cases} \dfrac{\partial p_1}{\partial \tau} = rS \dfrac{\partial p_1}{\partial S} + \dfrac{1}{2}\sigma^2 S^2 \dfrac{\partial^2 p_1}{\partial S^2} - rp_1 \\ p_1(S, 0) = \max(X - S, 0) \\ p_1(0, \tau) = Xe^{-r\tau} \\ p_1(S, \tau)|_{S \to \infty} = 0 \end{cases} 。 \quad (4.5.26)$$

上面这两个模型分别与式(1.5.38)、式(1.5.39)所示的定价模型在形式上完全一样。于是微分方程式(4.5.25)和式(4.5.26)的解就分别为式(1.5.49)与式(1.5.50)，即

$$c_1(S,\tau) = S\Phi_0(d_{11}) - Xe^{-r\tau}\Phi_0(d_{21}); \quad (4.5.27)$$

$$p_1(S,\tau) = Xe^{-r\tau}\Phi_0(-d_{21}) - S\Phi_0(-d_{11})。 \quad (4.5.28)$$

将 $c_1(S,\tau) = e^{r_1\tau}c(S,\tau)$ 和 $p_1(S,\tau) = e^{r_1\tau}p(S,\tau)$ 分别代入上两式，分别得到欧式外汇看涨与看跌期权的定价公式：

$$c(S,\tau) = e^{-r_1\tau}S\Phi_0(d_{11}) - e^{-r_2\tau}X\Phi_0(d_{21}); \quad (4.5.29)$$

$$p(S,\tau) = e^{-r_2\tau}X\Phi_0(-d_{21}) - e^{-r_1\tau}S\Phi_0(-d_{11}); \quad (4.5.30)$$

式中

$$\begin{cases} d_{11} = \dfrac{\ln(S/X) + (r_2 - r_1 + \sigma^2/2)\tau}{\sigma\sqrt{\tau}} \\ d_{21} = \dfrac{\ln(S/X) + (r_2 - r_1 - \sigma^2/2)\tau}{\sigma\sqrt{\tau}} \end{cases}。 \quad (4.5.31)$$

四、外汇远期(期货)期权定价公式

在本章第二节，我们根据利率平价理论，已导出了外汇远期汇率公式(4.2.6)。这里，用期权的期限 τ 来替换式(4.2.6)中的期限，用基本货币国内无风险利率 r_1 和标价货币国内无风险利率 r_2 分别代替式(4.2.6)中的利率 i_1 和 i_2，再考虑到连续复利的情况，外汇远期汇率就可以表示成如下形式：

$$F = Se^{(r_2 - r_1)\tau}; \quad (4.5.32)$$

立即可得

$$S = Fe^{-(r_2 - r_1)\tau}。 \quad (4.5.33)$$

把上式分别代入外汇看涨与看跌期权定价公式中，便可得到欧式外汇远期看涨与看跌期权定价公式：

$$c = e^{-r_2\tau}[F\Phi_0(d'_{11}) - X\Phi_0(d'_{21})]; \quad (4.5.34)$$

$$p = e^{-r_2\tau}[X\Phi_0(-d'_{21}) - F\Phi_0(-d'_{11})]; \quad (4.5.35)$$

式中：

$$\begin{cases} d'_{11} = \dfrac{\ln(F/X) + (\sigma^2/2)\tau}{\sigma\sqrt{\tau}} \\ d'_{21} = \dfrac{\ln(F/X) - (\sigma^2/2)\tau}{\sigma\sqrt{\tau}} \end{cases} \quad (4.5.36)$$

对于外汇远期汇率期权，基本货币国与标价货币国利率之间的差不再包含在定价公式中，原因是，利率平价理论中两种货币的利差和即期汇率等信息均包含在远期汇率之中了。

由于远期价格和期货价格相似，因此对外汇期货期权估值，只要将式(4.5.34)和式(4.5.35)中的远期价格用期货价格来代替，即可进行。

五、美式外汇期权的定价问题

由于美式外汇期权可以在到期日之前任一时刻都可以执行，这就决定了美式外汇期权的定价问题要比欧式外汇期权定价问题要复杂得多。通常在对美式外汇期权进行估值时，人们大多采用近似的数值方法，如差分法、二项式法等。其中二项法在第二章第四节中已被用来对债券期权做过估值。这里也可以模仿前面所述的步骤，运用二项树模型来为外汇期权进行估值。因其过程相同，这里从略。

六、例

现在，我们通过欧式英镑看涨期权或美元看跌期权的定价来说明如何使用上述的欧式外汇看涨或看跌定价公式。假设即期汇率 GBP/USD 1.620 0，欧式的英镑看涨期权的期限为 3 个月，执行价格为 1.620 0，英国的无风险利率为 10%，美国的无风险利率为 8%，波动率 20%，试确定 3 个月欧式英镑看涨期权的价格。

因为 $S = 1.620\,0$, $X = 1.620\,0$, $r_1 = 0.10$, $r_2 = 0.08$, $\sigma = 0.2$, $\tau =$

0.25,

所以

$$d_{11} = \frac{\ln(1.6200/1.6200) + [0.08 - 0.10 + (0.2)^2/2] \times 0.25}{0.2\sqrt{0.25}}$$
$$= 0,$$
$$d_{21} = \frac{\ln(1.6200/1.6200) + [0.08 - 0.10 - (0.2)^2/2] \times 0.25}{0.2\sqrt{0.25}}$$
$$= -0.1,$$
$$\Phi_0(d_{11}) = \Phi_0(0) = 0.5,$$
$$\Phi_0(d_{21}) = \Phi_0(-0.1) = 1 - \Phi_0(0.1) = 0.4602,$$
$$c = e^{-0.10 \times 0.25} \times 1.62 \times 0.5 - e^{-0.08 \times 0.25} \times 1.62 \times 0.4602 = 0.0592.$$

因此,该期权的价格为每 1 英镑 5.92 美分。对于费城交易所,该期权每份合约的金额为 £31 250,从而每份期权合约的价格为 \$1 850 (31 250×0.059 2)。

第五章

基本的金融互换工具

几乎与金融期货、金融期权等金融衍生产品产生的同时，另一种重要的金融创新产品——金融互换也出现了。实际上，20世纪70年代主要存在于西方发达国家公司间的平行贷款就是金融互换的雏形。而第一笔真正的货币互换是在1976年8月，荷兰的Bos Kalis Westminster银行和英国的ICI金融公司之间进行交易产生的。随后，虽然已达成不少的货币互换交易，但这在国际资本市场上并没有引起太多的关注。那时，在某些人眼里，这只不过是一项转瞬即逝的套利产品。直至1981年，由所罗门兄弟公司(Solomon Brothers)为美国的IBM公司和世界银行安排一次著名的互换交易，即IBM公司用等值的马克和瑞士法郎债券与世界银行发行的2.9亿欧洲美元债券进行互换；与此同年，花旗银行(Citibank)和大陆伊利诺斯公司达成了第一笔的利率互换交易，利率互换市场有了突破性发展。从此之后，互换市场以惊人的速度发展，年均增长率在40%以上，互换的交易规模迅速扩大，1997年末就已达到24.11万亿美元的交易规模。现今，金融互换市场在世界金融衍生产品市场上占有重要的一席之地，金融互换工具也就成为金融工程中重要的积木块。

本章主要讨论金融互换市场上一些最重要、最基本的金融互换工具。

第一节 收益率曲线

为了层层深入地讨论下去，有必要搞清楚资本市场上附息票债券收益率曲线、零息票收益率曲线、远期收益率曲线以及这些利率曲线之间的关系。

一、附息票债券收益率曲线

在债券市场上，通常债券发行人保证在债券到期前定期付给债权人债券利息。债券利息是按年利率计算的，习惯地被称为息票（coupon）。大多数的普通债券都是带有息票的债券，或者说是附息票的债券。

在美国有3种债券，包括国库券（中央政府债券）、地方市和州债券以及公司债券。其中国库券是一种很重要的工具，是其他证券定价的基准。

随着与利率有关的衍生证券市场的发展，人们越来越重视债券的收益与到期日之间关系的研究，即利率期限结构（the term structure of interest rates）的研究。在几何上，能描述这种关系（或结构）的曲线，被称为债券的收益率曲线。顾名思义，附息票债券收益率曲线就是表示该债券利率与到期日之间关系的曲线。在美国，由于国库券所处于的地位显著，对绝大多数投资者来说，利率期限结构就是国库券收益率曲线。事实上，国库券收益率曲线也是美国大多数贷款（包括商业贷款、个人贷款等）的基准利率。在金融互换市场上也不例外，固定利率通常表示为国库券收益率加上一定的基点数（1个基点为0.01%）。因此，这里所讲的附息票债券收益率曲线主要指国库券收益率曲线。表5-1-1列出美国中期国库券收益情况。

表 5-1-1 美国中期国库券收益率

到期期限(年)	1	2	3	4	5	6	7	8	9	10	11
收益率(%)	5.18	5.23	5.27	5.36	5.39	5.45	5.52	5.57	5.61	5.64	5.67

对应表5-1-1中数据的国库券收益率曲线为图5-1-1。

附息票债券在到期前，投资者获得一些利息收入，这些中间的现金流都可以进行再投资，具有再投资风险。

二、零息票收益率曲线

附息票债券收益率是衡量债券投资回报的一种简单而普遍的尺度。尽管如此，这种收益率有缺陷。由于不同期限的附息票债券一般有不同的到期收益率，收益率曲线有各种不同的形状，不能普遍地用来分析不同

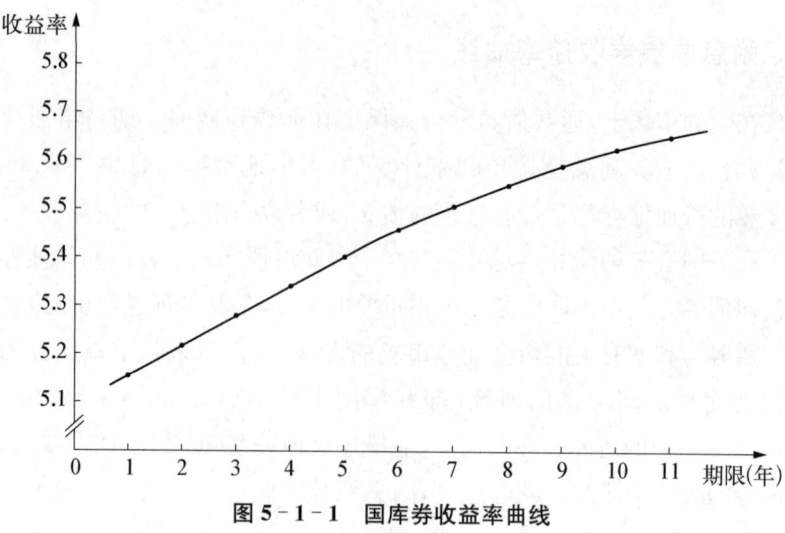

图 5-1-1 国库券收益率曲线

到期期限的固定收益率证券的投资回报,也就是说,用附息票债券收益率对其他证券进行定价是不适合的。

为了精确地表达各种证券的时间价值,需要寻求一种即期利率(spot rate),可以在任何一个时点上用它来为各种未来现金流定价,反映货币需求与货币供给的均衡状态。

人们发现,与这种即期利率相吻合的是给定的零息票债券(zero coupon bond)的收益率。所谓零息票债券①是指投资一种债券,在中间时点上没有利息回报,而相当于利息收入和本金在期末支付。譬如,投资 n 年的零息票债券,在中间年份(或时点上)没有利息支付,投资者在 n 年末回收利息和本金。

假定任一证券面值为 B,息票率为 i_C,期初至时点 t 的期间的零息票利率为 i_{0t},每年支付复利的次数为 m,投资年数为 n,如果各种期限的零息票债券均在交易市场上存在,那么任一证券的价格可表示为

$$P = \sum_{t=1}^{mn} \frac{Bi_C/m}{(1+i_{0t}/m)^t} + \frac{B}{(1+i_{0mn}/m)^{mn}}。 \quad (5.1.1)$$

这种想法是挺好的,但实际上很难操作上式。事实上政府和企业并

---

① 大多,这是一种概念上的产物。

不经常发行零息票债券。即使市场上存在零息票债券,也不可能满足每一种证券所涉及的整个利率期限结构。这就是说,零息票利率并不总是能够在市场上观察到的,而能够观察到的只是附息票债券的价格。因此,一个重要的问题被提到了必须解决的日程上。能否从附息票债券的利率求得零息票利率呢？回答是肯定的。

一种通用的方法是息票剥离(bootstrap)法。所谓息票剥离法是指通过将全息票债券①拆开而建立的零息票债券。

对式(5.1.1)变形后,得

$$i_{0N} = m\left\{\left[\frac{1+i_C/m}{\frac{P}{B} - \frac{i_C}{m}\sum_{t=1}^{N-1}\frac{1}{(1+i_{0t}/m)^t}}\right]^{\frac{1}{N}} - 1\right\}, \quad (5.1.2)$$

式中,$N = mn$ 表示付息的总次数。

由式(5.1.2)可见,已知附息票债券的面值(B)、价格(P)、息票率以及每年支付利息的次数,可按照 $N = mn = 1, 2, 3, \cdots$ 向后递推计算出各个时期的零息票利率。

特别地,当附息债券的面值等于其价格时,式(5.1.2)转变为

$$i_{0N} = m\left\{\left[\frac{1+i_C/m}{1 - \frac{i_C}{m}\sum_{t=1}^{N-1}\frac{1}{(1+i_{0t}/m)^t}}\right]^{\frac{1}{N}} - 1\right\}。\quad (5.1.3)$$

这种债券的到期收益率就等于其息票率,被称为平价债券。

再特别地,当平价债券为每年支付一次利息,即 $m = 1$ 时,式(5.1.3)就化为

$$i_{0N} = \left[\frac{1+i_C}{1 - i_C\sum_{t=1}^{N-1}\frac{1}{(1+i_{0t})^t}}\right]^{\frac{1}{N}} - 1。\quad (5.1.4)$$

---

① 全息票债券(Full-coupon bonds)是一种定期支付利息(通常半年一次)并在到期日归还本金的一种债券。

表 5-1-2 列出用式(5.1.4)计算出的零息票债券收益率。

表 5-1-2　平价债券与零息票收益率

期限(年)	平价债券收益率	零息票收益率
1	0.080 00	0.080 00
2	0.083 00	0.083 12
3	0.086 08	0.086 44
4	0.088 00	0.088 55
5	0.089 16	0.089 84

需注意以下两点：

第一，货币市场工具，如欧洲美元存款，不涉及任何过程的利息支付，根据零息票的定义，这些工具的收益率等于零息票利率。1年以下的货币市场工具从隔夜到12个月的各种期限的利率大多都是零息票利率。而超过1年以上的附息债券，有定期支付息票，这就需要运用式(5.1.2)至式(5.1.4)来计算零息票利率。

第二，有时需要知道两个已知点中间期限点的收益率。如表5-1-2，仅显示5个整数年份的平价债券收益率，由式(5.1.4)也只能求得相应年份的零息票收益率。但是，构造收益率曲线，就得要计算已知点之间的期限点收益率。通常可采用线性插值法或样条函数法(Spline Methods)来计算中间期限点的零息票利率，最终构造零息票收益率曲线。

例如，根据表5-1-2中的数据，用线性插值法计算1.25年、2.50年等中间点的零息票收益率。要算出期限为1.25年的零息票收益率，可以通过期限为1年和2年所示的两个零息票收益率，运用如下线性插值公式来得出：

$$i_{01.25} = i_{01} + (i_{02} - i_{01}) \frac{(1.25-1)}{2-1}$$
$$= 0.08 + (0.083\ 12 - 0.08) \times 0.25$$
$$= 0.080\ 8。$$

同理可求得：

$$i_{02.5} = i_{02} + (i_{03} - i_{02})\frac{(2.5-2)}{3-2}$$
$$= 0.083\,12 + (0.086\,44 - 0.083\,12) \times 0.5$$
$$= 0.084\,78。$$

运用线性插值法或样条函数法,可以求得每一个期限点的零息票收益率。将这些数值绘在平面图上,即得到一条零息票收益率曲线,如图 5-1-2。

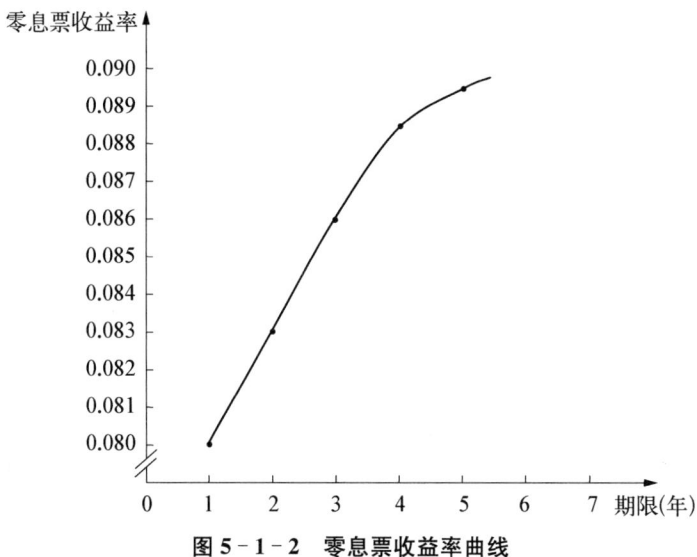

图 5-1-2 零息票收益率曲线

三、远期利率曲线

由于零息票债券没有息票,也就不需要进行再投资,因此不存在受到债券到期前利息变动影响的现金流量,从而克服了附息债券作为衡量证券投资回报的尺度的缺陷。利用零息票利率不仅可以对任何证券投资组合进行定价,而且也能对市场未来利率进行预期。

(一) 贴现函数

事实上,在应用式(5.1.1)为证券定价的过程中,我们应用了因子

$\left(1+\dfrac{i_{0t}}{m}\right)^t$,$t=1, 2, \cdots\cdots, mn$,将各个时期的现金流折成为现值 P。可见这种含有零息票利率的因子成为衡量任一证券价格的重要筹码。因此人们称它为贴现因子,记作:

$$v_t = \dfrac{1}{\left(1+\dfrac{i_{0t}}{m}\right)^t}, \quad t=1, 2, \cdots\cdots, mn。 \qquad (5.1.5)$$

于是证券的价格为

$$P = B\left[\sum_{t=1}^{N}\dfrac{i_C}{m}v_t + v_N\right], \quad N=mn。 \qquad (5.1.6)$$

以前,我们从概略零息票收益率曲线中来构造完整的零息票收益率曲线。在这里,可根据零息票收益率曲线来构造贴现函数(完整的贴现因子曲线),从而以此代替零息票收益率曲线。

构造贴现函数的一种行之有效的数学方法是指数插值法,公式如下:

$$v_t = v_{t_1}^{\left[\frac{t}{t_1}\left(\frac{t_2-t}{t_2-t_1}\right)\right]} v_{t_2}^{\left[\frac{t}{t_2}\left(\frac{t-t_1}{t_2-t_1}\right)\right]}, \qquad (5.1.7)$$

式中 v_t、v_{t_1} 和 v_{t_2} 分别表示 t 时、t_1 时以及 t_2 时的贴现因子,且 $t_1 < t < t_2$。

综上所述,绘制贴现函数,需要经过两个步骤:

第一,根据概略零息票收益率曲线(已知一些时点上的零息票收益率),运用式(5.1.5)算出相应时点上的贴现因子。表 5-1-3 显示了相应的平价债券收益率、相应的零息票收益率与相应的贴现因子。

表 5-1-3 平价债券收益率、零息票收益率与贴现因子

期限(年)	平价债券收益率	零息票收益率	贴 现 因 子
1	0.080 00	0.080 00	0.925 9
2	0.083 00	0.083 12	0.852 4
3	0.086 08	0.086 44	0.779 8

续　表

期限(年)	平价债券收益率	零息票收益率	贴 现 因 子
4	0.088 00	0.088 55	0.712 2
5	0.089 16	0.089 84	0.650 4

第二,运用式(5.1.7)算出每相邻两时点之间任一时刻的贴现因子。

例如,计算1年6个月期限的贴现因子。假设6个月期限的天数为181天,1—2年期限的天数为365天。由表5-1-3知,第1年的贴现因子为0.925 9,第2年的贴现因子为0.852 4。于是由式(5.1.7)算出1年6个月期限的贴现因子为

$$v_{546} = 0.925\ 9^{\left[\frac{546}{365} \times \frac{184}{365}\right]} \times 0.852\ 4^{\left[\frac{546}{730} \times \frac{181}{365}\right]} = 0.889\ 3。$$

就这样,可以获得每一个时点上的贴现因子,直接在平面上绘出贴现因子曲线。如图5-1-3所示。

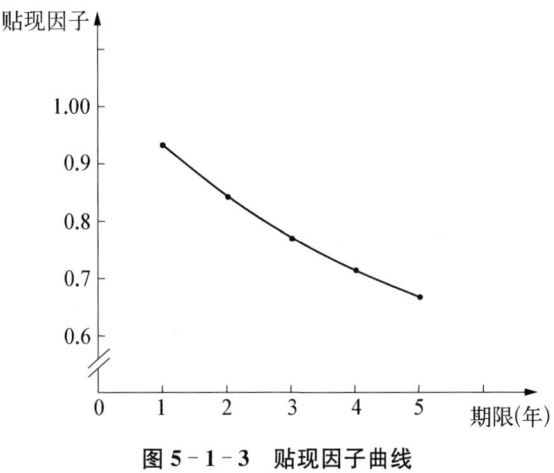

图5-1-3　贴现因子曲线

(二) 远期利率曲线

在第三章第二节中,已讨论过远期利率与市场利率的关系[见式(3.2.4)和式(3.2.5)]。远期利率是投资者根据市场舆论对未来即期利率的期望值。当然,这个期望值与每一个个体投资者的看法可能吻合,也

可能不一致。就笔者的观点,对未来利率的期望,应用零息票收益率或隐含零息票收益率的贴现因子对未来利率进行预期,这可能比较好。因为零息票收益率曲线是衡量各种证券价格的较为普遍的一种尺度。

这样认为,远期利率中隐含着各个时期的零息票收益率或隐含着各个时期的贴现因子。用零息票收益率来替换式(3.2.4)中市场利率 i_S 和 i_L,就获得如下形式:

$$\left(1+\frac{i_{0s}}{m}\right)^s\left[1+\frac{i_{F(s\times t)}}{m}\right]^{t-s}=\left(1+\frac{i_{0t}}{m}\right)^t \text{。} \tag{5.1.8}$$

式中, $s \leqslant t$, s、$t = 1, 2, \cdots\cdots, mn$。

再运用贴现因子式(5.1.5),可求得从时间 s 到 t 期限的远期利率公式:

$$i_{F(s\times t)}=m\left[\left(\frac{v_s}{v_t}\right)^{\frac{1}{t-s}}-1\right] \text{。} \tag{5.1.9}$$

特别地,当 $t-s=1, m=1$ 时,有

$$i_{F[(t-1)\times t]}=\left[\frac{v_{t-1}}{v_t}-1\right] \text{。} \tag{5.1.10}$$

利用上式,很容易计算出表 5-1-3 各相应期限的远期利率,如表 5-1-4 所示。

表 5-1-4 3 种收益率与贴现因子关系

期限(年)	平价债券收益率	零息票收益率	贴现因子	远期利率
1	0.080 00	0.080 00	0.925 9	0.080 00
2	0.083 00	0.083 12	0.852 4	0.086 23
3	0.086 08	0.086 44	0.779 8	0.093 10
4	0.088 00	0.088 55	0.712 2	0.094 92
5	0.089 16	0.089 84	0.650 4	0.095 02

类似于上述过程,应用线性插值法或样条函数法,可获得各个年份之间每一个时段远期利率,可在平面上绘出远期利率曲线,如图 5-1-4 所示。

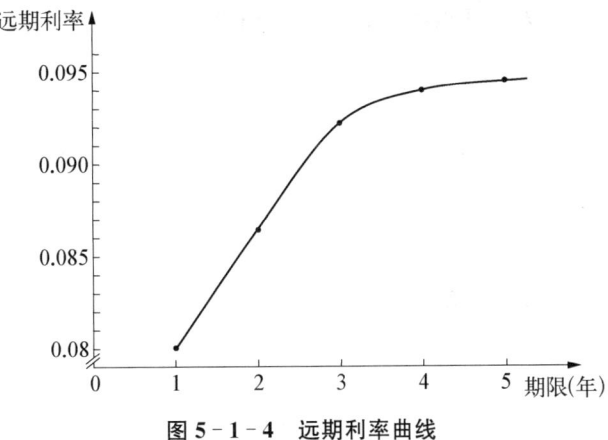

图 5-1-4 远期利率曲线

四、3 种收益率曲线关系

表 5-1-4 中数据表明：当收益率上升时，附息票债券收益率小于零息票收益率，零息票收益率又小于远期利率。3 种收益率曲线关系如图 5-1-5 所示。

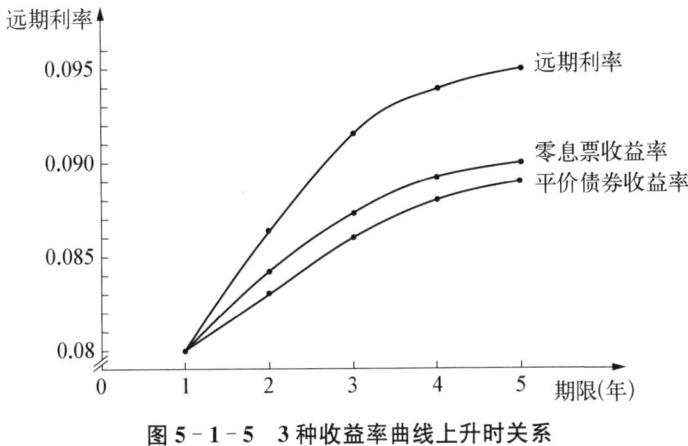

图 5-1-5 3 种收益率曲线上升时关系

图 5-1-5 给予启发：当收益率上升时，零息票债券收益率曲线低于远期利率曲线而又高于附息债券收益率曲线，这种关系是否具有普遍性？如果收益率下降时，3 种收益率曲线之间关系又如何呢？针对这两个问题，这里将从两个不同的角度来加以解释。

(一) 3 种收益率曲线关系的数理解释

若令 $I_{0t} = \dfrac{i_{0t}}{m}$，$I_C = \dfrac{i_C}{m}$，$I_{0N} = \dfrac{i_{0N}}{m}$，则式(5.1.3)变成为式(5.1.4)；式(5.1.9)变成为式(5.1.10)(当 $t-s=1$ 时)。因此应用式(5.1.4)和式(5.1.10)与应用式(5.1.3)和式(5.1.9)来讨论 3 种收益率曲线关系是等价的。

1. 收益率曲线上升的情况

下面分 3 个步骤来说明收益率曲线上升的情况。

第一步，对于式(5.1.4)两边关于 i_C 求导数，有

$$\frac{\partial i_{0N}}{\partial i_C}\left(\approx \frac{\Delta i_{0N}}{\Delta i_C}\right) = \frac{1}{N} \cdot \frac{1+\sum_{t=1}^{N-1}\dfrac{1}{(1+i_{0t})^t}}{\left[1-i_C\sum_{t=1}^{N-1}\dfrac{1}{(1+i_{0t})^t}\right]^2} \cdot \left[\frac{1+i_C}{1-i_C\sum_{t=1}^{N-1}\dfrac{1}{(1+i_{0t})^t}}\right]^{\frac{1-N}{N}} > 0。$$

(5.1.11)

变换式(5.1.10)，有

$$i_{F(1\times 2)} = \frac{(1+i_{02})^2}{(1+i_{01})} - 1 \approx (1+2i_{02})(1-i_{01}) - 1$$

$$\approx 2i_{02} - i_{01}$$

$$= i_{02} + (i_{02} - i_{01})。 \quad (5.1.12)$$

第二步，由式(5.1.11)知，当收益率曲线上升时，即 $i_{C(t+1)} > i_{Ct}$，有 $i_{0(t+1)} > i_{0t}$。就是说，当附息票债券收益率上升时，零息票债券收益率上升。

令式(5.1.4)中 $N=2$，得

$$1 = \frac{i_C}{1+i_{01}} + \frac{1+i_C}{(1+i_{02})^2} \quad (5.1.13)$$

因为 $i_{01} < i_{02}$ 或者 $1+i_{01} < 1+i_{02}$，所以 $\dfrac{1}{1+i_{01}} > \dfrac{1}{1+i_{02}}$，于是如下不等式成立

$$1 > \frac{i_C}{1+i_{02}} + \frac{1+i_C}{(1+i_{02})^2}, \text{ 或者 } 1 + \frac{1}{1+i_{02}} > \frac{1+i_C}{1+i_{02}} + \frac{1+i_C}{(1+i_{02})^2},$$

整理得

$$\frac{2+i_{02}}{1+i_{02}} > \frac{2+i_{02}}{(1+i_{02})^2}(1+i_C),$$

于是有

$$1+i_{02} > 1+i_C, \text{ 或者 } i_{02} > i_C。 \tag{5.1.14}$$

式(5.1.11)与式(5.1.14)表明：附息债券收益率曲线上升,零息票债券收益率曲线位于附息债券收益率曲线上方上升。

第三步,当零息票收益率曲线上升时,$i_{02} > i_{01}$ 或者 $i_{02} - i_{01} > 0$,由式(5.1.12)和式(5.1.14)知,$i_{F(1\times2)} > i_{02} > i_C$,这表明远期利率曲线高于零息票债券收益率曲线,更高于附息票债券收益率曲线。

这就解释了图 5-1-5 所示的 3 种收益率曲线之间的关系,并得出这是一般结论。

2. 收益率曲线下降的情况

当附息票债券收益率曲线下降时,由式(5.1.11)知,$i_{C(t+1)} < i_{Ct}$,有 $i_{0(t+1)} < i_{0t}$,即零息票债券收益率曲线下降。

令 $N=2$,$i_{01} > i_{02}$ 或者 $1+i_{01} > 1+i_{02}$,因此 $\frac{1}{1+i_{01}} < \frac{1}{1+i_{02}}$,于是由式(5.1.13)得到如下不等式

$$1 < \frac{i_C}{1+i_{02}} + \frac{1+i_C}{(1+i_{02})^2},$$

经变换后,得

$$\frac{2+i_{02}}{1+i_{02}} < \frac{2+i_{02}}{(1+i_{02})^2}(1+i_C),$$

整理得

$$1+i_{02} < 1+i_C, \text{ 或者 } i_{02} < i_C。 \tag{5.1.15}$$

上述表明,当收益率曲线下降时,零息票收益率曲线位于附息票收益率曲线下方下降。同时有 $i_{02} - i_{01} < 0$,由式(5.1.12)和式(5.1.15)知,

$$i_{F(1\times 2)} < i_{02} < i_C$$

上式表明:当收益率曲线下降时,远期利率曲线低于零息票债券收益率曲线,更低于附息票债券收益率曲线。这恰好与收益率曲线上升的情况相反。如图5-1-6所示。

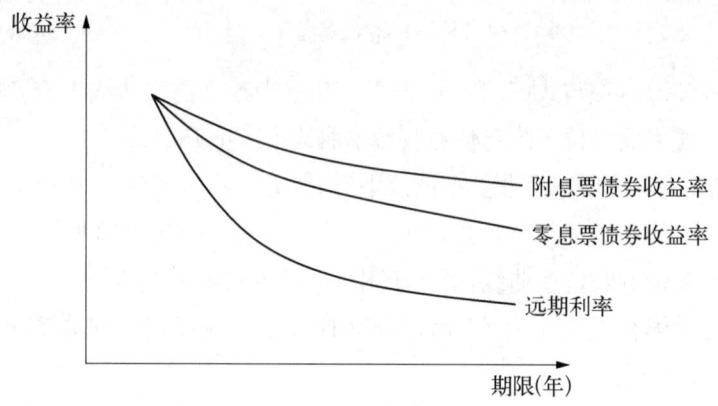

图 5-1-6　3 种收益率曲线下降时关系

(二) 利率期限结构的经济理论解释

鉴于上述 3 种收益率的实际情况,金融经济学界产生了许多不同的理论,都试图解释利率的期限结构,其中影响较大的利率期限结构理论有:纯粹预期假说(The Pure Expectations Hypothesis)、流动偏好假说(The Liquidity Preference Hypothesis)以及区间偏好假说(The Preferred Habitat Hypothesis)等。

1. 纯粹预期假说

纯粹预期假说是由伊文·费歇尔(Iring Fisher)提出,是一种古典的期限结构理论。该假说认为,长期利率反映预期的未来短期利率,也就是说,预期未来的短期利率应该等于对应某一确定时期的远期利率。

但由于未来的预期总是在变化,因而远期收益率曲线也总是在变化。按照纯粹预期理论,收益率曲线向上倾斜表明投资者预期短期利率将变

高;反之亦然。

更精确地说,我们可以计算出一系列确定时期的远期利率,并由此表示任何给定期限的市场利率。其表达方式就是式(5.1.9)的翻版。实际上

$$v_t = \frac{1}{1+\frac{i_{F[(t-1)\times t]}}{m}} v_{t-1} = \frac{1}{1+\frac{i_{F[(t-1)\times t]}}{m}} \cdot \frac{1}{1+\frac{i_{F[(t-2)\times (t-1)]}}{m}} v_{t-2} = \cdots\cdots$$

$$= \prod_{j=0}^{t-1} \left[\frac{1}{1+\frac{i_{F[j\times (j+1)]}}{m}} \right], \tag{5.1.16}$$

即

$$\left(1+\frac{i_{0t}}{m}\right)^t = \left(1+\frac{i_{01}}{m}\right)\left(1+\frac{i_{F(1\times 2)}}{m}\right)\left(1+\frac{i_{F(2\times 3)}}{m}\right)\cdots\cdots\left(1+\frac{i_{F[(t-1)\times t]}}{m}\right)。 \tag{5.1.17}$$

我们曾应用式(5.1.10)即式(5.1.16)解释了当收益率曲线上升时远期利率曲线高于零息票债券收益率曲线;反之亦然。

至于零息票债券收益率曲线与附息债券收益率曲线之间的关系,很容易被实践所证实。这是因为,零息票债券的投资者没有定期的息票收入,以隐含的复利形式表现的利息收入只有在债券到期时才能得到,为了消除两种投资的差异,必须赋予零息票债券较高的收益率。

2. *流动性偏好假说*

流动性偏好假说是对纯粹预期假说进行修正而提出的。这一理论认为短期债券的流动性比长期债券高。由于短期债券的期限较短,导致其价格波动风险比长期债券要小,易于定价。风险回避者对高流动性的短期债券的偏好,使得其利率低于长期债券。这就是说,确定远期利率时除包括预期信息之外,应该考虑因风险因素而引起的流动性偏好。

根据这一假定,大多数投资者偏好持有短期证券。为了鼓励人们投资长期债券,必须支付流动性补偿。长期利率应该是预期的短期利率与补偿流动性偏好的利率之和,即远期利率总是高于未来预期的即期利率。

比较纯粹预期假说与流动性偏好假说,由后者所获得的远期利率总是要比前者所预计的更高。实际上,流动性偏好假说解释收益率曲线的形状也比纯粹预期假说更好、更一致。

3. 区间偏好假说

这一假说认为,投资者对收益率曲线的特定部分有很强的偏好,市场就是由这些不同的区间偏好投资者所组成的。例如,保险投资者喜欢投资于与保单期限责任相一致的较长期限的债券;拥有临时性资金而又急于投资的公司,则会偏好于短期证券投资;等等。各种不同的投资者总是想使其资产期限与相应的投资期限相匹配。

根据这一假说,债券的收益率是由其期限的供求来决定的,供求不平衡就要在预期收益的基础上溢价或折价,而未来的预期短期利率与远期利率没有明显关系。

4. 3种利率期限结构理论的缺陷

虽然上述各种利率期限结构理论在不同的程度上得到了实证的支持,但它们都各自存在着缺陷:

(1) 纯粹预期假说认为,市场上所有的债券对投资者来说都可以完全替代,以及投资者都是风险中性的。这些假定有时与实际情况不相符合。

(2) 流动偏好假说认为,所有的投资者都更偏好短期债券而不是长期债券。实际中,有时也并不是这样。例如,养老金基金自然偏好长期期限债券投资。

(3) 实证分析相对较少地支持区间偏好假说。

多年来,人们对利率期限结构的理解有了进步,但是没有搞清楚的地方也很多,还有待于进一步探索。

第二节 互换特征与结构

顾名思义,金融互换就是约定按照事先给定的模式在未来交换现金流的合约。即一方支付一种现金流;另一方支付另一种现金流。根据这一定义,几乎所有的金融产品交易似乎都成了互换。譬如,在一个创意浓趣的家庭里,父母与其子女达成这样一个默契,双方每个月的收入可以由各自安排使用,但必须进行一次如下交换,子女将其收入的40%给父母,父母给予子女相当于本月房屋收盘的综合价。这样的默契就是一种有趣的金融互换。可见,金融互换定义的外延非常之大。因此有必要搞清楚它的特征、结构及其产生的经济动因。

一、标准的利率互换

(一) 定义

利率互换的两个现金流都是基于本金的利息支付,双方使用同一种货币,各自按不同利率水平支付确定的利息,没有本金的交换。标准的利率互换是,一方支付固定利率;另一方支付浮动利率(如LIBOR)。

例如,A公司与某金融机构达成名义本金为100万英镑的利率互换协议,A公司每6个月向金融机构支付6个月LIBOR加120基点的浮动利率,而金融机构每6个月向A公司支付6%的固定利率,期限为2年。如图5-2-1所示。A公司成功地实现了由浮动利率支付到固定利率收入的转变过程。为什么A公司欲与金融机构达成这项利率互换的交易呢?见下面利率互换的动因分析。

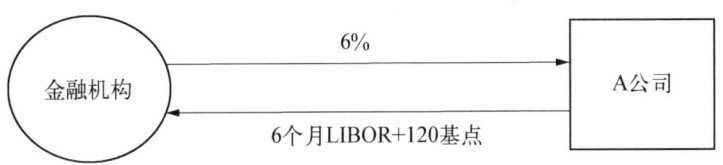

图5-2-1 A公司与金融机构之间的利率互换

(二) 利率互换的动因分析

由上例可见,利率互换的产生是有其经济动因的,公司偏好固定利率收入,这就是一种具体的动因。那么,迫使金融中介机构产生利率互换的动因又是什么呢?这从图5-2-1看不出来。

下面,我们将应用国际贸易理论中的比较优势理论,剖析一个完整的利率互换例子,来解释互换各方的利得现象。

所谓利率互换比较优势是指,在一个信息不对称、不完善的市场上,互换各方比较利率优势,寻找机会,去实现降低融资成本的目标。

例如,A公司可以以5%的固定利率或者LIBOR+130基点的成本筹得600万英镑的资金,而B公司可以以4%固定利率或者LIBOR+70基点的成本筹得相同额度资金,所有的借款都为2年期,每6个月支付一次利息。假设A公司要以固定利率筹资,而B公司以浮动利率筹资。

表5-2-1 A、B公司的借款利率

公司	期限	固定利率	浮动利率
A	2年	5%	LIBOR+130
B	2年	4%	LIBOR+70
绝对优势		1%	0.6%
比较优势			0.4%

可能是B公司的信用级别较之A公司高,在资金市场上拥有绝对优势,在固定利率市场上的优势为100基点,而在浮动利率市场上的优势为60基点。乍看上去,B公司可以不必考虑A公司情况,直接按照自己的想法去进行融资。

其实不然。进一步比较,B公司在固定利率市场上的融资优势高于它在浮动利率市场上的融资优势,相对差额为40基点。换言之,B公司在固定利率市场上有比较优势,而A公司在浮动利率市场上有比较优势。

如果没有利率互换机制,这两个似乎不相干的公司的融资渠道将别无选择。而现今的利率互换市场,可以诱发这两家公司,利用比较优势,降低融资成本。

譬如这两家公司接受如图5-2-2所示的一种利率互换方式。A公司在浮动利率市场上以LIBOR+130基点借入600万英镑,而B公司在固定利率市场上以4%借入600万英镑。然后,两家公司签订一项互换协议,对于600万英镑的名义本金,A公司向B公司支付4.2%的固定利率,B公司向A公司支付LIBOR+60基点的浮动利率。这样形成了两个公司的3种现金流,如表5-2-2。

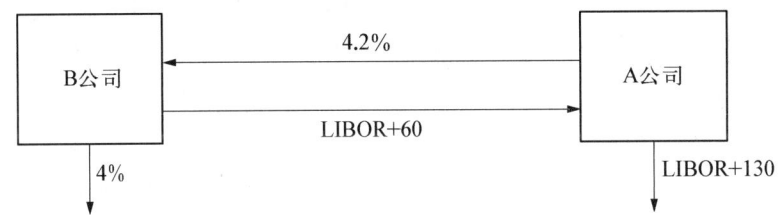

图 5-2-2　A 公司与 B 公司之间利率互换

表 5-2-2　A、B 两公司之间利率互换的现金流形式

现金流形式	A 公司	B 公司
外部市场	流出—	LIBOR+130	4%
互换收入	流入+	LIBOR+60	4.2%
互换支出	流出—	4.2%	LIBOR+60
结　果	流出—	4.9%	LIBOR+40

通过互换,最终 A 公司以 4.9% 的固定利率借得 600 万英镑资金,降低了融资成本 10 个基点;B 公司以 LIBOR+40 基点的浮动利率借得 600 万英镑资金,降低了融资成本 30 个基点。互换给双方都带来了利益。

实际上,两家需要融资的公司直接喜结互换良缘,是一件很凑巧的事。大多数公司并不直接接触,但利率互换需求双方的确大量存在。在这种状况下,专业的金融中介机构(如银行)拥有了大量的互换信息资料,可以充当互换市场中拉郎配的中介人,理所当然它要在潜在互换的总利益中得到一点收益。在图 5-2-3 中,安排了一个金融中介机构介入 A、B 两公司的利率互换中。

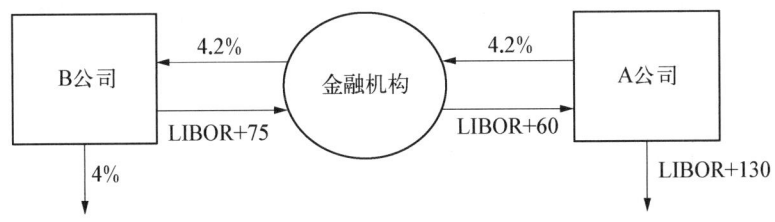

图 5-2-3　金融机构介入 A、B 两公司之间的利率互换

表 5-2-3 列出了 3 个部门的现金流状况。由于中介机构介入利率互换之中,利益被进行了重新分配,A 公司降低融资成本 10 个基点,B 公司降低融资成本 15 个基点,金融中介机构获取利益 15 个基点。与原先的利率互换相比较,新利率互换不改变 A 公司利益,金融中介机构与 B 公司平分互换中的潜在利益(因为 B 公司获益较多),使得三方利益趋于平均。

表 5-2-3　金融机构介入 A、B 两公司之间的利率互换现金流形式

	现金流动形式	A 公司	金融中介机构	B 公司
外部市场	流出—	LIBOR+130		4%
互换收入	流出+	LIBOR+60	LIBOR+75	4.2%
互换支出	流出—	4.2%	LIBOR+60	LIBOR+75
结　果	流出—	4.9%	−0.15%	LIBOR+55

需注意,利率互换协议并非唯一。在既定的市场条件下,互换的两方或三方可以达成多种不同的协议。例如,图 5-2-3 表示 A、B 两公司与金融中介机构达成的一种互换形式,这并不是唯一的一种形式。A、B 两公司与金融中介机构可按照下图(图 5-2-4)重新安排另一种利率互换。

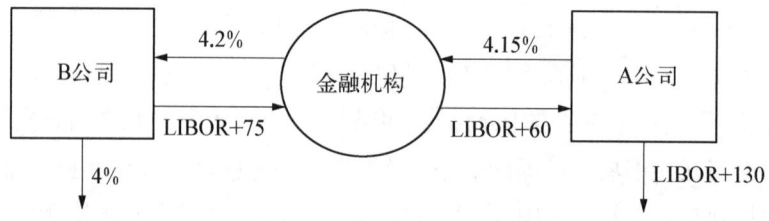

图 5-2-4　金融机构介入 A、B 两公司之间的另一种利率互换

这时,A、B 两公司分别降低融资成本 15 个基点,金融中介机构获取利益 10 个基点。

(三) 标准利率互换的特征

标准(或一般)利率互换具有以下一些基本特征:

(1) 互换协议一方为"固定利率支付方",另一方为"浮动利率支

付方";

(2) 在整个互换协议期间,名义本金的金额保持不变;

(3) 互换的期限通常为1、2、3、4、5、7或10年;

(4) 固定支付利息的时间间隔,例如6个月或1年支付一次;

(5) 在整个协议期间,固定利率保持不变;

(6) 浮动利率在每个利息支付阶段之初确定,阶段结束时付息。

认识标准利率互换的特征是很有必要的。因为在现今的利率互换市场上可以见到,几乎标准利率互换的任何一种特征均可以衍生出一种非标准的利率互换协议。在后面,我们将会介绍一些较常见的非标准互换。

二、标准的货币互换

(一) 定义

货币互换(currency swap)是这样一种双方之间的协议:一方以一种货币本金额及其相应的定期利息换取另一方的另一种货币本金额及其相应的定期利息。

与标准利率互换有所不同:

第一,利率互换只涉及一种货币支付利息,而货币互换以不同货币支付利息;

第二,利率互换中的本金额是名义的,而货币互换的本金额是真实的;

第三,期初与期末,货币互换双方都要按照两种货币的即期汇率,如实地交换本金,而利率互换不必如此。

例如,A公司与B公司达成协议,A公司期初获得GBP850万本金,每6个月支付英镑6个月LIBOR加110基点的浮动利率,并在3年后偿还本金;B公司期初获得EUR1 000万(即期汇率为EUR/GBP0.85),每6个月支付欧元6个月LIBOR加90基点的浮动利率,并在3年后偿还本金。如图5-2-5所示。

(二) 货币互换的动因分析

当一家公司的资产或者负债之上的利息流是一种货币的,但又偏好

图 5-2-5　A、B 两公司货币互换现金流

另一种(例如预期另一种货币的利率将会相对下降)时,货币互换是有用的。正如利率互换的情况,融资的相对偏好与比较优势错位时,货币互换也可以降低成本。这正是产生货币互换的动因所在。需注意,这里所说的比较优势则是指不同币种市场上的比较优势。下面,运用一个具体的实例来分析货币互换的经济动因。

一家英国公司需要为其在美国的子公司筹集一笔为期 3 年的 9 000 万美元,并假定这家公司能在美国资本市场上以 6% 的固定利率筹得这笔美元资金,也能在本国资本市场上以 7% 的固定利率筹得与这笔美元资金相等价的 6 000 万英镑(即期汇率为 GBP/USD1.5)。另一家美国公司需要为其在英国的子公司筹集一笔为期 3 年的 6 000 万英镑,并假定该公司能在英国资本市场上以 8% 的固定利率筹得这笔英镑资金,也能在本国资本市场上以 5% 的固定利率筹得相当于这笔英镑资金的 9 000 万美元。表 5-2-4 概括了两家公司的融资成本。

表 5-2-4　英国公司与美国公司的借款利率

	英国市场利率	美国市场利率
英国公司	7%	6%
美国公司	8%	5%
信用价差	−1%	1%

显然,英国公司在英国资本市场上有比较优势,而美国公司在美国资

本市场上有比较优势。这可能是因为英国的投资者对在本土的公司情况更为了解，而美国的投资者对美国公司的运营状况更加清楚。

两家公司分别在两种资本市场上拥有的比较优势，诱发了它们降低融资成本的动机，从而产生了货币互换协议。

现在假定两家公司均各自在本国资本市场上借得资金，即英国公司以7%的固定利率筹得3年期的6 000万英镑，美国公司以5%的固定利率筹得3年期的9 000万美元，然后它们之间达成一笔为期3年的货币互换。图5-2-6显示了这一货币互换的组成结构。

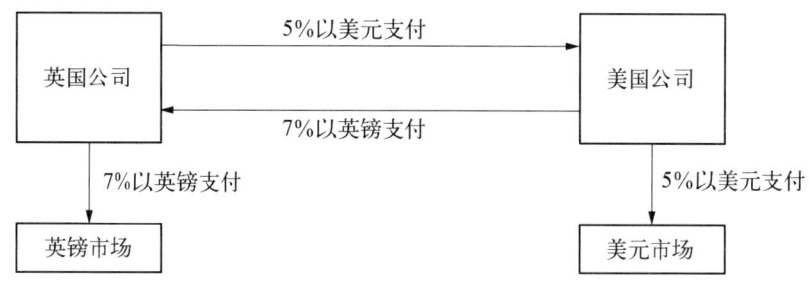

图5-2-6　英国公司与美国公司之间的货币互换

图5-2-6的货币互换只显示了利率的交换，实际上货币互换应包括本金的交换。本金在货币互换的期初和期末进行交换。期初，英国公司将从英镑市场以7%的固定利率借得的6 000万英镑支付给美国公司，同时得到固定利率为7%的英镑利息，支付固定利率为5%的美元利息；而美国公司，将从美元市场以5%的固定利率借得的9 000万美元支付给英国公司，同时得到固定利率为5%的美元利息，支付固定利率为7%的英镑利息。在互换结束时，两家公司再将期初各自所得的本金换回来，即英国公司向美国公司支付9 000万美元本金，并从美国公司收取6 000万英镑本金。

如果不考虑汇率风险因素，上述互换的结果是：

英国公司的利息成本＝借款的英镑利息＋互换中美元利息支付
　　　　　　　　　－互换中英镑利息所得
　　　　　　　　＝7%＋5%－7%＝5%，

美国公司的利息成本＝借款的美元利息＋互换中英镑利息支付
－互换中美元利息所得
＝5％＋7％－5％＝7％。

与英国公司直接从美元市场借款的利率6％相比，通过互换，它节省了1个百分点(1％＝6％－5％)的利息成本；而美国公司在互换中也同样节省利息成本1％(8％－7％)。总体上，该货币互换带来了200个基点的利益，两家公司平均分享这一好处。

综上所述，不仅每个公司都有需要利用互换的可能，而且每两个公司之间都有可能实现一定的互换。

然而，信息成本总会阻碍特定两家公司的顺利接触，这一事实使得专业从事互换中介服务的金融机构得以发展，因而互换利益的一部分得拿出来支付给中介机构。图5-2-7显示了一种金融机构介入上述互换的可能安排。

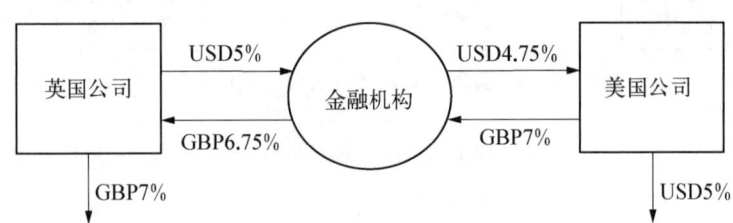

图5-2-7 金融机构介入英、美两家公司之间的货币互换

三方各得利益如下：

英国公司获得互换的利益＝6％－[7％＋5％－6.75％]＝0.75％，即75个基点，

美国公司获得互换的利益＝8％－[5％＋7％－4.75％]＝0.75％，即75个基点，

金融机构从互换中分得利益＝5％＋7％－4.75％－6.75％＝0.5％，即50个基点。

比较图5-2-6与图5-2-7所示的两个货币互换，由于金融机构的介入，英国公司与美国公司分别各减少利益25个基点。两家公司将减少的利益转让给金融中介机构，激励了金融机构，给它们积极开展互换业务的热情。

最后需注意,与利率互换不同,像上述两种的货币互换存在着汇率风险。不必惊慌,我们可以采用其他金融衍生工具(如外汇远期)来避免这类风险。特别是金融机构,经常储存大量的货币互换,需要认真监督不同种类的汇率风险,以便及时对冲这些风险。

(三) 货币互换的结构

有关标准货币互换的特征,已在其定义中表述过。这里集中讨论货币互换的结构。

在标准的利率互换中,仅有一种固定利率对浮动利率的互换形式。但标准的货币互换却由3种利息交换方式构成,固定利息对固定利息,或固定利息对浮动利息,或浮动利息对浮动利息。

1. 固定利息对固定利息的货币互换

固定利息对固定利息的货币互换是指:在协议期间,一方以一种货币本金额与其相应的固定利息换取另一方的另一种货币本金额与其相应的固定利息,期初和期末时都按照两种货币间的即期汇率交换本金。利用这种互换的目的是:通常将一种固定利率的货币资产或负债转化为另一种固定利率的货币资产或负债。如图5-2-6和图5-2-7所示的货币互换协议。

2. 固定利息对浮动利息的货币互换

在固定利息对浮动利息的货币互换协议中,一方以一种货币本金额与其相应的固定利息换取另一方的另一种货币本金额与其相应的浮动利息,期末交换本金。产生这类互换的动机在于一方需要固定利率资金,另一方需要浮动利率资金。这里互换的传导机制基本上与固定利息对固定利息的货币互换类似,所不同的仅是:用某一种浮动利息及其交换方式代替后者中某一种固定利息的交换方式。

3. 浮动利息对浮动利息的货币互换

在该种货币互换协议期间,一方以一种货币本金额及其相应的浮动利息换取另一方的另一种货币本金额及其相应的浮动利息,期末交换本金。这类互换能使借款人或投资者以一种浮动利率的负债或资产从一种货币形式转化为另一种货币形式。这与前面两类货币互换的情形类似,所不同的是,这里在两种不同的货币市场上选取了相应的两种浮动利息。

如前例子中的两家公司。假定英国公司需要为其在美国子公司借一笔为期2年的9 000万美元;该公司直接在美国资本市场上借得这笔资金,要以每6个月LIBOR+120基点的浮动利率支付美元利息;该公司在本国资本市场上借得与这笔资金相等价的6 000万英镑,要以每6个月LIBOR+110基点的浮动利率支付英镑利息。假定美国公司需要为其在英国的子公司借一笔为期2年的6 000万英镑;该公司直接在英国资本市场上借得这笔资金,得以每6个月LIBOR+140基点的浮动利率支付英镑利息;该公司在本国资本市场上借得与这笔资金相等价的9 000万美元,得以每6个月LIBOR+90基点的浮动利率支付美元利息。如表5-2-5所示。

表5-2-5 英国公司与美国公司面临的市场利率

	英国市场利率	美国市场利率
英国公司	6个月LIBOR+110基点	6个月LIBOR+120基点
美国公司	6个月LIBOR+140基点	6个月LIBOR+90基点
信用价差	−30个基点	+30个基点

两家公司各自在本国的货币市场上具有比较优势。图5-2-8显示了双方在各自具有比较优势的市场上借款,然后再与一笔浮动利息对浮动利息的货币互换相结合,从而使双方都从中降低了融资成本。

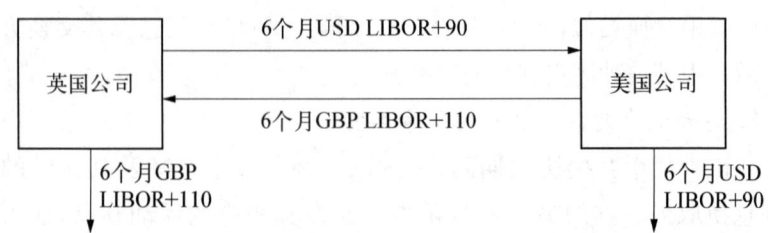

图5-2-8 英、美两家公司的浮动对浮动利息的货币互换

由图 5-2-8 可见，两家公司融资的利息成本分别为：

英国公司的利息成本＝(GBP LIBOR＋110)＋(USD LIBOR＋90)
　　　　　　　　　－(GBP LIBOR＋110)
　　　　　　　　＝USD LIBOR＋90；

美国公司的利息成本＝(USD LIBOR＋90)＋(GBP LIBOR＋110)
　　　　　　　　　－(USD LIBOR＋90)
　　　　　　　　＝GBP LIBOR＋110。

结果，两家公司比各自直接从别国货币市场上借款，分别节省利息成本为 30 个基点。

如果金融机构介入上述的两家公司的互换之中，那么可能形成如图 5-2-9 所示的新互换。

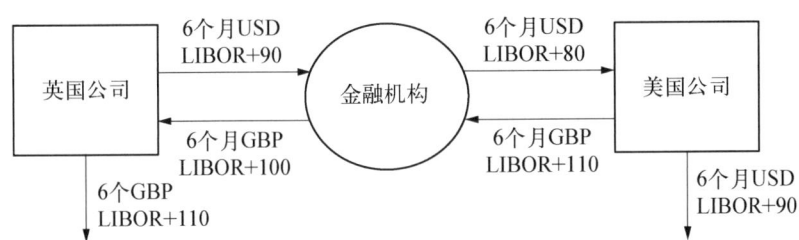

图 5-2-9　三方之间的浮动对浮动利息的货币互换

通过这一新的互换，三方从中获益均为 20 个基点，具体计算如下：

英国公司：(LIBOR＋120)－[(LIBOR＋110)＋(LIBOR＋90)－(LIBOR＋100)]＝20；

美国公司：(LIBOR＋140)－[(LIBOR＋90)＋(LIBOR＋110)－(LIBOR＋80)]＝20；

金融机构：(LIBOR＋110)＋(LIBOR＋90)－(LIBOR＋100)－(LIBOR＋80)＝20。

综上所述，三类货币互换形成的主要动因是，互换的双方(非中介机构)在两种货币市场上具有各自相对的利率优势。第一，在固定利息对固定利息的货币互换中，双方在各自货币的固定利率市场上均具有比较优势；第二，在固定利息对浮动利息的货币互换中，一方在自己货币的固定利率市场上具有比较优势;另一方在自己货币的浮动利率市场上具有比较优势;第三,双方在各自货币的浮动利率市场上均具有比较优势。正是这些不同币种市场上的比较优势促进了货币互换市场的发展。

三、其他互换合约

金融互换既然能与货币、利率等金融资产相结合,当然也就能与其他金融资产(如股票、股票指数、信用资产等)或者商品资产创生另外一些互换协议。

(一) 股权互换(equity swap)

一直持有一个公司股票的投资者将因为股票价格上涨而实现资产的增值,实际上就是一种基于股票价格的现金流(虽然还是以股票的形式)。同样,持有一组股票的投资者也会有这样的基于股票组合平均价格的现金流。当互换合约的一个或者两个现金流是基于股权的现金流时,合约就是股权互换。

股权现金流和利率流的互换可以实现债务市场和股权市场的转换。设想一个投资基金,拥有一个长期国债组合,但是它预期不久的将来股票市场将有一个大牛市,它可以利用股权互换立即把利率流换成股权现金流,相比之下,立即卖掉所有的国债并且在股票市场上建仓的成本就很大了。不同股权现金流的互换则对应于不同股票组合的投资转换,当这些现金流是基于不同国家的股票市场,并且股权互换采用了双币结构之后,投资的转换进一步促进了全球分散化的进行。

(二) 商品互换

一直持有一种商品的投资者将因为商品价格上涨而实现增加的价值,实际上就是一种基于商品价格的现金流(虽然还是以商品的形式)。同样,持有一组商品的投资者也会有这样的基于商品组合平均价格的现金流。当互换合约的一个或者两个现金流是基于商品或商品指数的现金流时,合约就是商品互换。

石油互换是较常见的互换之一,合约双方约定一个名义石油购买数量,一方支付事先固定的价格;另一方支付石油的市场价格。石油销售者可以利用石油互换将石油收入转换成固定价格的收入,石油消费者则可以将未来不确定的石油支出转化为固定价格的支出。基于不动产和房地产的商品互换也有交易。可以想象,因为通货膨胀,持有所有计入通胀指数的商品组合可以获得现金流(尽管是贬值了的),这样,通胀指数互换(inflation-index swap)也成了一种商品互换。

(三) 信用互换

基于信用的现金流看上去不像利率、股权或商品现金流那么"规则",但是的确有一些估量的方法。金融合约通常持续一定时期,交易的一方违约时;另一方就会遭受一定的损失,这就是一个现金流(看成负的或者是付出的),用一个周期性的固定费用支出来换回这个损失现金流就是违约互换(default swap)的基本思路。

另一种信用互换是考虑一个交易实体的信用度或信用评级。我们知道,浮动利率借款通常是 LIBOR 加上一个信用风险的加价,固定利率借款同样包含了信用风险的加价。假设一个公司预期未来利率将要上升,而它预计随着公司盈利的增长未来的信用等级将会提升。那么,从利率的角度看,借入固定利率款项是有利的,然而,从信用风险的角度看,持续的借入短期的浮动利率款项是有利的,因为期限靠后的浮动利率借款将按照那时的信用等级加价。究竟采取哪种方案是令人困惑的。这样,我们看到了公司信用等级的提升实际上伴随了一个现金流的流入(如果到时借入浮动利率款项的话),这个现金流同样可以用一个周期性的固定费用或者其他方式的支出来换回。

除上述一些互换合约外,我们还可以把互换作为一种基础资产,得到一些互换衍生产品,如互换期货、互换期权,等等。有关一些基本的互换衍生产品,我们将在后面来加以说明。

第三节 利率互换与货币互换的价值

同其他金融衍生产品一样,利率互换或货币互换会给互换交易各方带来不同程度的利益。言下之意,任何一笔互换业务都有其确定的价值。

如何对互换进行估值? 通常采用两种方法,或者采用零息票法,或者采用债券等值法,来衡量各种形式互换的价值。

为了较清楚地阐述互换定价的一般原理,本节主要针对标准的利率互换和标准的货币互换这两种形式来讨论估值方法。

一、利率互换的估值

根据标准利率互换的结构特征,利率互换可以被视作两种现金流组合:或是一种一系列远期利率合约的组合,或是一个固定利率债券多头与另一个浮动利率债券空头的组合。如果没有违约的事件发生,可以采用零息票法和债券等值法分别确定这两种现金流的净现值。

(一) 利率互换估值的零息票法

可以这样来理解由一系列远期利率合约组成的利率互换:

假定在利率互换期间按照期初确定的名义本金额交换 N 次利息,其中一方在时点 t_1, t_2, ……, t_N 支付(收取)固定利息,而另一方支付(收取)浮动利息。譬如,某一利率互换期限为 5 年,假定每 6 个月交换一次利息,到该互换结束时,一共需要进行 10 次利息交换。

所谓零息票法就是利用零息票利率来确定利率互换期间任何未来一系列的利息现金流的现值,计算固定利率部分和浮动利率部分总价值的差额。这个差额可以表示该利率互换的价值。

显然,应用零息票法来对利率互换估值,事先必须解决好以下一些具体问题:

第一,要恰好划分利率互换期限;

第二,确定互换中的固定利率与一系列的浮动利率;

第三,计算出与利率互换期限结构相一致的零息票利率。

上述的第一个问题,已在本部分一开始就说明过;关于第二与第三个问题,实际上已在本章第一节中论述过。

互换中固定利率通常是在与互换期限相同的国库券收益率之上加一些恰当的基点数(1 个基点数为 0.01%)。如表 5 - 3 - 1 所示。

表 5-3-1　互换利率报价

期　限	国库券利率(%)	互换利差(基点)	互换利率(%)
2	7.5	30—36	7.80—7.86
3	7.7	35—46	8.05—8.16
4	7.8	38—48	8.18—8.28
5	7.9	40—44	8.30—8.34
6	8.0	44—52	8.44—8.52
7	8.1	46—54	8.56—8.64
10	8.5	60—72	9.10—9.22

实际上,互换利率＝附息票债券利率＋互换利差

中介金融机构之所以要把附息票的国库券作为制定互换利率的重要基石,是因为国库券是由政府的信誉作为担保的。而互换参与者有信用差别,互换利差在很大程度上取决于这些信用情况。

至于互换中一系列的浮动利率,可根据每一相应时期的远期利率来确定,这是一种便利的方法。明确利率互换中各种利率,衡量一笔互换的价值就非常容易了。

1. 固定利率部分现值

假定互换期限被分割为 N 个时间段：$t=0,1,2,\cdots\cdots,N$；PV_C 表示固定利率部分的现值；i_C 和 C 分别表示整个互换协议期间的固定利率与名义本金；v_t 表示时点 t 的贴现因子；m 表示 1 年付息次数。一笔 N 期利率互换协议的固定利率部分现值的一般表达式为

$$PV_C = \sum_{t=1}^{N} \frac{i_C}{m} C v_t 。 \tag{5.3.1}$$

2. 浮动利率部分现值

如果用 PV_f 表示浮动利率部分现值,i_{Ft} 表示自时点 $t-1$ 至时点 t 的远期利率,C 和 v_t 如上定义,那么一笔 N 期利率互换的浮动利率部分现值可表示如下：

$$PV_f = \sum_{t=1}^{N} \frac{i_{Ft}}{m} C v_t 。 \tag{5.3.2}$$

令式(5.1.9)中 $s=t-1$,得

$$\frac{i_{Ft}}{m}v_t = v_{t-1} - v_t, \quad (5.3.3)$$

对上式从 $t=1$ 至 $t=N$ 求和,有

$$\sum_{t=1}^{N} \frac{i_{Ft}}{m}v_t = \sum_{t=1}^{N}(v_{t-1} - v_t) = v_0 - v_N = 1 - v_N, \quad (5.3.4)$$

于是

$$PV_f = C(1 - v_N)。\quad (5.3.5)$$

3. 利率互换价值

根据式(5.3.1)和式(5.3.2)[或者式(5.3.5)],可以计算出整个利率互换的总价值。

对于收取固定利率利息并支付浮动利率利息的一方来说,利率互换合约的总价值应该是

$$V_C = PV_C - PV_f = \sum_{t=1}^{N} \frac{i_C}{m}Cv_t - \sum_{t=1}^{N} \frac{i_{Ft}}{m}Cv_t = \frac{C}{m}\sum_{t=1}^{N}(i_C - i_{Ft})v_t,$$
$$(5.3.6)$$

或者根据式(5.3.1)和式(5.3.5),得

$$V_C = PV_C - PV_f = C\left[\sum_{t=1}^{N} \frac{i_C}{m}v_t + v_N - 1\right]。\quad (5.3.7)$$

而对于收取浮动利率利息并支付固定利率利息的一方来说,利率互换合约的总价值应该是

$$V_f = \frac{C}{m}\sum_{t=1}^{N}(i_{Ft} - i_C)v_t, \quad (5.3.8)$$

或者

$$V_f = C\left[1 - \sum_{t=1}^{N} \frac{i_C}{m}v_t - v_N\right]。\quad (5.3.9)$$

4. 其他非标准利率互换的价值

虽然上述的估值是针对标准利率互换而讨论的,但是其原理可用来衡量任何一种非标准利率互换合约的价值。

例如,互换中名义本金额不再是固定不变的,而是随着时间 t 变化,像名义本金递增或增减的利率互换,就是一种典型的非标准互换。估算这类非标准利率互换合约的价值,只要确定出各个时间段的名义本金额 C_t(表示自时点 $t-1$ 至时点 t 的名义本金额),并用 C_t 替代式(5.3.1)和式(5.3.2)中的 C,即可解决问题。具体地对收取固定利率利息并支付浮动利率利息的一方来说,利率互换合约的总价值表达式为

$$V_C = \sum_{t=1}^{N} \left(\frac{i_C}{m} - \frac{i_{Ft}}{m} \right) C_t v_t \text{。} \qquad (5.3.10)$$

而对于收取浮动利率利息并支付固定利率利息一方来说,只要改变上式的符号,就可衡量该利率互换合约的价值。

同理,可以获得其他形式的非标准利率互换合约的价值估计式。

综上所述,零息票法是估计任何形式利率互换合约价值的一种重要方法。

例:考虑一笔 1 000 万美元的 3 年期标准利率互换,一家公司同意按 1 年 1 次收取固定利率利息,并支付浮动利率利息。各种利率被列在表 5-3-2 中。该笔互换的价值为多少?

表 5-3-2　互换利率、零息票利率、远期利率与贴现因子的数据

期限(年)	互换利率(%)	零息票利率(%)	远期利率(%)	贴现因子
1	9.000	9.000	9.000	0.917 4
2	9.300	9.314	9.632	0.836 8
3	9.600	9.639	10.279	0.758 8
合　计				2.513 0

在这一例子里,$i_C = 9.6\%$,$m = 1$,$C = 1\,000$ 万美元,$v_3 = 0.758\,8$,$\sum_{t=1}^{3} v_t = 2.513\,0$。

由式(5.3.1),得

$$PV_C = 0.096 \times 1\,000 \times \sum_{t=1}^{3} v_t = 96 \times 2.513\,0 = 241.248\,0 (万美元)$$

由式(5.3.5),得

$$PV_f = 1\,000 \times (1 - 0.758\,8) = 241.200\,0 (万美元)$$

因此互换的总价值为

$$V_C = 241.248\,0 - 241.200\,0 = 0.048\,0 (万美元) = 480 (美元)$$

如果相对于该家公司的另一方,即支付固定利率利息,收取浮动利率利息,互换的总价值为

$$V_f = -480 (美元)$$

(二) 利率互换估值的债券等值法

所谓利率互换估值的债券等值法是建立在如下的假设前提下:

收取固定利率利息并支付浮动利率利息的一方被视为买入一笔固定利率的债券,并同时卖出一笔浮动利率的债券;而收取浮动利率利息债券并支付固定利率利息的另一方却被视为买入一笔相应的浮动利率的债券,并同时卖出一笔相应的固定利率的债券。

根据这一假想,我们可以先分别计算固定利率债券与浮动利率债券现金流的现值,然后将这两笔现金流的现值相减,便可获得互换各方的净现值。

1. 固定利率债券现金流的现值

假定买入一笔固定利率债券在时间 $t-1$ 至 $t(t=1, 2, \cdots\cdots, N)$ 的固定利率为 i_C,相应的贴现因子为 v_t,名义本金为 C,用 B_C 表示互换中固定利率债券未来现金流的现值,那么有

$$B_C = \sum_{t=1}^{N} i_C C v_t + C v_N 。 \qquad (5.3.11)$$

例:假设有一笔名义本金额为 1 000 万美元的标准的 3 年期利率互换,每年按固定利率 8.6% 收取固定利息。如果 1—3 年的贴现因子分别

为 0.925 9、0.852 4、0.779 8,那么按照债券等值法来计算,相应的固定利率债券的现值应该为多少?

在本例中,$C=1\,000$ 万美元,$N=3$,$i_C=0.086$,$v_1=0.925\,9$,$v_2=0.852\,4$、$v_3=0.779\,8$。由式(5.3.11),与该互换相应的固定利率债券的现值为

$$B_C = 0.086 \times (0.925\,9 + 0.852\,4 + 0.779\,8) \times 1\,000$$
$$+ 1\,000 \times 0.779\,8$$
$$= 219.996\,6 + 779.8 = 999.796\,6(万美元)。$$

2. 浮动利率债券现金流的现值

应当指出,估算利率互换价值的债券等值法应以估算固定利息支付方的价值为主,认为浮动利息方在下一个利息支付日得到的是平价收益。就是说,浮动利率债券现金流的现值应该为下一次浮动利息支付的现值再加这个平价的现值。

假定 B_f、i_{F1}、t_1 与 v_1 分别表示浮动利率债券现金流的现值、最近一次已确定的浮动利率,从最近一次浮动利息支付日(计息日)到下一次浮动利息支付日的时间以及计息日至下一次浮动利息支付日期间的贴现因子。于是估算浮动利率债券现金流的现值公式为

$$B_f = C \times v_1 + i_{F1} \times C \times v_1。 \qquad (5.3.12)$$

其中,C 如前定义,表示利率互换的名义本金。

例: 假定 A、B 两公司达成一项互换条款,A 公司同意支付 12 个月的浮动利率,收取每年年利率为 9.6% 的利息;名义本金为 1 000 万美元,互换期限为 3 年,每年的贴现利率分别为 9.00%、9.316% 和 9.529%。上一支付日的一年浮动利率为 9.003%。试应用债券等值法估算这笔利率互换的价值。

在该例中,$C=1\,000$ 万美元,$N=3$,$i_C=9.6\%$,$i_{F1}=9.003\%$,$v_1=0.917\,4$,$v_2=0.836\,8$,$v_3=0.761\,0$。应用式(5.3.11),互换中固定利率债券现金流的现值为

$$B_C = 0.096 \times 1\,000 \times (0.917\,4 + 0.836\,8 + 0.761\,0)$$

$$+1\,000\times 0.761\,0$$
$$=1\,002.459\,2(万美元);$$

应用式(5.3.12),互换中浮动利率债券现金流的现值为
$$B_f = 1\,000\times 0.917\,4 + 0.090\,03\times 1\,000\times 0.917\,4$$
$$=999.993\,5(万美元);$$

因此互换的总价值为
$$B_c - B_f = 1\,002.459\,2 - 999.993\,5 = 2.465\,7(万美元)。$$

即对支付固定利率利息、收取浮动利率利息的 B 公司来说,互换价值为 −24 657 美元;而对另一方 A 公司来说,其价值为 24 657 美元。

二、货币互换的估值

由标准货币互换的结构特征,不难看出,有关利率互换的估值方法同样适用于货币互换估值,所不同的是货币互换涉及两种货币。因此在对货币互换进行估值时,必须考虑到两种货币之间汇率所起的作用。

如前所述,标准的货币互换通常是由固定利息对固定利息、固定利息对浮动利息或浮动利息对浮动利息这三种互换形式所构成的。因为每一种货币互换涉及两种货币,所以对应这三种互换形式共有 6 种现金流。对于每一种货币利率的本息现金流的现值,可以应用式(5.3.1)或式(5.3.2)来求得。然后利用汇率,将不同货币表示的现金流化为同一种货币表示的现金流,最终求出货币互换的价值。

这里,我们仍用第四章中的术语来表示两种货币之间的关系,即采用"基本货币/标价货币(A/B)"来表示 1 个单位基本货币兑若干个标价货币。假定 $A/B = S$。

下面仅以固定利息对固定利息的货币互换为例来说明其定价原理。

(一) 货币互换估值的零息票法

假定 1 年付息 m 次,互换期限被分割为 N 个时间段,$t = 0, 1, 2, \cdots\cdots, N$;$PV_{Ca}$ 表示基本货币方固定利率本息现金流的现值;i_{Ca} 和

C_a 分别表示整个互换协议期间的基本货币方固定利率与本金；v_{ta} 表示时点 t 基本货币方贴现因子，类似于式(5.3.1)，可得货币互换协议中基本货币方固定利率本息现金流的表达式

$$PV_{Ca} = \sum_{t=1}^{N} \frac{i_{Ca}}{m} C_a v_{ta} + C_a v_{Na}。 \qquad (5.3.13)$$

同理可得，货币互换协议中标价货币方固定利率本息现金流的表达式为

$$PV_{Cb} = \sum_{t=1}^{N} \frac{i_{Cb}}{m} C_b v_{tb} + C_b v_{Nb}。 \qquad (5.3.14)$$

式中，PV_{Cb}、i_{Cb}、C_b、v_{tb} 和 v_{Nb} 分别表示标价货币方固定利率本息现金流的现值、固定利率、本金、时点 t 贴现因子和时点 N 贴现因子。

应用第四章中式(4.2.6)，可获得 t 时期的远期汇率

$$F_t = [1 + (i_{Cb}/D_b - i_{Ca}/D_a) D_t] S, \qquad (5.3.15)$$

式中，D_t 表示即期到 t 时期的天数，$D_a(D_b)$ 和 S 分别表示基本货币国(标价货币国)一年的天数(通常 360 或 365)与即期汇率。

因此，基本货币形式的货币互换总价值的表达式为

$$V_{Ca} = \sum_{t=1}^{N} (i_{Ca} C_a v_{ta} - i_{Cb} C_b v_{tb}/F_t)/m + C_a v_{Na} - C_b v_{Nb}/F_N;$$
$$(5.3.16)$$

而标价货币形式的货币互换的总价值表达式为

$$V_{Cb} = \sum_{t=1}^{N} (i_{Ca} C_a v_{ta} F_t - i_{Cb} C_b v_{tb})/m + C_a v_{Na} F_N - C_b v_{Nb}。$$
$$(5.3.17)$$

(二) 货币互换估值的债券等值法

与利率互换估值的债券等值法类似，固定利息对固定利息的货币互换可以用两种债券来表示，即互换中一方是以利率 i_{Ca} 支付(或收取)固

定利息的基本货币债券的空头(或多头),而另一方是以利率 i_{Cb} 支付(或收取)固定利息的标价货币债券的空头(或多头)。

令 B_{Ca}、i_{Ca}、C_a、v_{ta} ($t=1, 2, \cdots\cdots, N$) 分别表示互换中基本货币债券未来现金流的现值、固定利率、本金和贴现因子,并用这些记号代替式(5.3.11)中相对应的字母,并可得固定利息的基本货币债券现值的表达式

$$B_{Ca} = \sum_{t=1}^{N} i_{Ca} C_a v_{ta} + C_a v_{Na}; \qquad (5.3.18)$$

以及固定利息的标价货币债券现值的表达式

$$B_{Cb} = \sum_{t=1}^{N} i_{Cb} C_b v_{tb} + C_b v_{Nb}。 \qquad (5.3.19)$$

式中,B_{Cb}、i_{Cb}、C_b、v_{tb} ($t=1, 2, \cdots\cdots, N$) 分别表示互换中标价货币债券未来现金流的现值、固定利率、本金和贴现因子。

互换中各个时期的远期汇率仍为式(5.3.15)。于是,基本货币形式的互换总价值表达式为

$$V_{Ca} = \sum_{t=1}^{N} (i_{Ca} C_a v_{ta} - i_{Cb} C_b v_{tb}/F_t) + C_a v_{Na} - C_b v_{Nb}/F_N; \qquad (5.3.20)$$

或者,标价货币形式的互换总价值表达式为

$$V_{Cb} = \sum_{t=1}^{N} (i_{Ca} C_a v_{ta} F_t - i_{Cb} C_b v_{tb}) + C_a v_{Na} F_N - C_b v_{Nb}。 \qquad (5.3.21)$$

同理,可以讨论固定利息对浮动利息或浮动利息对浮动利息货币互换的零息票估价法和债券等值估价法。限于篇幅,不再赘述。

第二篇
金融工程原理

随着金融自由化日益深入,世界金融环境发生了巨大变化,金融风险日益剧增,比过去的任何时期更具有普遍性、不确定性。这些普遍存在的风险既存在于微观层面,又来自宏观方面。

微观风险是指与前述的金融工具或交易对手相关的风险,主要包括:(1) 违约风险(义务方违约而带来的风险);(2) 法律风险(合同可能不被执行而带来的风险);(3) 模型风险(应用模型,错误地定价而导致损失的风险);(4) 操作风险(由操作过失而导致损失的风险),等等。这些风险通常被称作非系统性风险。

宏观风险是指能够影响到所有的金融产品的风险,主要包括:(1) 外汇风险(由汇率变动而产生的风险);(2) 利率风险(由利率波动的冲击而产生的风险);(3) 价格风险(任何来自产品价格变动的风险),等等。这些风险通常被认为是系统性风险。

形形色色的金融风险无不时时袭击着每个投融资的个人、金融机构和政府,甚至危及整个国家金融体系的稳定。在20世纪90年代中期,以索罗斯为代表的国际炒家在世界金融市场上兴风作浪,矛头所向之处,便是一片风声鹤唳,使得一些金融自由化的国家或地区政府和金融当局诚惶诚恐。特别是近20年来,欧美地区的金融危机不断发生,波及许多国家地区,甚至全球。如1999年美国长期资本管理公司倒闭;2008年金融海啸(以美国次贷危机引起的金融危机);2010年欧洲债务危机。无论是在新兴市场,还是在发达地区,都有可能爆发金融危机。种种事例表明,随着经济全球化与金融自由化程度的日益提高,巨大的金融风险具有颠覆世界经济之舟的裂变能量。

为了更加有效地管理与控制各种金融风险,人们在已形成起来的金融衍生市场(金融远期、期货、期权及互换市场)上,进一步掀起金融产品设计与开发的创新浪潮,从而形成金融工程这门新兴学科。这正如19世纪的工业革命推动工业机械设计与开发的机械工程学的发展一样。

金融工程有早期与现代之分。早期的金融工程大约处于20世纪80

年代，根据客户需求，分析各种金融风险，使用某种金融工具，或者组合某些金融工具，以达到某种金融目的需要。现代的金融工程正如1991年"国际金融工程师学会(IAFE)"所定义的那样，即综合地采用数学模型、数值方法、仿真模拟、网络图解、优化方法等各种工程技术方法，分解组合、设计开发、创造金融产品，以达到预期的金融目标。显然，现代金融工程的含义涵盖了早期金融工程范围。现代金融工程的创新特征，表明它属于金融业中的高新技术。与早期的金融风险防范策略相比，这种高新技术的魅力就在于：更加有效地规避金融风险，降低借贷成本，提高金融市场的流通性，发现未来价格，促进经济健康、稳定、高效地发展。

透过现代金融工程的复杂建造系统，不难发现，一个基本原理就是：应用金融工具，分解与组合、设计与开发、创生金融产品，实现金融目标。实际上，上篇内容已初步体现了金融工程中的这一基本原理（这正是笔者将上篇中基本工具的内容纳入金融工程框架中的依据）。由于金融工程浩如烟海，因此，本篇将从这一基本原理出发来进一步说明运用基本金融工具创生金融产品的一些规律，或称为原理。需注意，这与基本原理是有区别的。基本原理作为这些规律（原理）的基础，是更普遍的规律。

在上篇中已说明，基本金融工具可分为两大部分，一部分为基础金融工具，即指传统的金融工具；另一部分为基本的金融衍生工具，即指基本的金融远期、基本的金融期货、基本的金融互换以及基本的金融期权等工具。基本的金融远期包括股权远期合约、远期利率协议、外汇直接远期、综合的外汇远期协议等；基本的金融期货合约包括股权指数期货合约、债券期货合约、短期利率期货合约、外汇期货合约等；基本的金融互换包括普通的利率互换和货币互换等；基本的金融期权包括股权期权、债务期权、短期利率期权等工具。这些基本的金融工具是构建当今金融大厦的砖块。

下面，将分别围绕远期合约、互换、期权[1]，来讲述它们及与其他基本金融产品创生金融工具的演变规律。

---

[1] 本篇所涉及的期权均是欧式期权。

第六章
远期合约的创生原理

如上篇所述,远期合约是在特定的未来时间(到期日)按照特定的价格(交割价格)买卖特定资产(基础资产)的合约。在签订的远期合约中,多头和空头在未来都是有价值的,一方价值为正;另一方价值必为负,双方价值此消彼长,但通常双方的总价值之和为零。远期合约诸多的金融特征,决定了它在当今金融工程中扮演着重要角色。

本章将着重揭示,如何单纯组合与分解远期合约,远期合约如何与其他基本衍生工具结合,产生另外一种或新的有用的金融工具的规律。

第一节 单纯远期合约组合

单纯远期合约组合原理是指组合若干个(2个或2个以上)期限不同的远期合约生成另一种或新的金融工具的变化规律。这些新的金融工具通常为互换工具,也包括远期合约或期货合约(可以认为一份远期或期货合约为单期互换)。

假设有 n 个不同期限的远期合约,现在的时间为 t_0 时刻,第一个远期合约到期时为 $t_1(t_1 > t_0)$,期限为 $\tau_1 = t_1 - t_0$,t_1 时现金流入量为 X_1,现金流出量为 $\tilde{X}_1$,如图 6-1-1(a)所示;第二个远期合约到期时为 $t_2(t_2 > t_1)$,期限为 $\tau_2 = t_2 - t_0$,t_2 时现金流入量为 X_2,现金流出量为 $\tilde{X}_2$,如图 6-1-1(b)所示;……;第 n 个远期合约到期时为 $t_n(t_n > t_{n-1})$,期限为 $\tau_n = t_n - t_0$,t_n 时现金流入量为 X_n,现金流出量为 $\tilde{X}_n$,如图 6-1-1(c)所示。这样,该原理又可以具体地被描述为,组合 $n(n \geq 2)$

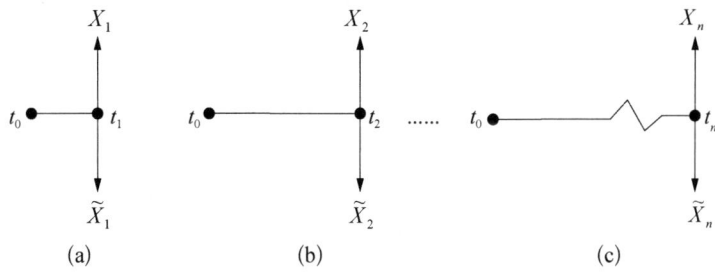

图 6-1-1　n 个期限不同的远期合约

个期限不同的远期合约来复制金融工具。

依据该原理及图 6-1-1,可以说明由远期合约复制出期货合约或互换合约等金融工具的演变过程。

一、由远期合约复制期货合约

在上篇中,我们已提到过,期货合约可以被看作由一系列特殊的远期合约构成的。具体理解如下:假定期货合约的初始签订日为 t_0,到期日为 t_n,期限 $\tau_n = t_n - t_0 = n$ 天,到期日的现金流入量为 X_n,现金流出量为 $\widetilde{X}_n$,期货合约的最终形式可用图 6-1-1(c) 表示。但是,期货市场建立了逐日盯市制度,即市场交易者事先向交易所交付必需的保证金,在期货的有效期(天数)内,交易所在每个交易日结束时,按照期货基础资产的协定价格与当时基础资产的实际价格(即期价格)差价,给予结算。如果交易者的期货合约损失,那么这一损失价值就从他的保证金账户中扣除;反之,盈余额就存在该保证金账户。假设这 n 天期限的期货,第一天结束时现金流入量为 X_1,现金流出量为 $\widetilde{X}_1$;第二天结束时现金流入量为 X_2,现金流出量为 $\widetilde{X}_2$;……;直至第 n 天结束时。如果我们认为图 6-1-1 中 n 个远期合约的期限分别是 $\tau_1 = t_1 - t_0 = 1$ 天,$\tau_2 = t_2 - t_0 = 2$ 天,……,$\tau_n = t_n - t_0 = n$ 天,那么这 n 天期货合约也就是由第一个期限为 1 天的远期合约、第二个期限为 2 天的远期合约、……及第 n 个期限为 n 天的远期合约组合而成的。正因为如此,人们在进行金融工程的过程中,有时需要简化问题,往往将远期合约与期货合约视为同一类工具,或者把它们作为远期合约、或者作为期货合约来处理。也是这一原因,本节在揭示基本衍生工具的演变过程中,仅仅讨论以远期合约(而不讲期货合约)及与其他基本衍生工具创生金融工具,这是不失期货性的。

从理论上讲,远期合约与期货合约在原理上是相通的。实际上,两种金融工具有区别。期货合约是按照交易所的规定和交易安排来进行买卖和维持的远期合约,规范化程度极高。规范程度高的期货合约大大减少其违约风险。而远期合约由交易双方可以不限制场地具体商定合约标的物的每一个细节,就是说远期合约设计灵活性较大。因此,我们不能认为两种金融工具哪一种绝对好,这要根据市场参与者的偏好来选择。否则,这两种金融工具肯定有一个要在世界上绝迹。然而至今,这两种金融工具都活跃在金融衍生市场上。

二、由远期合约复制互换工具

单纯远期合约组合原理的另一个奥妙之处是,它能复制出多种互换工具,如普通(plain vanilla)互换,推迟生效互换(deferred-start swap),可取消(cancelable)互换等互换工具。

(一) 由远期合约复制互换工具

金融互换合约是双方按照事先约定的时间段交换现金流的合约。一方收到与支付现金流,另一方就相应地支付与收到现金流。假定互换合约初始签订日 t_0,到期日为 t_n,在这期间合约双方共交换 n 次现金,交换现金的时间分别发生在 $t_1(t_1 > t_0)$ 时,$t_2(t_2 > t_1)$ 时,……,最后一次发生在 $t_n(t_n > t_{n-1})$ 时,其中一方在 t_1 时收到现金 X_1,支付现金 $\tilde{X}_1$,在 t_2 时,收到现金 X_2,支付现金 $\tilde{X}_2$,……,在 t_n 时,即最后一次,收到现金 X_n,支付现金 $\tilde{X}_n$。这就相当于把图6-1-1中图(a)至图(c)所示的 n 个远期合约组合在一起,如图6-1-2所示。

这充分说明:互换可由一系列的远期合约复合而成。

例如,图6-1-2中 $X_i(i=1, 2, ……, n)$ 表示固定利率(R),$\tilde{X}_i(i=1, 2, ……, n)$ 表示浮动利率(LIBOR),该互换合约表示一种标准的利率互换(见上篇第五章第二节内容)。

又如,图6-1-2中 $X_i(i=1, 2, ……, n)$ 表示美元市场上的固定

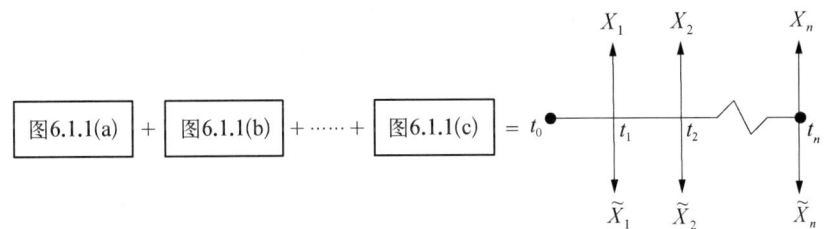

图6-1-2 n个远期合约组合为互换合约

利率(USD R),$\widetilde{X}_i(i=1,2,\cdots\cdots,n)$ 表示英镑市场上的浮动利率(GBP LIBOR),该互换合约表示美元固定利率对英镑浮动利率的货币互换(见上篇第五章第二节内容)。

由此可见,从单纯远期合约复制互换的组合原理出发,人们总可以获取他们所需要的某种互换工具,来实现规避利率风险或货币风险的目的。

(二) 由远期合约复制推迟生效互换合约

推迟生效互换合约规定现金流在将来某个时点才开始发生。譬如,在 n 次现金流互换中第一次现金交换时间发生在将来的 $t_k(t_k>t_1)$ 时刻,t_k 相当于互换第 $k(k>1)$ 次现金交换时刻,或经过互换事先约定的 k 段时间间隔(若干时间段)的时刻。

类似地,可以运用单纯远期合约组合原理,来复制推迟生效互换工具。下面,将分3个步骤来讨论该问题。

第一步:运用远期合约复制互换合约的原理,组建如图6-1-3(a)所示的互换合约。图中各字母含义均与图6-1-1中相同。这表示一份期限为 $\tau_n=(t_n-t_0)$、交换 n 次现金流的互换合约,即互换合约中一方第 1 次(t_1 时)至第 k 次(t_k 时),再至第 n 次分别收到现金流 $X_1,\cdots\cdots,X_k,\cdots\cdots,X_n$,同时分别支付现金流 $\widetilde{X}_1,\widetilde{X}_2,\cdots\cdots,\widetilde{X}_k,\cdots\cdots,\widetilde{X}_n$。

第二步,再运用远期合约复制互换合约原理,构成一份期限为 $\tau_k=(t_k-t_0)$、交换 k 次现金流的互换合约,且互换合约中的同一交易方从第 1 次(t_1 时)至第 k 次(t_k 时),分别收到现金流为 $\widetilde{X}_1,\cdots\cdots,\widetilde{X}_k$,同时支付现金流为 $X_1,\cdots\cdots,X_k$,如图6-1-3(b)所示。

第三步,将图6-1-3(a)与图6-1-3(b)叠加起来,就可获得如图

196　金融工程及其在中国的应用研究

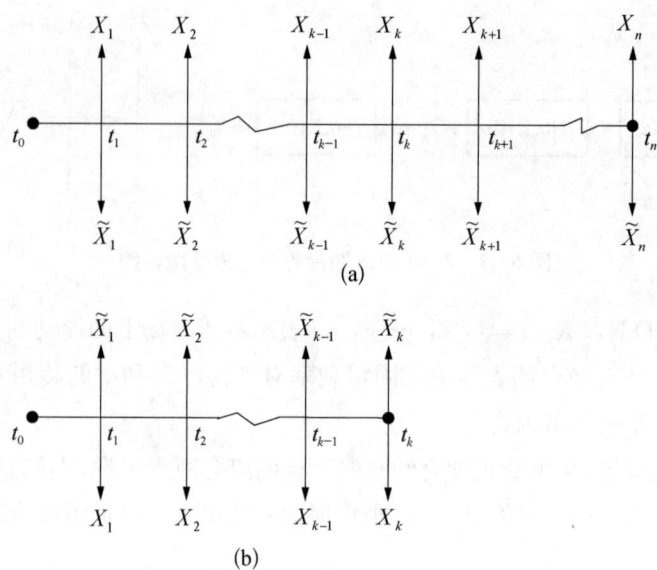

图 6-1-3　(a) 期限为 $\tau_n = t_n - t_0$ 的互换合约，
(b) 期限为 $\tau_k = t_k - t_0$ 的互换合约

6-1-4 所示的推迟生效互换合约。这一具体操作过程是：在 t_0 时，交易方签订一份如图 6-1-3(a)所示的现金流的互换合约；同时再签订一份如图 6-1-3(b)所示的现金流的互换合约，于是他从将来 t_k 开始，分别在 t_{k+1}，……，t_n 时点，收到现金 X_{k+1}，……，X_n，支付现金 $\widetilde{X}_{k+1}$，……，$\widetilde{X}_n$。

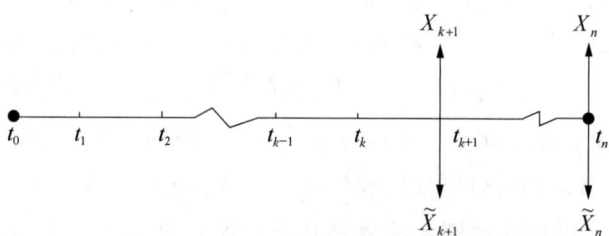

图 6-1-4　推迟生效的互换合约

例如，一家公司要在 1 年内发行一笔 5 年期固定利率债券，但该公司想以 1 年后的浮动利率(LIBOR)支付利息。于是该公司签订了一份 1 年推迟生效的 4 年期互换，且互换支付及规模与债券均相匹配。经过 12 个月,互换现金流开始,公司从互换中收到基于固定利率的利息,支付基于浮动利率的利息,于是该公司实现了自己筹资的目的。

(三) 可取消互换合约

所谓可取消互换是指,交易方在最初的一份互换合约的期限内的某一时点开始取消该互换合约。类似地,可以运用单纯远期合约组合原理来获取可取消互换合约。

首先,运用单纯远期合约组合原理,获得一份如图 6-1-5(a)所示的互换合约;

其次,运用单纯远期合约组合原理,获得另一份如图 6-1-5(b)所示的互换合约;

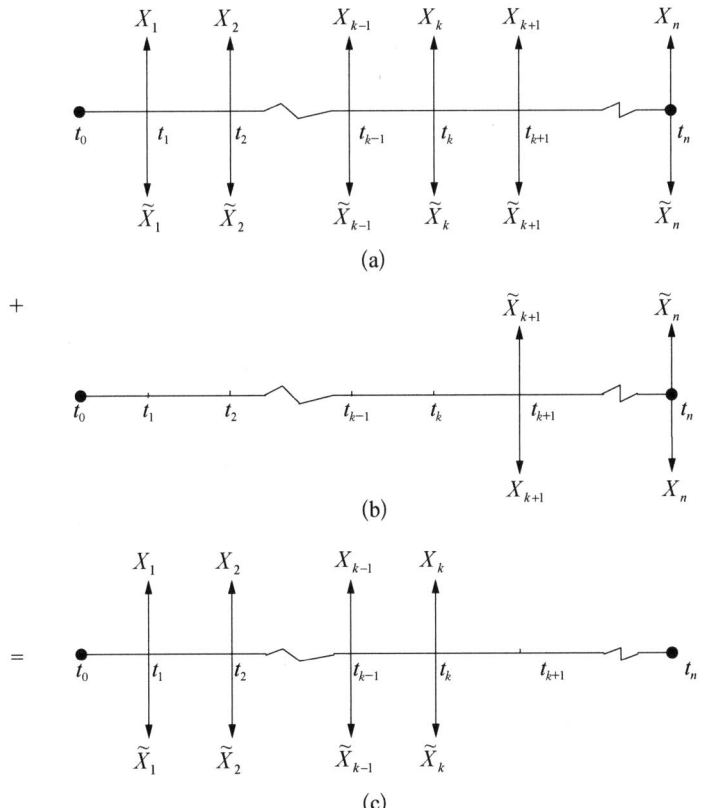

图 6-1-5 复制可取消互换合约

最后,叠加这两份互换合约,便可得到一份如图 6-1-5(c)所示的在时刻 t_{k+1} 开始取消现金流的互换合约。

例如,一家公司最初签订一份 5 年期的互换合约,每年收到基于浮动利率(LIBOR)的利息,支付基于固定利率(8.5%)的利息,3 年后该公司不需要这份互换合约。于是该公司通过签订另一份 2 年期的现金流量与最初相反的互换合约(新互换合约支付现金的时间间隔与最初的一致)。实际上,该公司通过后一份互换合约来对最初的那一份互换合约进行对冲,从而实现了取消原互换合约的目的。

同理,可根据单纯远期合约组合原理,复制出更多种互换合约。这里不再赘述。

第二节 远期合约与互换合约组合

远期合约与互换合约组合原理是指,组合远期合约与互换合约生成另外一种互换合约或远期合约或期货合约的变化规律。实质上,这一原理与单纯远期合约组合原理是相通的。

现以一份推迟生效互换合约来说明这一道理。假设一份互换合约如图 6-2-1(a)所示。从即期 t_0 开始,第一个远期合约直至第 k 个远期合约的期限及现金流分别如图 6-2-1(b)、(c)、(d)、(e)所示。把图 6-2-1(a)直至 6-2-1(e)各图叠加在一起,将得到图 6-2-1(f)。结果正如图 6-1-4 所示的推迟生效互换合约。这就是说,一份推迟生效互换合约既可以由若干个远期合约与一份期限覆盖远期的互换合约复合而成。同时也表明一份推迟生效互换合约也可以纯粹由一系列的远期合约复合而成。实际上,把图 6-2-1(b)至 6-2-1(e)叠加起来,可获得图 6-2-1(g)。结果正是图 6-1-3 所示的期限为 $\tau_k = (t_k - t_0)$ 的互换合约。比较图 6-1-3(a)、(b)与图 6-2-1(a)、(g),其道理则非常显然。

不难理解,凡是能由远期合约复制而出的互换合约,通常均可由远期合约与互换合约组合而得。反之亦然。因此,运用远期合约与互换合约组合原理来产生其他互换合约的机理,也就不必再赘述了。

第六章 远期合约的创生原理   199

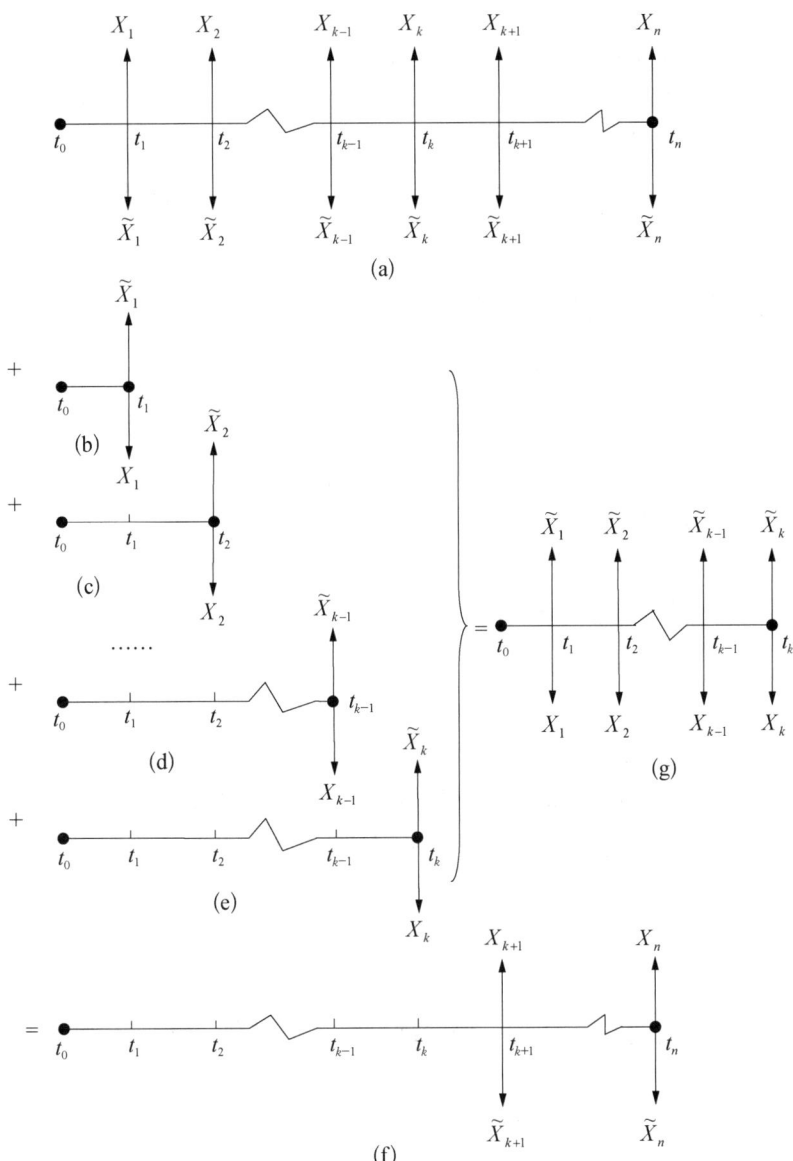

图 6-2-1　远期合约与互换合约组合为推迟生效互换合约

第三节 远期合约与基本期权组合

远期合约与基本期权组合原理是指,远期合约与基本期权组合成另外一种新的金融工具的变化规律。生成的结果通常为基本期权,或为非基本期权(如双限期权、回廊式期权、比率回廊式期权等),或为非标准化远期合约(如范围远期合约、参与式或分享式远期合约、比率远期合约等)。

一、远期合约与基本期权复制另一种基本期权

远期合约与基本期权组合形式之一是:一份远期合约与一份基本期权组合,可以生成一份基本期权。在揭示这一规律之前,我们先引进如下字母:

t_0:即期(现在时间),

T:远期合约与期权的到期日,

u_{t_0}:即期基础资产价格,

u_T:T 时期基础资产价格,

X_f:远期合约的交割价格,

X_0:期权的执行价格,

c_1:买入一份看涨期权所支付的费用在到期日的价值,

c_2:卖出一份看涨期权所收取的费用在到期日的价值,

p_1:买入一份看跌期权所支付的费用在到期日的价值,

p_2:卖出一份看跌期权所收取的费用在到期日的价值。

(一) 一份远期空头与一份看涨期权多头组合,产生一份看跌期权多头

图 6-3-1(a)表示一份交割价格为 X_f 的远期合约空头;图 6-3-1(b)表示一份执行价格为 X_0 且期权费为 c_1 的看涨期权多头。这两份基本衍生工具的损益状况以及它们组合后的总损益状况如表 6-3-1 所示。

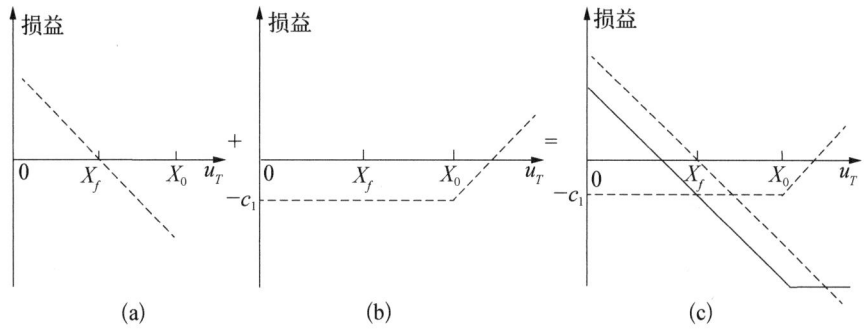

图 6-3-1　远期合约空头与看涨期权多头的组合

表 6-3-1　一份远期合约空头与一份看涨期权多头组合的损益

基础资产价格 变化范围	远期合约 空头的损益	看涨期权 多头的损益	总 损 益
$u_T \leqslant X_f$	$-(u_T - X_f)$	$-c_1$	$-u_T + X_f - c_1$
$X_f < u_T < X_0$	$-(u_T - X_f)$	$-c_1$	$-u_T + X_f - c_1$
$X_0 \leqslant u_T$	$-(u_T - X_f)$	$u_T - X_0 - c_1$	$-(X_0 - X_f) - c_1$

由表 6-3-1 可见,一份交割价格为 X_f 的远期合约空头,与一份执行价格为 X_0 的看涨期权多头组合,相当于一份执行价格为 X_0 且期权费为 $(X_f - X_0 - c_1)$ 的看跌期权多头。

这一组合形式,由于看涨期权多头对冲,保护远期合约空头,使之免受基础资产价格急剧上升带来的巨大损失,从而达到了止损目的。但当基础资产价格大幅下降 $(u_T < X_f - c_1)$ 后,该组合的收益却小于未保护远期合约空头的收益,两者收益之差为支付的期权费 (c_1)。这验证了金融市场上一句俗话:"天底下没有免费的午餐"。

(二) 一份远期合约空头与一份看跌期权空头组合,产生一份看涨期权空头

图 6-3-2(a) 与图 6-3-1(a) 相同,仍然表示一份交割价格为 X_f 的远期合约空头;图 6-3-2(b) 表示一份执行价格为 X_0 且期权费为 p_2 的看跌期权空头。这两份基本衍生工具的损益状况以及它们组合后的总损益状况,如表 6-3-2 所示。

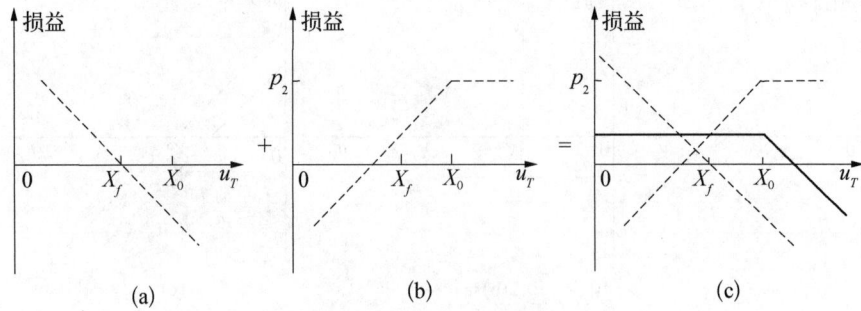

图 6-3-2 远期合约空头与看跌期权空头的组合

表 6-3-2 一份远期合约空头与一份看跌期权空头组合的损益

基础资产价格变化范围	远期合约空头的损益	看跌期权空头的损益	总损益
$u_T \leqslant X_f$	$-(u_T - X_f)$	$-(X_0 - u_T) + p_2$	$X_f - X_0 + p_2$
$X_f < u_T < X_0$	$-(u_T - X_f)$	$-(X_0 - u_T) + p_2$	$X_f - X_0 + p_2$
$X_0 \leqslant u_T$	$-(u_T - X_f)$	p_2	$-u_T + X_f + p_2$

由表 6-3-2 可见,一份交割价格为 X_f 的远期合约空头,与一份执行价格为 X_0 且期权费为 p_2 的看跌期权空头组合,相当于一份执行价格为 X_0 且期权费为 $(X_f - X_0 + p_2)$ 的看涨期权空头。它的几何图形为图 6-3-2(c)中的实线。

(三) 一份远期合约多头与一份看涨期权空头组合,产生一份看跌期权空头

图 6-3-3(a)表示一份交割价格为 X_f 的远期合约多头;图 6-3-3(b)表示一份执行价格为 X_0 且期权费为 c_2 的看涨期权空头。这两份基本衍生工具的损益状况以及它们组合的总损益状况,如表(6-3-3)所示。

由表 6-3-3 可见,一份交割价格为 X_f 的远期合约多头,与一份执行价格为 X_0 且期权费为 c_2 的看涨期权空头组合,构成一份执行价格为 X_0 且期权费为 $X_0 - X_f + c_2$ 的看跌期权空头。它的几何图形为图 6-3-3(c)中的实线。

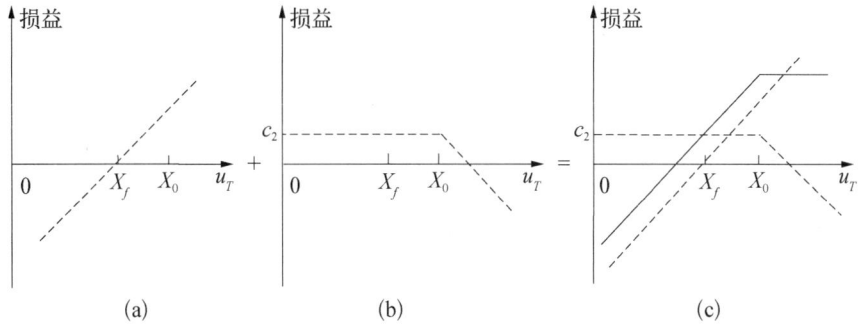

图 6-3-3　远期合约多头与看涨期权空头的组合

表 6-3-3　一份远期合约多头与一份看涨期权空头组合的损益

基础资产价格 变化范围	远期合约 多头的损益	看涨期权 空头的损益	总 损 益
$u_T \leqslant X_f$	$u_T - X_f$	$+c_2$	$u_T - X_f + c_2$
$X_f < u_T < X_0$	$u_T - X_f$	$+c_2$	$u_T - X_f + c_2$
$X_0 \leqslant u_T$	$u_T - X_f$	$-(u_T - X_0) + c_2$	$X_0 - X_f + c_2$

运用这一组合,可达到如下保值目标:

当基础资产价格下降到期权的执行价格以下 ($u_T < X_0$) 时,该组合的价值在原来持有远期合约价值基础上增加一个值 c_2 (卖出一份看涨期权所获得的期权费);而当基础资产价格上升,且超过期权的执行价格时,该组合的收益被限制在一个上限值 ($X_0 - X_f + c_2$) 上。在股票市场上,这一组合形式又被称为收益增加策略。

(四) 一份远期合约多头与一份看跌期权多头组合,产生一份看涨期权多头

图 6-3-4(a) 与图 6-3-3(a) 相同,图 6-3-4(b) 表示一份执行价格为 X_0 且期权费为 p_1 的看跌期权多头。这两份基本金融工具的损益状况以及它们组合的总损益状况,如表 6-3-4 所示。

由表 6-3-4 可见,一份交割价格为 X_f 的远期合约多头,与一份执行价格为 X_0 且期权费为 p_1 的看跌期权多头组合,构成一份执行价格为

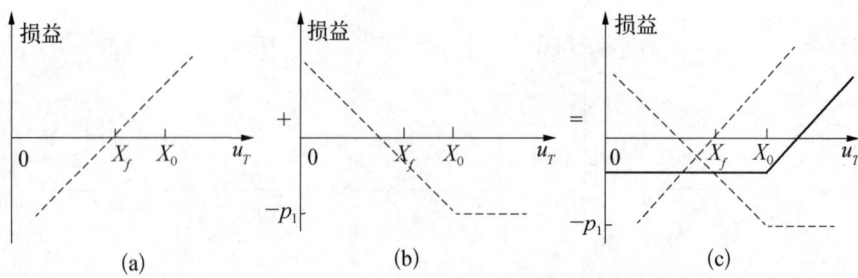

图 6-3-4 远期合约多头与看跌期权多头的组合

表 6-3-4 一份远期合约多头与一份看跌期权多头组合的损益

基础资产价格变化范围	远期合约多头的损益	看跌期权多头的损益	总损益
$u_T \leqslant X_f$	$u_T - X_f$	$X_0 - u_T - p_1$	$X_0 - X_f - p_1$
$X_f < u_T < X_0$	$u_T - X_f$	$X_0 - u_T - p_1$	$X_0 - X_f - p_1$
$X_0 \leqslant u_T$	$u_T - X_f$	$-p_1$	$u_T - X_f - p_1$

X_0 且期权费为 $(X_0 - X_f - p_1)$ 的看涨期权多头,如图 6-3-4(c)所示。

持有一份远期合约的投资者,同时买入一份看跌期权,能让他在基础资产价格大幅度下跌时,把价值损失控制在一个底线上,由图 6-3-4(c)可见,该组合价值的底线是一条水平直线,可能的最大损失为 $(X_0 - X_f - p_1)$;而且在基础资产价格以不低于期权的执行价格 (X_0) 上涨时,投资者能继续从中获利,如图 6-3-4(c)中一根向上倾斜的直线所示。但需注意,在基础资产价格上涨过程中,投资者所获得的利益,要比直接持有远期合约而不买看跌期权所获得的利益要少 p_1,这是由于投资者买入看跌期权所付出的期权费造成的。在股票市场上,这一组合形式被称为止损策略。

在金融市场上,上述的 4 种组合形式,经常被套期保值者用于规避股票风险、外汇风险以及利率风险等。

二、远期合约与基本期权复制非基本期权

远期合约与基本期权组合形式之二是:一份远期合约与两份或若干份基本期权组合,可以生成非基本期权。如双限(collar)期权、回廊式

(corridor)期权,比率回廊式(ratio corridor)期权等。

(一) 一份远期合约空头、一份价外看涨期权多头和一份价外看跌期权空头组合,产生双限期权

设投资者卖出一份交割价格为 X_f 的远期合约,同时买入一份执行价格为 X_2 且期权费为 c_1 的价外 ($X_2 > X_f$) 看涨期权,再卖出一份执行价格为 X_1 且期权费为 p_2 的价外 ($X_1 < X_f$) 看跌期权,如图 6-3-5(a)、(b)、(c)所示①。

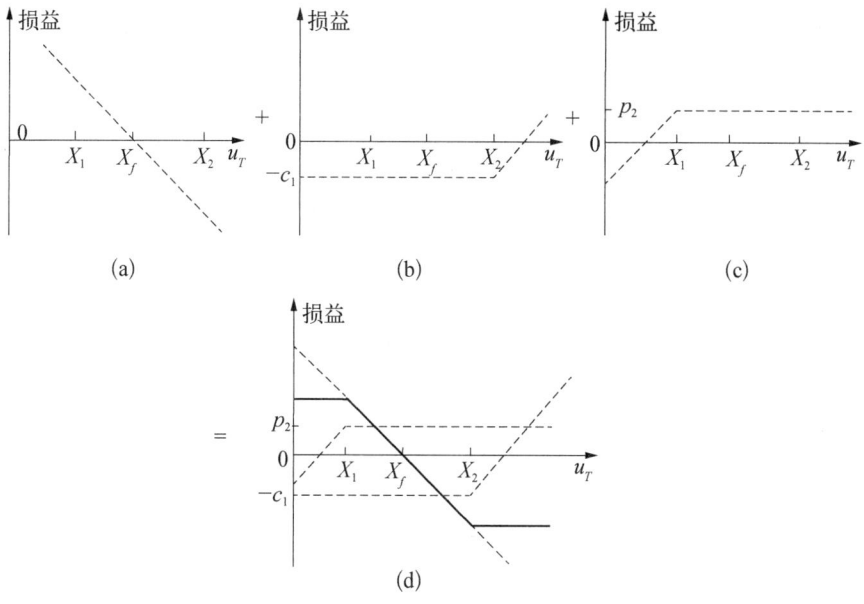

图 6-3-5 双限期权的组合形式

远期合约空头、看涨期权多头与看跌期权空头的损益状况及其 3 种基本工具组合的损益状况,如表 6-3-5 所示。

由图 6-3-5 可见,一份交割价格为 X_f 的远期合约空头,加上一份执行价格为 X_1 且期权费为 p_2 的看跌期权空头,再加上一份执行价格为 X_2 且期权费为 c_1 的看涨期权多头,构成了如图 6-3-5(d)中的实折线,

---

① 为方便起见,这里假定: $X_1 < X_f < X_2$, $c_1 = p_2$。

表 6-3-5　双限期权的损益

基础资产价格变化范围	一份远期合约空头的损益	一份看涨期权多头的损益	一份看跌期权空头的损益	总损益
$u_T \leqslant X_1$	$-(u_T-X_f)$	$-c_1$	$-(X_1-u_T)+p_2$	$X_f-X_1+p_2-c_1$
$X_1<u_T<X_f$	$-(u_T-X_f)$	$-c_1$	p_2	$-u_T+X_f+p_2-c_1$
$X_f<u_T\leqslant X_2$	$-(u_T-X_f)$	$-c_1$	p_2	$-u_T+X_f+p_2-c_1$
$X_2<u_T$	$-(u_T-X_f)$	$u_T-X_2-c_1$	p_2	$X_f-X_2+p_2-c_1$

在中间区间($X_1<u_T\leqslant X_2$)是一段向右下方倾斜的直线、在左区间($u_T\leqslant X_1$)以及在右区间($u_T>X_2$)分别是水平直线,且在左区间上的上限水平直线的位置高于在右区间上的下限水平直线的位置。这就是金融界人士经常说的双限期权,或范围远期合约,或柱形期权。

双限期权吸引投资者的地方是:当基础资产价格上升到一定程度(如$X_2<u_T$)时,该项组合工具能为投资者提供保护,使其损失停止在一个稳定的水平上;但当基础价格落在平价($X_f=u_T$)的某一范围内(如$X_1<u_T\leqslant X_2$)时,组合工具的价值与原来的远期合约空头的风险暴露一致;但当基础资产价格下跌到一定程度(如$u_T\leqslant X_1$)时,投资者从组合工具上可获取稳定的利润。

特别地,投资者还可能完全不花任何费用,利用双限期权来套期保值。如图6-3-5所示的双限期权,买入一份看涨期权,支付期权费c_1,同时卖出一份看跌期权,获得期权费p_2,当$p_2=c_1$时,该双限期权的成本为零。

(二) 一份远期合约空头、一份看涨期权多头和一份更加价外看涨期权空头组合,产生回廊式期权

设投资者卖出一份交割价格为X_f时的远期合约,同时买入一份执行价格为X_1且期权费为c_1的看涨期权,再卖出一份执行价格为X_2且期权费为c_2的更加($X_2>X_f$且$X_2>X_1$)价外看涨期权。如图6-3-6(a)、(b)、(c)所示[①]。

---

① 这里假设:$X_1<X_f<X_2$。但也可以让:$X_f<X_1<X_2$。

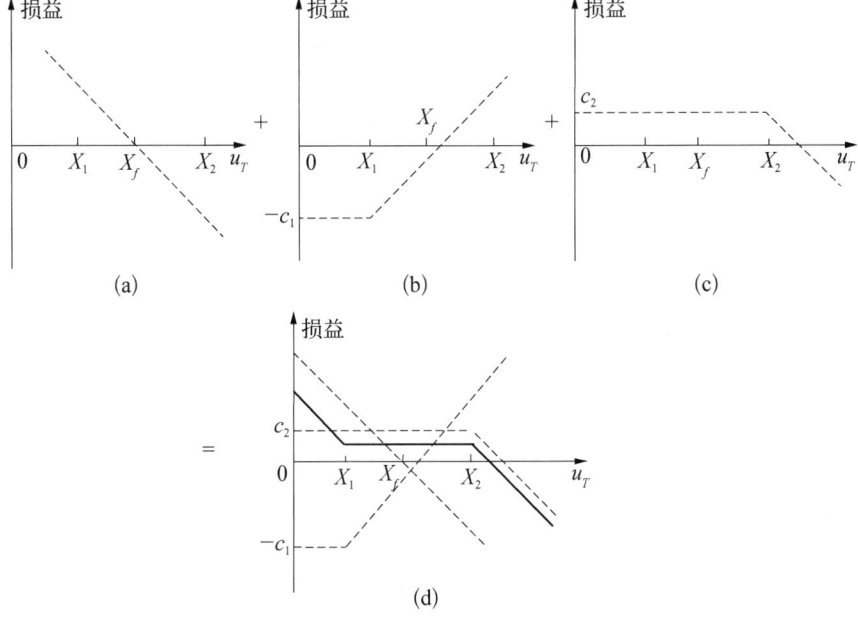

图 6-3-6 回廊式期权的组合形式

这三份基本衍生工具的损益状况及它们组合的总损益,如表 6-3-6 所示。

表 6-3-6 回廊式期权的损益

基础资产价格变化范围	一份远期合约空头的损益	一份看涨期权多头的损益	一份看涨期权空头的损益	总损益
$u_T \leqslant X_1$	$-(u_T - X_f)$	$-c_1$	c_2	$-u_T + X_f + c_2 - c_1$
$X_1 < u_T \leqslant X_f$	$-(u_T - X_f)$	$u_T - X_1 - c_1$	c_2	$X_f - X_1 + c_2 - c_1$
$X_f < u_T \leqslant X_2$	$-(u_T - X_f)$	$u_T - X_1 - c_1$	c_2	$X_f - X_1 + c_2 - c_1$
$X_2 < u_T$	$-(u_T - X_f)$	$u_T - X_1 - c_1$	$-(u_T - X_2) + c_2$	$-u_T + X_f + X_2 - X_1 + c_2 - c_1$

由图 6-3-6 可见,一份交割价格为 X_f 的远期合约空头,加上一份执行价格为 X_1 且期权费为 c_1 的价内看涨期权多头,再加上一份执行价格为 X_2 且期权费为 c_2 的价外看涨期权空头,就构成了如图 6-3-6 中的实折线,在中间区间 ($X_1 < u_T \leqslant X_2$) 是一段水平直线,在左区间

($u_T \leqslant x_1$)是一条平行于远期合约空头直线的向左上方倾斜的斜线,在右区间($X_2 < u_T$)是一条平行于远期合约空头直线的向右下方倾斜的斜线。该组合工具为投资者在两个期权执行价格之间建立了一条确定性的或不变的收益通道,如同一条避风的回廊,而一旦基础资产价格走出这回廊,组合工具的风险暴露与原来远期合约风险暴露相一致。所以,人们称之为回廊式期权。

回廊式期权与双限期权的两张损益图形恰恰相反。双限期权实现的目的是:在中间的某一范围(如在平价附近)内,风险和收益并存,但消除了其他范围中的风险;而回廊式期权则不是,在中间的某一范围内消除风险,而在其他范围内,让风险和收益并存。

回廊式期权与双限期权还存在着一个重要的差别:双限期权存在零成本形式;而回廊式期权往往不可能存在零成本形式。原因在于:卖出看涨期权通常比买入看涨期权的价外程度更高。或者说:$c_1 > c_2$,即$c_2 - c_1 < 0$。这表明构造回廊式期权总需要付出成本。

(三) 一份远期合约空头、一份看涨期权多头和 α 份更加价外看涨期权空头组合,产生比率回廊式期权

设投资者卖出一份执行价格为X_f的远期合约,同时买入一份执行价格为X_1且期权费为c_1的看涨期权,再卖出$\alpha(\alpha > 1)$份执行价格为X_2且期权费为c_2的看涨期权,如图6-3-7(a)、(b)、(c)所示。

这些基本衍生工具的损益状况及其他们组合的总收益,如表6-3-7所示。

表6-3-7 比率回廊式期权的损益

基础资产价格变化范围	一份远期合约空头的损益	一份看涨期权多头的损益	α份看涨期权空头的损益	总损益
$u_T \leqslant X_1$	$-(u_T - X_f)$	$-c_1$	αc_2	$-u_T + X_f + \alpha c_2 - c_1$
$X_1 < u_T \leqslant X_f$	$-(u_T - X_f)$	$u_T - X_1 - c_1$	αc_2	$X_f - X_1 + \alpha c_2 - c_1$
$X_f < u_T \leqslant X_2$	$-(u_T - X_f)$	$u_T - X_1 - c_1$	αc_2	$X_f - X_1 + \alpha c_2 - c_1$
$X_2 < u_T$	$-(u_T - X_f)$	$u_T - X_1 - c_1$	$-\alpha(u_T - X_2) + \alpha c_2$	$-\alpha u_T + X_f + \alpha X_2 - X_1 + \alpha c_2 - c_1$

第六章 远期合约的创生原理 209

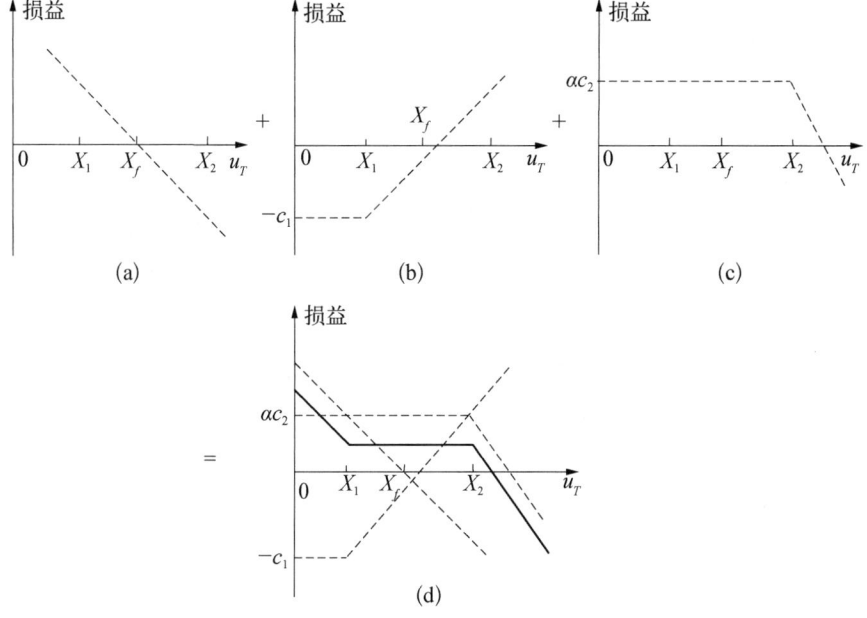

图 6-3-7 比率回廊式期权的组合形式

最终,由这三种基本衍生工具形成了如图 6-3-7(d)所示的比率回廊式期权图。

虽然,比率回廊式期权曲线与回廊式期权曲线非常相似,都是以出售更加价外期权所获取的费用来弥补购进期权所支付的费用,但两者存在如下一些重大差别:

第一,比率回廊式期权比回廊式期权节省了成本,由表 6-3-7 与表 6-3-6 可见,节省的成本量为 $(\alpha-1)c_2$;

第二,当基础资产价格一旦向上冲出避风回廊范围,组合的价值会随着基础资产价格上升加倍地下降,或者说加剧损失,这可从图 6-3-7(d) 中右区间 $(X_2 < u_T)$ 的一根向右下方陡峭的直线看出;

第三,运用比率回廊式期权,可以构造出零成本的组合工具,实际上只要令 $\alpha c_2 - c_1 = 0$,即可确定出所需要的价外看涨期权的份数 $\alpha\left(\alpha = \dfrac{c_1}{c_2}\right)$。

从节省成本的角度来看,零成本回廊式期权可能更吸引投资者;若按风险程度来说,投资保值者更应该谨慎对待因基础资产价格大幅度上升而造成资产价值急剧损失的问题。

三、远期合约与基本期权复制非标准化的远期合约

远期合约与基本期权组合形式之三是:一份远期合约与若干份基本期权组合,可以生成非标准化的远期合约。如分享式远期合约(participating forwards)、比率远期合约(ratio forwards),等等。

(一) 一份远期合约空头、一份价外看涨期权多头与 β[①] 份价内看跌期权空头组合,产生分享式远期合约

设投资者卖出一份交割价格为 X_f 的远期合约,同时,买入一份执行价格为 X_0 且期权费为 c_1 的价外看涨期权,卖出 β 份执行价格为 X_0 且期权费为 p_2 的价内看跌期权,如图 6-3-8(a)、(b)、(c)所示。

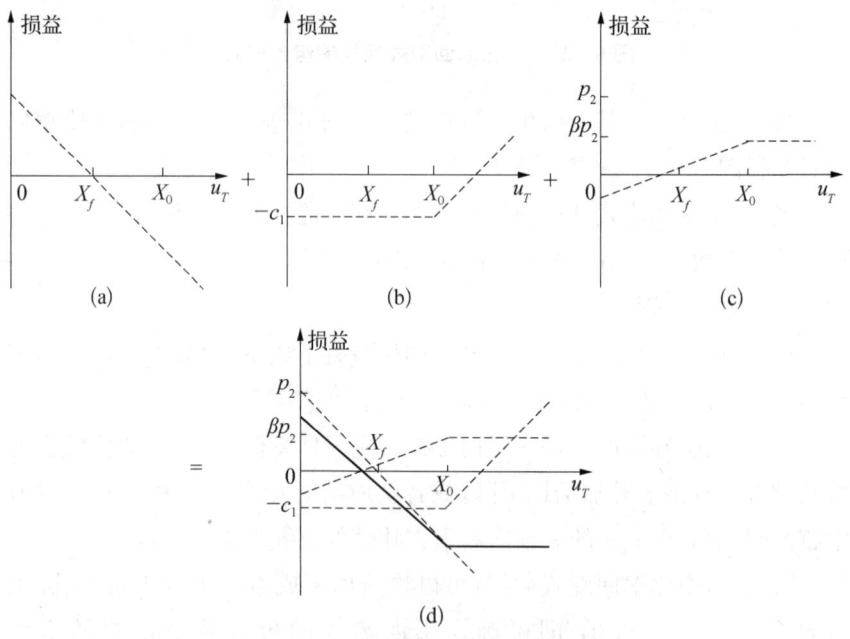

图 6-3-8　分享式远期合约的组合形式

---

① 这里看涨期权为价外期权,看跌期权为价内期权,且这两个期权的执行价格相等,由组合成本为零来确定常数 β。

为使得一份远期合约空头、一份价外看涨期权多头与 β 份价内看跌期权空头的组合成本为零,必须让支付出去的费用(买入看涨期权所付的期权费)等于获取的费用(卖出看跌期权所得到的期权费),即

$$c_1 = \beta p_2$$

上述这些基本衍生工具的损益状况及其他们组合的总损益,如表6-3-8 所示。

表6-3-8 分享式远期合约的损益

基础资产价格变化范围	一份远期合约空头的损益	一份看涨期权多头的损益	β 份看跌期权空头的损益	总损益
$u_T \leqslant X_f$	$-(u_T - X_f)$	$-c_1$	$-\beta(X_0 - u_T) + \beta p_2$	$-(1-\beta)u_T + X_f - \beta X_0$
$X_f < u_T \leqslant X_0$	$-(u_T - X_f)$	$-c_1$	$-\beta(X_0 - u_T) + \beta p_2$	$-(1-\beta)u_T + X_f - \beta X_0$
$X_0 < u_T$	$-(u_T - X_f)$	$u_T - X_0 - c_1$	βp_2	$X_f - X_0$

把这些基本衍生工具组合在一起,就形成了如图6-3-8(d)中的实折线。当基础资产价格一旦超过期权的执行价格($u_T > X_0$)时,组合工具的图形是一条始于原来远期合约直线的水平直线,这相当于双限期权的下限保护线;但当基础资产价格低于期权执行价格($u_T \leqslant X_0$)时,组合工具的图形是一条向左上方倾斜的直线。该直线的斜率为 $-(1-\beta)$,大于原来远期合约直线的斜率(-1)。

在 $u_T \leqslant X_0$ 的情况下,随着基础资产价格下降,组合工具的收益上升。它不像双限期权那样,收益上升至一定程度后将被封顶止住;也不同远期合约那样,基础资产价格下降与收益上升是等幅度的,而是以参数 $(1-\beta)$ 的形式分享着远期合约的收益。这就是该项组合工具的名称——分享远期合约的由来。

综上所述,分享式远期合约能为套期保值者提出如下作用：

第一,在当基础资产价格向着不利的方向变动时,它能为投资者提供止损保护,即损失固定在一个水准上;

第二,在当基础资产价格朝着有利的方向变动时,它能为投资者从中

获利,且可以无限向上获利,享受远期合约的好处;

第三,投资者可以免费地拥有它。

正是由于分享式远期合约具有双限期权、回廊式期权、比率期权所不具有的特点,因此在股权、债券、外汇等金融市场上,该组合形式被广泛地推广与应用。

(二) 一份远期合约空头、一份价内看涨期权多头, k 份价外看跌期权空头,产生比率远期合约[①]

设投资者卖出一份交割价格为 X_f 的远期合约,买入一份执行价格为 X_0 且期权价格为 c_1 的价内看涨期权,卖出 $k(k>1)$ 份执行价格为 X_0 且期权费为 p_2 的价外看跌期权,如图 6-3-9(a)、(b)、(c)所示。

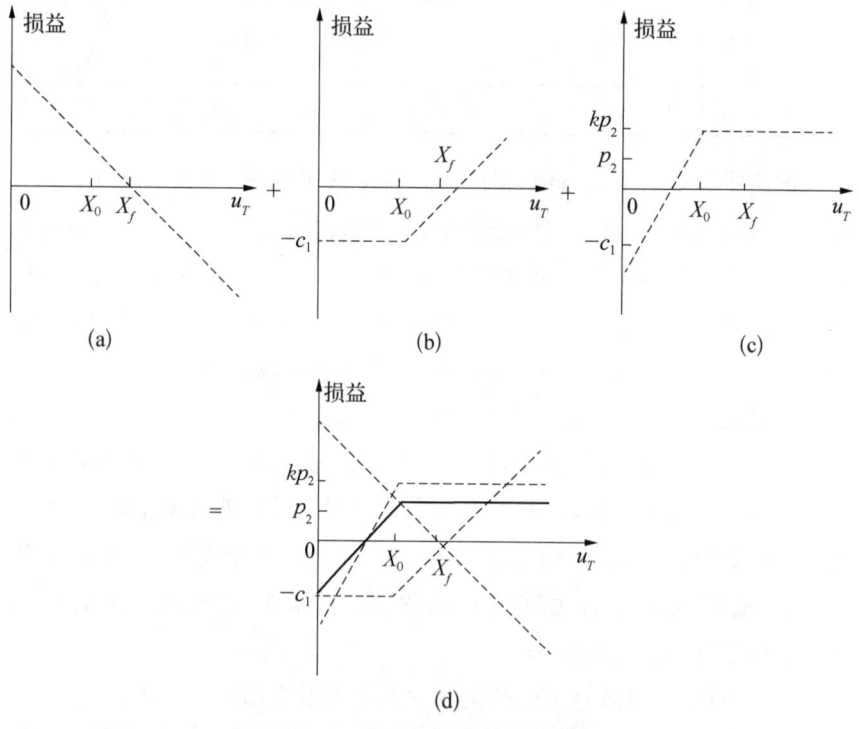

图 6-3-9 比率远期合约的组合形式

---

① 这一金融创新产品要求,看涨与看跌期权执行价格一样,由组合成本为零来确定常数 k。

表 6-3-9 比率远期合约的损益

基础资产价格变化范围	一份远期合约空头的损益	一份看涨期权多头的损益	k 份看跌期权空头的损益	总损益
$u_T \leqslant X_0$	$-(u_T - X_f)$	$-c_1$	$-k(X_0 - u_T) + kp_2$	$-(1-k)u_T + X_f - kX_0 - c_1 + kp_2$
$X_0 < u_T \leqslant X_f$	$-(u_T - X_f)$	$u_T - X_0 - c_1$	kp_2	$X_f - X_0 - c_1 + kp_2$
$X_f < u_T$	$-(u_T - X_f)$	$u_T - X_0 - c_1$	kp_2	$X_f - X_0 - c_1 + kp_2$

欲使该组合的成本为零,必须让 $kp_2 - c_1 = 0$,从而有 $k = \dfrac{c_1}{p_2}$。就是说该组合是由一份交割价格为 X_f 的远期合约空头和执行价格为 X_0 的一份看涨期权多头、$\dfrac{c_1}{p_2}$ 份看跌期权空头构成出来的零成本工具。如图 6-3-9(d)中的实折线所示。

当基础资产价格上升且超出期权的执行价格 X_0 时,该组合工具给投资者带来的收益是有限的,这个有限收益固定在 $(X_f - X_0)$ 数量上。

当基础资产价格下降且低于期权的执行价格 X_0 时,与远期合约空头相比,该组合工具不仅不给投资者带来收益保护,反而会使投资者的损益按基础资产价格 u_T 的 $(k-1)$ 倍下降。

这就是为什么人们要把该组合工具称为比率远期合约的原因。

最后强调一点,上述几种组合形式仅是体现出远期合约与基本期权组合原理的一些凤毛麟角,在金融工程的实际中,遵循远期合约与基本期权组合原理的具体形式真可谓千姿百态。由于本节的内容有限,只能点到为止,感兴趣的读者,可参阅有关金融工程的文献或论著。

第四节 远期合约的分解

远期合约的分解原理是指,一份远期合约分解为另外若干种金融工具的变化规律。这一原理与上述的远期合约组合原理恰恰相反,但这并不总是远期合约组合原理的简单逆过程。说起来,远期合约是一种最简单、最基本的金融衍生工具,但它的分解形式却是多种多样的,有简单的,也有复杂的形式。本节打算讲解其中几种主要的分解形式。

一、远期合约分解为零息票据

远期合约分解的形式之一是：1份远期合约可以分解为2份零息票据。

假设交易者现在(t_0时)拥有一份期限为$\tau(T-t)$的远期合约,到期(T)时的现金流入量为X_τ,现金流出量为$\widetilde{X}_\tau$,如图6-4-1(a)所示。这相当于该项交易者在合约初始时(t_0时)发行一笔现金为X_0到期时归还$\widetilde{X}_\tau$的零息票据,同时购买等额($\widetilde{X}_0=X_0$)的期限相同的另一笔到期归还金额为X_τ的零息票据。如图6-4-1(b)、(c)所示。显然,这笔远期合约可被视为在同一初始时刻、等额、期限相同的两笔方向相反的现金流的零息票据。

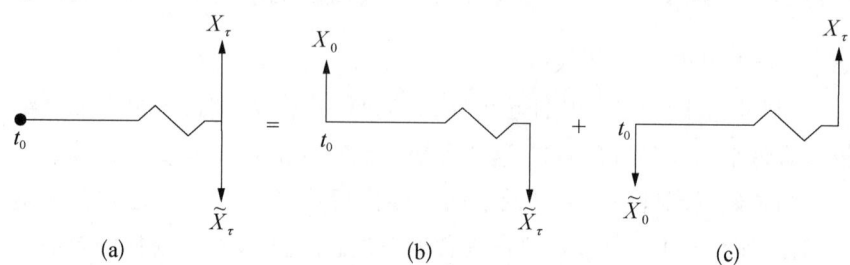

图6-4-1 远期合约分解为两笔相反的零息票据

尽管初始时两笔现金额相等,但到期的两笔金额不一定相等。

现举例说明之。假定某交易者在初始t_0时拥有一份GBP/USD外汇远期合约,即期汇率GBP/USD S_0,i_{GBP}是期限为$\tau(T-t_0)$的零息英镑利率,i_{USD}是期限为τ的零息美元利率,到期时收到a美元,支付b英镑,即图6-4-1(a)中的$X_\tau=a$,$\widetilde{X}_\tau=b$。如果该交易者改变交易的金融工具,假定他在英镑市场上,初始t_0时发行一笔金额为b_0,期限为$\tau(T-t)$零息票据,到期时应支付$b_0(1+i_{GBP})=b$英镑;同时在美元市场上,初始t_0时,按即期汇率GBP/USD S_0,购买一笔相同期限与b_0英镑等价值的$a_0(a_0=b_0S_0)$美元零息票据,到期时收到$a_0(1+i_{USD})=a$美元。这样,后面两种不同币种的零息票据的组合,就等价于前一种的外汇远期合约。应用图6-4-1中的符号,有如下关系式：

$$X_0 = b_0, \quad \widetilde{X}_0 = a_0/S_0 \text{ 且 } X_0 - \widetilde{X}_0 = 0, \tag{6.4.1}$$

$$X_\tau = a = a_0(1 + i_{USD}), \quad \widetilde{X}_\tau = b_0(1 + i_{GBP})。 \tag{6.4.2}$$

倘若利率平价公式成立，则初始 t_0 时远期为

$$F_0 = S_0 \frac{1 + i_{USD}}{1 + i_{GBP}}, \tag{6.4.3}$$

于是有

$$\begin{aligned}
\widetilde{X}_\tau &= b_0(1 + i_{GBP})(英镑) = b_0 F_0 (1 + i_{GBP})(美元) \\
&\xlongequal{\text{式}(6.4.3)} b_0 S_0 \frac{1 + i_{USD}}{1 + i_{GBP}} \times (1 + i_{GBP})(美元) \\
&= b_0 S_0 (1 + i_{USD})(美元) \xlongequal{\text{式}(6.4.1)} a_0(1 + i_{USD})(美元) \\
&\xlongequal{\text{式}(6.4.2)} X_\tau (美元)。
\end{aligned} \tag{6.4.4}$$

上式表明，在利率平价理论成立的情况下，用不同货币表示到期的两笔现金额相等。但是，通常（尤其在短期内），利率平价理论很难成立，式(6.4.3)或式(6.4.4)大多不相等，即 $X_\tau \neq \widetilde{X}_\tau$。这一实例说明了，即使初始时两笔现金流价值相等，但在合约到期日，两笔现金流可能不等价。由于远期合约或两笔零息票借贷蕴藏着这种机会，才使得这些金融工具具有某种魅力，吸引着广大投资者或投机者。

二、远期合约分解为基本期权

远期合约分解的形式之二是：一份远期合约可以分解为两份执行价格相同的基本期权。如一份看跌期权多头与一份看涨期权空头；或者一份看涨期权多头与一份看跌期权空头。[①]

（一）一份远期合约空头可以分解为看跌期权多头和看涨期权空头各一份

图 6-4-2(a) 表示一份交割价格为 X_f 的远期合约空头，图 6-4-2

---

① 关于远期合约与基本期权的各种规定，这里与本章第三节的规定相同。

(b)表示一份执行价格为 X_0 且期权费为 $(X_0-X_f+c_2)$ 的看跌期权多头,图 6-4-2(c)表示一份执行价格为 X_0 且期权费为 c_2 的看涨期权空头。这三份基本金融衍生工具的损益状况,如表 6-4-1 所示。

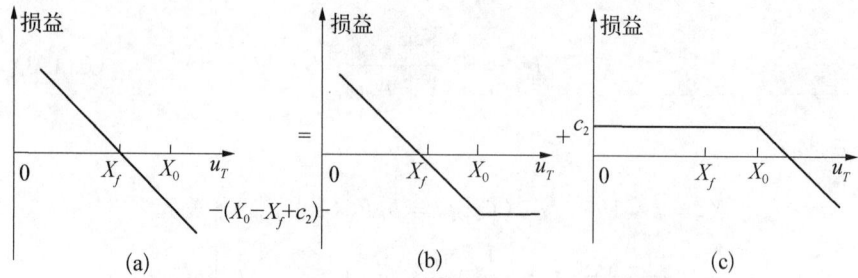

图 6-4-2 远期合约空头分解为看跌期权多头与看涨期权空头

表 6-4-1 远期合约空头、看跌期权多头与看涨期权空头的损益

基础资产价格 变化范围	远期合约 多头的损益	看跌期权 多头的损益	看涨期权 空头的损益
$u_T \leqslant X_0$	$-(u_T-X_f)$	$-(u_T-X_0)-$ $(X_0-X_f+c_2)$	c_2
$X_0 < u_T$	$-(u_T-X_f)$	$-(X_0-X_f+c_2)$	$-(u_T-X_0)+c_2$

从表 6-4-1 看出,一份看跌期权多头的损益与一份看涨期权空头的损益并在一起,恰好是一份远期合约空头的损益。所以,一份交割价格为 X_f 的远期合约空头,可被分解为一份执行价格为 X_0 且期权费为 $(X_0-X_f+c_2)$ 的看跌期权多头和一份执行价格为 X_0 且期权费为 c_2 的看涨期权空头。

(二) 一份远期合约多头可以分解为看涨期权多头和看跌期权空头各一份

同理,由图 6-4-3(a)、(b)、(c)以及表 6-4-2 可见,一份交割价格为 X_f 的远期合约多头,可被分解为一份执行价格为 X_0 且期权费为 c_1 的看涨期权多头和一份执行价格为 X_0 且期权费为 $(X_0-X_f+c_1)$ 的看跌期权空头。

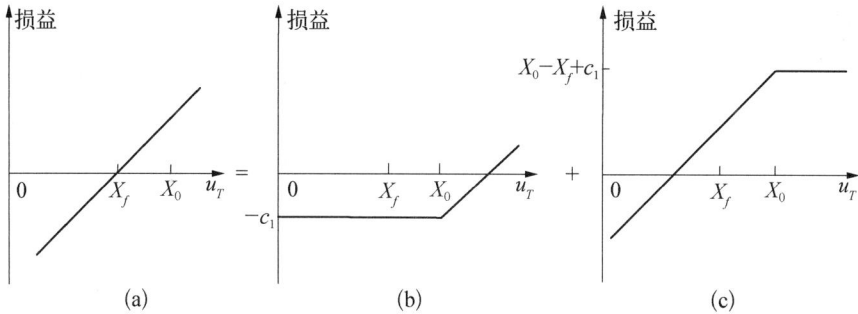

图 6-4-3　远期合约多头分解为看涨期权多头与看跌期权空头

表 6-4-2　远期合约多头、看涨期权多头与看跌期权空头的损益

基础资产价格 变化范围	远期合约 多头的损益	看涨期权 多头的损益	看跌期权 空头的损益
$u_T \leqslant X_0$	$u_T - X_f$	$-c_1$	$-(X_0 - u_T) +$ $(X_0 - X_f + c_1)$
$X_0 < u_T$	$u_T - X_f$	$u_T - X_0 - c_1$	$X_0 - X_f + c_1$

须注意,远期合约分解为基本期权,并不是远期合约与基本期权组合复制成基本期权的逆过程。

三、一些非标准化远期合约分解为远期合约与基本期权

远期合约分解的形式之三是:一些非标准化远期合约可以分解为一份远期合约与若干份基本期权。

(一) 一份分享式远期合约可以分解为一份远期合约与若干份基本期权

如图 6-3-8 和表 6-3-8 所示的一份分享式远期合约可以被分成为:一份交割价格为 X_f 的远期合约空头、一份执行价格为 X_0 且期权费为 c_1 的价外看涨期权多头与 β 份执行价格为 X_0 且期权费为 p_2 的价内看跌期权空头。

(二) 一份比率远期合约可以分解为一份远期合约与若干份基本期权

如图6-3-9和表6-3-9所示一份比率远期合约可以被分成：一份交割价格为 X_f 的远期合约空头、一份执行价格为 X_0 且期权费为 c_1 的价内看涨期权多头与 k 份执行价格为 X_0 且期权费为 p_2 的价外看跌期权空头。

实际上，这里所述的非标准化远期合约分解形式乃是前面的远期合约与基本期权组合形式的逆过程。

根据本章前三节，可以知道，远期合约的组合功能是要达到一种金融目标的。那么试问远期合约的分解将有什么用处呢？弄清楚这一问题是非常有意义的。

要实现某种金融目标，有时可以直接应用基本的金融工具来实现之。但在大多数情况下，并非如此，需要通过组合若干种基本的金融工具，形成一种较为复杂的金融工具，才能解决具有更高要求的金融问题。我们知道，在科学技术发达的今天，特别是从1973年费希尔·布莱克和迈伦·斯科尔斯对期权定价理论所取得的突破性研究工作以来，各种基本的金融工具的定价问题基本上都得到了解决。但对于复杂的金融问题，人们仍然感到棘手。如果我们掌握了复杂远期合约或其他复杂金融工具的分解原理，把复杂的工具分解为若干个基本金融工具，运用现有的定价理论，采用金融工程的算法，那么复杂的金融定价问题便会迎刃而解。可见金融工程中的分解原理也非常重要。因此，本节中所讨论的各种远期合约的分解形式并非一场无聊的搭积木游戏，而是有重要作用的。

第五节 远期合约的设计与开发

除了通过远期合约的组合原理与分解原理来获得金融工具之外，我们还可以对远期合约进行设计与开发，创生金融工具。

远期合约的设计与开发原理是指，远期合约被附加一定的条件（如一些限制或约束条件），或被作为一种附于某些权利和义务的载体资产（基础资产或标的资产),创生新的金融工具的变化规律。新的金融工具包括非标准的远期合约,以远期合约为新的标的衍生工具,等等。

一、标准的远期合约被设计成为非标准的远期合约

远期合约的设计与开发形式之一是,一份标准的远期合约可以设计成为一份非标准的远期合约。如中止远期合约、触发生效的远期合约,等等。

(一) 一份标准的远期合约被设计成为一份中止远期合约(break forwards)

设投资者原打算购买一份交割价格为 X_f 远期合约,如图 6-5-1 中虚线所示。该投资者很乐意接受基础资产价格上升时带来的收益,但他对将来的基础资产价格变化捉摸不透,而不愿意承受当基础资产价格 u_T 远远低于交割价格 X_f 之下的损失。于是他想到,能与市场参与者签订当基础资产价格 u_T 跌到交割价格 X_f 之下就中止这份远期合约,那就好了! 然而在现实的金融市场上,没有免费的午餐,你要别人承担损失的可能性,你就得付费。明白了这一道理,市场上才会出现交易双方(而不是单方),一份中止远期合约才会顺利诞生。

针对这一问题,一份中止远期合约是:在合约期限,合同价格为 $X_0(X_0 > X_f)$,允许多头方在基础资产价格低于 X_f 时中止合约。如图 6-5-1 中实线所示。

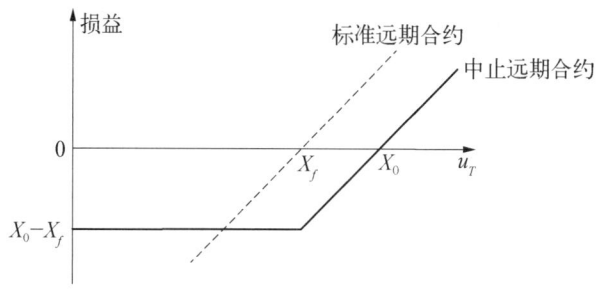

图 6-5-1　中止远期合约

如果基础资产价格上升,那么到期时投资者获得收益为 u_T-X_0,比用原来标准的远期合约所获取的收益 u_T-X_f 要少 (X_0-X_f)。(X_0-X_f) 的差额是投资者购买这份中止远期合约的期权费。

如果基础资产价格下跌,投资者就会在基础资产价格为 X_f 水平处中断合约,至少损失为 X_0-X_f。与基础资产价格相比,通常 (X_0-X_f) 是一个较小的量。

再仔细观察图 6-5-1,可以想象,中止远期合约的损益图与基本的看涨期权损益图很相似。中止远期合约的合同价格与基本看涨期权的执行价格之差 X_0-X_f,相当于看涨期权的期权费。

实际上,一份中止远期合约是在一份标准的远期合约的基础上附加了如下条件而形成的:

第一,重设一个不同于标准远期合约交割价格的价格,作为合同价格;

第二,允许在一个认可的价格水平上中止。

(二) 一份标准的远期合约设计成为一份触发生效的远期合约

触发生效远期合约(trigger forward)能让交易者以比远期价格具有吸引力的价格买卖一种资产的远期合约。现以多头方为例来说明触发生效的远期合约形成的过程。

假设多头方原打算买入一份交割价格为 X_f、T 时到期的远期合约,当时(t 时)基础资产价格为 X,远期价格为 X_f,且 $X_f > X$。如图 6-5-2(a)中虚线所示。

投资者为了防止到期时基础资产价格跌破远期价格(交割价格)X_f 所造成的损失,预先设定远期价格 X_f 为触发水平,如市场参与者达成如下协议:(1) 如果到期时,基础资产价格下降在初始价格 X 以下,那么该投资者有义务以初始价格 X 买进基础资产;(2) 如果到期日基础资产价格相对于远期价格下降,但没有跌破 X,则该投资者仍以初始价格 X 购进基础资产;(3) 如果基础资产价格上升并达到远期价格 X_f 时,那么原先的那份交割价格为 X_f 的标准远期合约开始生效。这就是一份具体的触发生效的远期合约。如图 6-5-2(b)中实线所示。触发生效远期合约

中的价格 X，相对于远期价格 X_f 来说，是一种便宜的价格，吸引着多头方。但别忘了，"天底下没有免费的午餐"。多头方想持有这份触发生效的远期合约，就得支付一笔费用。不过，别担心，这笔费用通常大大低于合约中两个价格之差(X_f-X)。也就是说，触发生效的远期合约会让投资者支付小小成本，避免大大风险。

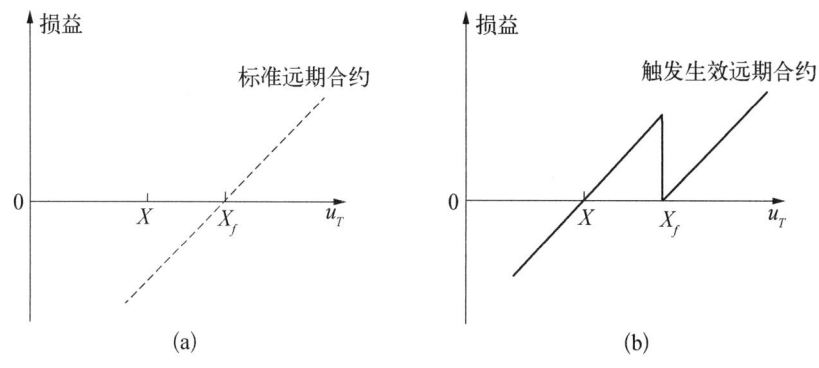

图 6-5-2　标准远期合约和触发生效远期合约

综上所述，一份触发生效的远期合约是在一份标准远期合约的基础上附加了如下条件而生成的：

第一，以标准远期合约为背景，预先设定一个价格为触发水平；

第二，以触发价格和即期资产价格为依据，确定一个有利于投资者的交割价格；

第三，如果到期时，资产价格达到预先设定的触发水平，那么就触发生效；否则，让投资者享用比隐含的远期价格更有利的资产价格。

也可以认为，一份触发生效的远期合约多头，是由一份远期合约多头和一份数字期权[①]多头的组合。如图 6-5-3(a)、(b)、(c)所示。

二、远期(期货)合约开发成为期权

远期合约设计与开发形式之二是：一份标准的远期合约(期货)可以附于一项权利或义务，也可以附于一揽子权利或义务，衍生成为期权。

期权合约是一方通过支付期权费获得在将来某个时间与另一方进行

---

① 这是一种特异期权，将在第八章具体说明。

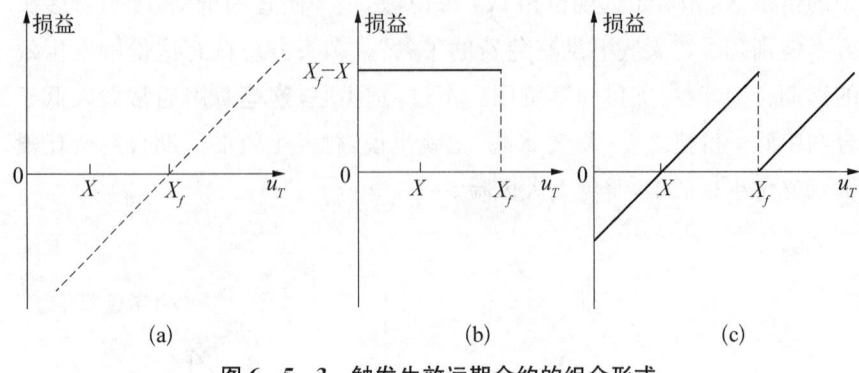

图 6-5-3 触发生效远期合约的组合形式

某项资产交易的权利。这里的某项资产交易的权利是指特定的价格买入或卖出某项资产的权利。权利方称为期权的多头,义务方称为期权的空头。

由于期权多头的价值总是正的,到期价值取决于那时候合约指定的那项交易的有利程度,考虑到机会成本,期权多头应支付给空头期权费。

期权有看涨与看跌之分。看涨期权多头是指在将来以特定价格买入某项资产的期权的一方。看跌期权多头是指在将来以特定价格卖出某项资产的期权的一方。简言之,期权多头即为期权的购买者。自然,期权的空头就是从多头那里获得期权费的期权出售者。

若按执行的时间来分类,则期权可分为欧式与美式两种。这些概念在本书的上篇中已以特定的资产形式讲述过。在本书上篇各章中,各种基础资产已附加上述权利或义务,衍生出各种期权,如股票期权、债务期权、外汇期权,等等。实际上,这些期权的形成已体现了金融工程的原理。

为了避免重复上篇内容,这里着重来说明以远期(期货)合约为基础资产生成期权的原理。

(一) 远期(期货)合约附于单个权利或义务

远期(期货)合约附于上述单个期权的权利或义务,仍属于期权,通常被称为远期(期货)期权。这种期权是以远期(期货)合约为基础资产的期权,通过支付期权费,多头未来在执行期权时可以得到远期(期货)期权合约规定的远期(期货)。相对应,获得期权费的另一方为远期(期货)期权的空头。

需注意,由于远期(期货)期权合约规定的远期(期货)的交割价格一般与期权执行时的远期(期货)结算价格不同。如果合约是期货合约,则在期权执行时,多头获得期货时的盯市涉及了现金的支付。具体来说,远期(期货)看涨或看跌期权的多头在执行远期(期货)时获得了远期(期货)的多头或空头部位,同时得到等于当时远期(期货)价格超出交割价格或交割价格超出当时期货价格的现金,如图6-5-4(a)、(b)所示。

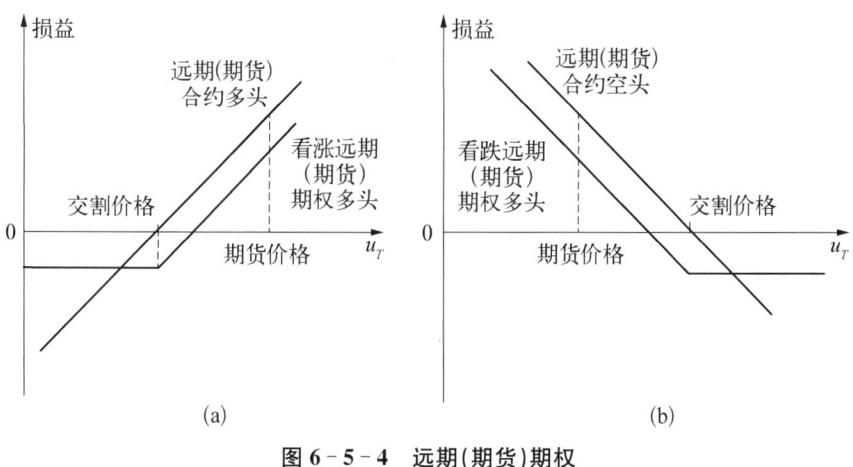

图6-5-4 远期(期货)期权

在各个金融市场上,远期(期货)合约会以各种形态衍生为具体的远期(期货)期权。

如在股权市场上,股票指数期货附于单个期权的权利或义务,衍生为股票指数期货期权。这种期权是以股票指数期货为基础资产的期权。多头方支付给空头方期权费。到期用多头和空头的股票指数期货头寸交割。看涨期权在将来用期货多头头寸交割,现金获取量等于到期的期货价格与期权执行价格之差;而看跌期权以期货空头头寸交割,现金获取量等于执行价格减去到期时发生的期货价格。如图6-5-4(a)、(b)所示。

在债券市场上,当中长期国债期货附于单个期权的权利或义务时,将产生出中长期国债期货期权,它的基础资产是中长期国债期货。

在货币市场上,分别以欧洲美元期货与远期利率协议(FRA)为基础资产,并附于单个期权的权利或义务,将衍生出欧洲美元期货期权和利率保证。

再如在外汇市场上,以外汇期货为基础资产,并附于单个期权的权利或义务,将衍生出外汇期货期权。

上述各种远期(期货)期权工具的运行原理,均如图 6-5-4(a)、(b)所示。具体内容,请见本书上篇中有关章节。

(二) 远期(期货)合约附于一系列权利或义务

除远期(期货)合约附于单个期权的权利或义务而衍生出来的金融工具之外,金融市场上还出现了远期(期货)合约附于一系列(一揽子)期权的权利或义务的形式。

通常,这种形式是在某一期限内,远期(期货)合约被嵌入若干个到期日不同的期权头寸,但期权的到期日与远期(期货)交割日(重定日)相匹配。譬如,5 年内,远期(期货)合约重定日可以 3 个月进行一次,在这份合约期限内,可以嵌入 19 个期权头寸,这些期权分别是:

第 1 个,3 个月到期的 3 个月远期(期货)合约的期权;

第 2 个,6 个月到期的 3 个月远期(期货)合约的期权;

……;

第 19 个,57 个月到期的 3 个月远期(期货)合约的期权。

这种形式下的典型产品有利率上限、利率下限、利率双限等。

下面仅以利率上限来说明远期(期货)合约被附于一系列期权而创生的原理。

回顾第三章第二节内容,一份远期利率协议的交割额为:

$$D_a = \frac{A(i_m - i_a)\tau}{1 + i_m \tau},$$

式中,D_a、A、i_m、i_a、τ 分别表示交割额、协议金额、市场利率、协议利率及协议期限。买入一份远期利率协议,也就是如图 6-5-5 中虚线所示的一份远期合约。

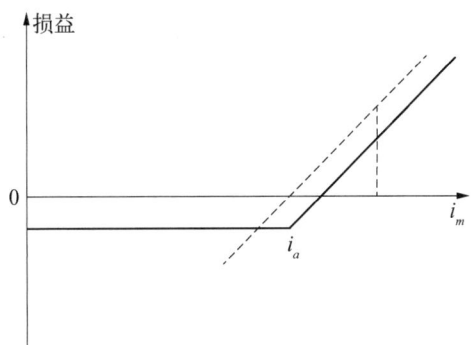

图 6-5-5　远期利率协议的看涨期权

一份远期利率协议的看涨期权的损益状况,如图 6-5-5 中实线所示。当一份远期利率协议的看涨期权多头执行时,买入一份远期利率协议,当时远期利率 i_m(当时市场利率)高于协定利率 i_a,于是借款利率被限定在约定的利率 i_a 水平。如果利率下跌,借款人可以放弃执行权利,直接从当时市场上以较低利率借款。

由第二章第三节利率上限的概念知,买入一份利率上限,相当于买入一系列以远期利率协议为基础资产的看涨期权,且每一个期权到期日与利率的重定日相匹配。

假设投资者买入一份 n 年 3 个月一次且协定利率 i_a 为上限的利率上限。这相当于投资者买入如下 $4n-1$ 个协定利率为 i_a(i_a 大于一开始即期利率)的远期利率协议的看涨期权:

第 1 个,3×6 的远期利率协议的看涨期权;

第 2 个,6×9 的远期利率协议的看涨期权;

……;

第 $4n-1$ 个,$(12n-3)\times12n$ 的远期利率协议的看涨期权。

这里,在一开始的 3 个月内,没有考虑买入看涨期权。原因是这样的,一开始 3 个月利率已知,上限交易日与第一个确定利率日是同一天的,因此,在一开始 3 个月内,期权到期日的时间为零,期权的时间价值为零;另外,该利率上限协定利率 i_a 大于一开始的即期利率,因此,一开始 3 个月内期权是价外的,内在价值也为零。所以在一开始 3 个月内不考虑期权。

综合这 $4n-1$ 个协定利率为 i_a 的远期利率协议看涨期权,就可以实现一个协定利率为 i_a 的 n 年 3 个月一次的上限策略。如图 6-5-6 所示。

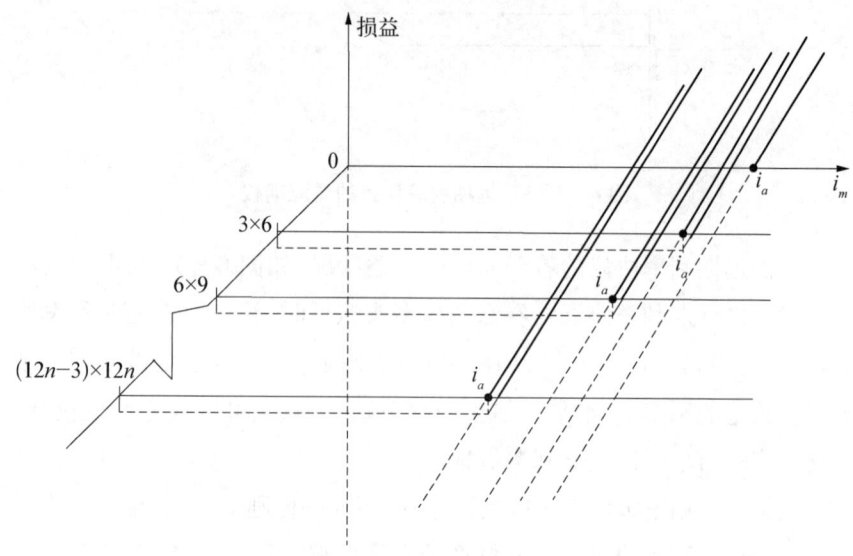

图 6-5-6　$(4n-1)$ 个远期利率协议的看涨期权

由远期(期货)合约附于一揽子期权的创生原理可见,一种复杂的金融工具可以视为由若干个基本期权构成的产物。这种思路对嵌入一揽子期权的金融工具的定价是非常有益的。

像上述的一份 n 年 3 个月一次且协定利率 i_a 利率上限的定价问题,就可以归结为 $4n-1$ 个基础资产为远期利率协议的欧式看涨期权的简单定价问题。

上例表明,认识、掌握远期(期货)合约附于一系列权利或义务的创生原理是非常重要的。

第七章
互换合约的创生原理

比起远期合约,互换合约的款式似乎更加多一些。在当今衍生市场上众多的互换合约形成了一个庞大的阵容。据统计,互换合约的规模已占场外衍生品全球日平均净成交额的半壁江山,这生动地说明了互换市场上金融创新浪潮汹涌澎湃。

真正说起来,互换市场是从20世纪80年代才发展起来的。为什么在短短的时间内互换合约能在当今金融市场上就掀起了盖头来呢?为了能从根本上弄明白这一点,我们必须搞清楚互换合约及与其他衍生工具结合的创生原理。

与远期合约类似,互换合约及与其他衍生工具结合的创生原理也包括单纯互换合约组合,互换合约分别与远期合约、期权组合,互换合约的设计与开发等各种形式。为了清晰地认识互换合约及与其他衍生工具创生其他金融工具的规律,本章将选取与上一章节不同的顺序来展开其内容。

第一节 互换合约的设计与开发

互换合约的设计与开发原理是指,互换合约被附加一条或若干条款(一定的条件),或附于某些权利或义务等条款而衍生为新的金融工具的变化规律。

一、互换合约的本金设定

互换合约的设计与开发形式之一是:互换合约可以设计成为可变的

名义本金金额(variable nominal principal)的互换合约。顾名思义，这种非标准的互换合约在合约执行期间内本金金额不再是一成不变的，而是变化的。

我们知道，标准的利率互换需要设定名义本金，标准的货币互换需要设定两个本金值，通常做法是给出固定不变的金额。

现实中，一个公司的融资可能是按照时间增加的。例如正在以负债融资方式不断扩展业务的新生公司，如果它不愿意在浮动利率市场上直接借款，而是借入固定利率贷款，并且利用互换转化成浮动利率借款，它就需要本金递增互换(accreting swap)，以一定的本金递增公式模拟未来的负债增长。同样，一个公司可能面临逐渐减少的负债，例如本金分期摊还的贷款，这时，利用本金递减互换(amortizing swap)就有了价值。

更一般地，如果公司能够比较精确地估计未来利息流变动的本金等价变动，按照这种方式变动本金的互换合约就可以设计出来，即起伏本金互换(roller-coaster swap)。

问题是，度身定制的程度越深，交易对手就更加难以找到。虽然互换中介可以匹配众多的互换使得某个特定互换寻找对手的需要不再那么强烈，高度定制的合约总是伴以较高的对价。就像两个地球人交流时减少障碍的方法可以是使用英语、音乐、情感共鸣等一样，衍生品交易中使用共同语言也可以降低成本。这里的共同语言是指，本金变动的公式是基于市场上已经存在并且可以操作的金融变量。指数本金互换(indexed principal swap)就是一种，本金是按照利率变动而进行变动的，比如利率越低，本金的减少越多。

需注意，对互换合约本金进行设定，可直接形成变本金的互换合约，但有时变本金的互换合约也可以运用其他金融创新原理来进行创生。一般来说，不同的创生形式有时可以产生出同一种金融工具。如运用互换合约与基本期权组合原理，可生成指数化本金互换——又称指数分摊互换。用组合原理或其他工程原理代替直接的设计原理，有时似乎复杂，但对一些非标准的互换合约进行定价时，则可能是有益的。具体说法，可见下文。

二、互换合约的时间设定

互换合约的设计与开发形式之二是：互换合约可以设计成为现金流在新的某个约定的时间发生或终止的互换合约。具有新的时间效力的互换合约包括可延长互换合约、可售回(缩短)互换合约、可推迟互换合约、中止或可撤销(cancelable)或可取消互换合约等。

可延长互换合约(extendable)赋予合约的一方在互换合约到期时可以决定延长特定期限的权利。例如，某公司持有一份期限为 3 年的互换合约进行融资，由于市场变化，该公司发现持有这份互换合约在更长时间内优势凸显，因此该公司决定把这份合约的期限延长 1 年。

可缩短互换合约赋予合约的一方在互换开始后可以决定是否结束互换合约的权利。例如，某借款者持有一份期限为 7 年的互换合约。但由于市场变化使得他更长时间持有这份互换合约将是不利的，于是他决定把这份互换合约期限缩短 3 年。所以可缩短互换合约又被称为可售回互换合约。

可推迟与中止(可取消)互换合约的定义，已在第六章第一节中阐述过。这些互换合约均属于时间效力型。

由第六章第一节内容知，除了重新设定时间直接形成互换合约外，还可以运用远期合约组合原理来复制这些具有时间效力的互换合约。不仅如此，在本章的后面内容中，还可以看到运用互换合约及与期权的组合原理来认识具有时间效力的互换合约的变化过程。广开思路，这将有利于解决非标准互换合约的定价问题。

三、互换合约的利率设定

互换合约的设计与开发形式之三是：可以操作市场利率这一金融变量来设计与开发互换合约。

(一) 迟设互换

浮动利率和固定利率是利率设定的基本类型。在浮动利率设定中，某一期的浮动利率水平是在期初决定的，例如，3 年期每 6 个月交换 6 个月 LIBOR 的 GBP/EUR 货币互换第 1 年末的利率是第 6 个月末的 6 个月 LIBOR、第 2.5 年末的利率是第 2 年末的 6 个月 LIBOR。迟设利率互换(delayed-reset swap)的利率是在期末决定的。例如,4 年期每 6 个月交换 6 个月 LIBOR 的 GBP/USD 货币互换第 1.5 年末的利率是第 1.5 年末的 6 个月 LIBOR。利率的迟设安排可能是因为互换交易中浮动利率支付方对利率下降的预期。

(二) 累积互换

固定利率的设计一般是每天累积的,对于 6 个月一次的利息支付,利息累积了 6 个月。累积互换(accrual swap)对固定利率利息的累积设置了与浮动利率有关的条件。例如,某个 2 年期每 6 个月支付的累积互换规定,7%固定利率的累积在 6 个月 LIBOR 低于 6%的日子中发生,于是当某个 6 个月时期中 6 个月 LIBOR 有 10%的日子高于 6%时,固定利率支付方实际上支付了 6.3%的固定利率。固定利率的设定通常是按照市场上的利率水平,偏市价互换(off-market swap)把固定利率定得高于市场利率,浮动利率支付方在期初给予固定利率支付方一定的补偿。这种补偿对于一种急需期初资金的固定利率支付方来说是很有用的,实际上等价于固定利率支付方以某个固定利率借入期初的那笔补偿款。

(三) 双币基差互换

货币互换在引入两种货币的同时,导致了两种货币的现金流,双币结构使现金流重新回归到一种货币上。双币基差互换(differential swap)或者货币保护互换(currency protected swap)使一种货币的浮动利率与另一种货币的浮动利率相交换,但是浮动利息的支付是对同一货币的本金值计算得出的。例如,对于 3 年期每 6 个月支付 6 个月 LIBOR 名义本金为 USD600 万的 USD/GBP 双币基差互换,如果 6 个月末的 6 个月 LIBOR 为 USD5%、GBP4%,那么一方支付 USD15 万,另一方支付 USD12 万(不是支付英镑),即净支付 USD3 万。之所以双币基差互换提供了货币保护,让我们来看一下某个假想的英国公司的处境。虽然目前的美元利率高于英镑利率,公司管理层认为未来美元利率必定下降,英镑利率必定上升,因此,美元的浮动利率借款是诱人的,如图7-1-1所示。但是美元到英镑的转换存在货币风险。公司当然可以偿还目前的英镑债务,代之以美元债务并且在美元远期市场上保值,但是仔细想想,双币基差互换不就能一举三得吗?

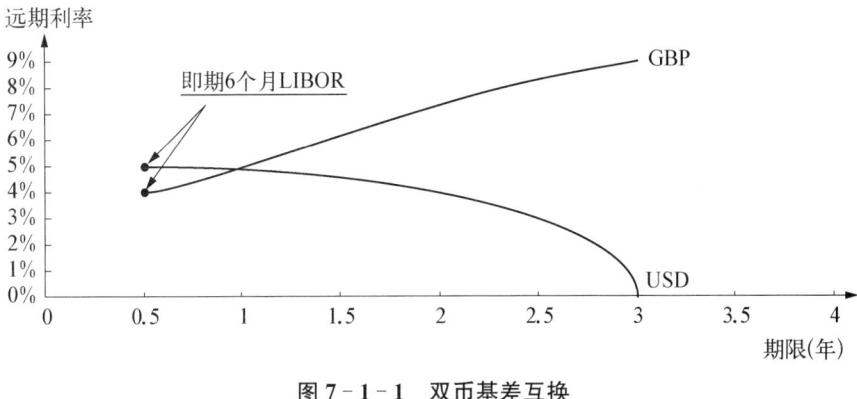

图7-1-1 双币基差互换

除上述几种典型的利率设定式的互换合约外,实际中还有许多同类型的互换合约,如:浮动利率重调频率不一致(reset frequency mismatch:使用浮动利率期限与浮动重新调整的频率不一致)、浮动利率差价(floating margins:浮动利率加上或减去一个价差)、不规则利息支付(irregular coupons:合约开始或结束时,浮动或固定利率支付期长或短,如零息互换不做固定利息部分的交换)等互换合约。由于篇幅有限,不可能穷尽,只能体会到利率设定原理的真谛所在。

四、互换合约附于期货(远期)合约规定

互换合约的设计与开发形式之四是:互换合约附于期货合约的标准化规定,并按照期货市场交易制度,而衍生为互换期货合约;或者附于远期合约规定而衍生为互换远期合约。

与其他类型期货合约(股权期货、利率期货、国债期货、外汇期货等合约)相类似,互换期货也是一种按照交易所的规格设定和交易安排进行买卖和维护的远期合约。所不同的是,互换期货的基础资产为前面所述的互换产品。

如同其他类型期货合约，期货交易所也对本交易所互换合约的每一个重要的合约条款加以标准化。一般而言，这种标准化涉及基础互换交易、名义本金利率、报价方式、交割时间、交割地点等。现以芝加哥期货交易所(CBOT)互换期货合约规格为例，初步了解一下互换期货合约的标准化。

在 CBOT，一个 3 年期互换期货合约的标准化条款如下：

(1) 基础资产：3 年期远期平价票息互换交易；

(2) 名义本金：在美国的一些主要银行，名义本金为 2 500 万美元；

(3) 基础资产的价格：基础互换交易时固定利率为 3 年期的买卖平价，浮动利率为 6 个月 LIBOR；

(4) 支付频率：半年同时付息一次；

(5) 期货报价：100 减去互换交易价格；

(6) 收益率变动价值：25 美元/0.5 基点；

(7) 合约月份：3 月、6 月、9 月、12 月；

(8) 交易日与结算日：合约月份的第 3 个星期一为交易日，第 3 个星期三为结算日；

(9) 交割地点：在交易所按结算价格以现金结算。

例如，一笔 3 年期美元利率互换，名义本金为 2 500 万美元，固定利率为 8.10%（年利率，6 个月付息一次），浮动利率为 6 个月期 LIBOR。如果基础互换交易的买卖平价为 8.05%，则互换期货的报价为 91.95(100－8.05)。

就实践的结果来看，互换期货似乎没有像它的基础资产——利率互换那样被市场参与者们所追捧。事实上，芝加哥期货交易所(CBOT)于 1991 年 6 月开设 3 年期和 5 年期美元利率互换期货合约，而在 1992 年，3 年期互换期货合约无人过问，5 年期互换期货合约交易数量甚少。1993 年第一季度，两种互换期货合约均未成交。可能正是由于这些原因，一些有关金融衍生品市场的书籍，就闭口不谈这一金融衍生工具。

由单纯的远期合约组合原理知，互换期货合约相当于一系列远期合约的组合。那么试问，是否存在单个互换远期合约呢？回答是肯定的。例如，如前述的可推迟互换合约，实际上是在原来合约基础上创造了一个互换远期合约。

五、互换合约附于权利或义务

互换合约设计与开发形式之五是：一份互换合约附于某项权利或义务，衍生成为互换期权，这里的某项权利或义务是指基本期权中的权利或义务。具体地讲，互换期权是以互换合约为基础资产的期权，通过支付期权费，多头未来在执行期权时可以得到互换期权合约规定的互换合约。

如前所述，股票和外汇期权的基础资产为有形资产，而互换期权的基础资产为利率互换。互换期权的到期日为利率互换的日期，执行价格为利率互换的固定利率。

如果市场参与者需要把固定利率资产(或负债)转换为浮动利率的资产(或负债)，或者相反，那么可以利用利率互换。如果市场参与者的利率互换是在将来，而且这种互换可能发生也可能不发生，互换期权就是一种很好的选择。

如同其他期权一样，互换期权也有欧式与美式之分。欧式互换期权只能在到期日执行，而美式互换期权可以在到期日之前的时刻执行。互换期权也有4种衍生部位：看涨互换期权多头；看涨互换期权空头；看跌互换期权多头；看跌互换期权空头。

但与其他期权不一样，在互换市场上，业内人士喜欢使用"付方互换期权(payers swaption)"和"收方互换期权(receivers swaption)"这两个概念。

所谓"付方互换"期权是赋予互换期权持有者在互换协议中支付事先协定好的固定利率、收取浮动利率(如LIBOR)的权利(但没有义务)。而"收方互换期权"则赋予互换期权持有者在互换协议中收取事先协定好的固定利率、支付浮动利率的权利。

付方互换期权类似于利率看涨期权，即以互换利率为基础资产(标的)的看涨期权，或以债券为基础资产(标的)的看跌期权。当利率上升时，付方互换期权持有者将获利。而收方互换期权类似于以互换利率为基础资产的看跌期权，或以债券为基础资产的看涨期权。当利率下降时，收方互换期权持有者将获利。付方互换期权或收方互换期权都属于欧式期权,因此可以应用布莱克-斯科尔斯定价模型来为互换期权定价。

首先引进如下记号:

t_1: 即期至推迟生效互换开始的期限,

T: 即期至推迟生效互换合约到期日的期限,

i_C: 互换期权的固定利率,

i_{Ft}: 推迟生效互换合约的浮动利率,

v_t: t 时的贴现率,

m: 每年付息的次数,

C: 互换期权的名义本金。

接下来,获得具体的互换期权:$(T-t_1+1)$ 期互换的 (t_1-1) 期付方互换期权,或者收方互换期权。换言之,期限为 (t_1-1) 且基础资产为 $(T-t_1+1)$ 期利率互换的期权。

对付方而言,执行互换期权时,进入一份支付固定利率(i_C)、收取浮动 i_{Ft}、$(T-t_1+1)$ 期的利率互换。例如,3 年互换(6 个月为一期)的 1 年互换期权,$T=8$,$t_1=3$,$t_1-1=2$,$T-t_1+1=6$。当持有付方互换期权的投资者执行时,支付现金流的现值为

$$PV_C = \frac{Ci_C}{m}\sum_{t=t_1}^{T} v_t \text{。} \qquad (7.1.1)$$

收取现金流的现值为

$$PV_f = \frac{C}{m}\sum_{t=t_1}^{T} i_{Ft}v_t \text{。} \qquad (7.1.2)$$

相当于布莱克-斯科尔斯期权定价公式中 $Xe^{-r(t_1-1)}$ 与 S,即

$$PV_f = S, \ PV_C = Xe^{-r(t_1-1)} \text{。} \qquad (7.1.3)$$

于是,由布莱克-斯科尔斯的期权定价公式得

$$\text{付方互换期权价值} = \frac{C}{m}\Big[\sum_{t=t_1}^{T} i_{Ft}v_t N(d_1) - \sum_{t=t_1}^{T} i_C v_t N(d_2)\Big],$$

$$(7.1.4)$$

式中,

$$d_1 = \left[\ln\frac{PV_f}{PV_C} + \frac{1}{2}\sigma^2(t_1-1)\right]\bigg/(\sigma\sqrt{t_1-1})\ \text{或}$$

$$d_1 = \left[\ln\frac{\sum_{t=t_1}^{T} i_{Ft}v_t}{\sum_{t=t_1}^{T} i_C v_t} + \frac{1}{2}\sigma^2(t_1-1)\right]\bigg/(\sigma\sqrt{t_1-1}),$$

$$d_2 = d_1 - \sigma\sqrt{t_1-1}\,。 \tag{7.1.5}$$

类似地,可得到

$$\text{收方互换期权价值} = \frac{C}{m}\left[\sum_{t=t_1}^{T} i_C v_t N(-d_2) - \sum_{t=t_1}^{T} i_{Ft}v_t N(-d_1)\right]。$$

$$\tag{7.1.6}$$

互换期权可用于投资,使投资人或借款人锁定利率;它也可以使票据发行者或者投资者实现套期保值的目的;当然它也可用于纯粹投机。

互换期权是一种新的防范利率风险的金融工具,人们经常将它与利率上限的策略相比较。尽管两种方式都可以达到规避风险的目的,但是两者差别在于每一种策略提供的保险时期不同。相比较而言,互换期权是短期期权,用来对冲长期利率的短期波动,可以使得借款者将利率锁定在一个固定水平上;而利率上限是长期期权,用来对冲短期利率的长期波动,给予其持有者权利。那么人们在这两者中如何取舍呢? 这要通过比较两种策略的融资成本后,方可定论。

互换期权在当今的金融市场上已被接受并广泛应用。原因在于,互换期权可以与基础互换产品或一些债务工具相结合,产生出许多创新性的策略组合。如可赎回利率互换(callable interest rate swap)、可退让利率互换(puttable interest rate swap)、可反转利率互换(reversible interest rate swap)以及可延长利率互换(extendable interest rate swap),等等。有关这些避险工具,有的已在互换合约的时间设定形式中说明过。但在互换合约与期权组合原理中,我们将具体说明形成这些工具的另一种演变过程。

第二节 互换合约及与远期合约组合

类似于远期合约组合原理,这里也存在着单纯的互换合约组合原理以及互换合约与远期合约组合原理。

一、单纯互换合约组合

单纯互换合约组合原理是指,组合若干个(2个或2个以上)互换合约生成另一种互换合约或远期合约的变化规律。

诸如可延长互换合约、可缩短(退还)互换合约、可推迟互换合约、可取消互换合约,均可由不同期限的互换合约组合而成。

例如,一份可推迟互换合约,可由一份期限较长的标准互换合约与一份期限较短、相等但反向现金流的标准互换合约组合而成,如图6-1-3与图6-1-4所示。再例如,一份可缩短或可取消互换合约,可由一份标准互换合约与一份到期日相同、相等但反向现金流的推迟互换合约组合而成,如图6-1-5所示。

同样,由单纯互换合约组合原理,可以理解其他一些具有时间效力的互换合约的变化规律。

不难想象,比较互换合约设计原理与单纯互换合约组合原理,前者比较抽象,后者比较直观。如同产品市场一样,在金融市场上,你要改变原有金融工具(就像改变产品一样),是要付出代价的。在公平竞争的市场上,就需要测定工具变化的价值。然而运用抽象的原理对工具变化进行估价,主观的成分可能较大,难以实现公正性。人们自然就会想到运用直观的组合原理来为工具变化进行定价。下面,以一个实例来说明单纯互换合约组合原理的应用价值。

例:一家公司最初签订一份5年期的互换合约,名义本金1 000万,每年收到基于浮动利率(LIBOR)的利息,支付基于固定利率(9.2%)的利息,2年后,3年期互换利率为8.6%,该公司认为没有必要再持有这份互换协议,因此与对方商议,答应支付一笔费用,取消该互换协议。

这笔费用是多少呢?如果从互换合约的设计原理来说,这是一份中

止的互换合约,处于思维认识阶段,没有数量的概念。从组合原理来看,这份中止互换合约可以是如下两份互换合约组合而成的:

第一,该公司持有一份5年期的互换合约,每年支付9.2%,收到LIBOR,时间过了2年;

第二,现在,该公司通过签订一份期限为3年、每年收到固定利率8.6%、支付LIBOR的互换合约来对冲最初那份互换合约余下的部位。

对方根据互换合约组合原理,决定以最初的固定利率与现在的利率之差,即60个基点(9.2%-8.6%)来测算这份互换合约中止的费用。如表7-2-1所示。

表7-2-1　中止一份5年期互换合约的现金流

年份	互换利率	贴现因子	最初固定支出（元）	当前固定收入（元）	差额（元）	差额现值（元）
1	0.08	0.925 9	920 000	860 000	60 000	55 554
2	0.083	0.852 4	920 000	860 000	60 000	51 144
3	0.086	0.779 8	920 000	860 000	60 000	46 788
合计						153 486

由表7-2-1可见,中止最初那份互换合约的总差额现值为153 486元。如果该公司能在市场上运用上述的第二份互换合约来进行对冲,那么该公司就不必一次性支付这笔中止费,但是该公司在未来的3年中每年必须支付60个基点的利率差额。然而,实际上该公司运用对冲手段来中止最初的那份互换合约是有困难的。首先,现在的互换利率下降了(从9.2%降至8.6%),利率期限结构改变了;其次,用于对冲的互换合约现金流、期限等具体规定,要与最初那份互换合约的余下部位完全匹配。除此之外,可以寻找一份非标准的互换合约,但其制作费用要更贵一些。

看来,运用表7-2-1中的现金流来测算中止原来互换合约的费用,比较客观。该公司同意支付对方提出的这笔费用,中止了原先的互换合约。

需注意,在上例中,并不总是固定利率支付方付费才中止互换合约。在有些情况下,固定利率支付方中止互换合约时,有可能不付费,甚至还有可能收取对方费用。譬如,上例中利率不是下降的,而是上升的,固定利率支付方中止互换合约时应该收到对方支付的费用。

该例说明,掌握互换合约的设计原理与互换合约组合原理,都是非常有益的。

若干个互换合约不仅可以复制另一份互换合约,而且也有可能复制一份远期合约。图7-2-1反映了两份不同期限的互换合约组合成为一份远期合约的过程。

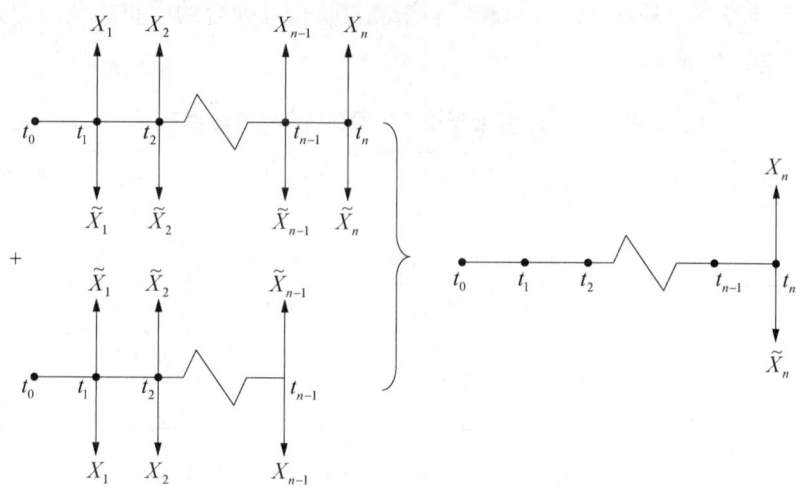

图7-2-1 两互换合约组合为远期合约

二、互换合约与远期合约组合

互换合约与远期合约组合原理是指,互换合约与远期合约组合成为新的互换合约或远期合约的变化规律。

这一原理与单纯的远期合约组合原理相似。两者不同之处在于:在单纯的远期合约组合原理中,所有的砖块均为一份份远期合约;而在互换合约与远期合约组合原理中,有两类不同型号的砖块,第一类为互换合约;第二类为远期合约。由单纯的远期合约组合原理知,一份互换合约可由若干份不同期限的远期合约组成。因此,互换合约与远期合约的组合可以被视为单纯的若干份远期合约的组合。所以,两种原理是相通的。

同理可见,单纯的远期合约、单纯的互换合约以及互换合约与远期合约的 3 种组合原理均是两两相通的。因此,由其中任一组合原理而获得的金融工具,同样可以由其他任一种组合原理而得到。

第三节 互换合约与期权组合

互换合约与期权组合原理是指,互换合约与期权组合成为另一种互换合约的变化规律。新生的互换合约包括指数本金互换合约、半固定互换合约(semi-fixed swap)、可反转互换(reversible swap)合约、可延长或可缩短互换合约以及中止互换合约等。

一、互换合约与基本期权组合

互换合约与期权组合形式之一是:互换合约与基本的期权组合成为另一种互换合约。

这种形式下的一个典型产物为指数本金互换。从互换合约设计原理来认识,指数本金互换合约的名义本金是由利率变动来决定的,即利率的变动触发到某一设定水平后,合约的本金发生变化。现在从互换合约与期权组合原理来看,一份指数本金互换合约是由一份利率互换合约与一份与本金指数联系的基本期权所构成的。如图 7-3-1 所示。

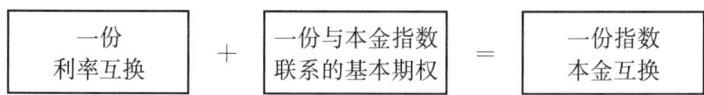

图 7-3-1 指数本金互换的组合形式

指数本金互换的一种金融经济背景为抵押担保证券市场。如果抵押物是具有固定收益的金融产品,那么利率下降时这些抵押的金融产品将升值,获得贷款的抵押者理应用升值后抵押产品的价值增量来提前偿还债务。指数递减本金互换就是按照这一思路设计出来的。

例如,每 6 个月计息一次,在每一个计息的基准日所摊提本金的百分比为

$$\max[50 \times (i_a - \text{LIBOR}), 0], \tag{7.3.1}$$

式中 i_a 为协议利率,LIBOR 为当前 6 个月的浮动利率。摊提率的区间

是[0, 100%]。当 LIBOR 低于协议利率 i_a 时,摊提本金的百分比就开始;当 LIBOR 高于 i_a 时,就没有摊提,即没有支付抵押贷款的本金。

实际上,式(7.3.1)表示一份利率期货为基础资产的看涨期权,或一份远期利率协议为基础资产的看跌期权。

由此可见,一份指数递减本金互换可以视为由一份利率互换合约与一份与本金指数联系的利率期货期权(远期利率协议为基础资产的看跌期权)构成。

由于基本的期权定价问题已经被解决,因此,运用标准互换合约与基本期权组合原理可以为一份指数本金互换合约进行定价。这就告诉我们,要了解互换合约的设计原理,同时也应该掌握互换合约与期权组合原理。从定价的角度来看,可能后一种原理更加实用。

二、互换合约与互换期权组合

互换合约与期权组合形式之二是:互换合约与互换期权组合,可以得到另一类的互换合约。譬如,利率互换与互换期权组合,可以产生出可反转利率互换(reversible interest rate swap)、可延长利率互换以及可缩短利率互换等合约形式。

(一) 可反转利率互换

一份支付固定利率、收取浮动利率(收取固定利率、支付浮动利率)的互换合约,和一份 2 倍的名义本金、且利率及期权中互换合约到期日分别与原互换合约相同的收方互换期权(付方互换期权)组合而成为可反转利率互换。如图 7-3-2(a)、(b)所示。

例如,投资者持有一份名义本金为 C、收取浮动利率、支付固定利率且期限为 $\tau_n = t_n - t_0$ 的互换合约,如图 7-3-3(a)所示。图中 $X_i(i=1,\cdots\cdots,n)$ 表示基于固定利率的现金流,$\tilde{X}_j(j=1,\cdots\cdots,n)$ 表示基于浮动利率的现金流。另外该项投资者买入一份名义本金为 $2C$、利率与原互换合约相同、期限为 $\tau_k = t_k - t_0$ 的收方互换期权,且期权中互换合约到期日为 t_n。到期执行该期权后,投资者获得一份如图 7-3-3(b)所示的利率互换合约,即期限为 $\tau_{nk} = t_n - t_k$、收取 2 倍的原基于固定利率的现

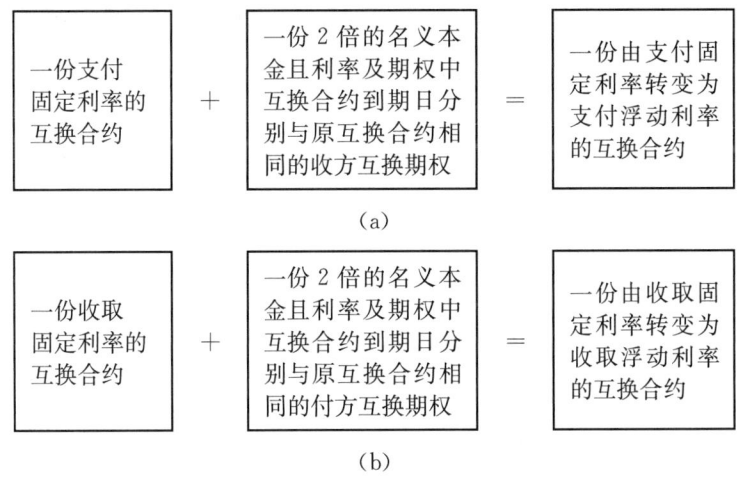

图 7-3-2 可反转利率互换的组合形式

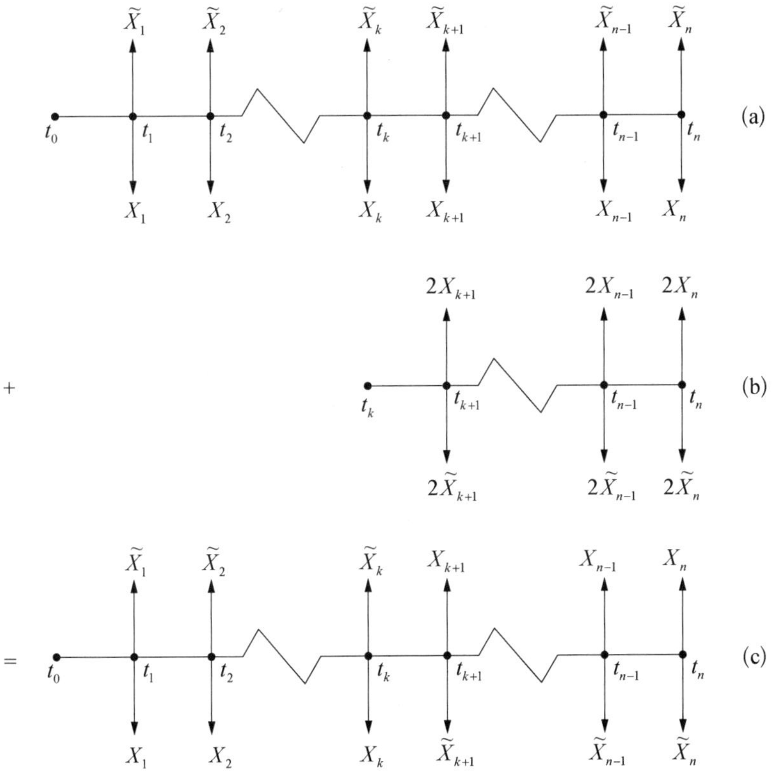

图 7-3-3 可反转为支付浮动利率的互换的组合形式

金流、支出 2 倍的原基于浮动利率的现金流。这与最初的那一份标准的利率互换合而为一,便形成如图 7-3-3(c)所示的在时刻 t_k 后与最初互换支付义务相反的一个新互换合约。

如果到期日,收方互换期权的持有者不执行,那么该期权无效,该投资者最初持有的那份互换合约没有变化。

上例表明:互换合约与期权组合,要比单纯的互换合约组合更加具有灵活性。

(二)可延长或可缩短利率互换合约

一份支付固定利率、收取浮动利率(收取固定利率、支付浮动利率)的互换合约,和一份名义本金、利率及期权到期日分别与原互换合约相同的付方(收方)互换期权,或与一份名义本金、利率及互换合约到期日分别与原互换合约相同的收方(付方)互换期权组合而成为一份可延长或可缩短的利率互换合约。如图 7-3-4(a)、(b)所示。

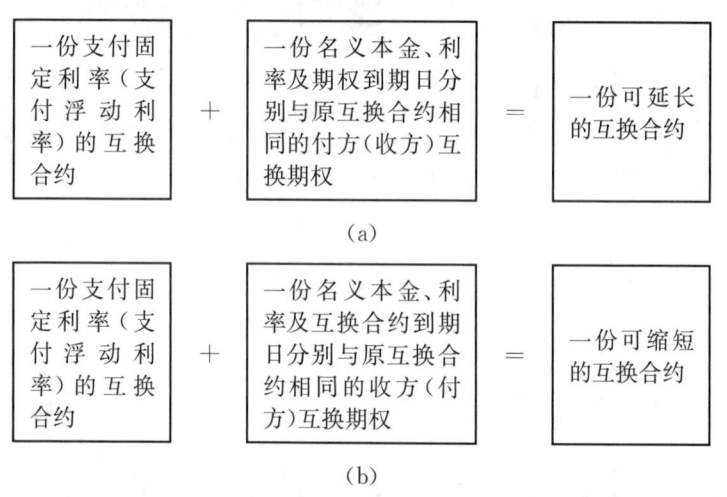

图 7-3-4 可延长或可缩短利率互换合约的组合形式

例如,某投资者持有一份名义本金为 C、支付固定利率、收取浮动利率及期限为 $\tau_k = t_k - t_0$ 的互换合约,如图 7-3-5(a)所示。图中 $\tilde{X}_i(i=1, 2, \cdots\cdots, n)$ 表示基于浮动利率的现金流,$X_j(j=1, 2, \cdots\cdots, n)$ 表示基于固定利率的现金流。实际上,该投资者需要一份期限更长的(期

限为 $\tau_n = t_n - t_0$)互换合约。但是,他担心将来互换利率下降却又不愿意放弃因将来互换利率上升而获利的机会。于是,他现在买入一份期限为 $\tau_k = t_k - t_0$、名义本金及利率与最初互换合约相同的付方互换期权,期权中互换合约到期日为 t_n。在期权到期日,如果互换利率下降,那么该投资者放弃该期权,直接按当时市场上互换利率,重新签约一份名义本金为 C、期限为 $\tau_{nk} = t_n - t_k$、支付固定利率、收取浮动利率的标准互换合约,最初那份互换合约寿终正寝。如果期权到期日,互换利率上升,那么他就执行该期权,即在 $t = t_k$ 后继续持有与最初互换合约一致的互换合约,如图 7-3-5(b)所示。这样,最初那份互换合约在 $t = t_k$ 后被继续延长至 $t = t_n$,如图 7-3-5(c)所示。这就是一份具体的延长互换合约。

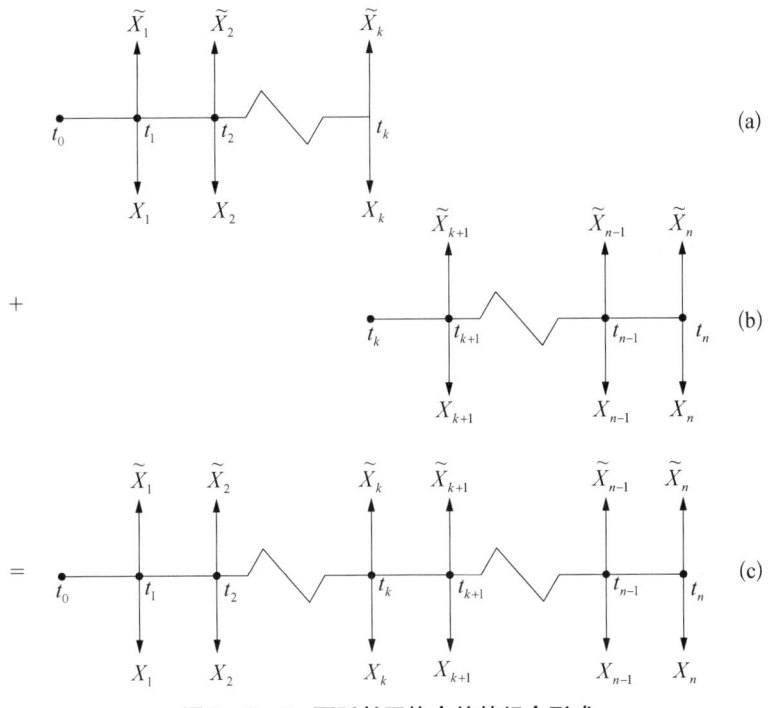

图 7-3-5 可延长互换合约的组合形式

(三) 可赎回或售回利率互换合约

由图 7-3-4(b)可见,一份支付固定利率、收取浮动利率的互换合约,和一份名义本金、利率及互换合约到期日分别与原互换合约相同的收方互换期权,组合而成为一份可缩短的互换合约。这在西方金融市场上被称为可赎回利率互换合约,英文名称为 callable interest rate swap。

另外又可见,一份收取固定利率、支付浮动利率的互换合约,和一份名义本金、利率及互换合约到期日分别与原互换合约相同的付方互换期权,组合而成为另一份可缩短的互换合约。这在西方金融市场上被称为可售回利率互换合约,英文名称为 puttable interest rate swap。

为了进一步理解这两种利率互换合约不同的组合原理,下面举例说明。

例如,某投资者持有一份名义本金为 C、支付(收取)固定利率、收取(支付)浮动利率及期限为 $\tau_n = t_n - t_0$ 的互换合约,如图 7-3-6(a)所示。图中的 $X_i(X_i)$、$\tilde{X}_i(\tilde{X}_i)(i=1,\cdots\cdots,n)$ 分别表示支付(收取)基于固定利率的现金流和收取(支付)基于浮动利率的现金流。同时,该投资者买入一份期限为 $\tau_k = t_k - t_0 (t_k < t_n)$、名义本金、利率及互换合约到期日分别与原互换合约相同的收方(付方)互换期权。期权到期日,如果互换利率下降(上升),该投资者就执行该期权,将获得一份起始日为 t_k、到期日为 t_n、收取(支付)基于固定利率的现金流 $X_i(X_i)(i = t_{k+1},\cdots\cdots,t_n)$,且支付(收取)基于浮动利率的现金流 $\tilde{X}_i(\tilde{X}_i)(i = t_{k+1},\cdots\cdots,t_n)$ 的互换合约,如图 7-3-6(b)所示。显然,在时刻 t_{k+1} 至到期日 t_n 这段时间上,新的互换合约与原互换合约的现金流大小相等且方向相反,相互冲销。最终获得如图 7-3-6(c)所示互换合约,即可赎回(可售回)的互换合约。

对于可赎回利率互换合约的持有者来说,将来互换期权到期日,互换利率不下跌而上升,他会听任其期权作废,继续履行最初的那份标准的利率互换合约,从而获益。反之,持有者把将来的互换利率锁定在一个较低的水平下,从长期的利率下降中获益。这可能是西方人士把这一金融工具称为 callable interest rate swap 的原因。

另一种情况,可售回利率互换合约的持有者,如果在互换期权到期日,互换利率不上升而下降,那么他会使其期权作废,继续履行最初的那份标准的利率互换合约,从而获益。反之,持有者从长期利率上升中获益。这可能是西方人士把这一金融工具称为 puttable interest rate swap

第七章 互换合约的创生原理 245

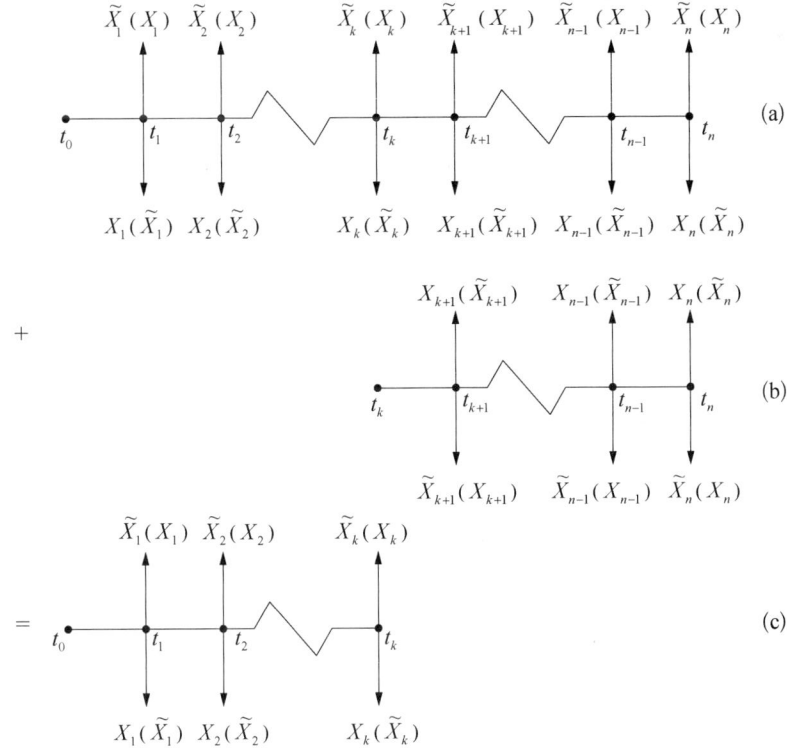

图 7-3-6 可赎回(可售回)利率互换合约的组合形式

的原因。

如本章第二节所述,我们运用单纯的互换合约的组合原理,讨论了一份互换合约的中止问题。若使用一份抵消性的互换合约来实现中止,则实际存在诸多问题;若选择与互换合约的对方协商,中止合约,则主动权在对方。如果投资者现在持有一份支付固定利率、收取浮动利率(收取固定利率、支付浮动利率)的互换合约,同时买入一份名义本金、利率及互换合约到期日分别与原互换合约相同的收方(付方)互换期权,如图 7-3-6 所示,那么到时(这里为期权到期日)是否中止原互换合约的主动权始终掌握在该投资者手中。但必须记住,金融市场上"没有免费的午餐"。该投资者始终拥有是否到时中止原合约的权利,就得一开始支付一笔期权费。倘若该投资者在期权到期日,没有中止原互换合约,即期权作废了,那么最初支付的那笔期权费毫无意义;倘若在期权到期日,该投资者执行该期权,中止了原互换合约,那么事先支付的那笔期权费就有意义。这就告诉我们,不能一概而论,单纯的互换合约组合原理和互换合约与期权合约组合原理谁优谁劣。这要根据每个投资者的偏好程度以及市场的实际情况来评价。

所以说,无论是互换合约的设计开发原理、单纯的互换合约组合原理,还是互换合约与期权的组合原理,都是当今金融工程上的重要原理。

三、互换合约与其他非基本期权组合

互换合约与期权组合形式之三是,互换合约与其他非基本期权组合成为非标准的互换合约。

如一份互换合约与一份数字期权可以组合成为一份半固定互换合约。半固定利率互换合约有一个重要特征,有一个高于即期互换利率,一个低于即期互换利率,两者依靠某一触发利率来进行转换。为了说明这种特殊的互换合约,假定现在5年期6个月一次的利率互换合约的6个月LIBOR为5%,而互换利率为6%,某投资者认为今后5年中6个月LIBOR不会超过7%,想运用半固定互换合约,为支付互换利率节省0.4%,即想支付固定利率5.6%,收取浮动利率LIBOR。于是投资者签订一份如下规定的5年期半年一次的利率互换合约:

(1) 触发利率为7%;

(2) 如果6个月LIBOR小于7%,则支付固定利率5.6%,收取LIBOR;

(3) 如果6个月LIBOR大于7%,则支付固定利率7.5%,收取LIBOR。

这份半固定利率互换合约相当于:该投资者签订一份5年期半年一次的、支付6%的固定利率、收取6个月LIBOR的互换合约;同时买入一份触发利率为7%、固定净盈利为40个基点及固定费用为150个基点的数字期权。当6个月LIBOR小于7%时,该投资者执行该期权,获得40个基点的固定净盈利(扣除了期权费),这与原来的利率互换合而为一,他实际支付5.6%的固定利率,收取LIBOR;当6个月LIBOR大于7%时,该投资者不执行该期权,但要支付150个基点的固定费用(相当于期权

费),这与原来的利率互换结合,他实际支付 7.5%的固定利率,收取 LIBOR。这充分说明了一份半固定利率互换合约可以由一份利率互换合约与一份数字期权组合而成。

由互换合约与期权合约的组合原理可见,该投资者要想利用半固定利率互换来节省更多的基点,就得降低数字期权的触发利率(低于 7%)或执行价格。

但运用互换合约的设计与开发原理,该投资者直接接受更加高于 7.5%的利率,从而可从现行市场互换利率的基础上节省更多的成本。

固然,由互换合约的设计与开发原理来设计半固定互换合约,简捷、明朗、直观,但在确定其中两个固定利率时,将会捉摸不透。

所以,运用互换合约与期权的组合原理,来认识半固定互换合约中的两个固定利率,就会有章可循。

第四节 互换合约的分解

互换合约的分解原理是指,一份互换合约分解为其他金融工具的变化规律。这一原理与上述的互换合约及与其他金融工具组合原理恰恰相反。与远期合约相比,互换合约是一种比较复杂的金融工具,因此,它的分解形式更加丰富多彩。本节打算从互换合约分解为基础金融工具、互换合约分解为远期合约、互换合约分解为互换及其他金融工具这些方面来讲述。

一、互换合约分解为基础金融工具

互换合约分解形式之一是,一份互换合约可以分解为若干份基础金融工具。

(一) 一份利率互换合约可以分解为一份固定利率债券和一份浮动利率票据

为了说明这一点,假设现在某投资者持有一份每 6 个月支付固定利率(R)、收取 LIBOR、名义本金为 C、n 年期的利率互换合约,如图 7-4-

1(a)所示。图中 X_i、$\tilde{X}_j(i,j=1,\cdots\cdots,2n)$ 分别表示基于固定利率的现金流与基于 LIBOR 的现金流。假设现在另一位投资者发售一份每 6 个月支付一次固定利率(R)的债券,同时买入一份每 6 个月支付一次 LIBOR 的浮动利率票据,且这两份基础金融工具的本金均为 C、年限均为 n,如图 7-4-1(b)、(c)所示。

综合图 7-4-1(a)、(b)与(c),两位投资者的投资效果是一致的。图 7-4-1(b)与(c)合而为一,即为另一位投资者的投资总效果图。发售债券,期初收取本金 C,期末偿还本金 C;买入浮动利率票据,期初支付本金 C,期末收取本金 C;两种金融工具的本金流在期初、期末恰好抵消。而在每隔 6 个月的时点 t_1、t_2、$\cdots\cdots$、t_{2n} 上,另一位投资者收取基于 LIBOR 的现金流 $\tilde{X}_1$、$\tilde{X}_2$、$\cdots\cdots$、$\tilde{X}_{2n}$,支付基于固定利率现金流 X_1、X_2、$\cdots\cdots$、X_{2n},这正是第一位投资者投资的结果。

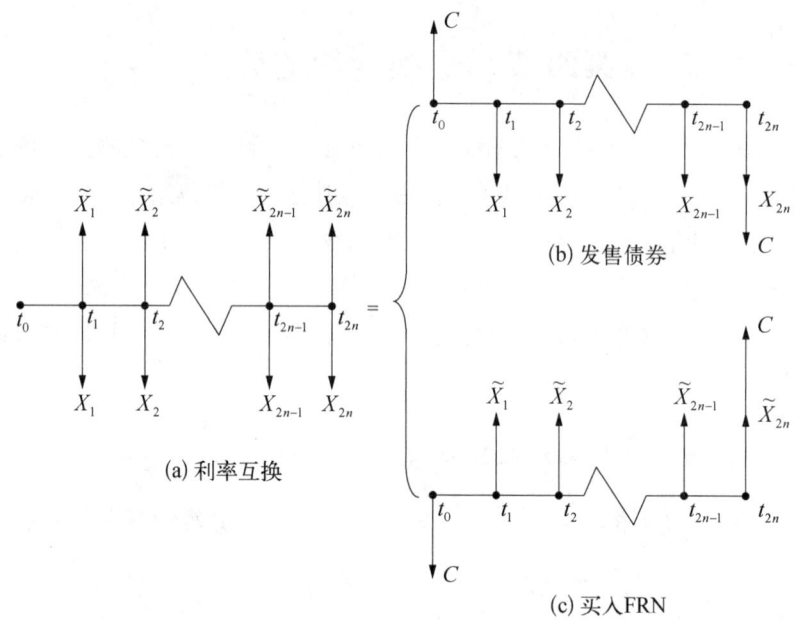

图 7-4-1 利率互换分解为债券与 FRN

由此可见,一份利率互换合约可以分解为一份固定利率的债券和一份到期日相同的浮动利率票据。注意,这一结论比较一般。就是说,该结论除包括上例的分解形式外,还包括其他各种可能的形式。例如,一份名

义本金为 C、收取固定利率、支付浮动利率的利率互换合约可以分解为买入一份本金为 C 固定利率的债券和发售一份本金为 C 的浮动利率票据。

(二) 一份互换合约还可以分解为一系列零息票据

因为一份互换合约可以分解为一系列的远期合约(见下一段内容)，又因为一份远期合约可以分解为两份相对的零息票据，所以，一份互换合约先后经过这两层分解过程，最终可获得若干个相对的零息票据。这一分解形式在互换合约的定价过程中起着非常重要的作用。

因此，掌握上述的互换合约分解形式，是有实际意义的。

二、互换合约分解为远期合约

互换合约分解形式之二是：一份互换合约分解为若干份远期合约。

这一形式实质上是第六章第一节中所述的远期合约组合成为互换合约的形式的逆过程。因此，不难推断出如下一些结论：

(1) 一份互换合约可以分解为若干份远期合约；

(2) 一份可推迟生效的互换合约可以分解为若干份远期合约；

(3) 一份可延长的互换合约可以分解为若干份远期合约；

(4) 一份可缩短的互换合约可以分解为若干份远期合约。

(5) 甚至许多种非标准的互换合约都可以分解为若干份远期合约，如一份反转互换合约也可以分解为若干份远期合约，等等。

由于这一分解形式比较直观、易于理解，这里不再赘述。

三、互换合约分解为若干份互换合约

互换合约分解形式之三是：一份互换合约可以分解为若干份互换合约。

这一形式类似于互换合约分解为远期合约的形式。实质上，这是本章第二节中所述的单纯互换合约组合形式的逆过程。

如，一份可推迟互换合约可以分解为一份期限较长的互换合约和一份期限较短、相等但反向现金流的互换合约。如图 6-1-3 至图 6-1-4 所示。

又如，一份可缩短的互换合约可以分解为一份互换合约和一份到期日相同、相等但反向的现金流的推迟互换合约。如图6-1-5所示。

如此等等。不再赘述。

四、互换合约分解为基本期权

互换合约分解形式之四是，一份互换合约可以分解为若干份基本期权。

因为一份互换合约可以分解为若干份远期合约，又因为一份远期合约可以分解为两份执行价格相同且相对的基本期权（见第六章第四节内容）。所以一份互换合约可以分解为若干对基本期权。

（一）一份支付固定现金流、收取浮动现金流的互换合约可以分解为看涨期权多头和看跌期权空头各若干份

图7-4-2(a)表示一份期限为 $\tau_n = t_n - t_0$，在时点 $t_1, t_2, \cdots\cdots, t_n$ 上支付固定现金流 $X_1, X_2, \cdots\cdots, X_n$，收取浮动现金流 $\widetilde{X}_1, \widetilde{X}_2, \cdots\cdots, \widetilde{X}_n$ 的互换合约。

根据互换合约的分解原理，这份互换合约可以分解为 n 份不同期限的远期合约。如图7-4-2(b)所示。

第 i 份支付固定现金 $X_i (i=1, \cdots\cdots, n)$、收取浮动现金 $\widetilde{X}_i (i=1, 2, \cdots\cdots, n)$ 的远期合约相当于一份交割价格为 X_i 损益为 $\widetilde{X}_i - X_i$ 的远期合约多头。再根据远期合约的分解原理，第 i 份远期合约多头可以分解成执行价格为 X_{i0}、期限为 $\tau_i = t_i - t_0$ 的看涨期权多头与看跌期权空头各一份，若看涨期权的期权费为 c_i，则看跌期权的期权费为 $X_{i0} - X_i + c_i$。如图7-4-2(c)所示。

因此，一份期限为 $\tau_n = t_n - t_0$、n 次支付固定现金流 $(X_1, \cdots\cdots, X_n)$ 和收取浮动现金流 $(\widetilde{X}_1, \cdots\cdots, \widetilde{X}_n)$ 的互换合约可以分解为期限均为 $\tau_1 = t_1 - t_0$ 且执行价格均为 X_{10} 的一份期权费为 c_1 的买入看涨期权和一份期权费为 $X_{10} - X_1 + c_1$ 的卖出看跌期权、期限均为 $\tau_2 = t_2 - t_0$ 且执行价格均为 X_{20} 的一份期权费为 c_2 的买入看涨期权和一份期权费为 $X_{20} - X_2 + c_2$ 的卖出看跌期权、……以及期限均为 $\tau_n = t_n - t_0$ 且执行价格均为

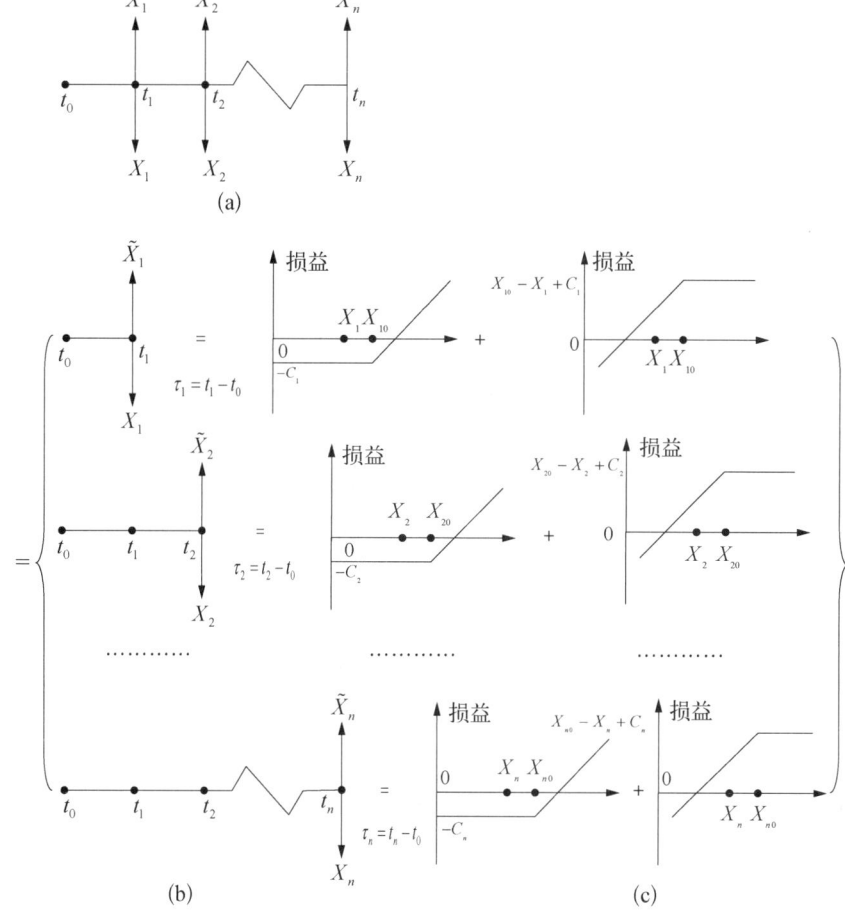

图 7-4-2 互换合约分解为一系列基本期权

X_{n0} 的一份期权费为 c_n 的买入看涨期权和一份期权费为 $X_{n0} - X_n + c_n$ 的卖出看跌期权。

(二) 一份收取固定现金流、支付浮动现金流的互换合约可以分解为看跌期权多头和看涨期权空头各若干份

只要将图 7-4-2(a) 中现金流 X_i 与 $\widetilde{X}_i (i=1, \cdots\cdots, n)$ 对调一下位置,就可以获得一份期限为 $\tau_n = t_n - t_0$,在时点 $t_1, t_2, \cdots\cdots, t_n$ 上收取固定现金流 $X_1, X_2, \cdots\cdots, X_n$,支付浮动现金流 $\widetilde{X}_1, \widetilde{X}_2, \cdots\cdots, \widetilde{X}_n$

的互换合约。

根据互换合约分解原理,这里也可以获得 n 份不同期限的远期合约。这 n 份远期合约,除现金流 X_i 与 $\widetilde{X}_i(i=1,\cdots\cdots,n)$ 恰好与图 7-4-2(b)的现金流相反之外,其他状态均一致。

这时,第 i 份收取固定现金流 $X_i(i=1,\cdots\cdots,n)$,支付浮动现金流 $\widetilde{X}_i(i=1,2,\cdots\cdots,n)$ 的远期合约,相当于一份交割价格为 X_i,损益为 $X_i-\widetilde{X}_i$ 的远期合约空头。由第六章第四节内容知,第 i 份远期合约空头可以分解为期限均为 $\tau_i=t_i-t_0$ 且执行价格均为 X_{i0} 的一份期权费为 $X_{i0}-X_i+c_i$ 的看跌期权多头和一份期权费为 c_i 的看涨期权空头。

因此,一份期限为 $\tau_n=t_n-t_0$,在时点 $t_1,\cdots\cdots,t_n$ 上收取固定现金流 $X_1,X_2,\cdots\cdots,X_n$,支付浮动现金流 $\widetilde{X}_1,\widetilde{X}_2,\cdots\cdots,\widetilde{X}_n$ 的互换合约可以分解为 n 对基本期权。这 n 对基本期权的期限分别为 $\tau_1,\tau_2,\cdots\cdots,\tau_n$,执行价格分别为 $X_{10},X_{20},\cdots\cdots,X_{n0}$ 的看跌期权多头与看涨期权空头(看跌期权的期权费分别为 $X_{10}-X_1+c_1,X_{20}-X_2+c_2,\cdots\cdots,X_{n0}-X_n+c_n$,看涨期权的期权费分别为 $c_1,c_2,\cdots\cdots,c_n$)。

互换合约的分解原理告诉我们,它在其期限内的每一现金流动的时点上,风险完全敞开,即在有利的方向上获益不受限制,在不利的方向上也不被止损。

五、互换合约的半分解

所谓互换合约的半分解形式,是指一份互换合约分解为其他若干种金融工具的等价形式并不总是成立的。就是说,一份互换合约在有些时候可以分解为其他 n 种特定的金融工具,但在另一些时候不能分解为这些金融工具。

我们知道,反转互换合约能使持有者由互换中固定利率支付者转变为浮动利率支付者。

假设事先设计一份本金为 C,期限为 $\tau_n=t_n-t_0$,在时点 t_1 至 t_k 上收取基于浮动利率的现金流 $\widetilde{X}_1,\cdots\cdots,\widetilde{X}_k$,而支付基于固定利率的现金流 $X_1,\cdots\cdots,X_k$,但在时点 t_{k+1} 至 t_n 上收取基于固定利率的现金流 $X_{k+1},\cdots\cdots,X_n$,而支付基于浮动利率的现金流 $\widetilde{X}_{k+1},\cdots\cdots,\widetilde{X}_n$ 的反转

互换合约。如图7-3-3(c)。

假设市场上存在一份本金为C,期限为$\tau_n = t_n - t_0$,在时点t_1至t_n上收取基于浮动利率的现金流$\tilde{X}_1,\cdots\cdots,\tilde{X}_n$,而支付基于固定利率的现金流$X_1,\cdots\cdots,X_n$的互换合约。如图7-3-3(a)所示。同时还存在一份本金为$2C$,期限为$\tau_k = t_k - t_0$且利率及期权中互换合约到期日分别与原互换合约相同的收方互换期权多头。如果到期日投资者执行该期权,那么他就拥有一份如图7-3-3(b)所示的互换合约。如果投资者不执行该期权,那么如图7-3-3(b)所示的那份互换合约就烟消云散。

因此,在收方互换期权被执行时,最初设计的那份反转互换合约才可以分解为一份如图7-3-3(a)所示的互换合约与另一份如图7-3-3(b)所示的互换合约。就是说,在这个时候,一份反转互换合约可以分解为一份正常的互换合约和一份收方互换期权。如果在收方互换期权作废的时候,那么一份反转互换合约就不能够分解为一份正常的互换合约与一份收方互换期权,因为在这个时候,市场上仅存在两份不同的互换合约,所以不能等价。

同理,可以说明可延长(可缩短)或可赎回(售回)互换合约的半分解情况。

但不同的是,一份半固定互换合约分解为相应的一份互换合约和一份数字期权的形式总是成立的。道理很简单,在半固定互换合约设定的条款中总是含有某一确定的数字期权。

如同掌握互换合约的其他分解原理一样,明白互换合约的半分解形式,也是很重要的。在运用互换合约分解原理来为某互换合约进行定价时,具有半分解形式的互换合约的价值与具有确定分解形式的互换合约的价值是不相等的。关于这一点,可参阅本章第三节中可赎回(售回)利率互换合约的成本分析。

第八章

期权的创生原理

期权作为衍生产品有它十分鲜明的特色,前面所述的远期(期货)合约和互换合约都是规定双方未来权利和义务的协议,而在期权合约中,给予一方权利或义务;给予另一方义务或权利。如期权合约中一方通过支付给另一方一次性的费用而获得了不附带义务的权利。

期权的这一特色,决定了它比远期(期货)合约和互换合约更具有灵活性,或者说它的应变功能更强。人们形象地称它为变色龙。大自然中变色龙是一种小蜥蜴,它能适应周围环境的变化改变皮肤的颜色。如果它在地上,皮肤颜色像土壤,看上去它是一块土;如果它在树叶上,皮肤颜色是绿色的,看上去它是一片树叶。就是说变色龙可以变得像不同的事物。人们喻期权为变色龙,这说明期权可以根据金融市场上各种人需求而变化出各种金融工具,以满足他们每一个人的偏好。

本章将通过揭示期权及与其他金融工具结合的创生原理,从根本上来认识期权的应变能力。

第一节 期权的组合

所谓的期权组合原理是指,组合两份或两份以上的基本期权生成另一种金融工具的变化规律。在大多数情况下,新创生工具为非基本期权。

我们知道影响期权的价值变化有五大因素:(1)基础资产的价格;(2)期权的执行价格;(3)期权的期限;(4)基础资产的波动率;(5)无风险利率。如果期权的基础资产为股权资产,那么期权有效期内预计发放红利也是影响期权的价值变化的一大因素,若此时将无风险利率与红利合并为一种利率,则影响股权期权价值变化因素还是五大因素。在实际的股权期权定价过程中,就是按照这一思路来处理发放红利这一影响因素。为简单起见,本章只考虑 5 种因素影响期权的价值。

为了方便分析问题,我们引进如下特定记号:

t_0:期初时间,

t:时间(可变的量),

T_i:第 i 次期权的到期日,

u:基础资产价格,

u_t:t 时基础资产价格,

u_{T_i}:第 i 次期权到期日基础资产价格,

X:期权的执行价格,

c:看涨期权的价值,

p:看跌期权的价值,

c_0:期初看涨期权费在 t 时的价值,

p_0:期初看跌期权费在 t 时的价值,

r:无风险利率,

σ:基础资产价格的波动率。

由布莱克-斯科尔斯的期权定价公式知,看涨期权的价值为

$$c = u\Phi_0(d_1) - Xe^{-r\tau}\Phi_0(d_2)。 \quad (8.1.1)$$

式中,

$$d_1 = \frac{\ln\frac{u}{X} + \left(r + \frac{\sigma^2}{2}\right)\tau}{\sigma\sqrt{\tau}}, \; d_2 = \frac{\ln\frac{u}{X} + \left(r - \frac{\sigma^2}{2}\right)\tau}{\sigma\sqrt{\tau}}, \quad (8.1.1a)$$

$\tau = T - t$ 为期权的有效期或期限,$\Phi_0(\cdot)$ 表示正态分布函数。

而看跌期权的价值为

$$p = Xe^{-r\tau}\Phi_0(-d_2) - u\Phi_0(-d_1)。 \quad (8.1.2)$$

如果考虑到期权费,那么由式(8.1.1)与式(8.1.2)不难想象出看涨

期权与看跌期权的价值曲线,如图 8-1-1(a)、(b)所示。图中折线表示期权到期日的价值,曲线表示期权在到期日前 t 时的价值。

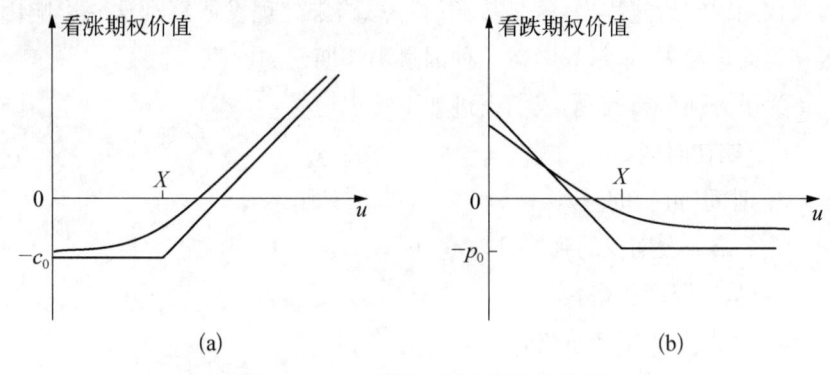

图 8-1-1 看涨与看跌期权的价值

根据期权价值的影响因素,不同期权的组合将会出现期权的到期日不相同、到期日与执行价格分别相同、到期日相同但执行价格不相同等多种组合情形。不论何种情形,期权的组合都具有它的具体性、特殊性及其复杂性。

一、到期日不同但执行价格相同的期权组合

期权的组合形式之一是:到期日不同但执行价格相同的两份期权组合成为一份非基本期权。这类非基本期权被称为日历价差期权(calendar spreads),或水平价差期权。

例如,t_0 时(期初),卖出一份执行价格为 X、期限为 $\tau_1 = T_1 - t_0$ 的看涨期权,同时买入一份执行价格相同,期限为 $\tau_2 = T_2 - t_0 (\tau_2 > \tau_1)$ 的看涨期权。组合这两份期权就成为一份日历价差期权。由式(8.1.1)得

$$\frac{\partial c}{\partial \tau} = \frac{ue^{-\frac{d_1^2}{2}}\sigma}{2\sqrt{2\pi}\sqrt{\tau}} + rXe^{-r\tau}\Phi_0(d_2) > 0。 \tag{8.1.3}$$

上式表明,看涨期权期限越长,其价格越大。就是说,例中后一份期权费大于前一份期权费。假定期限较短的看涨期权到期(T_1 时),而期限较长的看涨期权并没有结束,距到期日的时间还有 $\tau_{21} = T_2 - T_1$。这时若分

别记这两份期权费价值为 c_{01} 和 c_{02}，则 $c_{02} > c_{01}$。它们的价值曲线分别如图 8-1-2(a)、(b)所示。

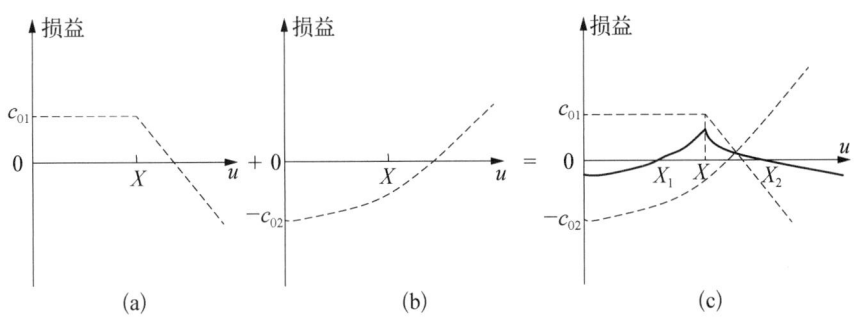

图 8-1-2 日历价差期权的组合形式

根据表 8-1-1 中总损益函数，可以绘出这两份期权组合的价值曲线，见图 8-1-2(c)中实曲线。这条日历价差期权的价值曲线与横轴（u 轴）分别相交于点 X_1、X_2。

基础资产价格 u 落在区间 $[0, X_1)$ 上，日历价差期权的价值为负。这表明，当基础资产价格低于一定值 X_1 时，日历价差期权的持有者发生亏损。随着 u 不断下降，持有者亏损不断增大。特别地当 $u \to 0$ 时，持有者亏损达到极大，最大亏损值为 $c_{02} - c_{01}$，即为构造该组合期权所需的成本（在 T_1 时）。

表 8-1-1 日历价差期权的损益

基础资产价格变化范围	一份期限较短的看涨期权空头损益	一份期限较长的看涨期权多头损益	总　损　益
$u < X$	c_{01}	$u\Phi_0(d_1) - Xe^{-r\tau_{21}} \cdot \Phi_0(d_2) - c_{02}$	$u\Phi_0(d_1) - Xe^{-r\tau_{21}} \cdot \Phi_0(d_2) + c_{01} - c_{02}$
$X \leqslant u$	$-(u-X) + c_{01}$	$u\Phi_0(d_1) - Xe^{-r\tau_{21}} \cdot \Phi_0(d_2) - c_{02}$	$u\Phi_0(d_1) - Xe^{-r\tau_{21}} \cdot \Phi_0(d_2) + X - u + c_{01} - c_{02}$

同理，当基础资产价格高于一定值 X_2 时，日历价差期权的持有者也会发生亏损，最大亏损也不会超过构造该组合期权所需的成本（在 T_1 时）。

但当基础资产价格 u 落在区间 $[X_1, X_2]$ 上，日历价差期权价值为正。在这种情况下,日历价差期权的持有者获利。随着基础资产价格 u 逐渐接近期权执行价格 X,持有者的利润越来越大,最后在 $u=X$ 处,获取最大利润,但最大利润值并不大。见图 8-1-2(c)。

由此可见,运用日历价差期权的投资者损失和盈利都不是很大的,但基础资产价格在一个相对较宽的范围$[X_1, X_2)$内,可以保持盈利。只要投资者把握住基础资产价格这一变动范围,他就能稳定地获利。反过来看,即使基础资产价格朝着不利的方向变动,投资者损失也不大。这一组合工具能够适应更多的风险厌恶者。

按照执行价格大小,期权有平价期权,价内期权,价外期权之分。类似地,执行价格非常接近基础资产的即期价格,日历价差期权是中性的(Neutral Calendar spread);执行价格较低,日历价差期权是熊市的(Bearish calendar spread);执行价格较高,日历价差期权是牛市的(Bullish calendar spread)。

上述的日历价差期权是采用两个看涨期权构成的。实际上,日历价差期权也可用两个看跌期权来构造。即投资者卖出一份执行价格为 X、期限较短的看跌期权,同时买入一份执行价格也为 X 但期限较长的看跌期权,总损益状态类似于图 8-1-2(c)所示的日历价差期权的损益状态。

说到现在,我们都是看过卖出一份期限较短的期权、买入一份期限较长的期权来构造日历价差期权的。倘若,现在组合一份期限较短的期权多头与一份期限较长的期权空头,则损益状态恰好与图 8-1-2(c)所示的日历价差期权损益曲线相反。因此,人们称这类日历价差期权为反日历价差期权(Reverse calendar spread)。应用反日历价差期权的保值目标是,当期限较短的期权到期时,在基础资产价格跌至一定价格之下或升至一定价格之上,投资者获利;否则,投资者将会损失。只要投资者能够把握准基础资产价格不可能在期权执行价格附近范围内变动,或者认为基础资产价格不是大涨,就是大跌,那选择这一组合形式将是明智的。

二、到期日与执行价格均不相同的期权组合

期权的组合形式之二是:到期日和执行价格都不相同的两份期权组合成为一份非基本期权。这类非基本期权被称为对角价差期权(Diagonal spreads),又称为斜线价差期权。在日历价差期权中,所涉及的两份基本期权到期日不同,但执行价格都相同,而对于对角价差期权来说,无论是基本期权的到期日,或是执行价格,都是不相同的。两种非基本期权在组合上的差异决定了它们给投资者带来的保值目标也有所不同。具体论述过程如下。

(一) 牛市斜线价差期权

假定期初(t_0时)卖出一份执行价格为 X_2,期限为 $\tau_1 = T_1 - t_0$ 的看涨期权,同时买入一份执行价格为 $X_1(X_1 < X_2)$,期限为 $\tau_2 = T_2 - t_0(\tau_2 > \tau_1)$ 的看涨期权。

由式(8.1.1)得

$$\frac{\partial c}{\partial X} = -e^{-r\tau}\Phi_0(d_2) < 0, \quad (8.1.4)$$

再由式(8.1.3),不难理解,看涨期权执行价格越低且期限越长,其价格越大。就是说,后一份看涨期权费高于前一份看涨期权费。假设期限较短、执行价格较大的看涨期权到期(T_1时),而期限较长、执行价格较小的看涨期权并没有结束,距到期日的时间还有 $\tau_{21} = T_2 - T_1$。这时分别记这两份期权费价值为 c_{01} 和 c_{02},显然,$c_{01} < c_{02}$。它们的损益曲线分别如图 8-1-3(a)、(b)所示。

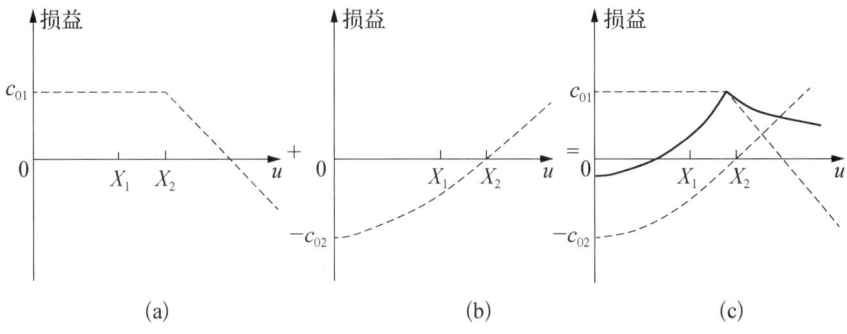

图 8-1-3 牛市斜线价差期权的组合形式

这两份基本期权的损益函数以及它们组合的损益函数如表 8-1-2 所示。

表 8-1-2 牛市斜线价差期权的损益

基础资产价格变化范围	一份执行价格较高、期限较短的看涨期权空头损益	一份执行价格较低、期限较长的看涨期权多头损益	总 损 益
$u < X_2$	c_{01}	$u\Phi_0(d_1) - X_1 e^{-r\tau_{21}} \Phi_0(d_2) - c_{02}$	$u\Phi_0(d_1) - X_1 e^{-r\tau_{21}} \Phi_0(d_2) + c_{01} - c_{02}$
$X_2 \leqslant u$	$-(u - X_2) + c_{01}$	$u\Phi_0(d_1) - X_1 e^{-r\tau_{21}} \Phi_0(d_2) - c_{02}$	$u\Phi_0(d_1) - X_1 e^{-r\tau_{21}} \Phi_0(d_2) + X_2 - u + c_{01} - c_{02}$

根据表 8-1-2 中最后一列的总损益，可以绘出斜线价差期权的损益曲线，如图 8-1-3(c)中的实线所示。

基础资产价格 u 落在区间 $[0, X_2)$ 上，斜线价差期权的价值随着基础资产价格上升而增大。当基础资产价格很低时，斜线价差期权价值为负。特别地，斜线价差期权的最大损益为 $c_{02} - c_{01}$（当 $u \to 0$ 时）。在基础资产价格上升超过某一定值后，斜线价差期权值为正。当基础资产价格升至 X_2 时，斜线价差期权实现最大的利润。

基础资产价格 u 落在区间 $[X_2, +\infty)$ 上，斜线价差期权的价值随着基础资产价格下降而减小，但其价值可以始终为正，即投资者始终获利。

这种卖出执行价格较高而期限较短与买入执行价格较低而期限较长的两份看涨期权组合形式反映出牛市特性，因此它被称为牛市斜线价差期权。

（二）熊市斜线价差期权

与牛市斜线价差期权相对应的一种斜线价差期权乃是熊市斜线价差期权。这种非基本期权是由一份执行价格为 X_1 且期限为 $\tau_1 = T_1 - t_0$ 的看涨期权空头与一份执行价格为 $X_2(X_1 < X_2)$ 且期限为 $\tau_2 = T_2 - t_0(T_1 < T_2)$ 的看涨期权多头构成的。

为方便起见，假定届时为 T_1 时，期限较短的看涨期权为价内期权，期权费价值为 c_{01}，而期限较长的看涨期权为平价期权，期权费价值为 c_{02}，使得期限较短的期权费高于期限较长的期权费，即 $c_{01} > c_{02}$。

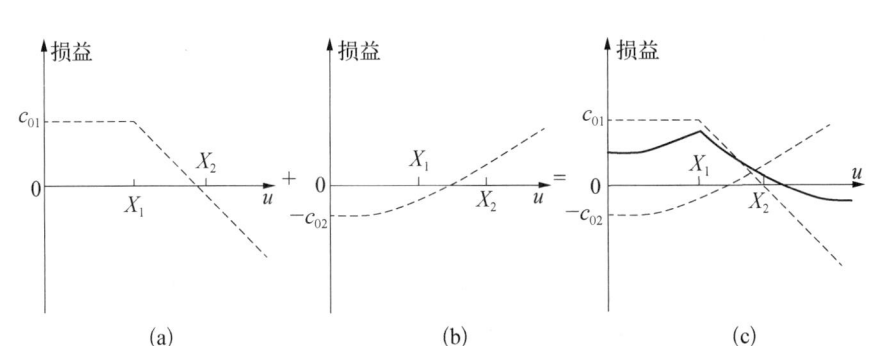

两份期权的损益曲线分别如图 8-1-4(a)、(b)所示。

图 8-1-4 熊市斜线价差期权的组合形式

两份期权的损益函数及它们组合的损益函数如表 8-1-3 所示。

表 8-1-3 熊市斜线价差期权的损益

基础资产价格变化范围	一份执行价格较低且期限较短的看涨期权空头损益	一份执行价格较高且期限较长的看涨期权多头损益	总 损 益
$u < X_1$	c_{01}	$u\Phi_0(d_1) - X_2 e^{-r\tau_{21}} \Phi_0(d_2) - c_{02}$	$u\Phi_0(d_1) - X_2 e^{-r\tau_{21}} \Phi_0(d_2) + c_{01} - c_{02}$
$X_1 \leqslant u$	$-(u - X_1) + c_{01}$	$u\Phi_0(d_1) - X_2 e^{-r\tau_{21}} \Phi_0(d_2) - c_{02}$	$u\Phi_0(d_1) - X_2 e^{-r\tau_{21}} \Phi_0(d_2) + X_1 - u + c_{01} - c_{02}$

两份期权组合的总损益曲线如图 8-1-4(c)中实线所示。

牛市斜线价差期权与这里的斜线价差期权的损益状态相比，后者损益变化情况差不多与前者相反，充分体现出熊市的特性。

当基础资产价格 u 非常小（$u \to 0$）时，熊市斜线价差期权价值为正，利润大约等于构成该组合期权的成本，即 $c_{01} - c_{02}$。随着基础资产价格上升，熊市斜线价差期权价值上升。

当基础资产价格升至执行价格 X_1 时，熊市斜线价差期权价值达到极大，即实现最大利润。

而后，熊市斜线价差期权价值随基础资产价格变化而单调下降。特别地,当基础资产价格 u 上升到一定程度时,熊市斜线价差期权价值出现负值,即投资者可能亏损,但不会超过 $X_1 - X_2 e^{-r\tau_{21}} + c_{01} - c_{02}$ ①。

(三) 日历价差期权与斜线价差期权的异同点

日历价差期权与斜线价差期权两者共同点在于:投资者都利用期权时间价值衰减特性来进行获利。如在日历价差期权中,投资者卖出一份期限较短的看涨期权同时买入一份期权较长的看涨期权,卖出期权获得收益,买入期权发生亏损。因此,短期期权随着时间往后推移,其时间价值的衰减越来越有利于投资者,最后在第一份短期期权到期(T_1)时,日历价差期权出现明显的盈利线;同理可以理解斜线价差期权通过时间价值衰减的特性从中获利的道理。

日历价差期权与斜线价差期权两者不同点是:在前者中,两份期权的执行价格相同,因此它不能从期权执行价格差异变动方向上获利;而在后者中,两份期权执行价格大小不同且方向可变化,使投资者不仅可以从执行价格大小而且还可以从执行价格的方向上获得所期望的收益。如牛市斜线价差期权可以让投资者在基础资产价格上涨过程中获利,并在较高的期权执行价格附近享有极大收益;又如熊市斜线价差期权可以让投资者在基础资产价格下降过程中获利,并在较低的期权执行价格附近享有极大收益。

尽管斜线价差期权的构成要比日历价差期权复杂些,看上去斜线价差期权考虑的影响因素似乎更多一些,但还不能说有了斜线价差期权就不需要日历价差期权了,实际中,究竟应用哪一种价差期权来套利保值要根据市场具体情况来选择。

三、到期日相同但执行价格不同的期权组合

期权的组合形式之三是:到期日相同但执行价格不同的两份期权组合成为一份非基本期权。这类非基本期权被称为垂直价差期权(Vertical spreads),可分为牛市价差期权(Bull spreads)、熊市价差期权(Bear spreads)与宽跨式期权(Strangle)。

---

① $\lim\limits_{u \to +\infty} [u\Phi_0(d_1) - X_2 e^{-r\tau_{21}}\Phi_0(d_2) + X_1 - u + c_{01} - c_{02}] = X_1 - X_2 e^{-r\tau_{21}} + c_{01} - c_{02}$。

(一)牛市价差期权

牛市价差期权是由买入一份执行价格较低的基本期权与卖出一份执行价格较高且到期日相同的同类期权构成的。

由于期权有看涨与看跌之分,所以牛市价差期权的构成也可分为两类。

1. 买入一份执行价格较低的看涨期权,同时卖出一份执行价格较高且到期日相同的看涨期权

为了说明这种情况下的牛市看涨期权的形成过程,假定某投资者期初(t_0时)买入一份执行价格为X_1、到期日为T时的看涨期权,同时卖出一份执行价格为X_2($X_2 > X_1$)、到期日相同的看涨期权,这两份期权在$t(\in [t_0, T])$时期权费的价值分别为c_{01}和c_{02}。显然,$c_{01} > c_{02}$。这两份期权的损益状况分别如图8-1-5(a)、(b)所示。

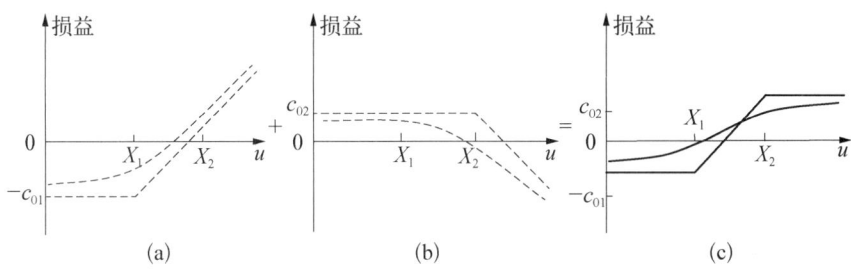

图 8-1-5 看涨期权组合的牛市价差期权

这两份期权在t时的损益函数及它们组合的损益函数如表8-1-4所示。

表 8-1-4 到期前,看涨期权组合的牛市价差期权损益[①]

基础资产价格变化范围	一份执行价格较低的看涨期权多头损益	一份执行价格较高的看涨期权空头损益	总 损 益
$0 < u < +\infty$	$u\Phi_0(d_1) - X_1 e^{-r\tau}\Phi_0(d_2) - c_{01}$	$-u\Phi_0(d'_1) + X_2 e^{-r\tau}\Phi_0(d'_2) + c_{02}$	$u[\Phi_0(d_1) - \Phi_0(d'_1)] - e^{-r\tau}[X_1\Phi_0(d_2) - X_2\Phi_0(d'_2)] + c_{02} - c_{01}$

---

① $d_1 = \dfrac{\ln\dfrac{u}{X_1} + \left(r + \dfrac{\sigma^2}{2}\right)\tau}{\sigma\sqrt{\tau}}$,$d_2 = d_1 - \sigma\sqrt{\tau}$,$d'_1 = \dfrac{\ln\dfrac{u}{X_2} + \left(r + \dfrac{\sigma^2}{2}\right)\tau}{\sigma\sqrt{\tau}}$,$d'_2 = d'_1 - \sigma\sqrt{\tau}$。

到期时($t=T$时),两份期权的损益函数及它们组合的损益函数如表 8-1-5 所示。

表 8-1-5 到期日,看涨期权组合的牛市价差期权损益

基础资产价格变化范围	一份执行价格较低的看涨期权多头损益	一份执行价格较高的看涨期权空头损益	总 损 益
$u < X_1$	$-c_{01}$	c_{02}	$c_{02} - c_{01}$
$X_1 \leqslant u < X_2$	$u - X_1 - c_{01}$	c_{02}	$u - X_1 + c_{02} - c_{01}$
$X_2 \leqslant u$	$u - X_1 - c_{01}$	$-(u - X_2) + c_{02}$	$X_2 - X_1 + c_{02} - c_{01}$

图 8-1-5(a)、(b)中虚曲线分别表示到期前某一时刻(t 时)一份执行价格为 X_1 的看涨期权多头与一份执行价格为 X_2($X_1 < X_2$)的看涨期权空头的价值状态。它们损益函数分别被列入表 8-1-4 中第 2 列与第 3 列。而损益函数的和就是这两份期权组合的总损益函数,被列入表 8-1-4 中第 4 列。根据总损益函数,易绘出组合损益曲线。如图 8-1-5(c)中实曲线所示。

图 8-1-5(a)、(b)虚折线分别表示到期时这两份期权的价值状态。表 8-1-5 中第 2 列与第 3 列表达式分别表示到期时这两份期权的损益。两份期权损益的和就是该组合到期时总损益。由表 8-1-5 中总损益表达式绘出图 8-1-5(c)中的实折线。这就是该组合到期时总损益的直观图。

由图 8-1-5(c)可见,持有该组合工具的投资者,当基础资产大幅度下跌($u < X_1$)时,亏损被控制在一定程度上,这里的止损值为 $c_{01} - c_{02}$;当基础资产价格 u 在两个期权执行价格(X_1 与 X_2)之间变化,风险敞开,损益随市价而定;当基础资产价格大幅度上升($u > X_2$)时,利润升至一定程度后将被锁定,利润最大值为 $X_2 - X_1 + c_{02} - c_{01}$。显而易见,该组合工具反映了牛市特性,故人们称它为牛市价差期权。

牛市价差期权有一个明显的优点,它所支付的成本要少于单单买入一份看涨期权的成本,由图 8-1-5(c)和表 8-1-5 可见,持有牛市价差期权的成本为 $c_{01} - c_{02}$,而买入一份看涨期权的成本为 c_{01}。牛市价差期权通过卖出一份执行价格较高的看涨期权获取收入,来抵减买入一份执

行价格较低的看涨期权所支出的费用。

我们相信,金融市场上"没有免费的午餐"。牛市价差期权在节省成本这方面占了便宜,必然将会在另一层面上有所付出。这就是说,牛市价差期权也有一个明显的缺陷。现以到期的牛市价差期权来说明这一问题。当基础价格上升超过较高执行价格 X_2 时,投资者的利润被锁定在一个确定的水平上,或者说在牛气冲天时,投资者丧失了更大的潜在利益。牛市价差期权之所以利润有限,是因为买入执行价格较低的看涨期权所获取的利润相当一部分被卖出执行价格较高的看涨期权所遭受的损失抵消。

如同其他金融工具,牛市价差期权也不是一种尽善尽美的金融工具。

上面,仅以两份看涨期权说明了牛市价差期权的变化规律。下面,我们将以两份看跌期权从另一个角度来看牛市价差期权的演变过程。

2. 买入一份执行价格较低的看跌期权,同时卖出一份执行价格较高的看跌期权

假定投资者期初(t_0 时)买入一份执行价格为 X_1、到期日为 T 时的看跌期权,同时卖出一份执行价格为 X_2($X_2 > X_1$)、到期日相同的看跌期权。这两份期权在 $t(\in [t_0, T])$ 时的期权费价值分别为 p_{01} 和 p_{02}。显然,$p_{01} < p_{02}$。这两份期权的损益状况分别如图 8-1-6(a)、(b)所示。图 8-1-6(a)、(b)中的虚曲线分别表示到期前某一时刻(t 时)一份执行价格为 X_1 的看跌期权多头与一份执行价格为 X_2($X_1 < X_2$)看跌期权空头的价值状态。图 8-1-6(a)、(b)中虚折线分别表示到期时这两份期权的价值状态。

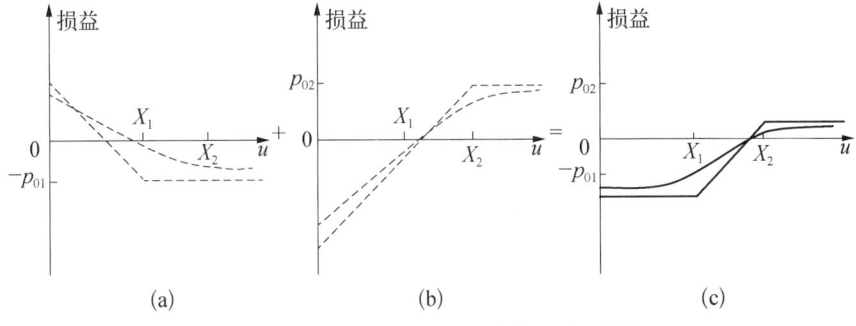

图 8-1-6 看跌期权组合的牛市价差期权

表 8-1-6 列出到期前与到期时,两份看跌期权的损益函数及其他们组合的损益函数。

表 8-1-6　看跌期权组合的牛市价差期权损益[①]

时间	基础资产价格变化范围	一份执行价格较低的看跌期权多头损益	一份执行价格较高的看跌期权空头损益	总　损　益
$t_0 < t < T$	$0 < u < +\infty$	$X_1 e^{-r\tau}\Phi_0(-d_2) - u\Phi_0(-d_1) - p_{01}$	$u\Phi_0(-d_1') - X_2 e^{-r\tau}\Phi_0(-d_2') + p_{02}$	$u[\Phi_0(-d_1') - \Phi_0(-d_1)] - e^{-r\tau}[X_2\Phi_0(-d_2') - X_1\Phi_0(-d_2)] + p_{02} - p_{01}$
$t = T$	$u < X_1$	$X_1 - u - p_{01}$	$u - X_2 + p_{02}$	$X_1 - X_2 + p_{02} - p_{01}$
	$X_1 \leqslant u < X_2$	$-p_{01}$	$u - X_2 + p_{02}$	$u - X_2 + p_{02} - p_{01}$
	$X_2 \leqslant u$	$-p_{01}$	p_{02}	$p_{02} - p_{01}$

由表 8-1-6 组合的总损益函数可绘出如图 8-1-6(c)所示的总损益曲线。图 8-1-6(c)中的一条实曲线表示该组合到期前的损益状态;图中的一条实折线表示该组合到期时的损益状态。

由图 8-1-6(c)与图 8-1-5(c)可见;由一份执行价格较低的看跌期权多头与一份执行价格较高且到期日相同的看跌期权空头构成的总损益曲线,与由看涨期权组合的牛市价差期权的总损益曲线几乎相同。因此在整个期权的有效期内,两者实现的金融目的也非常相似。所以,人们把这类组合工具也称为牛市价差期权。

由图 8-1-5(c)与图 8-1-6(c)还可以看出,无论是由两份看涨期权还是由两份看跌期权构成的牛市价差期权,在基础资产价格 u 超过某一价格(由图中曲线与折线交点所确定的价格),期权时间价值衰减特性有利于牛市价差期权的持有者,而且时间越接近于到期日,持有者获利越大,最终在到期日获得预期的利润。事实上,牛市价差期权中卖出期权的时间价值衰减有利于持有者。

---

① $d_1 = \dfrac{\ln\dfrac{u}{X_1} + \left(r + \dfrac{\sigma^2}{2}\right)\tau}{\sigma\sqrt{\tau}}, d_2 = d_1 - \sigma\sqrt{\tau}, d_1' = \dfrac{\ln\dfrac{u}{X_2} + \left(r + \dfrac{\sigma^2}{2}\right)\tau}{\sigma\sqrt{\tau}}, d_2' = d_1' - \sigma\sqrt{\tau}$。

(二) 熊市价差期权

与牛市价差期权相对应的一种垂直价差期权,乃是熊市价差期权。熊市价差期权是由一份执行价格较高的基本期权的多头与一份执行价格较低且到期日相同的同类期权的空头构成的。

与牛市价差期权一样,熊市价差期权可以由两个看涨期权组成,也可以由两个看跌期权组成。

1. 买入一份执行价格较高的看涨期权,同时卖出一份执行价格较低且到期日相同的看涨期权

假定投资者期初(t_0时)买入一份执行价格为X_2、到期日为T时的看涨期权,同时卖出一份执行价格为X_1($X_1 < X_2$)且到期日相同的看涨期权,两份期权在$t(\in [t_0, T])$时的期权费价值分别为c_{01}和c_{02}。显然,$c_{01} < c_{02}$。图 8-1-7(a)、(b)中虚曲线分别表示到期前某时刻(t时)一份执行价格为X_2的看涨期权多头与一份执行价格为X_1($X_1 < X_2$)的看涨期权空头的价值状态。图 8-1-7 中虚折线分别表示到期时这两份看涨期权的价值状态。

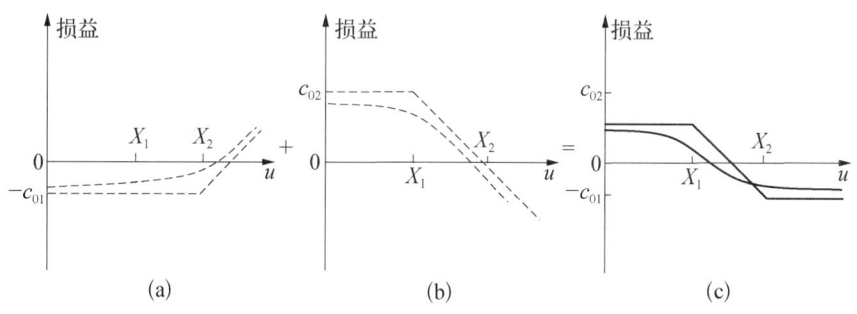

图 8-1-7 看涨期权组合的熊市价差期权

这两份看涨期权的损益函数及它们组合的损益函数如表 8-1-7 所示。

由表 8-1-7 组合总损益函数,可绘出如图 8-1-7(c)所示的总损益曲线。图 8-1-7(c)中的一条实曲线表示该组合到期前的损益状态;图中一条实折线表示该组合到期时损益状态。

图 8-1-7(c)中的总损益曲线与图 8-1-5(c)中的总损益曲线形状

恰好相反。这里的组合工具反映了熊市方向性,故人们称之为熊市价差期权。与牛市价差期权相反,持有熊市价差期权的投资者预期基础资产价格下降,即与持有牛市价差期权投资者实现的金融目标相反。

表 8-1-7　看涨期权组合的熊市价差期权损益[①]

时间	基础资产价格变化范围	一份执行价格较高的看涨期权多头损益	一份执行价格较低的看涨期权空头损益	总　损　益
$t_0 < t < T$	$0 < u < +\infty$	$u\Phi_0(d_1)$ $-X_2e^{-r\tau}\Phi_0(d_2)$ $-c_{01}$	$-u\Phi_0(d_1')+$ $X_1e^{-r\tau}\Phi_0(d_2')$ $+c_{02}$	$u[\Phi_0(d_1)-\Phi_0(d_1')]$ $-e^{-r\tau}[X_2\Phi_0(d_2)$ $-X_1\Phi_0(d_2')]+c_{02}-c_{01}$
$t = T$	$u < X_1$	$-c_{01}$	c_{02}	$c_{02}-c_{01}$
	$X_1 \leqslant u < X_2$	$-c_{01}$	$-(u-X_1)+c_{02}$	$X_1-u+c_{02}-c_{01}$
	$X_2 \leqslant u$	$u-X_2-c_{01}$	$-(u-X_1)+c_{02}$	$X_1-X_2+c_{02}-c_{01}$

2. 熊市价差期权可由两个看跌期权构成

假定投资者期初(t_0 时)买入一份执行价格(X_2)较高的看跌期权,同时卖出一份执行价格(X_1)较低且到期日(T 时)相同的看跌期权,两份期权在 $t(\in [t_0, T])$ 时的期权费价值分别为 p_{01} 和 p_{02},显然,$p_{01} > p_{02}$。

图 8-1-8(a)、(b)中虚曲线分别表示到期前 t 时一份执行价格为 X_2 的看跌期权多头与一份执行价格为 $X_1(X_1 < X_2)$ 的看跌期权空头的

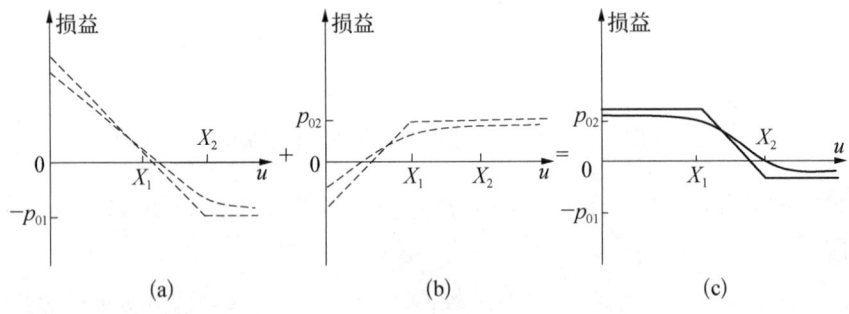

图 8-1-8　看跌期权组合的熊市价差期权

---

① $d_1 = \dfrac{\ln\dfrac{u}{X_2}+\left(r+\dfrac{\sigma^2}{2}\right)\tau}{\sigma\sqrt{\tau}}$,$d_2 = d_1 - \sigma\sqrt{\tau}$,$d_1' = \dfrac{\ln\dfrac{u}{X_1}+\left(r+\dfrac{\sigma^2}{2}\right)\tau}{\sigma\sqrt{\tau}}$,$d_2' = d_1' - \sigma\sqrt{\tau}$。

价值状态。图 8-1-8(a)、(b)中虚折线分别表示到期时这两份看跌期权的价值状态。

这两份看跌期权的损益函数及它们组合的损益函数如表 8-1-8 所示。

表 8-1-8　看跌期权组合的熊市价差期权损益[①]

时　间	基础资产价格 变化范围	一份执行价格 较低的看跌期 权多头损益	一份执行价格 较高的看跌期 权空头损益	总　损　益
$t_0 < t < T$	$0 < u < +\infty$	$X_2 e^{-r\tau} \Phi_0(-d_2)$ $-u\Phi_0(-d_1)$ $-p_{01}$	$u\Phi_0(-d_1')$ $-X_1 e^{-r\tau}\Phi_0(-d_2')$ $+p_{02}$	$u[\Phi_0(-d_1')-\Phi_0(-d_1)]$ $-e^{-r\tau}[X_1\Phi_0(-d_2')-$ $X_2\Phi_0(-d_2)]+p_{02}-p_{01}$
$t = T$	$u < X_1$ $X_1 \leqslant u < X_2$ $X_2 \leqslant u$	$X_2 - u - p_{01}$ $X_2 - u - p_{01}$ $-p_{01}$	$u - X_1 + p_{02}$ p_{02} p_{02}	$X_2 - X_1 + p_{02} - p_{01}$ $X_2 - u + p_{02} - p_{01}$ $p_{02} - p_{01}$

图 8-1-8(c)中实曲线与实折线分别表示该组合到期前的损益状态与到期时的损益状态。这与图 8-1-7(c)所示的组合损益状态几乎相似。这就是说，由一份执行价格较高的看跌期权多头与一份执行价格较低且到期日相同的看跌期权空头也可以构成一份熊市价差期权。

与牛市价差期权类似，熊市价差期权控制了基础资产价格朝着不利方向变时的损失，但同时它也限制了基础资产价格向着有利方向变动时的潜在收益。

但熊市价差期权也具有牛市价差期权相类似的优点，投资者可以利用期权时间价值衰减的特性来进行获利，见图 8-1-8(c)。

将牛市或熊市价差期权与前面两种价差期权（日历价差期权与斜线价差期权）进行比较，不难看出，日历价差期权仅从期权时间价值衰减中获利，但没有从基础资产价格方向上获利；斜线价差期权不仅从期权时间

---

① $d_1 = \dfrac{\ln\dfrac{u}{X_2} + \left(r + \dfrac{\sigma^2}{2}\right)\tau}{\sigma\sqrt{\tau}}, d_2 = d_1 - \sigma\sqrt{\tau}, d_1' = \dfrac{\ln\dfrac{u}{X_1} + \left(r + \dfrac{\sigma^2}{2}\right)\tau}{\sigma\sqrt{\tau}}, d_2' = d_1' - \sigma\sqrt{\tau}$。

价值衰减中获利,还从基础资产价格方向上获利;虽然垂直价差期权也从期权时间价值衰减中获利,但利用时间价值衰减特性的程度不及前两种价差期权,投资者利用牛市或熊市价差期权工具,主要目的是要从基础资产价格方向上获利的。在实际操作中,究竟使用哪一种价差期权工具较为适宜,这要根据实际金融市场变化情况以及具体投资者偏好来进行选择。

(三) 宽跨式期权

宽跨式期权是由一份执行价格较低的看跌期权多头与一份执行价格较高的且到期日相同的看涨期权多头构成的。毫无疑问,该组合形式仍然属于垂直价差范畴。

假定投资者期初(t_0 时)买入一份执行价格为 X_1、到期日为 T 时的看跌期权,同时再买入一份执行价格为 X_2($X_1 < X_2$)且到期日相同的看涨期权。两份期权在 $t(\in [t_0, T])$ 时的期权费价值分别为 p_{01} 和 c_{02},到期前与到期时的价值状态分别如图 8-1-9(a)、(b)中的虚曲线和虚折线所示。

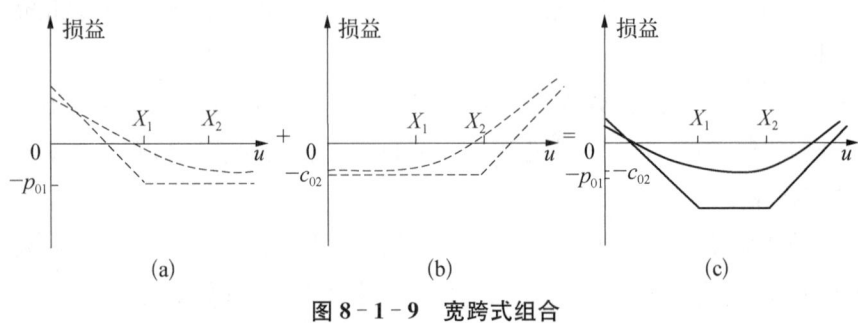

图 8-1-9 宽跨式组合

两份期权的损益函数及它们组合的损益函数被列入表 8-1-9 中。

由表 8-1-9 中总损益函数式,可得图 8-1-9(c)中总损益曲线。图中实曲线表示该组合到期前 t 时损益状态,实折线表示该组合到期时损益状态。

表 8-1-9　宽跨式组合损益[①]

时　间	基础资产价格变化范围	一份执行价格较低的看跌期权多头损益	一份执行价格较高的看涨期权多头损益	总　损　益
$t_0 < t < T$	$0 < u < +\infty$	$X_1 e^{-r\tau}\Phi_0(-d_2)$ $-u\Phi_0(-d_1)$ $-p_{01}$	$u\Phi_0(d_1')$ $-X_2 e^{-r\tau} \cdot$ $\Phi_0(d_2') - c_{02}$	$u[\Phi_0(d_1') - \Phi_0(-d_1)]$ $-e^{-r\tau}[X_2\Phi_0(d_2') -$ $X_1\Phi_0(-d_2)] - c_{02} - p_{01}$
$t = T$	$u < X_1$ $X_1 \leqslant u < X_2$ $X_2 \leqslant u$	$X_1 - u - p_{01}$ $-p_{01}$ $-p_{01}$	$-c_{02}$ $-c_{02}$ $u - X_2 - c_{02}$	$X_1 - u - c_{02} - p_{01}$ $-c_{02} - p_{01}$ $u - X_2 - c_{02} - p_{01}$

投资者采用宽跨式期权在基础资产价格上升或下降一定程度(在图 8-1-9(c)中到期前总损益线与横轴相交的两点处基础资产的价格)后,才能获利。在到期时宽跨式期权的两个盈亏平衡点之间的距离为两个执行价格间的距离加上 2 倍该投资组合的成本,即 $(X_1 - p_{01} - c_{02}, X_2 + c_{02} + p_{01})$,当基础资产价格处于这一中间区间时,投资者亏损,最大损失为两份期权的成本之和 $(p_{01} + c_{02})$。在采用宽跨式组合时通常选择两个价外期权,这样总成本较小,造成的损失也较小。宽跨式期权损益的大小取决于两个执行价格之间的距离,这个距离越远,潜在的损失越小,基础资产价格变动幅度需要更大,才能获益;反之亦然。

如果投资者预期基础资产价格不可能发生巨大变化,那么可采用空头宽跨式期权。空头宽跨式期权就是卖出一份执行价格较低的看跌期权,同时卖出一份执行价格较高且到期日相同的看涨期权,其损益图形与前述的损益图形正好相反。但是,在基础资产价格朝不利方向变动时,持有空头宽跨式期权的投资者面临风险,而且潜在损失将是无限的。

四、到期日与执行价格分别相同的期权组合

期权的组合形式之四是:到期日与执行价格均相同的两份期权组成

[①] $d_1 = \dfrac{\ln\dfrac{u}{X_1} + \left(r + \dfrac{\sigma^2}{2}\right)\tau}{\sigma\sqrt{\tau}}$, $d_2 = d_1 - \sigma\sqrt{\tau}$, $d_1' = \dfrac{\ln\dfrac{u}{X_2} + \left(r + \dfrac{\sigma^2}{2}\right)\tau}{\sigma\sqrt{\tau}}$, $d_2' = d_1' - \sigma\sqrt{\tau}$。

为另一种金融工具。这类组合工具并非全为非基本期权,也可能为其他金融工具,如为远期合约。

(一) 组合为远期合约

恰当地买入一份看跌期权且卖出一份到期日和执行价格分别与前一份期权相同的看涨期权,可以与一份远期合约空头等价。

或者恰当地买入一份看涨期权且卖出一份到期日和执行价格分别与前一份期权相同的看跌期权,可以与一份远期合约多头等价。

例如,期初(t_0时)投资者买入一份执行价格为X_0、到期日为T时、期权费为$X_0-X_f+c_2$的看跌期权,同时卖出一份执行价格也为X_0且到期日也为T时、期权费为c_2的看涨期权。这就相当于他卖出一份交割价格为X_f且与期权到期日相同的远期合约。

又如,期初(t_0时)投资者买入一份执行价格为X_0、到期日为T时、期权费为c_1的看涨期权,同时卖出一份执行价格和到期日分别与前一份期权相同且期权费为$X_0-X_f+c_1$的看跌期权。这就相当于他买入一份交割价格为X_f且与期权到期日相同的远期合约。

不同状态、不同类型但到期日与执行价格分别相同的两份基本期权构成一份远期合约的组合形式,实质上是一份远期合约分解为两份基本期权的逆形式(见第六章第四节内容,或 见图 6-4-2 与图 6-4-3)。这里不再赘述。

(二) 跨式组合期权

同时买入或卖出到期日与执行价格分别相同的看涨期权和看跌期权各一份。这一组合工具被称为一份多头或空头跨式期权(Straddle purchase or Straddle write)。

为了说明多头跨式期权,假定投资者在期初(t_0时)买入一份执行价格为X、到期日为T时的看涨期权,同时买入一份执行价格和到期日分别与前一份期权相同的看跌期权。两份期权在$t(\in[t_0,T])$时的期权费价值分别为c_{01}和p_{02}。

图 8-1-10(a)、(b)中虚折(曲)线分别表示看跌与看涨期权到期时

第八章 期权的创生原理 273

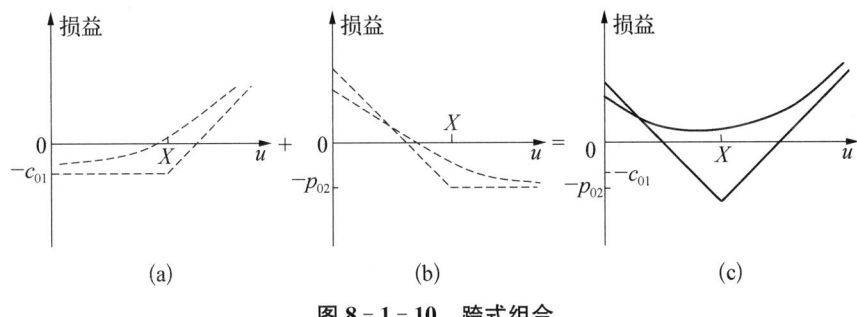

图 8-1-10 跨式组合

(到期前)的价值状态。

表 8-1-10 给出了这两份期权的损益函数及它们组合的损益函数。

表 8-1-10 跨式组合损益①

时 间	基础资产价格变化范围	一份看涨期权多头损益	一份看跌期权多头损益	总 损 益
$t_0 < t < T$	$0 < u < +\infty$	$u\Phi_0(d_1)$ $-Xe^{-r\tau}\Phi_0(d_2)$ $-c_{01}$	$Xe^{-r\tau}\Phi_0(-d_2)$ $-u\Phi_0(-d_1)$ $-p_{02}$	$u[\Phi_0(d_1)-\Phi_0(-d_1)]$ $-Xe^{-r\tau}[\Phi_0(d_2)-$ $\Phi_0(-d_2)]-c_{01}-p_{02}$
$t = T$	$u < X$ $X \leqslant u$	$-c_{01}$ $u-X-c_{01}$	$X-u-p_{02}$ $-p_{02}$	$X-u-c_{01}-p_{02}$ $u-X-c_{01}-p_{02}$

由表 8-1-10 中总损益函数可得图 8-1-10(c)中的总损益曲线。

由图 8-1-10(c)和图 8-1-9(c)可见,跨式期权与宽跨式期权有诸多相似的特征。

第一,当基础资产价格在跨式期权两盈亏平衡点之间,即在区间$(X-c_{01}-p_{02}, X+c_{01}+p_{02})$内变动时,持有者就会遭受损失,最大损失为两份期权成本之和$(c_{01}+p_{02})$;

第二,当基础资产价格在由两盈亏平衡点构成的区间$(X-c_{01}-p_{02}, X+c_{01}+p_{02})$之外变动时,持有者才能获利且有潜在巨大的利润,

---

① $d_1 = \dfrac{\ln\dfrac{u}{X}+\left(r+\dfrac{\sigma^2}{2}\right)\tau}{\sigma\sqrt{\tau}}, d_2 = d_1 - \sigma\sqrt{\tau}。$

也就是说,投资者预期基础资产价格会有非常显著的变动(相对于执行价格 X 而言),采用跨式策略是明智的;

第三,跨式期权只有在接近到期日时,时间价值衰减得非常明显,而在到期日之前的较早时期,时间价值衰减程度不显著,这一特征提醒人们,当基础资产价格没有出现较大变动的迹象时,可在跨式(或宽跨式)期权到期日之前较早地将其出售,减少损失。

毕竟,跨式与宽跨式期权是两种不同的组合形式,因此有着不同的地方。

首先,两者最大的亏损不等。通常在跨式组合中,选取的看涨与看跌期权均是平价期权,而在宽跨式组合中,选取的看涨与看跌期权均是价外期权。相对于平价期权来说,价外期权的成本比较低。我们知道,两种组合工具造成的最大损失都是各自的两份期权成本之和,即分别为 $c_{01}+p_{02}$ 和 $c_{02}+p_{01}$,所以 $c_{01}+p_{02}>c_{02}+p_{01}$。就是说,跨式期权的最大亏损大于宽跨式期权的最大亏损。从这一点来说,宽跨式期权优于跨式期权。

其次,两者盈亏平衡点区间不同。由跨式期权的两个盈亏平衡点构成的区间是 $(X-c_{01}-p_{02}, X+c_{01}+p_{02})$,而由宽跨式期权的两个盈亏平衡点构成的区间是 $(X_1-p_{01}-c_{02}, X_2+c_{02}+p_{01})$。在通常情况下,两个期权的执行价格差总是大于它们的期权费用差,因此,前者的区间小于后者的区间。就是说,为了获得利润,持有宽跨式期权的投资者预期基础资产价格大幅变动的程度大大高于持有跨式期权的投资者预期的变化程度。换言之,相对于跨式期权,持有宽跨式期权的投资者获利的可能性要小。

跨式与宽跨式组合策略各有利弊。

类似地,我们可以讨论空头跨式组合的演变规律及其特征。

五、多份期权组合[①]

期权的组合形式之五是:3 份或 4 份基本期权组合成为 1 份非基本

[①] 这里仅讨论 3 份或 4 份期权的组合形式,关于更多份期权的组合形式,感兴趣的读者可以参阅其他金融工程的论著。

期权。这类非基本期权包括蝶式价差期权(Butterfly spreads)、鹰式期权(Condors)、比率价差期权(Ratio spreads)以及偏跌跨式(偏涨跨式)期权(Strips or Straps)等。这里规定期权的到期日均相同,但执行价格可以完全相同,也可以不完全相同。

(一) 执行价格都不相同的 4 份期权组合

适当选取看涨与看跌期权,可以让到期日都相同而执行价格都不相同的 4 份期权组合成为 1 份鹰式期权。

由于构成鹰式期权的基本期权的份数比较多,因此构造鹰式期权的方式自然就会多一些。现以多头鹰式期权为主,来列出构造鹰式期权的几种组合方式:

第一,同时买入一份执行价格最低的看涨期权,卖出一份执行价格较高的看涨期权,再卖出一份执行价格更高的看涨期权,再买入一份执行价格最高的看涨期权;

第二,同时买入一份执行价格最低的看跌期权,卖出一份执行价格较高的看跌期权,再卖出一份执行价格更高的看跌期权,再买入一份执行价格最高的看跌期权;

第三,同时买入一份执行价格最低的看涨期权,卖出一份执行价格较高的看涨期权,再卖出一份执行价格更高的看跌期权,再买入一份执行价格最高的看跌期权;

第四,同时买入一份执行价格最低的看跌期权,卖出一份执行价格较高的看跌期权,再卖出一份执行价格更高的看涨期权,再买入一份执行价格最高的看涨期权。

下面以第一种组合方式来着重说明实现鹰式期权的演变过程及采用它所能达到的保值目的。

假定 4 份看涨期权的期限均为 $\tau = T - t_0$,执行价格分别为 $X_1, X_2, X_3, X_4 (X_1 < X_2 < X_3 < X_4$,且 $X_2 - X_1 = X_4 - X_3)$,到期日的期权费价值分别为 $c_{01}, c_{02}, c_{03}, c_{04} (c_{04} < c_{03} < c_{02} < c_{01}$,且 $c_{02} + c_{03} - c_{01} - c_{04} < 0)$。

这四份期权到期日的价值状态分别如图 8-1-11 中自左向右的 4

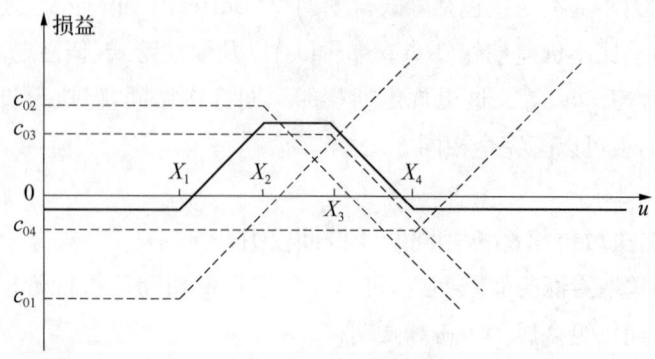

图 8-1-11 第一种鹰式组合

条虚折线所示。

到期时这四份期权的损益函数及它们组合的损益函数如表 8-1-11 所示。

表 8-1-11 到期时第一种鹰式组合损益

基础资产价格变化范围	一份执行价格最低的看涨期权多头损益	一份执行价格较高的看涨期权空头价值	一份执行价格更高的看涨期权空头价值	一份执行价格最高的看涨期权多头损益	总损益
$u < X_1$	$-c_{01}$	c_{02}	c_{03}	$-c_{04}$	$c_{02}+c_{03}-c_{01}-c_{04}$
$X_1 \leqslant u < X_2$	$u-X_1-c_{01}$	c_{02}	c_{03}	$-c_{04}$	$u-X_1+c_{02}+c_{03}-c_{01}-c_{04}$
$X_2 \leqslant u < X_3$	$u-X_1-c_{01}$	X_2-u+c_{02}	c_{03}	$-c_{04}$	$X_2-X_1+c_{02}+c_{03}-c_{01}-c_{04}$
$X_3 \leqslant u < X_4$	$u-X_1-c_{01}$	X_2-u+c_{02}	X_3-u+c_{03}	$-c_{04}$	$X_2-X_1+X_3-u+c_{02}+c_{03}-c_{01}-c_{04}$
$X_4 \leqslant u$	$u-X_1-c_{01}$	X_2-u+c_{02}	X_3-u+c_{03}	$u-X_4-c_{04}$	$X_2-X_1+X_3-X_4+c_{02}+c_{03}-c_{01}-c_{04}$

由表 8-1-11 总损益函数表达式可得到图 8-1-11 中总损益曲线（图中实线）。

在到期时，当基础资产低于最低的执行价格 X_1 或高于最高执行价

格 X_4 时,该多头鹰式期权的价值为一负常数,持有该组合工具的投资者发生最大亏损,其最大损失值为总净成本,即 $c_{02}+c_{03}-c_{01}-c_{04}$,这是一笔较小的数目。

当基础资产价格在执行价格 X_1 与 X_2 之间上升(下降)时,鹰式期权价值上升(下降);但当基础资产价格在执行价格 X_3 与 X_4 之间上升(下降)时,鹰式期权价值却下降(上升)。基础资产价格处于两个盈亏平衡点之间,即在区间 $(X_1-c_{02}-c_{03}+c_{01}+c_{04}, X_3+X_2-X_1+c_{02}+c_{03}-c_{01}-c_{04})$ 内,鹰式期权价值为正,即投资者获利;并在执行价格 X_2 与 X_3 之间,鹰式期权价值为一正常数,其值为 $X_2-X_1+c_{02}+c_{03}-c_{01}-c_{04}$,这时投资者实现最大利润。

为简单起见,这里没有讨论到期前的多头鹰式期权价值的变动状态。其实,鹰式期权在到期前的时间价值衰减特征是与宽跨式期权、跨式期权相类似的,即在到期日之前的较早时期,时间价值衰减特征表现得不十分明显,而在非常接近到期日时,时间价值衰减特征变得非常明显,典型的鹰式期权价值线开始凸显。就是说,在到期日之前的较早时期,采用鹰式期权的损益线几乎就是零利润线。

综上可见,采用多头鹰式期权的套期保值目标与多头宽跨式期权或与多头跨式期权相反。由于构建多头鹰式期权所需要的成本比较小,又因为该组合工具能在较宽的基础资产价格变化范围内显著而又稳定地获利,因此,对于认为基础资产价格不可能发生较大变动的投资者,采用多头鹰式期权来进行套期保值,这是明智的。

类似地,可以讨论其他多头鹰式组合形式。同理,也可以认识空头鹰式组合策略。只要将多头鹰式期权的价值曲线颠倒过来,即可理解空头鹰式期权的保值目标。

(二) 两份执行价格相同的 4 份期权组合

一类典型的 4 份期权的组合形式是蝶式价差期权。它是由 4 份同类的或两两同类的而且在卖出 2 份相同中间价格的同时各买入 1 份最低与最高执行价格的基本期权构成的。根据定义,它也有多种组合方式。

第一种组合方式是,同时,买入1份执行价格较低的看涨期权,卖出2份一样的执行价格较高的看涨期权,买入1份执行价格更高的看涨期权;

第二种组合方式是,同时,买入1份执行价格较低的看跌期权,卖出2份一样的执行价格较高的看跌期权,买入1份执行价格更高的看跌期权;

第三种组合方式是,同时,买入1份执行价格较低的看涨期权,以同一个较高执行价格分别卖出1份看涨期权和一份看跌期权,买入1份执行价格更高的看跌期权;

第四种组合方式是,同时,买入1份执行价格较低的看跌期权,以同一个较高执行价格分别卖出1份看跌期权和一份看涨期权,买入1份执行价格更高的看涨期权。

仿照多头鹰式组合的讨论过程,现仍以第一种组合方式来说明构造蝶式价差期权的过程。

假定四种期权的期限均为 $\tau = T - t_0$,3个不同的执行价格分别为 $X_1, X_2, X_3 (X_2 - X_1 = X_3 - X_2)$,到期日3份不同期权的期权费价值分别为 $c_{01}, c_{02}, c_{03} (c_{03} < c_{02} < c_{01}$,且 $2c_{02} - c_{01} - c_{03} < 0)$。这些期权到期日的价值状态分别如图 8-1-12 中自左向右的虚折线所示。

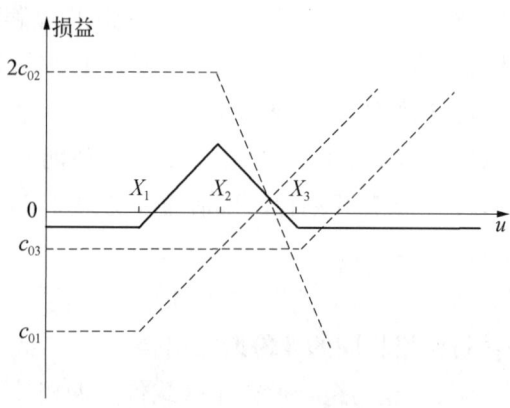

图 8-1-12 第一种蝶式价差组合

到期时这些期权的损益函数及它们组合的损益函数如表 8-1-12 所示。

表 8-1-12　到期时第一种蝶式价差组合损益

基础资产价格变化范围	一份执行价格较低的看涨期权多头损益	两份执行价格较高的看涨期权空头损益	一份执行价格更高的看涨期权多头损益	总损益
$u < X_1$	$-c_{01}$	$2c_{02}$	$-c_{03}$	$2c_{02} - c_{01} - c_{03}$
$X_1 \leqslant u < X_2$	$u - X_1 - c_{01}$	$2c_{02}$	$-c_{03}$	$u - X_1 + 2c_{02} - c_{01} - c_{03}$
$X_2 \leqslant u < X_3$	$u - X_1 - c_{01}$	$2(X_2 - u) + 2c_{02}$	$-c_{03}$	$2X_2 - X_1 - u + 2c_{02} - c_{01} - c_{03}$
$X_3 \leqslant u$	$u - X_1 - c_{01}$	$2(X_2 - u) + 2c_{02}$	$u - X_3 - c_{03}$	$2X_2 - X_1 - X_3 + 2c_{02} - c_{01} - c_{03}$

图 8-1-12 中的实折线对应着表 8-1-12 中蝶式价差期权的总损益函数。

由图 8-1-12 与图 8-1-11 可见，多头蝶式价差期权与多头鹰式期权的损益状态有着诸多相似之处。

第一，两种组合的最大损失相类似。与多头鹰式期权相像，当基础资产价格低于最低执行价格 X_1，或高于最高执行价格 X_3 时，多头蝶式价差期权出现最大损失，最大损失值等于构成该组合所需的净成本，即为 $2c_{02} - c_{01} - c_{03}$。如果在多头鹰式期权中 $c_{02} = c_{03}$，那么两种组合的最大损失的表达式是一样的。

第二，两种组合的利润上升或下降过程相似。与多头鹰式期权相像，当基础资产价格在最低执行价格 X_1 与中间执行价格 X_2 之间上升(下降)时，该组合的利润上升(下降)；但当基础资产价格在中间执行价格 X_2 与最高执行价格 X_3 之间上升(下降)时，该组合的利润却下降(上升)。

第三，在两种组合中，由两盈亏平衡点构成的区间相似。在多头鹰式期权中，由两盈亏平衡点构成的区间为 $(X_1 - c_{02} - c_{03} + c_{01} + c_{04}, X_3 + X_2 - X_1 + c_{02} + c_{03} - c_{01} - c_{04})$，而在多头蝶式价差期权中，由两盈亏平衡点构成的区间为 $(X_1 - 2c_{02} + c_{01} + c_{03}, 2X_2 - X_1 + 2c_{02} - c_{01} - c_{03})$。特别地，在鹰式期权中，若让 $X_3 = X_2$，则 $c_{02} = c_{03}$，两者区间的表达式将是一样的。并且两种组合的基础资产价格分别落在各自的盈亏平衡点区间内,持有者总是获利。

第四,两种组合的时间价值衰减特征相似。与多头鹰式期权一样,多头蝶式价差期权在到期日之前的较早时期,时间价值的衰减程度不明显,而在快接近到期日时,时间价值的衰减程度非常明显。

上述多种原因,从而决定了在同样执行价格范围内两种组合的套期保值目标区别不大。

尽管如此,两种组合还是存在着一些差别。多头蝶式价差期权只有一个中间执行价格,而多头鹰式期权却有两个中间执行价格;多头蝶式价差期权的最大利润发生在基础资产价格等于中间执行价格这一点处,而多头鹰式期权的最大利润却发生在两个中间执行价格之间,而并非在一点,其图形的顶部是一段水平线;由表 8-1-12 与表 8-1-11 不难看出,当两种组合的最低执行价格与最高执行价格分别相等时,多头蝶式价差期权的最大利润会大于多头鹰式期权的最大利润,或者说前者对高利润进行集中,而后者对高利润平均化了。多头蝶式价差期权与多头鹰式期权之间的差别给予金融市场上不同偏好的投资者提供不同的便利。

类似地,可以讨论空头蝶式价差期权的实现过程及其市场特征。

(三) 2 份执行价格相同的 3 份期权组合

一类典型的有 2 份执行价格相同的 3 份期权的组合形式是比率价差期权。这类价差期权分别是在牛市看涨价差组合基础上增加 1 份执行价格较高的看涨期权空头,在熊市看跌价差组合基础上增加 1 份执行价格较低的看跌期权空头,在熊市看涨价差组合基础上增加 1 份执行价格较高的看涨期权多头,在牛市看跌价差组合基础上增加 1 份执行价格较低的看跌期权多头而构成的。

若记期权较低与较高的执行价格分别为 X_1 和 X_2,且 $X_1 < X_2$,那么可得如下 4 种具体的比率价差组合方式:

第一种组合方式,同时,买入 1 份执行价格(X_1)较低的看涨期权,卖出 2 份执行价格(X_2)较高的看涨期权;

第二种组合方式,同时,卖出 2 份执行价格(X_1)较低的看跌期权,买

入 1 份执行价格(X_2)较高的看跌期权;

第三种组合方式,同时,卖出 1 份执行价格(X_1)较低的看涨期权,买入 2 份执行价格(X_2)较高的看涨期权;

第四种组合方式,同时,买入 2 份执行价格(X_1)较低的看跌期权,卖出 1 份执行价格(X_2)较高的看跌期权。

第一、二种组合方式分别被称为看涨比率价差期权与看跌比率价差期权,统称为比率价差(ratio spreads)期权。第三、四种组合方式分别被称为看涨比率反价差期权与看跌比率反价差期权,统称为比率反价差(ratio back-spreads)期权。

假定到期时执行价格分别为 X_1、X_2 的看涨期权的期权费价值分别是 c_{01} 与 c_{02},执行价格分别为 X_1、X_2 的看跌期权的期权费价值分别是 p_{01} 与 p_{02},且 $2c_{02}-c_{01}<0$,$2p_{01}-p_{02}<0$。由于 $X_1<X_2$,因此 $c_{02}<c_{01}$,$p_{01}<p_{02}$。于是,这四种比率价差组合的价值状态及其损益函数可以分别用图 8-1-13(a)、(b)、(c)、(d)和表 8-1-13 来表示。

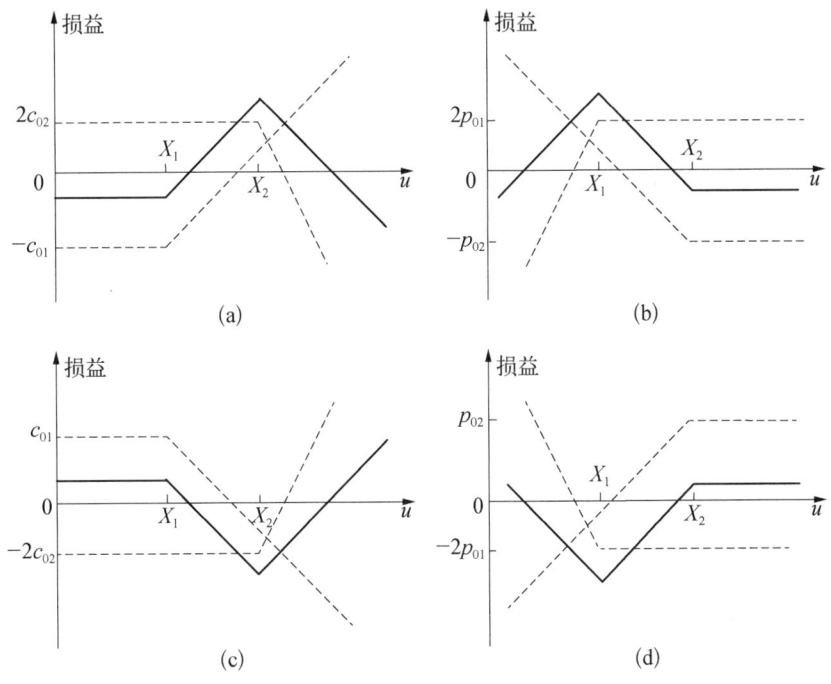

图 8-1-13 4 种比率价差组合

表 8-1-13　到期时 4 种比率价差组合损益

组合类型	基础资产价格变化范围	执行价格(X_1)较低的看涨或看跌期权损益	执行价格(X_2)较高的看涨或看跌期权损益	总　损　益
看涨比率价差组合	$u<X_1$ $X_1\leqslant u<X_2$ $X_2\leqslant u$	一份看涨期权多头 $-c_{01}$ $u-X_1-c_{01}$ $u-X_1-c_{01}$	两份看涨期权空头 $2c_{02}$ $2c_{02}$ $2(X_2-u)+2c_{02}$	$2c_{02}-c_{01}$ $u-X_1+2c_{02}-c_{01}$ $2X_2-X_1-u+2c_{02}-c_{01}$
看跌比率价差组合	$u<X_1$ $X_1\leqslant u<X_2$ $X_2\leqslant u$	两份看跌期权空头 $2(u-X_1)+2p_{01}$ $2p_{01}$ $2p_{01}$	一份看跌期权多头 X_2-u-p_{02} X_2-u-p_{02} $-p_{02}$	$u+X_2-2X_1+2p_{01}-p_{02}$ $X_2-u+2p_{01}-p_{02}$ $2p_{01}-p_{02}$
看涨比率反价差组合	$u<X_1$ $X_1\leqslant u<X_2$ $X_2\leqslant u$	一份看涨期权空头 c_{01} X_1-u+c_{01} X_1-u+c_{01}	两份看涨期权多头 $-2c_{02}$ $-2c_{02}$ $2(u-X_2)-2c_{02}$	$c_{01}-2c_{02}$ $X_1-u+c_{01}-2c_{02}$ $u+X_1-2X_2+c_{01}-2c_{02}$
看跌比率反价差组合	$u<X_1$ $X_1\leqslant u<X_2$ $X_2\leqslant u$	两份看跌期权多头 $2(X_1-u)-2p_{01}$ $-2p_{01}$ $-2p_{01}$	一份看跌期权空头 $u-X_2+p_{02}$ $u-X_2+p_{02}$ p_{02}	$2X_1-X_2-u+p_{02}-2p_{01}$ $u-X_2+p_{02}-2p_{01}$ $p_{02}-2p_{01}$

当基础资产价格低于最高执行价格 X_2 时,看涨比率价差期权与牛市看涨价差期权的损益状态相似,见图 8-1-13(a)与图 8-1-5(c)。但当基础资产价格高于最高执行价格 X_2 时,看涨比率价差期权与牛市看涨价差期权大不相同,牛市看涨价差期权获得最大恒常利润,而看涨比率价差期权在价格 X_2 处达到最大利润后,随着基础资产价格上升而利润下降,在基础资产价格为 $2X_2-X_1+2c_{02}-c_{01}$ 处,其利润为零,而后具有潜在无限的损失。在同样执行价格范围内,当基础资产价格低于最低执行价格 X_1 时,看涨比率价差期权的损失小于牛市看涨价差期权,但最大利润却又大于牛市看涨价差期权。与牛市看涨价差期权相比,看涨比率价差期权以在价格向上巨大变动时潜在无限损失的代价来换取在价格向下大幅变动时的较小损失。造成这些差别的原因在于,在看涨比率价差组合中,多卖出了一份执行价格较高的看涨期权。如果投资者预期基础资产价格在最高执行价格 X_2 附近变动是比较稳定的,那么采用看涨比

率价差期权是比较明智的。

当基础资产价格高于最低执行价格 X_1 时,看跌比率价差期权与熊市看跌价差期权的损益状态相似,见图 8-1-13(b) 与图 8-1-8(c)。但当基础资产价格低于最低执行价格 X_1 时,与熊市看跌价差期权不同,看跌比率价差期权在价格 X_1 处达到最大利润后,随着基础资产价格下降利润下降,在基础资产价格为 $2X_1-X_2+p_{02}-2p_{01}$ 处,利润为零,而后具有潜在较大的损失。在同样执行价格范围内,当基础资产价格高于最高执行价格 X_2 时,看跌比率价差期权的损失小于熊市看跌价差期权,但最大利润却大于熊市看跌价差期权。与熊市看跌价差期权相比,看跌比率价差期权以在价格向下大幅变动时的潜在较大损失的代价,来换取在价格向上巨大变动时的较小损失。若投资者预期基础资产价格在最低执行价格 X_1 附近变动是比较稳定的,则采用看跌比率价差期权是比较合适的。

当基础资产价格低于最高执行价格 X_2 时,看涨比率反价差期权与熊市看涨价差期权的损益状态相似,见图 8-1-13(c) 与图 8-1-7(c)。但当基础资产价格高于最高执行价格 X_2 时,与熊市看涨价差期权不同,看涨比率反价差期权在价格 X_2 处达到最大亏损后,随着基础资产价格上升损失不断减小,在基础资产价格为 $2X_2-X_1+2c_{02}-c_{01}$ 处,损失停止,即利润为零,而后具有潜在无限的盈利。在同样执行价格范围内,当基础资产价格低于最低执行价格 X_1 时,看涨比率反价差期权的盈利小于熊市看涨价差期权。与熊市看涨价差期权相比,看涨比率反价差期权以在价格向下大幅变动时的较小盈利,来换取在价格向上巨大变动时的潜在无限的盈利。若投资者预期基础资产价格向上会有巨大变化,则采用看涨比率反价差期权是比较合适的。

当基础资产价格高于最低执行价格 X_1 时,看跌比率反价差期权与牛市看跌价差期权的损益状态相似,见图 8-1-13(d) 与图 8-1-6(c)。但当基础资产价格低于最低执行价格 X_1 时,与牛市看跌价差期权不同,看跌比率反价差期权在价格 X_1 处达到最大亏损后,随着基础资产价格下降,损失不断减小,在基础资产价格为 $2X_1-X_2+p_{02}-2p_{01}$ 处,停止损失,即利润为零,而后具有潜在较大的盈利。在同样执行价格范围内,当基础资产价格高于最高执行价格 X_2 时,看跌比率反价差期权的利润小于牛市看跌价差期权。与牛市看跌价差期权相比,看跌比率反价差期权以在价格向上巨大变动时的较小利润,来换取在价格向下大幅变动时的潜在较大盈利。若投资者预期基础资产价格向下会有大幅变化,则采用看跌比率反价差期权是较合适的。

为方便起见,在上述的讨论过程中,作了比率为 $1/2$、$2c_{02}-c_{01}<0$ 与 $2p_{01}-p_{02}<0$ 等若干假定。如果放弃这些假定,或放宽条件,那么上述 4 种比率价差期权的特征又将如何呢？感兴趣的读者,可仿照上述的分析过程,自己探讨各种比率价差组合的演变规律。

(四) 3 个执行价格均相同的 3 份期权组合

由到期日一样,执行价格均相同但类型不全相同的 3 份基本期权能构成一类期权,称作偏跨式期权。从基本期权的构成来看,偏跨式期权可分为偏涨跨式(straps)与偏跌跨式(strips)两种期权。

偏涨跨式期权是由到期日一样且执行价格均相同的两份看涨期权和一份看跌期权的多头构成的;而偏跌跨式期权却是由到期日一样且执行价格均相同的两份看跌期权和一份看涨期权的多头构成的。

假定,3 份期权的执行价格为 X,到期时一份看涨期权的期权费价值为 c_{01},一份看跌期权的期权费价值为 p_{02}。这样,两种偏跨式组合的损益状态可分别用图 8-1-14(a)、(b)与表 8-1-14 来表示。

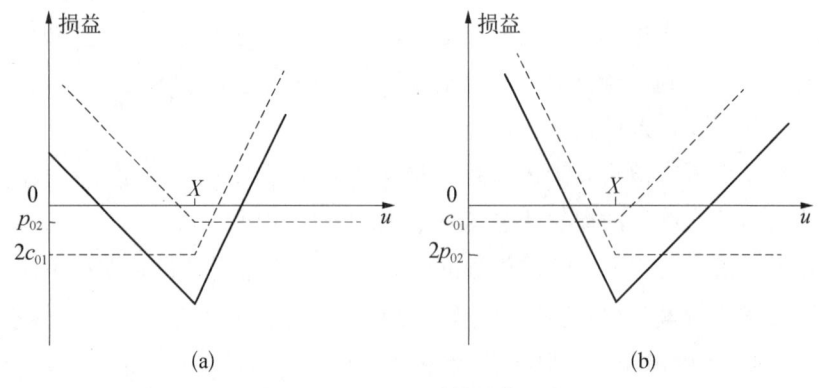

图 8-1-14 两种偏跨式组合

表 8-1-14　到期时两种偏跨式组合损益

组合类型	基础资产价格变化范围	看涨期权多头损益	看跌期权多头损益	总损益
偏涨跨式组合	$u < X$ $X \leqslant u$	两份看涨期权 $-2c_{01}$ $2(u-X)-2c_{01}$	一份看跌期权 $X-u-p_{02}$ $-p_{02}$	$X-u-2c_{01}-p_{02}$ $2u-2X-2c_{01}-p_{02}$
偏跌跨式组合	$u < X$ $X \leqslant u$	一份看涨期权 $-c_{01}$ $u-X-c_{01}$	两份看跌期权 $2(X-u)-2p_{02}$ $-2p_{02}$	$2X-2u-2p_{02}-c_{01}$ $u-X-2p_{02}-c_{01}$

实际上，偏跨式期权是由多头跨式期权演变而来的。偏涨跨式组合比多头跨式组合多一份看涨期权多头，而偏跌跨式组合比多头跨式组合多一份看跌期权多头。从图 8-1-10 与图 8-1-14 来看，偏跨式组合非常酷似多头跨式组合。

第一，当基础资产价格在两盈亏平衡点之间变动时，偏跨式与多头跨式两种组合都发生亏损，且最大损失都是各自的总成本；

第二，当基础资产价格在由两盈亏平衡点构成的区间之外变动时，偏跨式与多头跨式两种组合都获利，且有潜在巨大的利润；

第三，在接近到期日时，偏跨式与多头跨式两种组合的时间价值衰减特征是非常明显的；

第四，相对于执行价格 X 来说，如果基础资产价格发生大幅变动，而无论价格上升还是下降，投资者都可以采用这两种跨式期权。

由于构成偏跨式期权与多头跨式期权的成分不尽一样，因此两种组合还是存在一些差别。

首先，由两盈亏平衡点构成的区间有差别。由多头跨式期权的两盈亏平衡点构成的区间是 $(X-c_{01}-p_{02}, X+c_{01}+p_{02})$，而由偏涨跨式期权的两盈亏平衡点构成的区间是 $\left(X-2c_{01}-p_{02}, X+c_{01}+\frac{1}{2}p_{02}\right)$，由偏跌跨式期权的两盈亏平衡点构成的区间是 $\left(X-p_{02}-\frac{1}{2}c_{01}, X+2p_{02}+c_{01}\right)$。

其次,通常偏跨式与多头跨式两种组合的最大损失不相等。多头跨式期权的最大损失为 $c_{01}+p_{02}$,而偏涨跨式期权的最大损失为 $2c_{01}+p_{02}$,偏跌跨式期权的最大损失为 $2p_{02}+c_{01}$。在相同的执行价格情况下,偏跨式期权的最大损失大于多头跨式期权的最大损失。

再次,在偏涨或偏跌时,偏跨式期权与多头跨式期权的损益状态不一样。在多头跨式组合中,无论基础资产价格向何方变动,组合的价值与基础资产价格之间的变动幅度总是保持一致;但在偏涨跨式组合中,只有在基础资产价格从执行价格 X 开始下降时,组合的价值与基础资产价格之间的变动幅度保持一致,而基础资产价格从执行价格 X 开始上升时,基础资产价格变动一个单位,组合的价值却上升两个单位;在偏跌跨式组合中,只有在基础资产价格从执行价格 X 开始上升时,组合的价值与基础资产价格之间的变动幅度保持一致,而在基础资产价格从执行价格 X 开始下降时,基础资产价格变动一个单位,组合的价值却上升两个单位。

从某种程度上来说,偏涨跨式期权是以增大最大损失值为代价,来换取在市场价格大幅上涨过程中加大获利的程度;偏跌跨式期权是以增大最大损失值为代价,来换取在市场价格大幅下跌过程中加大获利的程度。由于偏跨式期权具有上述这些独有的特征,因此,对那些认为基础资产价格相对于执行价格 X 将会有很大变化、又偏认为价格大幅上升的可能性大于大幅下降的可能性的投资者来说,偏涨跨式期权是一种比较理想的投资工具;而对于那些认为基础资产价格相对于执行价格 X 也将有很大变化、但却又偏认为价格大幅下降的可能性大于大幅上升的可能性的投资者来说,偏跌跨式期权是一种比较理想的投资工具。

类似于看涨比率反价差期权与看跌比率反价差期权,这里也应该有反偏涨跨式期权与反偏跌跨式期权。实际上,反偏跨式期权是由空头跨式期权演变而来的。我们可以像上述那样,联系空头跨式期权的特征来揭示反偏跨式期权的演变规律及其市场特征。由于讨论的过程与上述类同,因此这里就省略了。

第二节 期权的设计与开发

期权的设计与开发原理是指,基本期权合约中的时间、价格、基础资产等条款或指标被重新设定,或者基本期权再附于某些权利或义务,或者某种产品被注入某些权利或义务而衍生为新的金融工具的变化规律。

一、时间效力的设定

人们知道,时间是影响期权价值变化的一个重要因素,而欧式期权是一种在即期订立而必须在到期日才能执行的合约。从时间效力来说,欧式期权不能满足金融市场上更多的投资(机)者的需求。因此,这就需要对期权的时间效力重新进行设计,使得期权的权利可以按照多头的意愿在他所需要的时刻生效或灭失。这就是本节所要说的第一种关于期权的设计与开发形式。

(一) 美式期权(American option)

除了赋予持有者拥有欧式期权的所有权利之外,还赋予该持有者在期权有效期内任何时候都可以执行的权利。按照这一方式设计出来的期权,就叫作美式期权。

如同欧式期权,美式期权也可分为两类:一是美式看涨期权;二是美式看跌期权。如果按照期权的多头与空头来分,那么美式期权可分成4种部位:美式看涨期权多头、美式看涨期权空头、美式看跌期权多头与美式看跌期权空头。

与欧式期权相比,允许持有者在期权有效期内任何时间都可执行的美式期权,实际上给予了该持有者更多的选择权利。因此。美式期权的价值理应不小于欧式期权的价值。

考虑到基础资产不付息与连续付息情况,美式期权又有如下形式:(1) 不付息的美式看涨期权;(2) 连续付息的美式看涨期权;(3) 不付息的美式看跌期权;(4) 连续付息的美式看跌期权。

可以证实,提前执行不付息的美式看涨期权并非最优,但当期权价值处于深度价内状态时,提前执行连续支付利息的美式看涨期权可能是最优的。对于美式看跌期权,不论为不支付利息,还是为连续支付利息,提前执行美式看跌期权有可能是最优的。

既然不支付利息的美式看涨期权不会被提前执行,因此可用布莱克-

斯科尔斯定价公式来计算其价值。对于美式看跌期权以及支付利息的美式看涨期权,提前执行的价值可能高于相应的欧式期权。由于欧式看跌期权以及支付利息的欧式看涨期权不能被提前执行,它们有时会以低于内在价值的价格成交。诚然,对于这些提前执行为最优的美式期权进行估价,必须考虑提前执行的溢价,就得需要修正布莱克-斯科尔斯定价模型。

关于美式期权的定价问题已超出本书范围,感兴趣的读者可参阅有关金融工程和现代定价理论与方法的论著。

(二) 百慕大期权(Bermudan)

在时间效力的设定方面,欧式期权的执行时间太单一了,而美式期权的执行时间又太多了。在实际中,交易貌似美式期权时并不要求它具有那么多的时效特征。因而金融市场上的人们设计出一种时间效力介于欧式期权与美式期权之间的期权,即在有效期内几个特定日期可以提前执行的期权。这种半美式期权被称为百慕大期权。如美式互换期权就是属于百慕大期权,因为该美式期权只能在指定日才能执行。

(三) 推迟期权(Delayed option)

在订立期权合约时,持有者可以在未来某个时间获得标准合约中的权利,其执行价格为那时的基础资产价格。按照这一时间效力方式设计出来的期权,就被称为推迟期权。

例如,在美国股票市场上,某种股票的即期价格为USD120.00,之后5个月的股价分别为USD131.25、132.50、129.00、127.75和135.00,那么,推迟2个月、期限为3个月的该种股票欧式推迟看涨期权的有效期限为2个月后即期起至5个月后即期间的3个月。假如某人现在持有1 000股该股票推迟2个月、期限为3个月的看涨期权,执行价格为USD132.50,到期时他的盈利为USD2 500。

(四) 棘轮期权(Ratchet option)

棘轮期权多头在有效期间内可以重新设定一系列新执行价格的时

间,在这些预先设定好的时点上,让执行价格等于当时的基础资产价格,因此在每一个重新设定日可以锁定利润。

例如,某股票当月的价格为 31.50 元,之后 6 个月末的股价分别为 36.20 元、37.30 元、33.50 元、38.60 元、41.50 元和 42.50 元。某投资者当月开始持有期限为 6 个月,执行价格为 31.50 元,且当月后的连续 5 个月末为重新设定日期的棘轮看涨期权。由棘轮期权的条款知,当月后的连续 5 个月末期权执行价格分别重新设定为 36.20 元、37.30 元、33.50 元、38.60 元和 41.50 元。以后在各个时点上获得的利润分别为 4.70 元、1.10 元、0 元、5.10 元和 2.90 元,且到期日的利润为 1.00 元。

可以这样认为,一份棘轮期权是一系列的推迟期权。

(五) 障碍期权(Barrier option)

障碍期权一开始就确定两个价格,一个为执行价格;另一个为障碍价格,当基础资产价格达到障碍价格时,期权就会被灭失(out)或激活(in)。这么说,障碍期权有两种,一种是灭失期权;另一种是激活期权。我们知道,期权有两种类型,即看涨与看跌。而对于障碍期权来说,就会出现 4 种类型,即灭失看涨期权、灭失看跌期权、激活看涨期权、激活看跌期权。通常,障碍价格要么被设置在执行价格或初始基础资产价格之下,要么被定在执行价格或初始基础资产价格之上,因此障碍期权有两种情形,即向下灭失看涨期权(down-and-out calls)与向下激活看涨期权(down-and-in calls),向上灭失看跌期权(up-and-out puts)与向上激活看跌期权(up-and-in puts)。一个向下灭失看涨期权在基础资产价格下跌到事先确定的障碍价格时就消失(失效),即使以后基础资产价格上涨,该期权也不再生效,相反,一个向下激活看涨期权在基础资产价格下跌到规定的障碍价格时就开始生效;而一个向上灭失看跌期权却在基础资产价格上涨到规定的障碍价格时将失效,相反,一个向上激活看跌期权在基础资产价格上涨到规定的障碍价格时将开始生效。

例如,t 日 USD/JPY 的即期汇率为 111.07,某人买入一份 90 天的美元向下灭失看涨期权,之后 6 天的汇率分别为 112.61、111.41、118.10、114.16、110.45 和 112.18。假定该份期权的执行价格为 111.07,障碍价格为 110.80，$t+1$ 日至 $t+4$ 日，该期权有效，但到了 $t+5$ 日，汇率为 110.45，越过了障碍价格，因此期权就失效了。

由于障碍期权在开始至到期日这段时间内，基础资产价格一旦达到规定的障碍价格就消失或激活而开始生效，这就决定了障碍期权的价格要比基本期权便宜。

除了上述 5 种有关时间重设型期权外，实际上还有很多的具有新时间效力的期权。有些就像上述 5 种期权那样，是在基本期权的基础上形成。如远期生效的亚式期权，就是在亚式期权（这在下面的章节中将说明）的基础上形成出来的新的特异期权。由于本书的篇幅有限，不可能面面俱到将其列举穷尽，感兴趣的读者可参阅有关特异期权的论著。

二、价格条款的设定

期权的设计与开发形式之二是：通过对影响期权价值变化的价格因素重新进行设定来创生新型的期权。期权的价格包括执行价格和基础资产价格。期权多头的利益主要是由期权的执行价格与相应基础资产价格之差来决定的。因此，市场参与者可通过变更期权的执行价格或基础资产价格来满足自身的偏好。因此，价格条款重设型期权可分为执行价格重设型与基础资产价格重设型两种类型。

（一）执行价格的设定

对期权的执行价格重新进行设定，可以获得一类新型的期权。

1. 平均执行价格期权

平均执行价格期权（average strike option）把执行价格设定为基础资产在合约期间中某个计算期的某种平均价格，基础资产价格仍然为期权到期日的价格。平均价格可以是算术平均，也可以为几何平均。平均采样的时间间隔可以用日、周或月来作为单位。

若用 X_{avg} 表示平均执行价格期权的执行价格，即 X_{avg} 为在一个确定时期内所观察到的基础资产价格的平均值，则到期日时平均执行价格看涨期权的损益为：

$$\max[u_T - X_{avg}, 0], \tag{8.2.1}$$

式中 u_T 表示到期日时基础资产价格。

例如,某年 t 月的 USD/JPY 即期汇率为 98.50,之后 6 个月的即期汇率分别为 108.21、124.84、118.16、115.35、120.00 和 123.01。如果某投资者买入一份名义本金为 USD100 万,执行汇率为到期日前 4 个月月算术平均汇率,期限为 6 个月的美元平均执行汇率看涨期权,那么该期权执行汇率应该为 119.13,到期日的盈利应该为 JPY388 万[(123.01－119.13)×100 万]。

在有些情况下,一些进口商可以利用它来进行保值。例如,某进口商担心到期日汇率突然上升,如果该进口商能够在一定的范围内接受汇率变动,那么买入平均汇率看涨期权可能会实现其保值目标。

2. 回望期权

回望期权的基础资产价格被设定为市场上最后的价格,执行价格被设定为在整个期限内期权出现过的最有利的价格,使得期权执行时,可以让多头获取更大的盈利。回望看涨期权的盈利为基础资产最后价格与它在整个期限内出现过的最低价格之间的差额,而回望看跌期权的盈利为基础资产在整个期限内出现过的最高价格与最后价格之间的差额。

若记 u_{low},u_{high} 与 u_T 分别来表示在期权期限内最低、最高的基础资产价格和到期日基础资产价格,则到期日回望看涨、看跌期权的损益分别为:

$$\max[u_T - u_{low}, 0] \text{ 与 } \max[u_{high} - u_T, 0]。 \quad (8.2.2)$$

例如,现在的 USD/JPY 即期汇率为 108.07,某人买入一份 6 个月期限的 100 万美元的回望看涨期权。假定之后 6 个月的即期汇率为 112.83、111.61、118.16、120.88、119.45 和 114.38。这 6 个月中最高汇率为 120.88,最低汇率为 111.61,最后汇率为 114.38,因此这份回望美元看涨期权到期的利润为 277[(114.38－111.61)×1 000 000]万日元。如果买入一份 6 个月期限 100 万美元的回望美元看跌期权,则到期日的盈利为 650[(120.88－114.38)×1 000 000]万日元。

在所有的可能性中,回望期权将给买入者提供最有利的情形,相反回望期权的出售者面临的风险将比标准期权更大,因而它的期权费总是要比相应的基本期权高得多。虽然可以在某些情况下,特别是在巨大波动时期,它的表现可以强于其他期权,但是它是一个不够经济的套期保值工具。

3. 阶梯期权

阶梯期权(ladder option)也采用了回望期权那样的重新设定执行价格的方法来使多头盈利较早获得。不同的是,阶梯期权不是在给定的一个价格水平上,而是在给定的几个具有阶梯性的价格水平达到时重新设定执行价格。

若记 X,u_T 分别表示初始执行价格与到期日基础资产价格,u_{li} 表示期权期限内所达到的第 i 阶梯价格,则到期日阶梯看涨期权损益为:

$$\max[0, (u_T - X), \max\{(u_{li} - X), 0\}]。 \qquad (8.2.3)$$

假设某人买入一个阶梯价格为 35、40、45、执行价格为 30 元的 100 股股票的阶梯看涨期权,那么,这个期权在 t 月的某个日子(股价达到 35 元的那天)执行价格重新设定为 35 元,获得盈利 500 元,在 $t+4$ 个月的某个日子(股价达到了 40 元的那天)执行价格重定为 40 元可获利 500 元,在 $t+6$ 个月的某个日子(股价达到 45 元的那天)可获利 500 元。

4. 呼叫期权

呼叫期权(Shout option)也实行重新设定的执行价格,它的独特之处是多方可以选择一个适当的时机"呼叫",表明价格重定的意图。显然,深度价内的呼叫期权是很不稳定的,多方随时都有可能发出呼叫。

若用 X 表示初始执行价格,u_T 表示到期日基础资产价格,u_{shout} 表示期权多方所呼叫的资产价格,则到期时呼叫看涨与看跌期权的损益分别为:

$$\max[0, (u_T - X), (u_{shout} - X)] \text{ 与 } \max[0, (X - u_T), (X - u_{shout})]。$$
$$(8.2.4)$$

由式(8.2.3)与式(8.2.4)可见,呼叫期权的多头可以在期权期限内构造阶梯价格,而不是在期权最初时预先确定阶梯价格。因此呼叫期权要比阶梯期权昂贵。如果一份呼叫期权的呼叫机会不断地增加,最终该期权的价格将收敛于一份回望期权的价格。

无论是呼叫期权或是回望期权,还是阶梯期权,它们的价格均高于相应的基本期权。

(二) 基础资产价格的设定

对期权的基础资产价格重新进行设定,可以获得另一类新型的期权。

1. 亚式期权

亚式期权(Asian option)把资产价格设定为基础资产在某一段时间的某种平均价格,而在期初就设定一个固定的执行价格(这同基本期权一样)。亚式期权可分为两类:几何平均价格期权与算术平均价格期权。几何平均亚式期权的资产价格是以基础资产价格的乘积为基础的,即:

$$u_g = (\prod_{i=1}^{n} u_i)^{\frac{1}{n}}, \qquad (8.2.5)$$

式中,u_i 表示样本中第 i 个基础资产价格,n 表示样本容量,u_g 表示基础资产价格的几何平均价格。于是到期日几何平均的亚式看涨与看跌期权的损益分别为:

$$\max[u_g - X, 0] \text{ 与 } \max[X - u_g, 0]。 \qquad (8.2.6)$$

而算术平均亚式期权的资产价格是以基础资产价格的算术平均为基础的,即:

$$u_a = \frac{1}{n} \sum_{i=1}^{n} u_i。 \qquad (8.2.7)$$

于是到期日算术平均的亚式看涨与看跌期权的损益分别为:

$$\max[u_a - X, 0] \text{ 与 } \max[X - u_a, 0]。 \qquad (8.2.8)$$

仍是平均执行价格期权例子中的数据,名义本金 USD100 万,到期日前 4 个月月算术平均汇率为 119.13。于是,执行汇率为 109.00、到期日前 4 个月月算术平均汇率的 6 个月期限美元平均汇率看涨期权的盈利应该是 JPY1 013[(119.13−109.00)×100]万。

由于亚式期权的资产价格采用了基础资产价格的平均值,因此,该期权的资产价格波动率通常小于其基础资产价格序列本身的波动率,因此亚式期权比相应的基本期权更便宜。

虽然,算术平均方法比几何平均方法简单,但是几何平均亚式期权的定价难度反而要比算术平均亚式期权小。

2. 篮子期权

期权的盈利不仅可以由一种资产的价格决定,也可以出现多种资产的情形,对于多个价格的不同处理产生了不同的期权。一种简单的方法是利用多种资产价格的加权平均,这相当于把多种资产看成是一种组合资产,并且把加权平均价格当作组合资产的价格,这样的期权称为篮子期权(Basket option)。股指期权就是一种篮子期权。

假设篮子期权涉及 n 种资产,u_i 表示第 i 种资产价格,确定篮子期权的基础资产价格为:

$$u_{basket} = \sum_{i=1}^{n} \alpha_i u_i, \qquad (8.2.9)$$

式中,α_i 表示第 i 种资产占篮子资产的比重。到期时一份篮子看涨或看跌期权可表示成为:

$$\max[(u_{basket} - X_{basket}), 0] \text{ 或 } \max[(X_{basket} - u_{basket}), 0], \qquad (8.2.10)$$

式中,X_{basket} 是根据篮子资产总价值定义而确定的执行价格。

如果构成篮子期权的 n 种资产不完全具有正相关关系,那么购买篮子期权的费用要比购买每种资产的基本期权费用总和小。就是说,购买篮子期权要比购买一篮子单个资产的基本期权更加便宜。

实际上,价格条款重设型期权除上述几种之外还有许多种。譬如,在前面的时间效力重设型期权中,棘轮期权就是一种执行价格重设的期权。感兴趣的读者,可参阅有关金融工程或期权的论著。

三、盈利目标的设定

对于期权来说,时间效力以及价格条款的设定固然是十分重要的,但实际盈利的获得是更加有用。因此,期权的设计与开发形式之三是直接从盈利目标来设置新型期权。

由于市场参与者风险偏好不同,盈利目标相异,因而决定了盈利目标设定型期权也会有许多种类。这里仅针对两种盈利设定型期权,即数字期权与彩虹期权,来说明这一设计与开发原理。

(一) 数字期权

数字期权(digital option)又被称为二元期权(binary option),其盈利或为一个固定数额 A(正值),或为零。常见的数字期权有两种情形。

一种为"完全或无型"(all or nothing);另一种为"一触激发型"(one touch)。"完全或无型"数字期权是指,期权到期日为价内期权时购买者支付了期权费在未来将获得 A 数目收益,反之收益为零;而"一触激发型"数字期权只要期权在有效期内某一时段为价内期权时,持有者就将获得 A 数目收益,反之收益为零。数字期权的收益与期权到期日内在价值多少便无关紧要了。

现以"完全或无型"数字期权为例。比如买入一份 90 天数字式美元看涨期权,假定 USD/JPY 的执行价格为 X,A 为预先固定的盈利额,若到期日基础货币的汇率高于执行价格 X 时,则多头获得固定金额 A;如果到期日基础货币的汇率低于执行价格时,多头没有盈利。如图 8-2-1 所示。

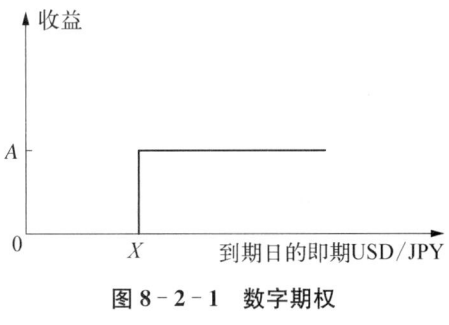

图 8-2-1 数字期权

由图 8-2-1 可见,数字期权使其盈利数字化或跳跃化了,只要基础资产价格进入了执行价格或激发价格(trigger level),持有者才能获得一个固定收益。而标准期权则不同,其盈利是连续的。

(二) 彩虹期权

由多种资产价格或者某种多种资产价格指数的表现所确定的盈利作为期权的价值。这种期权被称为彩虹期权(rainbow option),由 n 种基础资产构成的彩虹期权又被称为 n 色彩虹(n-color rainbow)期权。彩虹期权包括最值期权(max-min option)、更好期权(better-of option)、更差期权(worse-of option)以及超出期权(out-performance option)。

1. 最值期权

最值型彩虹期权的价值取决于 $n(n \geqslant 2)$ 种资产价格的最大值或最小值。

对于基础资产价格(指数)最大值来说,一份最大看涨期权的损益为:

$$\text{Max}[\max(u_1 - X_1, u_2 - X_2, \cdots\cdots, u_n - X_n), 0]. \quad (8.2.11)$$

而对于基础资产价格(指数)最小值来说,一份最小值看涨期权的损益为:

$$\text{Max}[\min(u_1 - X_1, u_2 - X_2, \cdots\cdots, u_n - X_n), 0], \quad (8.2.12)$$

式中,u_i 和 X_i 分别表示第 i 种基础资产价格(指数)和执行价格(指数)。

从收益的角度来看,最大看涨期权多头可能盈利大于最小看涨期权的可能盈利。既然如此,购买一份最大看涨期权的费用必然高于购买一份最小看涨期权的费用。这在理论上已经得到了证实。感兴趣的读者可参阅有关特异期权的论著。

2. 更好或更差期权

若让式(8.2.11)和式(8.2.12)中执行价格 $X_i(i=1, \cdots\cdots, n) = 0$,则最大看涨期权的损益就转化为:

$$\max(u_1, u_2, \cdots\cdots, u_n). \quad (8.2.13)$$

最小看涨期权的损益就转化为:

$$\min(u_1, u_2, \cdots\cdots, u_n). \quad (8.2.14)$$

式(8.2.13)和式(8.2.14)分别被称为更好期权和更差期权的损益式。

由此可见,更好期权的收益就是与 n 种基础资产价格(指数)最大值相联系的某种表现,而更差期权的收益就是与 n 种基础资产价格(指数)最小值相联系的某种表现。

例如,我们设计这样一份更好期权,它提供的盈利是未来一年中上证综合指数涨幅与深圳成分指数涨幅较大者与 10 万人民币的乘积。持有这样一份期权的投资者,可以获得与上海股市指数与深圳股市指数相联系的最好的回报率。

3. 超出期权

超出期权的盈利是通过利用两种基础资产价格(指数)表现的差异来实现的。若用 u_1 和 u_2 分别表示超出期权中两种基础资产价格(指数),则超出期权的损益可以被表示为如下形式:

$$\max[u_2 - u_1, 0]。 \tag{8.2.15}$$

例如,一位投资者持有一份上海综合指数涨幅对深圳成分指数涨幅的超出期权。如果上证综合指数上涨 $u_2 = 7\%$,深圳成分指数上涨 $u_1 = 5\%$,现金头寸为 100 000 元,那么持有者的盈利为:$\max[(7\% - 5\%) \times 100 000, 0] = 2 000$ 元。

四、资产交换的设计

期权的设计与开发形式之四是从资产交换的角度来设计期权。赋予多头用一种一定数量的资产交换另一种一定数量的资产的权利,这将形成资产交换期权(Exchange option)。资产交换期权使用的情形很多。

如在股票市场上,一家公司欲通过股票互换收购另一家公司时,被收购公司的持股者拥有将手中股票交换为收购公司股票的选择权。

又如在债券市场上,在债券期货合约到期时,通常债券期货合约空头拥有可以从众多债券中选择最便宜的债券以履行合约的权利。

再如在外汇市场上,投资者可以使用一种货币购买另一种货币的期权,即一种货币资产可以换成为另一种货币资产的期权。其中双币期权(quanto option)就是一种典型的资产交换期权。该期权的基础资产价格(指数)是一种货币,其期权的损益却用另一种货币标价。例如,设想我们推出一个深圳成分指数期权,每一指数点数的价值为 10 美元,由于深圳成分指数是根据以人民币标价(除 B 股外)的深圳上市股票的股价编制的,这一期权就包含了双币结构。显然,双币期权具有规避外汇风险的功能。

资产交换期权也包括若干种产品:两资产相关期权(two assets

correlation option)、双币期权（quanto option)、单一资产互换期权（exchange-one-asset-for-another option)、两种风险资产最大值或最小值期权（option on the maximum or the minimum of two risky assets）等等。

需注意，两种风险资产最大值或最小值期权也就是一种特殊形式的彩虹期权，即当 $n=2$ 时的彩虹期权。不难想象，n 色彩虹期权(n-color rainbow)，即 n 种不同基础资产的彩虹期权也可以理解为一类资产交换期权。

五、期权附于权利或义务

期权设计与开发形式之五是：一份期权附于某项权利或义务再衍生为一份特殊期权。通常期权的基础资产不为期权，而这里期权却作为基础资产，形成期权上的某种期权。在当今金融市场上，期权上期权也有许多种产品。下面，我们仅以复合期权（compound option)、如意期权（"as you like it" option）及未定期权费期权（contingent premium option）这三种特殊期权来说明期权通过附于权利或义务而创生新产品的原理。

（一）复合期权

复合期权是以期权合约为基础资产的期权，通过支付期权费，多头未来在执行期权时可以得到复合期权合约规定的期权。按照看涨看跌来分，复合期权有4种类型，即看涨期权的看涨期权、看涨期权的看跌期权、看跌期权的看涨期权、看跌期权的看跌期权。比如，看涨期权的看跌期权的多方有权在未来的一个特定时间以一定的期权价格出售一个看涨期权，这个看涨期权的持有者有权在未来的另一个特定时间以特定的执行价格购买一定的基础资产。

与相应的基本期权相比，复合期权的期权费通常要低一些，因为复合期权的价值在于可以一定的价格得到基本期权，这比起实实在在的基本期权本身来当然要逊色许多。正是这样的特性，使得对于购买基本期权犹豫不决的公司可能选择复合期权。

例如，一位投资者认为，收购对于正在进行谈判的某个公司未来的市场份额和业绩增长具有重要的意义，如果收购不成，公司的前景就不被看好了,因而股价走势在谈判有明确结果的一个月后是明晰的。如果这个投资者还拥有其他的信息,使得他估计收购不成的机会较大,他就可以购买该公司股票的一个月后执行的看跌期权的看涨期权或者看涨期权的看跌期权,如果他信心更加坚定的话,还可以出售该公司股票的一个月后执行的看涨期权的看涨期权或者看跌期权的看跌期权。

(二) 如意期权

基本期权有看涨和看跌之分,一份如意期权允许多方在未来特定时间具有选择一份基本看涨期权或是一份基本看跌期权的权利。我们在前面介绍复合期权时曾经考虑过这样一位投资者,他认为,对于正在进行被收购谈判的某个公司的股票,股价具有很大不确定性。某个投资者认为,收购对于该公司未来的市场份额和业绩增长具有重要意义,如果收购不成,公司的前景就不被看好了。他根据经验知道,该谈判将在一个月后有明确的结果,于是他购买了该公司股票的一个月后选择涨跌的如意期权。

(三) 未定期权费期权

我们知道,基本期权的期权费是在合约订立时一次性支付的,然而未定期权费期权给予持有者一种延迟支付期权费的权利:如果到期日期权处于价内状态则必须支付期权费;如果到期日期权处于价外状态就不必支付期权费。由于未定期权费期权的空头有可能得不到期权费,因此该期权的价格高于基本期权的价格。记期权的执行价格为 X,未定期权费期权损益可用图 8-2-2 来描述。

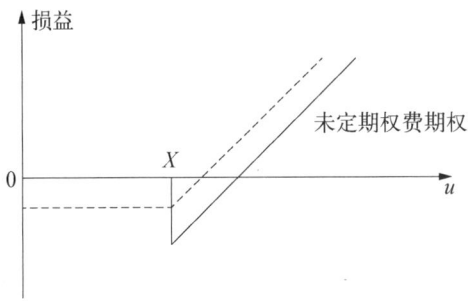

图 8-2-2 基本期权和未定期权费期权

不难想象,一份未定期权费期权是可由具有相同执行价格的一份基本期权多头与一份数字期权空头组合而成的。

六、嵌入期权

期权的设计与开发之六是在基础金融工具上嵌入一份或几份期权,使其成为含有期权特征的新金融工具。

需注意,嵌入期权的金融工具与通常的期权工具是有区别的,通常的期权合约给予多头以特定的价格买入或卖出基础资产的权利,如果期权多头不行使该权利,则他就不拥有期权的基础资产;但对于嵌入期权的金融工具来说,即使持有者放弃期权,他也有可能继续持有原基础金融工具。这好像某人持有一个嵌入一颗宝石的金戒指,即使该宝石从戒指上脱落,他仍然拥有该金戒指。

丰富多样的期权赋予人们在金融工具中嵌入期权的创新想象力。自从布雷顿森林体系崩溃以来,嵌入期权的金融创新活动紧紧追随着期权的开发浪潮而深入进行,从不间断。30多年来,嵌入期权的创新产品已令人眼花缭乱。笔者从琳琅满目的杂交证券(hybrid securities)产品中,挑选出几种嵌入期权的金融工具,来说明嵌入期权的创新原理。

(一) 期货合约中嵌入期权

虽然期货合约大部分是到期前平仓的,期货交易所对期货合约交割的一系列安排确实使参与交割的空方获得了相应的期权。交易所一般不是规定期货合约交割的特定日期,而是规定一个交割月,在交割月中的很多营业日,空方有权提出交割意图,交易所随机选取一个多头部位与之完成交割,空方因此获得了选择交割时间的权利,或定时期权(timing option)。交易所虽然将合约标的的品质标准化了,却仍然允许不同品质的基础资产在进行一定折算后用于交割。这种情况在商品期货中很普遍,金融期货也不例外,国债期货可交割券种非常多。选择用于交割的基础资产又是空方的一个权利,即质量期权(quality option)。

另外一个有意思的权利称为通配期权(wildcard option),它是指空方事先确知了合约的交割价格,却可以从人为波动的现货市场上寻找有利时机购入标的用于交割。例如,芝加哥交易所(CBOT)长期国债期货的交易时间于芝加哥时间下午 2 点结束,长期国债本身的交易直到下午 4 点才结束,而且在交割月,空方直到下午 8 点之前都可以提出交割意向。这样,空方在下午 2 点知道期货交割价格后,可以在接下来的两个小时中寻找长期国债市场上的跌价机会。

(二) 债券中嵌入期权

债券条款中的可赎回和可售回都可以看成是期权。可赎回是债务人有权在一定时间以一定的价格从债权人那里买回债券;可售回是债权人有权在一定时间以一定的价格要求债务人买回债券。可见,可赎回(可售回)就是可以在特定时间执行的、以特定价格为执行价格的债券看涨(看跌)期权。因为债券看涨(看跌)期权在债券价格上涨(下跌)、债券利率下跌(上涨)时获得盈利,这相当于可赎回(可售回)权利的拥有者可以在债券利率下跌(上涨)时重新安排自己的资产负债。

可转换债券(convertible)是可以在未来的一定时间按照一定的方式(比如转换比例)转换成本公司股票的债券。可转换性相当于债权人从债务人处购买了一个资产交换期权,可以在一定时间将债券换成股票,这样,可转换债券的利率就可以比较低了。现金可转换票据(cash exchangeable notes)也赋予债权人把票据转换成股票的权利,不同的是,转换的利益由债务人以现金支付,而不是真的转换成股票。

(三) 票据中嵌入期权

票据发行是最常见的金融行为,而且期权的丰富多彩使得它更多地成为嵌入品。

上(双)限浮动票据(capped (collared) floater)给票据的浮动利率设置了上限(上下限),这相当于债务人从债权人处购买了一个浮动利率的上(双)限,其补偿自然是低价发行或者较高的信用风险利率加价。杠杆上限浮动利率票据(leveraged capped floater)更进一步,债务人从债权人处购买了几倍于票据本金的利率上限,当浮动利率超出上限时,票据实际支付的利率不但不上升,还会下降,甚至为零,其补偿自然是更低价发行或者更高的信用风险利率加价。

率差票据(spread notes)的利率与两种浮动利率的差别联系起来。例如,在市场普遍认为美元利率会相对于欧元走高的氛围下,独具慧眼,认为相反的情况会出现的公司可以发行率差票据,其利率是 6 个月 LIBOR 美元利率与欧元利率之差的若干倍。

货币指数期权票据(ICONs)把票据的本金汇率指数化了,到期日票据持有者得到的金额取决于一个含有某种货币汇率的公式。指数化还可以利用商品价格或指数(例如石油价格、黄金价格)、股票价格或指数、利率等等。我们来看一个芝加哥期权交易所的股指联系票据,并结束对嵌入期权以及这一章的讨论。

表 8-2-1　一个芝加哥期权交易所股指联系票据的例子

发行人	赛乐门史密斯巴内控股公司
发行日	1997 年 9 月 30 日
到期日	2003 年 10 月 3 日
面值	每单位 15 美元本金值
发行量	4 154 563 单位
基础资产	S&P500 指数
现金结算值	到期日,单位持有人可以得到(1) 本金值(每单位 15 美元)和(2) 等于 USD15×(最后的指数值－953.34)÷953.34×102.25%的附加赎回额(如果有的话),附加赎回额不应小于零
参与比率	102.25%
起始的指数值	定价日(1997 年 9 月 29 日)的 S&P500 指数收盘价,即 953.34
最后的指数值	计算期前 5 个计算日(少于 5 天则采用所有的计算日)收盘指数的算术平均
最后指数值上限	2 097.35(即起始指数值 953.34 的 2.2 倍)
计算日	计算期的任何一个营业日
计算期	到期日前的第 7 个营业日到到期日前的第 2 个营业日
交易时间	东部标准时间上午 9:30—下午 4:00

这个票据没有分期的利息支付（可以看成是贴现票据），并且把到期支付的本息用标准普尔 500 指数指数化了。由于考虑到股指的收益或许不具有吸引力，设置了大于 1 的参与比例。值得注意的是，由于附加赎回额非负，投资者至少可以收回本金。

第三篇

金融工程在我国的
一些应用

本书前两篇涉及诸多金融工具,都是国际金融市场上较为成熟的金融产品,但并未深入论及中国金融市场(不包括中国港澳台地区金融市场)问题。在此,有必要讨论金融工程在我国的应用情况。

自1980年以来,金融工程理念始终贯穿于我国金融改革开放过程中,工程上的创新动力推动着我国金融市场的迅速发展。目前我国在场内外证券市场上的产品丰富,交易活跃,运行高效,实现了跨越式的发展。截至2019年底,中国结算登记的沪深证券交易所的投资者人数超过1.59亿人,存管的证券2万多只,总市值为72.45万亿元,其中股票总市值超过59万亿元;场内外的债券市场托管的债券总数达5.28万只,总托管存量达到98.09万亿元;我国股票总市值与场内外债券总市值均跃居全球第二位[①]。我国金融市场已拥有各类交易品种(如股票、债券、基金及其衍生品等)和先进的交易系统,形成较为完善的市场结构,能有力地支撑证券市场的高效稳健运行。

随着我国证券市场的深入发展,大大地增强了市场参与者的风险意识,积极推动我国金融衍生市场发展。在股票市场上推出了股指期货、股票期权等股票衍生产品;在债券市场上涌现出可赎回债券、可回售债券、可转换公司债券、可分离公司债券及国债期货等债券衍生产品;在基金市场上,机构投资者创造出丰富多样的理财产品,聚集了社会上大量的闲散资金;在外汇市场上,金融机构利用外汇远期、掉期、期货及期权等外汇衍生品,规避外汇市场风险,等等。形形色色的金融工具正在为我国金融工程大厦的建设添砖加瓦。金融工程原理已成为当今指导我国金融市场发展的思想基础。

毫无疑问,开展金融工程在我国的应用研究,具有非常重要的现实意义。限于篇幅,本篇将重点展开金融工程在我国股票指数及其期货构造、股指期货定价、期现套利策略设计、债券市场创新开拓以及与我国债券市场相适应的定价建模等方面的应用研究。

[①] 数据来源:中国证券登记结算有限公司:《中国证券登记结算统计年鉴2019》,www.chinaclear.cn;

中国国债登记结算有限公司:《2019年债券市场统计分析报告》,www.chinabond.com.cn;

上海清算所:《上海清算所债券业务运行分析(2019年12月)》,www.shclearing.com。

第九章
我国股指期货的创建及其作用

我国最早的股票交易可追溯到19世纪60年代。到了20世纪20年代,上海证券交易所开业,延续至1949年停业。直到1980年,我国证券市场在改革开放强劲动力的推动下,重新迅速成长起来。2005年底、2010年底、2015年底,投资者人数分别为0.73亿人、1.34亿人、1亿人,登记存管的证券分别为1 684只、2 776只、8 544只,证券总市值分别为3.72万亿元、27.72万亿元、58.05万亿元,证券流通市值分别为1.94万亿元、20.67万亿元、48.75万亿元,其中A股流通市值分别为1.41万亿元、19.39万亿元、43.68万亿元,B股流通市值分别为602.85亿元、2 198.93亿元、2 200.44亿元;到2019年底,投资者人数为1.60亿人,登记存管证券20 785只,证券总市值72.45万亿元,证券非限售市值63.19万亿元,其中A股总市值59.20万亿元,B股总市值1 315.86亿元[①]。时至今日,我国股票总市值仅次于美国股市,取得了举世瞩目的市场规模。

然而,相对于世界上发达的金融市场来说,我国的证券市场是比较年轻的,在许多方面还需要进一步完善、发展。特别要充分发挥金融工程的功能,更加有效地防范证券市场风险。

为了顺应当今国际金融市场的发展规律,我国证券市场上的股票指数期货(简称股指期货)、期权等衍生品相继问世。

本章要说明的是:第一,我国股指期货的创建过程说明金融工程的创设原理是成功建设我国证券市场的重要理念;第二,透过股指期货的主

---

① 资料来源:中国证券登记结算有限公司:《中国证券登记结算统计年鉴》2005、2010、2015、2019,www.chinaclear.cn。

要功能及其作用,体现出金融工程高超技术的魅力所在。

第一节　我国股票指数与股指期货

目前我国股指期货市场上有3类股指期货,即沪深300股指期货(交易代码：IF)、上证50股指期货(交易代码：IH)及中证500股指期货(交易代码：IC)。每一类股指期货均有4种上市交易品种,市场上总共有12种上市交易品种。本节主要以沪深300股指期货为例来说明我国股指期货市场的创建过程。

一、我国股票指数期货的诞生

自我国股权分置改革(2005年)以来,我国股票市场更加快速地扩张。但在2010年之前我国股票市场产品单一,缺乏做空机制,投机氛围浓厚,市场波动风险较大。当股价上涨时,极大的赚钱效应在巨大资金的推动下加速股价进一步上涨,原因在于市场不能做空,任何人都不愿意看到市场下跌,这就只能强化了市场的做多心理,从而加大了股价偏离实际价值的泡沫风险。最终泡沫破灭而导致股价下跌。当股价下跌并持续下行时,持有现货头寸的投资者不能通过做空机制来对冲股价下跌风险,无法得到保值,只能在现货市场上被迫出售现货,导致市场超跌。事实上,我国股票从2005年初的低价位一路攀升至2007年的最高价位；随后我国股市受到由美国次贷危机引发的金融海啸影响,又一路暴跌,中国A股市场在2007年10月—2008年10月的1年之内指数下跌超过70%。假设当时我国股票市场推出期货或给市场提供做空机会的其他衍生品,就有可能对股市系统性风险进行有效的对冲,可能会抑制股市暴涨暴跌的现象。

早在2006年9月,即在我国股价强劲攀升时,新加坡期货交易所就意识到股指期货功能在我国股票市场上的作用,于是以新华富时指数公司的A50指数为标的,率先推出新华富时A50股指期货。新华富时A50股指期货直接以我国国内上市公司为标的发行股指期货,这与美国芝加哥CBOE期货交易所和我国港交所分别于2004年10月和2005年5月推出的中国指数期货不同,这两种指数期货都不是以我国 A 股为直接标的。因此,市场投资者可以将新华富时 A50 股指期货作为我国 A 股市场的先行指标,从而引发出两个股票市场上的法律纠纷。

为了有效地规避股市风险,又不让境外股指期货市场夺取我国股票市场的定价权,我国必须尽快推出股指期货交易。2006 年 9 月,中国金融期货交易所正式成立,并进行前期的沪深 300 股指期货的仿真交易,经过几年的充分准备工作,于 2010 年 4 月在我国股票市场上正式推出了沪深 300 股指期货。这对我国证券市场稳定发展具有重大意义。

为了进一步完善我国股票指数期货市场,之后在 2015 年 4 月,上证 50 股指期货和中证 500 股指期货正式上市交易。上证 50 股指期货的成分股是由在上交所上市的 50 只股票构成,侧重在金融、能源、地产等龙头行业,反映大盘蓝筹股的走势;中证 500 股指期货的成分股是由在沪深两地上市的 500 只中小盘股票构成,行业覆盖面较广,能综合反映沪深股票市场内中小市值公司的整体状况。这两类股指期货的问世,丰富了我国股指期货的市场。发展股指期货市场,对稳定股票市场有着积极的作用。统计数据表明:自 2015 年末以来,我国股票市场比较平稳地发展,未出现类似于 2008 年前后和 2015 年前后暴涨暴跌的现象。

上述三类股指期货各具有不同的特点以及不同的市场功能。相比较而言,沪深 300 股指期货更具有 A 股市场先行指标的功能,有利于投资者全面把握市场走势。

二、沪深 300 股票指数与沪深 300 股指期货

2005 年 4 月 8 日,沪深证券交易所联合发布沪深 300 指数,该指数是由沪深两市 A 股市场中规模大、流动性好的 300 只股票构成的,具有良好的市场代表性,是反映 A 股市场整体走势的指数。

由于中国上市公司的股权情况比较特殊,这就决定了沪深 300 指数的编制规则。沪深 300 指数成分股的样本空间要求 A 股股票满足以下条件:

(1) 上市时间超过 1 个季度,除非该股票上市以来日均 A 股总市值在全部沪深 A 股中排在前 30 位;

(2) 非 ST、ST* 股票,非暂停上市股票;

(3) 创业板股票的上市时间超过 3 年。

沪深 300 指数选样方法:首先,选择经营状况良好,且最近一年无重大违法违规事件、财务报告无重大问题、价格无明显的异常波动或市场操纵的公司;其次,选取规模大、流动性好的股票;再次,对所选出的全部股票,根据最近 4 年(新股为上市第 4 个交易日以来)的日均成交金额,由高到低进行排序,剔除排名靠后 50% 的股票;最后,对所剩余的股票,再按照最近 1 年的日均总市值,由高到低进行排序,选取排名在前的 300 只股票作为样本。

计算沪深 300 指数时,采用分级靠档的计算方法。具体而言,根据 A 股的自由流通比例(自由流通量股本/A 股总股本),并按照分级靠档的标准赋予 A 股总股本的一定的加权比例,以该比例作为沪深 300 指数成分股的权重。沪深 300 指数成分股分级靠档的标准如表 9-1-1 所示。

表 9-1-1 沪深 300 指数成分股分级靠档的标准

档 位	流通比例(%)	权重(%)	档 位	流通比例(%)	权重(%)
1	≤15	流通股比例	6	(50, 60]	60
2	(15, 20]	20	7	(60, 70]	70
3	(20, 30]	30	8	(70, 80]	80
4	(30, 40]	40	9	>80	100
5	(40, 50]	50			

资料来源:中证指数有限公司,www.csindex.com.cn。

沪深 300 指数的计算公式如下:

$$报告期指数 = \frac{报告期成分股的调整市值}{除数} \times 1\,000,$$

式中,调整市值 $= \sum (股价 \times 调整股本数)$,除数为基日成分股的调整市值。调整股本数的计算公式为:

$$调整股本数 = A 股总股本数 \times 加权比例。$$

当样本股发生除权、股本结构变动、股本市值变化、停牌、摘牌等情况，沪深 300 指数根据样本股股本维护规则[①]，采用"除数修正法"以确保指数计算结果的连续性，修正公式如下：

修正前的调整市值／原除数＝修正后的调整市值／新除数，

其中，修正后的调整市值＝修正前的调整市值＋新增（减）调整市值；得到的新除数即作为以后指数计算的新基数。

中国金融期货交易所根据我国资本市场的具体情况，确定沪深 300 指数为沪深 300 股指期货合约的标的指数，并规定了合约乘数、报价单位、最小变动价位、合约月份、交易的时间和地点、交割的日期和方式、每日价格最大波动限制以及最低保证金等标准化条款，并在 2006 年 9 月—2010 年 3 月期间开展沪深 300 股指期货合约的仿真交易，经过 3 年半的前期准备工作，最终，于 2010 年 3 月 26 日批准推出沪深 300 股指期货。该股指期货合约的条款内容如表 9-1-2 列(1)所示。

三、上证 50 和中证 500 股指期货合约

在我国股指期货市场上，后来的上证 50 股指期货合约与中证 500 股指期货合约，除了在股指期货标的指数的选取方面与沪深 300 股指期货合约不同，它们的标准化条款基本类似于沪深 300 股指期货合约的标准化条款，如表 9-1-2 的列(2)和列(3)所示。

表 9-1-2　我国 3 种股指期货合约的基本条款

	(1) 沪深 300 股指期货	(2) 上证 50 股指期货	(3) 中证 500 股指期货
合约标的	沪深 300 指数	上证 50 指数	中证 500 指数
合约乘数	每点 300 元	每点 300 元	每点 200 元
报价单位	指数点	指数点	指数点
最小变动价位	0.2 点	0.2 点	0.2 点

---

① 参见《沪深 300 指数编制方案》2019 年 12 月，中证指数有限公司，www.csindex.com.cn。

续 表

	(1) 沪深 300 股指期货	(2) 上证 50 股指期货	(3) 中证 500 股指期货
合约月份	当月、下月 及随后 2 个季月	当月、下月 及随后 2 个季月	当月、下月 及随后 2 个季月
交易时间	上午：9:30—11:30 下午：13:00—15:00	上午：9:30—11:30 下午：13:00—15:00	上午：9:30—11:30 下午：13:00—15:00
每日价格最大波动限制	上一个交易日结算价的±10%	上一个交易日结算价的±10%	上一个交易日结算价的±10%
最低交易保证金	合约价值的 8%	合约价值的 8%	合约价值的 8%
最后交易日	合约到期月份的第 3 个周五，遇国家法定假日顺延	合约到期月份的第 3 个周五，遇国家法定假日顺延	合约到期月份的第 3 个周五，遇国家法定假日顺延
交割日期	同最后交易日	同最后交易日	同最后交易日
交割方式	现金交割	现金交割	现金交割
交易代码	IF	IH	IC
上市交易所	中国金融期货交易所	中国金融期货交易所	中国金融期货交易所

资料来源：中国金融期货交易所，www.cffex.com.cn。

综上所述，金融工程的创设原理是成功建设我国证券市场的重要理念。

第二节 股指期货功能及其作用

大量的研究表明，股指期货在证券市场上具有风险规避、价格发现及资产配置等功能，有利于完善证券市场的运行机制，有助于投资者套期保值、风险管理和产品创新等活动。

从整个股票市场的维度看，股指期货主要具有以下 3 个功能。

一、风险规避功能

股指期货具有规避股票市场风险的功能。

投资股票有风险。股票的风险是由非系统性风险和系统性风险构成。非系统性风险通常是由上市公司经营状况的变化或信用程度的改变而引起的风险;这类风险不会波及整个证券市场,可以通过分散化投资组合来分散。系统性风险是由宏观经济因素引起证券市场收益变动而引起的风险,包括市场风险、利率风险、购买力风险;这类风险来自经济系统,会对整个证券市场产生影响,无法通过分散化投资来消除;通常用贝塔系数来表示系统性风险。为了对冲掉股票现货组合的系统性风险,通过股指期货头寸,改变股票组合的贝塔系数,从而达到降低甚至消除组合的系统性风险的效果。

二、价格发现功能

股指期货能够发现真正的价格水平。

股票的市场价格是信息的公允反映,这就是有效市场假说,该理论最早是由尤金法玛提出的。根据信息的涵盖范围不同,有效市场可以划分为弱有效市场、半强有效市场和强有效市场。弱有效市场理论认为股票价格反映了过去所有的历史信息;半强有效市场理论认为股票价格反映了所有的公开信息;强有效市场理论认为反映了所有的公开和非公开的信息。如果市场不具备有效性,那么投资者可以通过分析市场信息挖掘被低估的股票,从而获取超额收益;如果市场是弱式有效的,那么通过技术分析的投资行为将会无效;如果市场是半强式有效的,那么通过公开信息进行的价值分析也将会无效;如果市场是强式有效的,即使通过非公开的内幕消息也无法获得超额收益。

股票市场上任何有价值的信息必然通过交易行为反映在价格上,这就是价格发现过程。在一个完善的市场上,大量的交易活动,价格快速且充分地反映信息,市场有效性凸显,价格将回归价值。

价格发现功能并不是期货市场所特有的,现货指数市场也具有同等的价格发现能力。虽然现货的交易对象是实时的指数,而指数期货的交易对象是未来的指数,但是两个市场具有相同的信息环境,投资者通过对市场未来的判断来进行股票交易,从理论上来说,不应该有明显的先后差异。

问题在于,股指期货市场与现货市场有着不同的交易方式。不同的交易方式会影响市场信息的传递。与现货市场相比较,股指期货市场具有 T+0 特征,采用逐日盯市制、杠杆倍数高、放开卖空限制、交易成本低等特点,使得投资者更加倾向于股指期货的交易。因此,股指期货市场的信息反映速度快于现货指数市场,引领现货价格,具有更强的价格发现功能。

三、资产配置功能

运用股指期货,能够实现有效的资产配置。

股指期货交易实行保证金制度,具有杠杆性高、交易成本较低,且股指期货与股票指数相关联程度较高等特点,因此投资者通常会运用股指期货来配置资产组合,从而达到控制投资风险的目的。

在风险资产组合中,运用股指期货可以较好地配置套期保值的资产组合。像基金公司、保险公司等金融机构,持有较大的股票现货组合,如股票型、偏股型等基金,都面临着现货市场上价格可能下跌的风险。机构投资者若不参与股指期货市场或其他金融衍生品交易活动,要规避股市下跌风险,可以在股票市场上直接出售股票指数现货来实现套期保值,但所需的资金成本较高,现货市场流动性也并不理想。假如机构投资者通过股指期货来对冲股票现货组合的风险,即做多股票现货组合头寸,同时按照最优套期保值率做空股指期货合约,就可以实现高杠杆性、高流动性和低成本的套期保值的资产组合。

上述这类套期保值,主要做空股指期货合约来规避股票价格下跌的风险,这被称作空头套期保值,或称作卖出套期保值。

与空头套期保值相对应的另一类套期保值被称作多头套期保值,或称作买入套期保值。机构投资者预计股市即将出现大幅上扬,想抓住这一轮股市上涨行情,在短时间内以较低的价格在市场上建立起足够的股票现货组合头寸。由于市场上的种种原因,并不能一下子实现这一投资方案。如果机构投资者应用多头套期保值策略,那么可以实现这一方案。具体操作过程为,机构投资者首先在期货市场上买入相应规模的股指期货合约,以一定比例的保证金撬动大面值的股指期货合约,然后在市场上逐步建立相应规模的股票现货组合头寸,同时再逐渐卖出相应的股指期货合约。须注意,如果机构投资者预测错误,那么配置这样的投资组合将会带来亏损。

除了运用股指期货配置套期保值的投资组合,还可以运用股指期货配置组合保险策略。

组合保险策略原本的资产构成是股票现货和看跌期权的资产组合(Leland,1980;Rubinsteins,1985),这一策略的资产组合确保其价值有一个最低价值,却同时保持潜在的上行收益。

通常,投资者通过股票现货与无风险债券来复制组合保险策略。倘若投资者通过股指期货与无风险债券来配置组合保险策略,也能够达到同样的保险效果。但后者的资产会得到更加有效的配置,原因在于期货市场的保证金机制使其资产组合中只需要较小的股指期货成本。要想进一步了解组合保险策略,可参考有关这方面的文献或论著。

上述的股指期货功能充分体现出金融工程高超技术的魅力所在:能更加有效地规避金融市场风险,发现价格,降低成本,促进经济稳定而又高效发展。

第十章
完善市场和我国市场的股指期货定价原理

本章根据有效市场假说,遵照无套利原则,运用工程上的组合原理及其数学建模思路,分别为完善市场和我国市场的股票指数期货进行定价建模。

第一节 完善市场条件下的远期合约与期货合约的定价原理

有关远期合约与期货合约两者价格关系,早在 20 世纪 70 年代就有一批金融经济学家做过研究,其中最具代表性的是 Black 等人(1976)的研究。在完善市场条件下,尽管明确认同期货市场的逐日盯市,但是 Black 等人(1976)仍然认为远期价格与期货价格是相同的。

所谓的完善市场是建立在如下假设前提下的:
(1) 市场交易是连续的;
(2) 无风险利率为一个已知常数;
(3) 不存在任何交易费用;
(4) 股票允许卖空;
(5) 股票资产是完全可分的;
(6) 不存在无风险套取利润的机会;
(7) 股利的支付为一稳定的常数。

完善的股票市场是有效的;有效市场说明定价的无套利原则成立;无套利原则意味着市场上任一无风险资产组合的收益率等于无风险利率。

随着我国股票市场的逐步完善,市场的有效性逐渐提高。有些学者对我国股票市场进行了有效性检验,支持了我国股市的有效性;但也有一些学者认为我国股市的有效性并不成立。鉴于此,我们不妨站在完善的股票市场上,从理论上讨论我国股票远期合约与股指期货合约之间的价格关系。须强调,虽然讨论的不是我国股市的实际情况,但是这种论述是指导我们研究我国股指期货实际价格变动趋势的理论基础。

一、远期合约的定价原理

股票远期合约是在将来特定的日期,以事先固定的价格买或卖一种股票资产的协议。远期合约的到期日被称为交割日,同意在交割日买入的资产被称为远期合约的多头头寸,相应卖出的资产为远期合约的空头头寸。

假设时间 t 为远期合约的交易时间,T 为交割时间 $(t < T)$,$F(t, T)$ 为时间 t 远期合约价格,$S(t)$ 为时间 t 标的股票价格。到交割日,远期合约多头的损益为 $S(T) - F(t, T)$,相应空头的损益为 $F(t, T) - S(T)$。一般,$t = 0$ 表示股票远期合约最初交易时间,t 表示在最初交易时间与交割时间之间的买卖远期合约的时间,有时将 t 称为即期。

在市场连续交易的假设下,无风险利率用 r 表示,股票红利付息率用 d 表示。若在时间 t 购买一份股票,则在时间 T,1 份股票便成为 $e^{d(T-t)}$ 份股票。换言之,在时间 T 拥有 1 份股票,在时间 t 应该持有 $e^{-d(T-t)}$ 份股票。市场上实际交易过程是,在时间 t 支付现金 $S(t)e^{-d(T-t)}$,买入 $e^{-d(T-t)}$ 份股票,并持有到时间 T,获得 1 份股票,同时现金在时间 T 的本息终值为 $S(t)e^{(r-d)(T-t)}$。

在上述一系列的假设前提下,我们将运用金融工程的组合原理,给出完善市场上的股票远期价格。

在时间 t,涉及如下 3 种金融工具:

(1) 现金市场上:借入本金 $S(t)e^{-d(T-t)}$,直至时间 T 终止;

(2) 股票市场上:以价格 $S(t)e^{-d(T-t)}$ 购买 $e^{-d(T-t)}$ 份股票,将来在时间 T 拥有 1 份股票;

(3) 远期市场上:以价格 $F(t, T)$ 出售 1 份股票远期合约,即同意

在时间 T 以价格 $F(t,T)$ 卖出 1 份股票。

到了交割日,即在时间 T,3 种金融工具在市场上的交易过程如下：

(1) 股票市场上：获取 1 份股票,价格为 $S(T)$；

(2) 远期市场上：收取现金 $F(t,T)$,给出 1 份股票；

(3) 现金市场上：归还本息 $S(t)e^{(r-d)(T-t)}$,结清贷款及利息。

最后远期合约空方的损益为 $F(t,T)-S(T)e^{(r-d)(T-t)}$。如果 $F(t,T) > S(t)e^{(r-d)(T-t)}$,那么远期合约的空头获取正的收益,存在套利,违反无套利原则。t 时市场上将会有更多的投资者卖出远期合约,进行套利,导致远期价格下降,套利机会很快消失。相反,市场上也会出现更多的远期合约多头进行套利,套利机会也会很快消失。最终市场不存在套利,股票远期价格为

$$F(t,T)=S(t)e^{(r-d)(T-t)}。 \qquad (10.1.1)$$

如果股票不是连续支付红利,而是在远期合约有效期限内的 n 个离散时点 $t_1 < t_2 < \cdots < t_n$ 上,分别支付红利 D_1、D_2、$\cdots$、D_n,那么股票远期价格为

$$F(t,T)=S(t)e^{r(T-t)} - \sum_{i=1}^{n} D_i e^{r(T-t_i)}。 \qquad (10.1.2)$$

股票在远期合约有效期限内的一个时点 $t_1(t < t_1 < T)$ 一次性支付红利 D_1,则股票远期价格为

$$F(t,T)=S(t)e^{r(T-t)} - D_1 e^{r(T-t_1)}。$$

二、期货合约的定价原理

股票远期合约与期货合约都是在将来某个时间交易股票资产的协议。从这一点来说,这两种合约被视为是等同的。

然而,事实上这两种合约存在着较大的差别。远期合约是一种比较简单的延期交易协议,即在协议到期前不存在任何支付,只能在到期时交易双方的损益才得到清算；而期货合约在逐日盯市制度下交易双方的损益每天进行清算。有趣的是,远期合约交易双方的损益等于到期日股票

资产价格与其远期价格的差额;而期货交易双方的现金流总额为到期日股票价格与期货价格的差额;两种合约非常相似。

正因为如此,引发学术界对远期与期货价格进行比较研究。这里我们将继续运用金融工程的组合原理,给出在完善市场上股票远期与期货的价格关系。

与股票远期合约一样,期货合约也包括股票资产和一个到期的交割日。假设时间 t 为期货合约的交易时间,T 为交割时间,$f(t, T)$ 为期货价格。与远期合约不同的是,在期货合约的期限内,交易双方每天进行清算,即在每天交易结束时当天期货价格与前一天价格进行比较,若当天的期货价格下跌,则期货合约多头必须给空方支付这一价格差额;相反情况,期货合约多头获得空方支付的价格差额。

将期货合约的有效期限 $[t, T]$ 按一天时段长度 ($\tau=1/365$) 分成 n 段,$f(t+i\tau, T)$ 表示时间 $i\tau(i=0, 1, 2, \cdots\cdots, n)$ 的期货价格,即表示第 $t+i$ 天的期货价格。$i=0$ 为期货合约的交易时间 t,$i=n$ 表示期货合约的到期日 T,即 $t+n\tau=T$。为了简单起见,用 $f(i, T)$ 表示 $f(t+i\tau, T)$。在期货有效期限内的任一天(任一时段)满足 $t \leqslant t+i\tau \leqslant T(i=0, 1, 2, \cdots\cdots, n)$,期货合约多头每天的损益为

$$f(i, T)-f(i-1, T), i=1, 2, \cdots\cdots, n。 \quad (10.1.3)$$

正的价差值表示期货合约多头获益,负的价差值表示期货合约多头亏损。相反的情况为期货合约空头的损益。须注意以下两点:

(1) 在完善市场假设下,在每一天结束,下一天即将开始前,期货合约的价值为零;

(2) 在交割日,期货价格等于股票价格,即 $f(T, T)=f(t+n\tau, T)=f(n, T)=S(T)$。

下面我们将证明:在完美市场假设下,期货价格等于远期价格,即

$$f(t, T)=F(t, T)。 \quad (10.1.4)$$

证明的思路:针对远期合约空头头寸和相对应的期货合约空头头寸,分析两种合约空头各自在远期市场和期货市场上期初投资额和期末财富的状况。如果两者各自在远期市场和期货市场上期初投资额相同,

均为 $S(t)e^{-d(T-t)}$，那么由无套利原则知：在到期日，两者的期末资产必然相等，从而证实期货价格等于远期价格。

在远期市场上和期货市场上，具体交易过程如下：

首先，考察投资者在股票及其远期市场上的财产变化情况。

在时间 t：

(1) 股票市场上：投入资金 $S(t)e^{-d(T-t)}$，购买 $e^{-d(T-t)}$ 份股票，持有股票直至时间 T；

(2) 远期市场上：以价格 $F(t,T)$ 出售1份股票远期合约，即同意在时间 T 以价格 $F(t,T)$ 卖出1份股票。

到时间 T：

(1) 股票市场上：拥有1份股票，价格为 $S(T)$；

(2) 远期市场上：支出1份价格为 $S(T)$ 的股票，收取资金 $F(t,T)$。

可见，投资者在起初时间 t 投资 $S(t)e^{-d(T-t)}$，最终（时间 T）在股票远期市场上拥有财富 $F(t,T)$。

接下来，考察投资者在股票及其期货市场上的财产变化情况。

在起初时间 t：

(1) 股票市场上：投入资金 $S(t)e^{-d(T-t)}$，购买 $e^{-d(T-t)}$ 份股票，持有股票直至时间 T；

(2) 期货市场上：以价格为 $f(t,T)$ 卖出头寸为 $e^{-r(T-t-\tau)}$ 的期货合约。

到时间 $t+\tau$：

(1) 期货市场上：由于逐日盯市，投资者收取现金 $e^{-r(T-t-\tau)}[f(t,T)-f(t+\tau,T)]$，同时将起初时间 t 期货空头头寸增加到 $e^{-r(T-t-2\tau)}$；

(2) 资金市场上：投资者将收取的资金 $e^{-r(T-t-\tau)}[f(t,T)-f(t+\tau,T)]$，立即投资于无风险资产，直至时间 T（这笔资金的终值将成为 $[f(t,T)-f(t+\tau,T)]$）。

到时间 $t+2\tau$：

(1) 期货市场上：由于逐日盯市，投资者收取现金 $e^{-r(T-t-2\tau)}[f(t+\tau,T)-f(t+2\tau,T)]$，同时将上一时间的期货空头头寸增加到

第十章 完善市场和我国市场的股指期货定价原理 321

$e^{-r(T-t-3\tau)}$;

(2) 资金市场上:投资者将收取的资金 $e^{-r(T-t-2\tau)}[f(t,T)-f(t+2\tau,T)]$,立即投资于无风险资产,直至时间 T(这笔资金的终值将成为 $[f(t+\tau,T)-f(t+2\tau,T)]$)。

类似地进行下去,直到时间 $t+(n-1)\tau$:

(1) 期货市场上:由于逐日盯市,投资者收取现金 $e^{-r[T-t-(n-1)\tau]}\{f[t+(n-2)\tau,T]-f[t+(n-1)\tau,T]\}$,同时将上一时间的期货空头头寸增加到 1(因为 $e^{-r(T-t-n\tau)}=e^{-r(T-T)}=e^0=1$);

(2) 资金市场上,投资者将收取的资金 $e^{-r[T-t-(n-1)\tau]}\{f[t+(n-2)\tau,T]-f[t+(n-1)\tau,T]\}$,立即投资于无风险资产,直至时间 T(这笔资金的终值将成为 $\{f[t+(n-2)\tau,T]-f[t+(n-1)\tau,T]\}$)。

最后到时间 T(到期日):

(1) 股票市场上:由于股票以付息率 d 连续支付红利,在起初时间 t 持有的 $e^{-d(T-t)}$ 份股票,到时间 T 投资者持有 1 份股票,价格为 $S(T)$;

(2) 期货市场上:由于逐日盯市,投资者收取现金 $\{f[t+(n-1)\tau,T]-S(T)\}$(因为 $e^{-r(T-t-n\tau)}\{f[t+(n-1)\tau,T]-f[t+n\tau,T]\}=\{f[t+(n-1)\tau,T]-S(T)\}$)。

结清到期日所有市场上的资金,在到期日,投资者的资产为

$$S(T)+[f(t,T)-f(t+\tau,T)]+[f(t+\tau,T)-f(t+2\tau,T)]+\cdots+\{f[t+(n-2)\tau,T]-f[t+(n-1)\tau,T]\}+\{f[t+(n-1)\tau,T]-S(T)\}=f(t,T)。$$

显然,投资者在起初时间 t 投资 $S(t)e^{-d(T-t)}$,最终时间 T 在股票期货市场上拥有资产 $f(t,T)$。

综上所述,投资者开始时在两个市场上投资相等,均为 $S(t)e^{-d(T-t)}$。因此,为避免套利,在两个市场上的最终资产也必然相等,即 $f(t,T)=F(t,T)$。

结论表明,在完善市场假设下,股票期货价格为

$$f(t,T)=S(t)e^{(r-d)(T-t)}。 \qquad (10.1.5)$$

如果将股票价格 $S(t)$ 表示某一股票指数价格(一篮子股票的价格),那么式(10.1.5)就表示相应的股指期货价格。

需注意,式(10.1.5)是在股指期货标的股票连续支付红利的假设下成立的。

现实中股指期货标的股票不是连续支付红利的。假设在股指期货合约有效期限内,股指期货标的股票在 n 个离散时点 $t_1 < t_2 < \cdots\cdots < t_n$ ($t < t_1$, $t_n < T$) 上分别支付红利 D_1、D_2、……、D_n,类似于上述的证明过程,可以导出离散支付股息的股指期货价格

$$f(t, T) = S(t)e^{r(T-t)} - \sum_{i=1}^{n} D_i e^{r(T-t_i)} \text{。} \qquad (10.1.6)$$

在股指期货合约有效期限内,股指期货标的股票仅在一个时点 t_1 ($t < t_1 < T$) 一次性支付红利 D_1,那么股指期货价格为

$$f(t, T) = S(t)e^{r(T-t)} - D_1 e^{r(T-t_1)} \text{。}$$

第二节 适应我国股票指数期货市场的一般套利模型

在上一节,我们讨论了在完善市场假设下的股票远期、股票期货及其股指期货的定价问题。理论上,在一个完善市场上有效市场假说成立;有效市场会坚持无套利原则;无套利是现代金融资产定价中一个重要的均衡理论,如 Black-Sholes 定价公式。套利的经济含义是:如果两个相同的产品具备不同的市场价格,那么投资者将购进价格低的产品,并出售价格高的产品,获得无风险的价差利润。于是,一种套利定价理论应运而生(Ross, 1976)。该理论认为,在一个有效的市场上,一旦出现偏离均衡的套利机会,市场的有效运行机制通过众多投资者的套利行为使得套利很快消失,恢复无套利的均衡价格。套利和无套利是现代金融市场中两个重要的理念。

然而,现实的金融市场与完善的市场有着很大的差别。即使当今发达的金融市场,也不能与完善市场完全等同。也就是说,世界上任何一种

金融市场都不可能完全有效,至多只能说相对有效,甚至有些欠发达的市场并不具有有效性。因此,套利行为普遍存在于各种现货、期货等市场。

由于各种股票市场的有效性存在差异,套利程度将会不同。在一个有效性程度较高的股票市场上,套利机会稍纵即逝,无套利凸显(Neal,1995);而在一个非有效的股票市场上,套利机会将会经常出现而且还会持续一段时间。研究非完善股票市场的套利行为,对指导投资者的交易行为以及逐步完善市场的运行机制,有着重要的现实意义。

本节将联系我国股票市场的有效性状况,讨论适合我国情况的一般套利模型。

一、发达国家或地区与我国股票市场的有效性问题

通常人们认为发达国家或地区股票市场的有效性程度较高,但这并不代表有效市场假说在发达国家或地区以及所有时期都成立,甚至包括美国。如 Scott(1990)通过对理性定价公式的检验,发现拒绝理性定价公式的证据不是很明显,认为美国股市在一定程度上是有效的;而 Gillers and LeRoy(1992)通过对红利价格比进行检验,发现美国股票市场存在过度的波动性,理性定价公式并不成立,也就是说美国股票市场的有效性并不成立。人们对英国(Cuthbertson 等,1997)、法国和德国(Cuthbertson and Hyde,2002)等发达国家的股票市场波动率分别进行了检验,得出的结论是:在一些国家,理性定价公式成立;但在另外一些国家,股票价格的确存在过度波动性,有效市场假说并不成立;甚至在同一个国家,有时有效市场假说成立,而有时股票价格却过度波动。

与发达地区股票市场相比,新兴股票市场的有效性程度较弱(Brenner 等,1989)。

我国的股票市场是后来居上的新兴市场,虽然目前的规模较大,但有其特殊性,在投资者结构、市场环境以及市场监管等各方面都与发达国家市场存在较大的差异,弱性的有效市场更是让人捉摸不透。从 1999 年至今,人们对我国股票市场有效性的检验,就从未间断过,有人支持有效市场假说在我国成立,也有人持否定意见。如刁阳炫(2016)采用了 Shiller 的波动率检验和向量自回归方法对我国股市的有效性进行检验,发现我

国股票市场并非是有效的。为什么对同一股票市场检验会存在截然不同的两种性质呢？究其原因，在对我国股票市场进行有效性检验时，国内学者的研究方法在操作上存在一定程度的不当之处。归纳起来，国内学者主要从事的研究方法为：事件检验、实证检验、行为金融检验以及方差边界检验等方法。从理论上看，这些检验方法具有其科学性，但实际操作过程中会遇到许多困难，譬如会遇到所采用的事件是否具有代表性、影响变量是否具有说服力、数据样本的选取、理论模型的量化以及时间序列的平稳性等具体问题，如若不慎，就会导致研究结果存在较大的差异。

尽管我国股票市场的完善程度不及发达地区或国家，但是我国股票市场与发达地区或国家的股票市场一样，都属于非完善市场。因此，非完善市场理论能适应发达地区或国家的股票期货市场，同样也能应用于我国的股票期货市场。

二、适应我国股票指数期货市场的一般套利模型

现实的股票市场是非完善市场，通常被称为一般的股票市场。完善、非完善，有效、非有效，套利、无套利，自始至终伴随着股票市场运动。

在一般的股票市场上，交易成本、借贷资金利率、股息率以及各种政治、政策、人文环境、随机的投机心理等因素都将影响股票市场的有效程度，影响股票价格和股指期货价格变动，催生市场的套利行为。

为了从理论上揭示股票指数期货市场的套利现象，Comel and French(1983)建立了完善市场条件下的股指期货套利模型。之后的研究者，逐渐放宽市场条件，提出了进一步接近现实市场条件的各种股指期货套利模型。而比较全面符合一般市场条件的股指期货套利模型，是Klemkosky and Lee(1991)提出的，他们俩在考虑套利成本的基础上，更进一步将各种交易费用、税收、可变的股息率、借贷的利率成本等各种影响股票市场的因素纳入股指期货的定价模型中，导出了适应性更强的股指期货套利模型。特别是Hsu and Wang(2004)又将市场摩擦、价格预期因素纳入股指期货的建模中，从而进一步完善了一般市场条件下的套利模型。Klemkosky and Lee(1991)以及Hsu and Wang(2004)所提出的股

指期货套利模型也成了目前国内外进行套利研究的主要依据。

无疑,我国股票市场是非完善市场,为一般的股票市场。各种交易费用、保证金、股息、市场利率及政府税收等诸多因素将影响股票和股指期货的价格变动,套利现象时有发生。

下面,我们将运用金融工程的组合原理,建立适应我国股票指数期货市场的一般套利区间。

(一) 讨论股指期货空头如何通过组合市场上的金融工具进行套利活动

在时间 $t(t < T)$：

(1) 期货市场上：投资者出售一份股指期货合约,该合约的价格为 $f(t,T)$,出售股指期货合约的交易成本比率和保证金比率分别为 c_{f2}、m_{f2},于是需要投资 $f(t,T)c_{f2} + f(t,T)m_{f2}$;

(2) 股票市场上：股指期货空头为了将来在到期日 T 顺利地交割,投资者购买与股指期货空头头寸相应的股票指数现货,其价格为 $S(t)$,购买股票指数现货的交易成本比率为 c_{s1},于是需要投资 $S(t) + S(t)c_{s1}$;

(3) 资金市场上：时间 t 到时间 T 市场上的存款利率和贷款利率分别为 r_1、r_2,股指期货空头需要借入现金 $S(t)(1+c_{s1}) + f(t,T)(c_{f2} + m_{f2})$,才能满足股票和期货市场上所需要的投资资金。

到时间 T：

(1) 期货市场上：股指期货空头头寸平仓,平仓的交易成本比率为 c_{f1},投资者收取资金为 $f(t,T) - f(T,T) - f(T,T)c_{f1}$,同时收回保证金 $f(t,T)m_{f2}$,最后收取资金为 $f(t,T) - f(T,T) - f(T,T)c_{f1} + f(t,T)m_{f2}$;

(2) 股票市场上：出售股票指数现货的价格和交易成本比率分别为 $S(T)$、c_{s2},由式(10.1.2)知,时间 t 到时间 T 持有股票指数现货的现金股利终值为 $D(t,T) = \sum_{i=1}^{n} D_i e^{r_1(T-t_i)}$,现在将持有的股票指数现货出售,同时支付交易成本 $S(T)c_{s2}$,最后收益为 $S(T) + \sum_{i=1}^{n} D_i e^{r_1(T-t_i)} -$

$S(T)c_{s2}$；

(3) 资金市场上：结清现金市场上的资金头寸，最后必须支付现金 $[S(t)(1+c_{s1})+f(t,T)(c_{f2}+m_{f2})]e^{r_2(T-t)}$。

通过以上的资产组合，不难看出在股指期货的到期日 T，股指期货空头的投资总收益 $V(T)$ 为上述 3 个市场最后现金流组合之和，即

$$V(T) = f(t,T)(1+m_{f2}) - S(T)(c_{s2}+c_{f1})$$
$$+ \sum_{i=1}^{n} D_i e^{r_1(T-t_i)} - [S(t)(1+c_{s1})$$
$$+ f(t,T)(c_{f2}+m_{f2})]e^{r_2(T-t)}. \quad (10.2.1)$$

这里应用了公式 $f(T,T)=S(T)$，即认为到期日的期货合约价格收敛于标的现货价格。如果股指期货空头在时间 t 的净现金流为零且市场不存在套利，那么在时间 T 的总收益必须为零，即 $V(T)=0$。因此，股指期货无套利区间的上限为：

$$f_2 = \frac{S(t)(1+c_{s1})e^{r_2(T-t)} - \sum_{i=1}^{n} D_i e^{r_1(T-t_i)} + S(T)(c_{s2}+c_{f1})}{1+m_{f2}-(c_{f2}+m_{f2})e^{r_2(T-t)}}。$$

(10.2.2)

由式(10.2.1)与式(10.2.2)知，如果 $f(t,T) > f_2$，那么股指期货空头将获取正的利润，市场人士称之为正向套利。

（二）股指期货多头也可以模仿股指期货空头的方法，通过组合市场上的金融工具进行套利活动

在时间 $t(t<T)$：

(1) 期货市场上：投资者购买一份股指期货合约，该合约的价格为 $f(t,T)$，购买股指期货合约的交易成本比率和保证金比率分别为 c_{f1}、m_{f1}，于是需要投资 $f(t,T)c_{f1}+f(t,T)m_{f1}$；

(2) 股票市场上：与股指期货多头头寸相应的股票指数现货价格为 $S(t)$，融券的保证金比率和出售股票指数现货的交易成本比率分别为 m_s、c_{s2}，先支付融券保证金 $S(t)m_s$，接着出售相应的股票指数现货头

寸,最后收取资金 $S(t)-S(t)m_s-S(t)c_{s2}$;

(3) 现金市场上:时间 t 到时间 T 市场上的存款利率和贷款利率分别为 r_1、r_2;以市场的存款利率 r_1,将股票市场上收取的资金 $S(t)(1-m_s-c_{s2})$ 存入金融机构;再以市场的贷款利率 r_2 借入资金 $f(t,T)c_{f1}+f(t,T)m_{f1}$,来满足期货市场上的投资需求。

到时间 T:

(1) 期货市场上:股指期货多头头寸平仓,平仓的交易成本比率为 c_{f2},投资者收取资金 $f(T,T)-f(t,T)-f(T,T)c_{f2}$,同时收回保证金 $f(t,T)m_{f1}$,最后收取的资金为 $f(T,T)-f(t,T)-f(T,T)c_{f2}+f(t,T)m_{f1}$;

(2) 股票市场上:购买股票指数现货的价格和交易成本比率分别为 $S(T)$、c_{s1},由于在时间 t 出售股票指数现货,因此,先在时间 t 到时间 T 的期限内,通过市场借入现金,支付股票红利 $\sum_{i=1}^{n}D_i e^{r_2(T-t_i)}$,后在到期日 T,购回股票指数现货和收回融券保证金 $S(t)m_s$,最后支付的现金为 $S(T)+\sum_{i=1}^{n}D_i e^{r_2(T-t_i)}+S(T)c_{s1}-S(t)m_s$;

(3) 现金市场上:结清现金市场上的资金头寸,最后余额为 $S(t)(1-m_s-c_{s2})e^{r_1(T-t)}-f(t,T)(c_{f1}+m_{f1})e^{r_2(T-t)}$。

到期日 T:

股指期货多头的投资总收益为 3 个市场最后现金流组合之和,即为

$$\begin{aligned}V(T)=&S(t)[m_s+(1-m_s-c_{s2})e^{r_1(T-t)}]\\&-S(T)(c_{s1}+c_{f2})-\sum_{i=1}^{n}D_i e^{r_2(T-t_i)}\\&-f(t,T)[1-m_{f1}+(c_{f1}+m_{f1})e^{r_2(T-t)}]。\end{aligned}$$

(10.2.3)

这里同样认为 $f(T,T)=S(T)$。 如果股指期货多头在时间 t 的净现金流为零且市场不存在套利,那么在时间 T 的总收益必须为零,即 $V(T)=0$。 因此,无套利状态下的股指期货无套利区间的下限为:

$$f_1 = \frac{S(t)[m_s + (1 - m_s - c_{s2})e^{r_1(T-t)}] - \sum_{i=1}^{n} D_i e^{r_2(T-t_i)} - S(T)(c_{s1} + c_{f2})}{1 - m_{f1} + (c_{f1} + m_{f1})e^{r_2(T-t)}}.$$

(10.2.4)

由式(10.2.3)与式(10.2.4)知,如果 $f(t, T) < f_1$,那么股指期货多头将获取正的利润,市场人士称之为反向套利。

综上可见,当股指期货价格 $f(t, T)$ 落在如下区间:

$$[f_1, f_2], \quad (10.2.5)$$

无论是股指期货多头,还是股指期货空头都不能获得正的利润,而且在市场上都必须支付一定的成本。市场人士将式(10.2.5)称之为一般市场条件下的无套利区间。

如果在股票市场和期货市场上无任何交易成本,也不必缴纳保证金,并且市场上的存款利率等于贷款利率($r_1 = r_2 = r$),那么,由式(10.2.1)和式(10.2.3)知,股指期货无套利区间的上限与下限相等,即 $f_2 = f_1 = S(t)e^{r(T-t)} - \sum_{i=1}^{n} D_i e^{r(T-t_i)}$,这就是完善市场条件下的式(10.1.6)。当然,这是不符合我国的股票市场的现实情况的。

以上所述的套利过程,充分反映出我国股票指数期货市场上一些重要的交易特点:

(1) 买卖股票指数现货及股指期货的成本可能是不同的;

(2) 买卖股指期货的保证金可能是不对称的;

(3) 可以通过融资,买进股票指数现货;

(4) 通过融券,卖空股票指数现货,实现股市卖空机制;

(5) 目前我国的卖空交易有所限制,市场有待于进一步完善;

(6) 股票指数现货可能在某一时段涉及若干家上市公司分红送股;

(7) 市场利率未完全市场化,存贷利差较大,影响各种借贷资金的成本、股息成本及各种交易成本,等等。

因此,式(10.2.1)至式(10.2.5)是适应我国股票指数期货市场的一般套利模型。

第十一章
我国股指期货期现套利策略的实现过程

如何应用上一章建立起来的我国股指期货定价模型来进行期现套利活动呢？这是一个相当复杂的工程问题。要实现股指期货期现套利，大体需要经过如下一些过程：首先，根据股指期货合约价值，构造与其股票指数相应的现货组合；其次，对期现组合所需的各种成本进行分析；再次，根据投资者的具体情况对市场所允许的环境进行论证；最后，实现一套切实可行的套利策略，包括套利机会、收益及其风险分析。

第一节 股票指数现货的构造

到目前为止，我们所讨论的套利策略是，股指期货价格与股票指数现货价格发生偏离，且当偏离的差额超出综合的套利成本（交易费用、保证金成本、利差成本及市场冲击成本等）时，市场诱发投资者进行套利活动。实际上，市场投资者卖空价格被高估的股指期货合约，同时买入标的股票指数价格被低估的股票，当这两种价格趋近时，再通过平仓而获利。这种期现套利被称为正向套利；反之为反向套利。正向套利或反向套利统称为期现套利。市场投资者可以通过股指期货套利区间的上限式(10.2.2)和下限式(10.2.4)，决定采取正向的期现套利策略，或采用反向的期现套利策略，从而获利。

当然，除了股指期货期现套利，市场上还有跨期套利、跨市套利以及跨品种套利等多种类型。所谓跨期套利，指在同一个市场上通过基于同一股票指数的不同交割月份的股指期货合约之间的价差进行套利；所谓跨市套利,指在某一市场上买进或卖出某一股指期货合约,同时在另外一个市场上卖出或买进相同的股指期货合约;所谓跨品种套利,指买进在某月份交割的股指期货合约,同时卖出相同交割月份的另外一种股指期货合约,在将来适当的时间平仓,进而获取利润。尽管股指期货的套利形式多种多样,但我们可以仿照上述的期现套利模型的分析过程,类似地建立起各种股指期货的套利区间。由于我国股指期货市场发展时间不长,其他各种套利策略还有待于市场进一步完善而付诸实现。因此,本章所论述的套利也仅仅是期现套利。

期现套利需要买或卖股票指数现货且同时卖或买股指期货。在市场上直接买卖股指期货合约比较容易操作,但直接买卖期货标的指数对应的股票现货却难以操作。投资者要想实现期现套利,自己必须构造一个合适的现货组合来模拟股指期货标的指数。模拟的程度越高,现货组合得越好,套利就越逼真。一言而蔽之,实现期现套利的关键就在于能否构建一个比较理想的现货组合。这就引申出构建现货组合的一些技巧。

一、纯粹的股票组合

通过股票来构建股指期货的现货组合,主要有以下几种方法。

第一种构建股指期货的现货头寸的方法(也是最直接方法)是,按照期货标的指数中各个成分股的权重来买入相应的所有股票。这样的构建方法被称为完全复制法。

第二种方法是,根据期货标的指数成分股的权重,由高到低,分别选取不同数量的成分股,构成不同样本的现货组合,通过计量经济学的拟合方法,寻找一个跟踪误差较小的成分股组合。这样的现货组合的方法被称为优化抽样法。

第三种方法综合了完全复制法和优化抽样法的优点。具体而言,首先,根据股票的某一特征将期货标的成分股分成若干个类别,其次,设定多个指标,从各个类别中筛选出最具代表性的样本作为股指期货的现货组合。这种方法被称为分层抽样法。

我们也统一称后两种方法为部分复制法。

以上3种方法各有利弊。由完全复制法构建的期货的现货组合,虽然达到了完全拟合股指期货标的指数的效果,但所需要的股票数量太多,成本很高,实际操作的难度也较大;通过优化抽样法或分层抽样法构建的现货组合,虽然避免了完全复制法的缺点,但是,应用计量模拟方法,通过历史数据来反映未来情况,可能会带来较大的误差。有关这方面的研究,可参考 Andrews 等(1986)、Meade and Salkin(1989)、Markus (1999)以及 Beasley and Meade(2001)的研究论文。

随着我国证券市场深入发展,我国股票市场已推出了沪深 300 股指期货合约、上证 50 股指期货合约和中证 500 股指期货合约,并配套颁发了《交易所融资融券交易实施细则》,为市场投资者融资融券提供了 800 种标的股票和 40 多种交易型开放式指数基金,给构建股指期货的现货组合带来了极大的便利。也就是说,目前在我国股票市场上,投资者可以应用上述 3 种现货组合方法的任意一种方法来构造套利所需要的现货组合。

二、股票指数衍生品拟合期货标的指数

无论是采用完全复制法,还是优化抽样法,或者是分层抽样法,都需要相当数量的股票才能构建一个股票组合。我们知道,买卖大量的股票,需要支付较高的交易成本。

为了避免高成本带来的损失,市场人士考虑交易成本较低的且与标的指数密切相关的指数衍生品,作为期货标的指数的替代品。

目前在我国股票市场上的股票衍生品相当丰富,有封闭式指数基金、开放式基金以及上证 50ETF 期权合约等。相对于封闭式基金来说,开放式基金具有更多的优势。开放式基金分为非上市和上市的两种基金,非上市开放式基金只能通过指定的代理机构办理,不能通过投资者股票账户进行交易,而上市开放式基金则可以通过股票账户进行交易。在开放式基金中,交易型开放式指数基金(ETF)要比上市型开放式基金(LOF)具备交易成本低、二级市场流动性高等优势。类似于期货标的指数,ETF 的基础资产就是由一组股票构建而成的一种市场指数,这种指数衍生品与股指期货具有高度的相关性。对 ETF 产品交易一次,相当于对完全复制或部分复制所涉及的股票进行多次交易,无疑,采用 ETF 模拟期货标

的指数,将大大降低交易费用。所以,ETF是更好的期货标的指数的跟踪品。这能够理解我国证券市场推出40多种ETF融券产品的作用。

实践中,通过构建现货组合来模拟股指期货标的指数,需要遵循如下准则:

(1) 与期货标的指数相关性要高;
(2) 现货组合的流动性要好;
(3) 模拟股指期货的标的指数的跟踪误差要小。

在上述准则下,投资者可以通过单个ETF来复制股指期货标的指数,如:以单个HS300ETF作为沪深300股指期货标的指数的现货组合;以单个上证50ETF作为上证50股指期货标的指数的现货组合;以中证500ETF作为中证500股指期货标的指数的现货组合;等等。通常,股指期货合约所涉及的金额比买卖股票所需要的现金额度要大得多,单个ETF的期现套利也就需要大额度的现货交易,这对现货价格将会造成巨大的冲击,会让套利投资者承担巨大的冲击成本。

为了减少冲击成本,投资者可以通过组合若干个ETF来模拟股指期货标的指数。如,通过组合上证50ETF、180ETF和中证500ETF来模拟沪深300股指期货标的指数。

虽然单纯的股票组合要比ETF组合的成本高,但ETF的流动性风险要比股票的流动性风险大。权衡两种产品的利弊,可以混合股票和ETF来模拟股指期货标的指数。

总之,要根据市场的实际情况,灵活应用上述方法,构建比较理想的现货组合,以达到较好的套利效果。

第二节 股指期货套利成本分析

实际的证券市场是不完善的市场,存在着各种交易成本和诸多的不稳定因素。我国的股指期货市场更是如此,市场上存在诸多的交易成本,摩擦冲击也时有发生。因此,正确分析现阶段我国股指期货期现套利的成本问题,是套利策略成功实施的关键所在。

根据以上分析,我国股指期货市场的套利成本来自股票现货市场、股指期货市场、融资融券市场以及资金市场。如果按照类型来分,主要有交易成本、保证金成本以及利息成本等部分。股票指数期货的成本构成如表11-2-1所示。

一、股票现货市场上的成本分析

股票现货市场上的成本主要包括交易费用和冲击成本。前者为一般常规性的股票交易成本,后者是因大额股票交易对市场价格产生一定的冲击而引起的交易成本,属于非常规性成本。有关冲击成本,我们稍后加以分析。这里主要分析常规性的股票交易成本。根据中国登记结算公司2019年发布的有关沪深证券登记结算收费文件[①],证券交易费用包括证券交易监管费、经手费、过户费、券商交易佣金及印花税等项目。证券交易监管费、经手经费、过户费和印花税是由券商分别替代中国证券会、证券交易所、证券登记结算公司和国家税务机关向投资者收取的费用。随着我国证券市场持续发展和不断完善,证券交易费用经过多次的调整,目前按照股票交易的成交金额,股票交易监管费率、经手费率、过户费率和印花税率分别降至0.002%、0.00487%、0.002%和0.1%(向出让方收取)。券商的交易佣金包括股票交易监管费和经手费,佣金率最高不超过成交金额的3‰,最低5元起。一般情况下,券商对资金量大、交易频繁的客户会给予降低佣金率的优惠。对于不同的城市地区、不同的投资客户,券商降低佣金的优惠程度也会不同的,如在上海地区的海通证券公司佣金率可以降至万分之二以下。鉴于股指期货交易涉及较大的资金量,可以将市场上券商的股票交易佣金率限定在[0.01%,0.04%]区间。

由表11-2-1可见,股指期货标的指数的成分股如果发放红利,那么股票现货空头方必须向多头方支付相应的股票红利,这也是股票现货空头方在股票市场上的另一项成本。其实,我国股指期货的标的成分股发放股利的时间集中在每年的5、6、7、8这几个月份。当然,这是股票现货多头方的一项收入,也可以理解为一项负的成本(见表11-2-1中负

[①] 中国证券登记结算有限责任公司:《上海市场证券登记结算业务收费及代收税收一览表》(2018年11月29日更新)、《深圳市场证券登记结算业务收费及代收税收一览表》(2019年4月3日更新),www.chinaclear.cn。

334　金融工程及其在中国的应用研究

表 11-2-1　股票指数期货的成本构成表

		多　头		空　头	
	成本名称	符号	成本构成	成本名称	符号	成本构成
股票现货市场	股票现货多头成本率	c_{s1}	过户费、经手费、监管费及其冲击成本等	股票现货空头成本率	c_{s2}	过户费、经手费、监管费、印花税及其冲击成本等
	$t_i(i=1,2,\cdots,n)$ 时的股票红利	$-D_i$	$-\sum_{i=1}^{n} D_i e^{r_1(T-t_i)}$	$t_i(i=1,2,\cdots,n)$ 时的股票红利	D_i	$\sum_{i=1}^{n} D_i e^{r_2(T-t_i)}$
股指期货市场	期货合约多头成本率	c_{f1}	交易手续费、交割手续费及其冲击成本等	期货合约空头成本率	c_{f2}	交易手续费、交割手续费及其冲击成本等
	期货合约保证金率	m_{f1}	期货合约保证金率	合约空头保证金率	m_{f2}	合约空头保证金率
融资融券市场	融资	m_{s1}	融资买入证券保证金率	融券	m_s	融券卖出证券保证金率
资金市场	投资者借款利率	r_2	商业银行的拆出利率	投资者存款利率	r_1	商业银行的拆入利率

的股票红利)。对精确把握股指期货无套利区间上下限来说,认真估计未来的股息率,这是很重要的一项工作,马虎不得。

二、股指期货市场上交易成本的变动区间

相对于股票市场上的交易费用来说,股指期货市场上交易成本的构成要简单得多,省略了监管费、经手费、过户费和税收等项目。根据《中国金融期货交易所收费一览表》(2019年4月更新),我国股指期货交易费用有交易手续费、交割手续费和保证金等项目。股指期货非日内交易开仓、平仓手续费率标准为合约金额的0.23‰,日内交易开仓手续费率标准为0.23‰、日内交易平仓手续费率标准为3.45‰(为非日内交易平仓手续费率的15倍),交割手续费率标准为合约成交金额的1‰。市场上券商还要再增加一些交易费用,一般加收股指期货合约金额的0.27‰~0.5‰。于是,可以将股指期货合约的交易手续率界定在[0.0023%,0.04%]区间。

与股票的足额交易不同,股指期货市场采用逐日盯市制,只需要小于合约金额的保证金,就能确保合约多头与空头每天的盈亏转移。目前,我国沪深300股指期货合约和上证50股指期货合约多头或空头的保证金标准为合约金额的10%,中证500股指期货合约多头或空头的保证金标准为合约金额的12%。根据市场的实际波动情况,按照中国金融期货交易所2015年9月发布的《关于调整沪深300、上证50、中证500股指期货交易保证金的通知》[①],一般各期货公司在保证金率的标准水平上提高一定比例,以防范股指期货市场上过度投机的风险。根据以上分析,目前我国股指期货合约的保证金率基本上界定在[20%,40%]区间。

三、融资融券保证金及其利息成本

为了能让我国股指期货市场顺利地发展起来,早在2006年8月21日,沪深证券交易所就颁布了《融资融券交易试点实施细则》,我国股票市场引入卖空机制,结束以往单边市场的状况。在我国正式推出沪深300

---

① 资料来源:中国金融期货交易所,www.cffex.com.cn。

股指期货后不久,沪深证券交易所又分别正式发布了《上海证券交易所融资融券交易实施细则》、《深圳证券交易所融资融券交易实施细则》[①],后来几经修改与完善,形成了现在的修订版。由于两地的融资融券交易实施细则比较一致,这里以《上海证券交易所融资融券交易实施细则》(2019年修订,简称《融资融券实施细则》)来说明期现套利在该市场上的成本。《融资融券实施细则》第四章明确规定:投资者融资买入证券时,融资保证金比例不得低于100%;融券卖出时,融券保证金不得低于50%。除此之外,还需要承担融资融券相关利息、费用和融券交易相关权益现金补偿。有关融资融券的利息成本核定,可参考资金市场上的借贷款利率。至于融资融券交易费用,相对于保证金和利息成本来说,其成本是比较小的。

四、ETF 交易费用的变化范围

通常,人们认为交易型开放式指数基金(ETF)是一种股票衍生品。本质上,它就是市场上一组股票的组合,投资 ETF 就相当于投资市场上一篮子股票。特别是在实施股指期货期现套利策略时,投资者将 ETF 视为较理想的股指期货标的替代品。其主要原因在于,首先,通过 ETF 或 ETF 的组合模拟股指期货标的指数,可以避免单纯采用股票完全或不完全复制的繁琐过程,操作形式比较便利;其次,与单纯的股票组合相比较而言,ETF 不仅在市场上流动性较好,而且可以大大降低投资者构建现货组合的成本。从《上海市场证券登记结算业务收费及代收税费一览表》(2018 年 11 月 29 日更新)和《深圳市场证券登记结算业务收费及代收税费一览表》(2019 年 4 月 3 日更新)可以看出,如果投资者直接从二级市场上交易 ETF,那么只需要缴纳成交额的 0.004 87% 的证券交易经手费,诸如股票交易的过户费、监管费和印花税等费用一概免去。当然,在二级市场上交易 ETF,还是要考虑期货公司的交易费用,鉴于股指期货交易所涉及的标的成交金额较大,期货公司向客户收取的交易费用通常要比股票交易费用少,一般券商的 ETF 交易佣金在[0.005%, 0.01%]区间变

---

① 资料来源:上海证券交易所,www.sse.com.cn;深圳证券交易所,www.szse.cn。

化。须注意,在表 11-2-1 中没有列出 ETF 市场的成本项目,其实,ETF 市场归属于股票现货市场,股票现货市场的交易佣金取值区间包含了 ETF 交易佣金的变化范围。

五、资金市场上借贷的利率成本

投资者存款或借款资金的成本主要为利息成本,这可以通过市场上具有代表性的风险较小或无风险利率来进行估计。具体来说,投资者以商业金融机构较低的存款利率或较高的贷款利率存入资金或借出资金。随着我国利率市场化程度日益提高,投资者的融资渠道越来越多。各种不同的融资渠道,投资者所面临的融资利率也就不一样。为了稳定金融市场,中国人民银行发布了金融机构人民币借款和贷款基准利率。由于股指期货合约的最长期限不超过一年,所以本文将参照中国人民银行发布的一年以内的最新金融机构存款和贷款基准利率(表 11-2-2),来讨论股指期货套利者的融资成本。

表 11-2-2 人民币现行利率表(单位:年利率%)

项 目	利率水平(%)	调整日期
金融机构人民币存款基准利率		2015 年 10 月 24 日
活期存款	0.35	
3 个月	1.10	
半年	1.30	
1 年	1.50	
金融机构人民币贷款基准利率		2015.10.24
1 年以内(含 1 年)	4.35	

资料来源:中国人民银行,www.pbc.gov.cn。

持有股指期货合约的投资者,通常在合约到期前进行平仓,合约的真正持有期将大大缩短。投资者的融资利率最低水平可以参照 6 个月或 3 个月的人民币存款和贷款基准利率,最高利率要根据其融资途径。根据当前社会上各种融资途径和人民币利率水平的演变情况,可以将期现套利的存款利率和借款利率的变化范围分别设定为[1.1%,6%]、[4.35%,

9%]①。如果把期限套利的融资水平控制在这样的范围内,并且操作恰当,那么风险将是比较小的。当然投资者愿意承担更大的投资风险,利率变化范围可以进一步扩大,高风险可能带来高收益。怎么权衡风险与收益之间的关系,这是投资者风险偏好的话题,值得进一步研究。

以上所列举的各种成本费用是股票指数期货市场上常规性成本。除此之外,市场上还存在一类非常规性成本,主要指冲击成本和跟踪误差。究其原因,是由市场质量和技术手段等因素所引起的。

六、冲击成本

市场质量所包含的内容是非常丰富的,通常人们从完善性、流动性、有效性及其波动性等方面来反映市场的质量问题,其中流动性是证券市场的最重要的生命力,有人说:"流动性是市场的一切"。各国证券市场实践和学术界研究成果表明:流动性指标集中体现了市场投资者的间接交易成本。衡量流动性成本的指标有买卖价差、有效价差、价格冲击成本以及流动性指数等统计量。价格冲击成本指标是衡量一定数量(金额)的迅速交易对市场价格的冲击程度,又称作价格冲击指数,具有即时性和合理性。对于小额交易,其付出的成本为正常的买卖价差;对于大额交易,迅速完成交易后会引起反向价格变化,其付出的成本远高于小额交易的价差成本。价格冲击成本越大,说明交易成本越大,市场的流动性越差。目前市场上通常用它来衡量股票指数期货市场上的流动性。

市场质量指标是一个衡量市场成熟程度的重要标志,是交易者投资决策的重要依据。国际上很多国家或地区(美国、英国、德国甚至印度等)的证券交易所和中介机构都定期发布市场质量报告及其相关指标。我国也不例外,特别是上海证券交易所,始终以市场为中心,服务于广大投资者,为适应市场发展需要,定期发布上海证券市场质量报告。

一般而言,股指期货合约的交易金额比较大,对市场价格的冲击也是比较显著的,这将会给股指期货投资者带来较高的交易成本。特别是价格冲击指数,自然而然地成了股指期货市场上投资者的一个重要参考

---

① 根据各大证券公司融资融券年利率在8%左右以及3个月的存贷款之间的利差大约为3%,设定期现套利投资者借款利率上限为9%,存款利率上限为6%。

指标。

证券市场的价格冲击指数明显地受到证券的交易时期、价格、规模以及成交额度等因素的影响。由上海证券交易所历年发布的市场质量报告[①]可见,我国股指期货市场的价格冲击指数跟期货合约及其标的指数现货的市值或规模的大小成反向变动关系,不同的证券、不同的板块、不同的价格以及不同的交易时期等种种情况都会影响市场的价格指数。所以说,价格冲击成本为非常规的交易成本。不过,根据上海证券交易所计算的市场价格冲击指数,可以测算出股指期货合约价格冲击指数在[0.05基点,5基点]区间变化,以及股指期货标的指数现货组合的价格冲击指数在[10基点,60基点]区间变化。须注意,价格冲击指数的变化范围只是帮助投资者了解股票指数期货市场上间接交易成本的大体状况。对于指定的股指期货合约、确定市场为牛市或熊市以及熊牛交替时期等具体情况,还需要进一步精确计算相应的价格冲击指数,才有可能应用好股指期货的套利策略。

七、跟踪误差

实现股指期货的期现套利策略时,还需要考虑因模拟期货标的指数而构建现货组合所造成的跟踪误差。构建现货组合的方法有完全复制和部分复制等方法。采用股票的完全复制方法来构造现货组合,模拟期货标的指数的效果甚好,但这种方法也存在着不少缺点,如时间成本和交易成本均较高。因而运用部分复制方法,特别是结合一些 ETF 产品,可以避免股票的完全复制方法的不足之处,但又不可避免地带来跟踪误差,从而给股指期货的期现套利策略增大风险。

跟踪误差的量化方法是一个有意义的话题,Posch(2006)采用了如下的统计公式:

$$TE = \sqrt{\frac{\sum_{t=1}^{T}(r_{pt} - r_{ut})^2}{T}}, \qquad (11.2.1)$$

---

① 上海证券交易所,《市场质量研究报告》,www.sse.com.cn。

式中，T 表示样本个数(样本天数)，r_{pt}、r_{ut} 分别表示现货组合的日收益率、股指期货标的指数的日收益率。

由式(11.2.1)可见，跟踪误差被定义为现货组合收益率与股指期货标的指数收益率之间的标准差。跟踪误差越大，现货组合偏离股指期货标的指数的程度就越高，风险就越大；反之，风险越小。具体而言，在每一个时点上，跟踪偏差可能会是正值或是负值，正的跟踪偏差对反向套利者来说是有风险的，是不利的；反之，负的跟踪偏差对正向套利者来说是有风险的，是不利的。

跟踪误差的大小取决于构建现货组合的技术水平高低，因此，由跟踪误差而引起的股指期货套利的风险成本应该属于非常规性成本。

第三节 一种特定的期现套利

以上从一般的层面上讨论了现阶段我国股指期货的期现套利问题，投资者要想在市场上真正实现套利，还需要进一步确定出套利模型中各个参变量的特定数值。本节将以 2019 年 11 月 15 日到期的沪深 300 股指期货 IF1911、上证 50 股指期货 IH1911 和中证 500 股指期货 IC1911 合约为例，在一种特定的情况下实现套利。

一、一种特定市场环境下的相关参数值

(一) 特定的套利期限与股票红利

要进行期现套利，投资者需要构建一个现货组合模拟期货标的指数。无论是股票组合，还是采用 ETF 模拟指数，都涉及基础资产股票，将面临股票红利发放问题。目前我国市场上的 3 种股指期货标的指数所涉及的成分股，发放股利的时间集中在 5、6、7、8、9 这几个月。如果投资者在这些月份进行期现套利，就得准确计算出相关月份的成分股的股利价值。

这里将通过市场上的 IF1911、IH1911 和 IC1911 股指期货合约进行套利。虽然这 3 只股指期货期限为 2019 年 9 月 23 日—11 月 15 日，但是，本节仅考虑到期前的 1 个月期限，即交易日为 2019 年 10 月 21 日—11 月 15 日。实际上，3 只股指期货为 11 月份的当月期货的产品。3 只

股指期货标的指数成分股以及分别与3个指数相对应的现货组合都没有股利发放,因而在计算期现套利上下限时,不必考虑股票红利的部分,这是由股指期货所处的特定时期所决定的。

(二) ETF 与技术参数

回顾上两节内容,构建期现套利的现货头寸有多种方法,不同的构建方法会带来不一样的交易费用,其中以 ETF 作为期货指数现货的替代品,是具有比较优势的。在特定的交易场所,交易 ETF 所需要的佣金基本上固定不变,在上海、深圳等地区,不超过2‰,由于股指期货合约的金额较大,因而本文将非日内交易佣金确定为1个基点[①]。

除了常规性的交易成本外,交易 ETF 还会涉及跟踪误差和冲击成本。实现这些非常规性的交易参数,需要通过一定的技术分析。流动性较好的 ETF 的日收盘价与相应的期货指数的日收盘价相关程度越高,或者 ETF 的日收益率与期货指数的日收益率相关程度越高,跟踪误差越小。如果两者几乎完全相关,跟踪误差可以被忽略。幸运的是,目前市场上已有了分别与3种股指期货(IF、IH 和 IC)标的指数各自相对应的ETF(沪深300ETF、上证50ETF 和中证500ETF)。由于这三种 ETF 交易比较活跃,且每一种与相对应的期货指数的相关系数都在99%以上,几乎接近完全相关程度,因而被上海证券交易所纳入融资融券标的证券名单中[②]。统计指标表明:选定这三种 ETF 分别作为股指期货 IF、IH 和IC 标的指数的替代品,不仅融资融券可行,而且可以不计跟踪误差。

虽然采取单只 ETF 作为期现套利的现货头寸,可以忽略跟踪误差,但是期现套利量较大,导致单只 ETF 的交易金额也较大,容易造成较大的冲击成本。根据上海证券交易所定期公布的市场质量报告,本文以90万元交易金额为基本单位[③],测算出在2019年10月21日—11月15日期间沪深300ETF、上证50ETF 和中证500ETF 的冲击成本分别为

[①] 1个基点为1‰。
[②] 《上海证券交易所融资融券交易实施细则》(2019年修订)附件:融资融券标的证券名单。
[③] 证券的交易额度越大,冲击成本也越大。具体测算技术,参见谢一青的研究论文(2019)。

14.47基点、9.75基点和26.67基点。这些数值接近平安证券研究中心的研究结果。

一旦期现套利过程中的跟踪误差与冲击成本被确定,立即便可计算出各种ETF交易成本的参数(c_{s1}、c_{s2})值。

(三) 股指期货合约规模与交易成本参数

如同现货组合,股指期货合约交易成本也分为常规性和非常规性两种成本,所不同的是,股指期货非常规性的交易成本仅为冲击成本,并无跟踪成本。有关股指期货常规性交易成本的取值范围,已在上节内容中详细讨论过。这里特别限定投资场所为经济发达地区的优质证券公司,投资者可以将交易股指期货合约的佣金及其保证金比例分别操控在0.5个基点和20%水准上。另外,根据我国证券交易所2019年修订的《融资融券实施细则》,融券保证金确定为50%。

关于股指期货的冲击成本,可以通过两种技术途径而获取。第一种途径,通过采集2019年10月21日—11月15日3只股指期货合约的高频数据进行计算而获得;第二种途径,可以通过上海证券交易所、中国金融期货交易所以及其他证券研究所定期公布的市场质量研究报告,应用金融工程的技术方法来预测规模为90万元的股指期货合约的冲击成本(谢一青,2019)。本文通过第二种途径,测算出在2019年10月21日—11月15日IF1911、IH1911和IC1911的冲击指数分别为0.11、0.07和0.27个基点。在这些特定的条件下,3只当月股指期货合约的冲击成本均低于0.5个基点。这也反映出我国股指期货市场的成熟程度提高了。

在上述特定的情况下,不难获得各种股指期货合约交易成本的参数(c_{f1}、c_{f2}、m_{f1}、m_{f2}和m_s)值。

(四) 信用程度与融资利率

在我国股指期货市场上,对投资者的要求是比较高的。一般,从事股指期货业务的投资者,具有一定的信用程度。这里主要针对一些信用级别比较高且可以以银行基准利率融资的投资者,在短期内,他们的借贷利率分别为 0.011 和 0.043 5。

如果投资者融资环境不符合这一特定的条件,那么他的借贷利率就不是这些数值,就得另当别论。

在上述的特定条件下,我们获得了套利上下限公式中的各个相关的参数值,详见表 11 - 3 - 1。

表 11 - 3 - 1　特定情况下的各种参数值

市场名称	证券名称	成本项目	参数符号	参数值
基金市场	沪深300ETF	买入 ETF 交易成本率	c_{s1}	佣金和冲击成本 0.01% + 0.144 7% = 0.154 7%
		卖出 ETF 交易成本率	c_{s2}	佣金和冲击成本 0.01% + 0.144 7% = 0.154 7%
	上证50ETF	买入 ETF 交易成本率	c_{s1}	佣金和冲击成本 0.01% + 0.097 5% = 0.107 5%
		卖出 ETF 交易成本率	c_{s2}	佣金和冲击成本 0.01% + 0.097 5% = 0.107 5%
	中证500ETF	买入 ETF 交易成本率	c_{s1}	佣金和冲击成本 0.01% + 0.266 7% = 0.276 7%
		卖出 ETF 交易成本率	c_{s2}	佣金和冲击成本 0.01% + 0.266 7% = 0.276 7%
股指期货市场	IF1911	期货合约多头的交易成本率	c_{f1}	佣金和冲击成本 0.005% + 0.001 1% = 0.006 1%
		期货合约空头的交易成本率	c_{f2}	佣金和冲击成本 0.005% + 0.001 1% = 0.006 1%
		期货合约多头保证金率	m_{f1}	20%
		期货合约空头保证金率	m_{f2}	20%
		融券卖出证券保证金率	m_s	50%
	IH1911	期货合约多头的交易成本率	c_{f1}	佣金和冲击成本 0.005% + 0.000 7% = 0.005 7%
		期货合约空头的交易成本率	c_{f2}	佣金和冲击成本 0.005% + 0.000 7% = 0.005 7%

续 表

市场名称	证券名称	成本项目	参数符号	参 数 值
股指期货市场	IH1911	期货合约多头保证金率	m_{f1}	20%
		期货合约空头保证金率	m_{f2}	20%
		融券卖出证券保证金率	m_s	50%
	IC1911	期货合约多头的交易成本率	c_{f1}	佣金和冲击成本 0.005%+0.002 7%=0.007 7%
		期货合约空头的交易成本率	c_{f2}	佣金和冲击成本 0.005%+0.002 7%=0.007 7%
		期货合约多头保证金率	m_{f1}	20%
		期货合约空头保证金率	m_{f2}	20%
		融券卖出证券保证金率	m_s	50%
资金市场	存款	3个月以内存款利率	r_1	0.011
	借款	3个月以内借款利率	r_2	0.043 5

二、3 种股指期货的套利分析

在分析股指期货期现套利策略的实际效果之前,还需要对到期的期货标的指数 $S(T)$ 进行预测,本文根据 3 种股指期货各自标的指数的即期日平均收益率,对将来的 $S(T)$ 进行预测。至此,确定了期现套利所需要的常规性参数值以及非常规性参数值,可以应用套利的上下限公式,通过编程运算,寻求 3 种股指期货合约的套利机会、分析套利的效果。

(一) 套利机会的分析

MATLAB 软件运行的结果表明:在 2019 年 10 月 21 日—11 月 15 日,IF1911(沪深 300 当月股指期货合约)和 IC1911(中证 500 当月股指期货合约)均存在套利机会,而 IH1911(上证 50 当月股指期货合约)无套利机会。具体的套利时期见表 11-3-2。

表 11-3-2　IF300 与 IC500 股指期货套利与收益

	IF1911				IC1911		
时　间	期货收盘价	套利机会	年收益率	时　间	期货收盘价	套利机会	年收益率
2019-10-21	3 866.8	反向套利	0.059 56	2019-10-21	4 902.6	反向套利	0.140 2
2019-10-22	3 878.8	反向套利	0.072 84	2019-10-22	4 954.8	反向套利	0.149 0
2019-10-23	3 862.8	无套利	0	2019-10-23	4 923.0	反向套利	0.138 2
2019-10-24	3 870.4	无套利	0	2019-10-24	4 924.0	反向套利	0.113 4
2019-10-25	3 899.0	无套利	0	2019-10-25	4 974.2	无套利	0
2019-10-28	3 919.0	无套利	0	2019-10-28	5 046.4	反向套利	0.143 9
2019-10-29	3 905.0	无套利	0	2019-10-29	4 979.6	无套利	0
2019-10-30	3 877.0	反向套利	0.093 29	2019-10-30	4 916.0	反向套利	0.145 3
2019-10-31	3 879.0	无套利	0	2019-10-31	4 892.8	无套利	0
2019-11-1	3 959.4	无套利	0	2019-11-1	4 948.2	无套利	0
2019-11-4	3 974.2	无套利	0	2019-11-4	4 957.8	反向套利	0.192 1
2019-11-5	3 996.4	无套利	0	2019-11-5	4 998.2	无套利	0
2019-11-6	3 983.0	无套利	0	2019-11-6	4 955.4	无套利	0
2019-11-7	3 990.2	无套利	0	2019-11-7	4 990.4	无套利	0

续表

| \multicolumn{4}{c|}{IF1911} | \multicolumn{4}{c}{IC1911} |

时间	期货收盘价	套利机会	年收益率	时间	期货收盘价	套利机会	年收益率
2019-11-8	3 968.8	无套利	0	2019-11-8	4 970.8	无套利	0
2019-11-11	3 906.6	无套利	0	2019-11-11	4 862.0	无套利	0
2019-11-12	3 897.6	无套利	0	2019-11-12	4 867.4	无套利	0
2019-11-13	3 900.0	无套利	0	2019-11-13	4 872.2	无套利	0
2019-11-14	3 900.0	无套利	0	2019-11-14	4 903.0	无套利	0
2019-11-15	3 892.4	无套利	0	2019-11-15	4 898.4	无套利	0

当股指期货合约的即期收盘价格小于套利的下限值时，有反向套利机会；当股指期货合约的即期价格大于套利的上限值时，有正向套利机会；倘若股指期货合约的即期价格落在套利的下限值与上限值之间，则无套利机会。由表11-3-2可见，在这20个交易日，股指期货呈现以下一些特征：

第一，IF1911与IC1911两种当月股指期货合约共出现10次套利机会，而且均为反向套利，无正向套利（表11-3-2中的第3列与第7列）。究其原因，当前的中美贸易谈判有所进展，投资资金有所倾向股票市场，导致股指期货合约价格与标的现货价格之差（简称为期现差，又称为基差）绝大多数为负值，即股指期货合约的价格偏低，从而容易突破套利的下限值，引发反向套利机会。

第二，IC1911反套利时机比IF1911的多，而IH1911无一套利时机。IC1911共发生7次，IF1911仅发生3次。关于两种股指期货合约标的指数构成，前文已作过说明。沪深300指数是由沪深证券市场上市值大、流动性好的300只A股编制而成的成分股指数，具有良好的市场代表性；

上证 50 指数是由上海证券市场上规模大、流动性好的最具代表性的 50 只股票构成，能综合反映上海证券市场最具影响力的一批龙头企业；中证 500 指数是由沪深证券市场上具有代表性的 500 只中小市值的股票构成的。由此可见，沪深 300 股指期货合约的流动性好于中证 500 股指期货合约，但不及上证 50 股指期货合约。3 只股指期货合约的冲击指数亦可佐证它们的流动性，中证 500 股指期货合约的冲击指数为 0.27 基点，大于沪深 300 股指期货合约的冲击指数 0.11 基点，更大于上证 50 股指期货合约的冲击指数 0.07 基点。股指期货流动性的差异，可以解释 IC1911 的套利机会较多，IF1911 套利机会较少，而 IH1911 不存在套利机会的现象。

第三，套利机会集中发生在当月期货的初期。将在 2019 年 11 月 15 日到期的沪深 300 当月股指期货合约（IF1911）与中证 500 当月股指期货合约（IC1911），分别在当月期货开始的连续 2 个和 4 个交易日出现反套利机会，随后两个当月期货合约的套利机会迅速减少、消失。实际上，IF1911 和 IC1911 早在 2019 年 9 月 23 日开始上市交易了，直至 2019 年 10 月 21 日上一个当月期货合约到期，他们才分别成为新的当月期货合约。在新旧期货交替之际，两种不同的期货合约的价格存在差异，导致套利机会集中发生在当月开始的几个交易日内。上文已阐述过，IC1911 的流动性没有 IF1911 的好，因此，IC1911 不仅在当月初期出现的反套利机会多于 IF1911，而且比 IF1911 持续的时间长。事实上，20 个交易日内，IF1911 的套利机会间断地延续至第 8 个交易日就消失了，而 IC1911 的套利机会却断断续续延续到第 11 个交易日才停止。特别值得一提的是，流动性最好的 IH1911 从当月的一开始便消化了套利机会。这充分说明了完善市场建设、提高市场的有效性是非常重要的。

（二）套利收益分析

从套利的收益看，IC1911 的收益率大大高于 IF1911。表 11 - 3 - 2 显示，IF1911 套利的年收益率在 5.9%～9.4%，而 IC1911 套利的年收益率却在 11%～19%。两种股指期货合约收益率存在的重大差异，是由市场的诸多因素造成的。首先，各种股指期货的基础资产不一样，除上证

50股指期货的基础资产在沪市最具代表性外,中证500股指期货标的股票市值规模小于沪深300股指期货标的股票市值规模;其次,目前我国证券市场还处于完善阶段,市场上依然存在着浓厚的投机现象;再次,当前国际环境的变化,即中美贸易战出现转机现象;种种因素都集中反映在市场的投资行为中,具有中小市值规模的中证500股指期货标的股票更加吸引着投资者,加大了IC1911的期现差(IC1911的7个套利交易日的平均基差高达40%,而IF1911的3个套利交易日的平均基差仅为15%),最终导致套利的利润以及收益率均高于IF1911。

以上实证结果表明:尽管我国的证券市场已获得了长足的发展,但是在将来相当长的一段时间内,仍然需要深化改革,完善市场建设,进一步丰富股票衍生产品,充分发挥金融工程的功能作用,全面提高市场的有效性。

第十二章
我国债券市场的创新开拓与产品的创设开发

从1981年我国恢复国债发行开始至今,债券市场经历了一个不平凡的发展历程。1997年之前,我国债券市场走过了一段曲折的行程;之后,根据国务院部署,总结了国内外债券市场上发展的经验教训,坚持市场化的改革方向,市场开始快速发展,市场功能日趋完善,债券产品不断丰富,市场主体呈现多元化,市场规模日益壮大。根据国际清算银行的2019年第一季度的统计,我国债券市场的存量规模仅次于美国债券市场,位居世界债券市场第二。

纵观我国债券市场,创新、设计、开发等金融工程理念始终贯穿于其改革发展的全过程。

第一节 我国债券市场的开拓

回溯我国债券市场的历史,金融工程原理在我国债券市场的创新开拓过程中起着潜移默化的重要作用,推动我国债券市场不断升华。

通俗地讲,我国债券市场发展经历了一场摸着石头过河的开拓过程。

1981年国家为了弥补财政赤字,恢复发行国债,当时的国债不能进行交易。1990年之前,为了保证国债发行任务的完成,主要采取了一种行政分配国库券的发行方式,即按照行政渠道分配任务;1986年、1988年两年允许国债流通转让,所谓的流通转让就是允许按国库券面值提前兑付;国债的流通转让,催生了中介,债券二级市场的萌发。

20世纪80年代末期,经济体制改革到了关键时期,上海和深圳市政府希望通过股票交易所的建立推动其金融与经济发展。在改革开放的巨大动力推动下,1990年前后上海和深圳股票交易所相继建立起来。股票市场的建立标志着我国资本市场的起步。

进入20世纪90年代,我国参照发达地区的债券市场,不断地尝试债券的发行方式。起初,启动机构投资者承购包销债券的发行形式;后来开始办理债券的无纸化登记托管,同时支持人民银行开展公开操作业务;再后来在市场上采用公开招标方式发行债券等举措,极大地推动了我国债券的二级市场以及交易所债券市场发展。

20世纪90年代,随着债券市场上的国债、国债期货以及回购交易日趋活跃,交易所的债券市场规模逐步扩大。然而,由于当时债券市场比较分散,加之市场监管不力以及市场信息不够透明等因素,债券市场发生国债期货风波以及回购交易集中爆发事件等金融风险。

为了治理债券市场的混乱现象,规避债券市场风险,1996年,经中国人民银行等有关部门报国务院批准,设立中央国债登记结算有限责任公司,简称中央结算公司。1997年6月,人民银行发布通知,要求商业银行在交易所托管的国债全部转到中央结算公司,退出上交所和深交所;并规定各商业银行可以通过中央结算公司托管的债券和央行票据进行场外回购和现货交易;从此银行间市场诞生。随后人民银行恢复了债券公开市场业务,扩大了银行间债券市场回购交易规模。

与交易所债券市场相比,银行间债券市场交易方式比较灵活,不会像场内那样受到那么多的标准化条款限制,双方的交易达成主要通过自主谈判、逐笔成交;双方谈判的询价过程要比场内自由竞价过程更加适合债券产品个性化特征。因此,我国确立银行间债券市场为债券的场外市场,无疑是一次明智的创新之举。事实证明也是如此,20世纪90年代,债券的场内市场主导我国债券市场。到了2019年底,银行间债券市场的发行量、托管量和交易量占全国市场的比例分别为83.28%、87.67%、81.70%,而交易所债券的场内交易量占比却分别为16.72%、12.33%、18.30%[①]。今天

---

① 数据来源:中央结算公司统计监测部,《2019年债券市场统计分析报告》,www.chinbond.com.cn,2020年1月17日。

的银行间债券市场成了我国债券市场的主导者。目前我国债券市场这种场内与场外的格局,与国际债券市场发展的主流方向一致,从而进一步扩大了全社会的投融资渠道,有力地推动了我国实体经济发展。

在国际化进程中,我国坚持"走出去"和"引进来"的战略方针,开放我国的债券市场。第一,"走出去"战略推动我国债券市场的国际化进程。1987年以来,我国到美国、欧洲一些国家、英国伦敦、日本、新加坡、马来西亚以及我国香港、澳门地区发行债券,取得了较大的成效。第二,通过"引进来"举措,引入境外投资者和投资机构投资我国债券,吸引境外各类投资机构在我国发行债券。2005年以来,我国引进大量的境外投资者和投资机构,有合格境外机构投资者(QFII)和人民币合格境外投资者(RQFII)、国际开发机构、政府类机构、金融机构及非金融机构,等等。这些新增的境外投资者和投资机构,对丰富我国投资主体、建设我国债券境内外开放市场和推动我国实体经济发展,起着积极重要的作用。

自改革开放以来,我国债券市场创新开拓的场面,可谓是层出不穷。2016年9月8日,根据《中国人民银行关于金融支持中国(上海)自由贸易实验区建设的意见》有关精神,中央结算公司正式发布《中央国债登记结算有限责任公司中国(上海)自由贸易试验区债券业务指引》,明确自贸区债券发行、登记、托管及交易结算等业务操作,又正式开创出一个具有中国特色的自由贸易区债券市场;同年12月,上海市政府成功面向自贸区及境外机构投资者发行30亿元地方政府债券。由于自贸区是连接境内市场与境外市场的重要缓冲区,因此自贸区债券市场建设也就成为我国债券市场开放的重要方式。

如今,我国债券的交易所市场、银行间市场、境内外开放市场以及自由贸易区市场齐头并进,形成了巨大的市场规模。根据国际清算银行的2019年第一季度的统计,我国债券市场的存量规模仅次于美国债券市场的规模,位居世界债券市场第二。

第二节 我国债券产品的开发及其创设

债券市场与其产品犹如土壤与种子。我国债券市场引来了众多的投融资者,有境内外中央银行或货币当局、政府类机构、商业银行、金融和非金融机构、企业和公司、投资机构和合格的投资者等各类投融资主体。日益多元化的发行主体和投资者,加速了我国债券产品开发、设计及其创新的进程。

目前市场上开发的基本类型债券已经覆盖记账式国债、储蓄国债(电子式)、 地方政府债、央行票据、政策性银行债、商业银行普通债券、商业银行债券次级债、商业银行混合资本债、商业银行二级资本工具、非银行金融机构债券、中央企业债券、公司债券、企业债券、集合企业债、中期票据、各种币种的外国债券、超短期融资券、非公开定向债务融资工具、短期融资券、中小企业集合票据或债券、证券公司短期融资券、金融债、同业存单、标准化票据、私募债券、政府支持机构债券等债券品种。广泛的基本债券产品,大大地满足了市场上投融资主体的需求。

我国债券市场成功发展的一个重要因素是敢于创设债券产品。目前市场上创新活力充沛,新的债券产品更加丰富[①]。创新设计的工程理念渗透在市场的各个层面中。

一、债券的设计开发

自债券市场创始以来,从业人士充分发挥金融工程上的设计理念,在基本债券的基础上,不断开发出新的债券产品。经过30年的努力,设计开发出可赎回或可回售的含权债券、可转换公司债券、可分离债券、可续期债券、永续中期票据或永续债券、资产支持票据、项目收益票据或项目收益债券、信贷资产支持证券、企业资产支持证券等多个债券品种。2019年,我国大力推动含权地方债发行和商业银行永续债发行,全年商业银行永续债共计发行5 969亿元。市场上设计开发出来的新债券产品,进一步拓广了我国企业、公司、金融和非金融等机构的融资渠道。

二、债券衍生产品

从2004年开始,我国利用市场上已开发出来的债券,进一步衍生出

---

① 本节的数据来源:中央结算公司编制的历年债券市场统计分析报告,www.chinbond.com.cn。

标准债券远期、2年期的国债期货、5年期的国债期货和10年期的国债期货、利率互换、信用风险缓释工具等各种新债券品种。2018年,首只地方债开放式基金(ETF)成立。2019年,中国人民银行围绕银行永续债,创设央行票据互换工具(CBS),全年通过7次操作,互换债券的金额共计320亿元,提高了银行永续债的流动性。

三、资产证券化产品

在国务院和中国人民银行推动下,创新设计的市场动力加速了资产证券化产品的发展。从2015年开始,资产证券化的基础资产进一步拓展到公司贷款、汽车贷款、住房抵押贷款、融资租赁资产、小额贷款、住房公积金贷款、房地产投资信托资金(REITs资产)、银行间REITs资产、不良信贷资产、金融租赁资产、绿色信贷、国家级贫困县精准扶贫资产、民间资本参与政府和社会资本合作(PPP)项目、银行系投资性物业资产、5A自然景区资产等新领域;2018年,进一步推出飞机租赁资产支持证券、储架权益型长租公寓类、房企租赁类REITs、教育系统PPP资产证券化、不依赖主体信用的商业地产CMBN、基于区块链技术的信贷资产证券化产品、由专业化机构托管的长租公寓类房地产信托投资基金产品、支持新经济企业供应链金融资产、市场挂钩LPR为基准定价的浮动利率信贷资产、美元资产等资产项目。资产证券化产品多样化,有助于盘活社会资产存量。尤其是在2019年9月,全国首单专利许可知识产权ABS发行,创新知识产权证券化的业务模式,扩大了知识产权的金融业务。

四、特色债券创新产品

近些年来,根据我国国民经济发展的实际需求,市场创设出多项特色债券。

(一) 专项债券创新产品

自2015年8月国开行和农发行首批发行3 000亿元的专项建设债券之后,银行间双创专项债务融资工具、债转股专项债券、土地储备专项债券、地方政府收费公路专项债、多地市土地储备项目集合专项债、地方政府水资源配置工程专项债、棚改专项债等专项债券品种逐渐增加。

(二) 绿色债券创新产品

自 2016 年首单绿色信贷资产支持债券发行落地后,绿色债券创新产品不断涌现,绿色金融债券、绿色企业债券、绿色债务融资工具、绿色永续债券、大气污染防治绿色债券、绿色资产支持票据、境外企业绿色熊猫债券、绿色资产证券化项目、绿色短期融资券等绿色债券相继发行。目前我国绿色债券品种齐全,已成为全球最大的绿色债券市场。

(三) 扶贫债券创新产品

2017 年首笔扶贫债券发行后,扶贫专项、扶贫中期票据、易地扶贫搬迁专项柜台债券、国家级贫困县精准扶贫资产证券化项目等扶贫专项债券相继发行,为国家扶贫战略实施提供了资金支持。

(四) 民营企业融资工具持续创新

2018 年,公募类双创债务融资工具、优质主体企业债、挂钩民企债券信用风险缓释凭证(CRMW)和首批纾困专项公司债均首次出现在债券市场上,进一步引导社会资金流向,为民营企业和中小低资质企业提供直接融资渠道。

丰富的特色债券为重点领域和薄弱环节提供了融资渠道,切实推进了我国经济转型和国家战略实施。

五、开放市场的债券创新产品

1987 年以来,我国面向境内外投资者逐步开放债券市场,债券产品创设活动日益活跃起来。

在开放的债券市场上,我国践行"引进来"和"走出去"的开拓模式。引进境外国际机构进入我国债券市场,发行熊猫债券。各类境外机构前后共发行 3 000 多亿元(《金融时报》2017 年 11 月 7 日)。

"走出去",在境外债券市场上,开发了以美元、欧元、日元和人民币等币种的主权债券,不断扩大了境外主权债券的发行规模(江婕等,2019)。

第十二章　我国债券市场的创新开拓与产品的创设开发　355

特别是 2019 年,财政部在我国香港地区发行 60 亿美元主权债券,在法国巴黎发行了 40 亿欧元主权债券,在我国香港和澳门地区共发行 140 亿元人民币国债,中国人民银行在我国香港地区发行央票 12 期,募集资金 1 500 亿元。我国在境外发行美元主权债券、欧元主权债券、人民币国债和央票均取得了新进展。

开放市场上的债券创设产品也是颇具特色的。

2015 年,我国创设了最具中国特色的"一路一带"主体债券。随后,各类机构纷纷跟进,债券创新品种层出不穷:海上丝绸之路债券(2015 年在马来西亚发行)、"一带一路"熊猫债券(2017 年)、"一带一路"建设的中期票据(2017 年)、"一带一路"公募熊猫公司债(2018 年)、"一带一路"建设可续期公司债券(2018 年),2018 年交易所又开展了"一带一路"债券试点。"一带一路"主题债券创新产品不断丰富,对推进资本项目开放、为服务国家"一带一路"倡议实施具有重大意义。

为了进一步落实"引进来"和"走出去"金融发展战略,2017 年 7 月,我国内地与香港地区推出"债券通",即联通了我国境内市场和香港国际金融市场,国际投资者在原先的交易结算制度下可以跨越市场交易各类债券。自此之后,中国农业发展银行、国家开发银行等金融机构分别发行"债券通"金融债;通过"债券通"机制,人民币熊猫债券、外国主权政府人民币债券、跨市场铁道债、资产支持证券、住房抵押贷款支持证券产品、非金融企业债务融资工具等各类债券陆续发行;目前已有近 100 家的境外机构参与了"债券通"交易活动。"债券通"这一创新形式让我国境内债券市场直接融入国际市场,标志着我国债券市场进入了一个崭新的开放时代。

除上述的特色债券外,还有其他形式的特色债券创新产品活跃在我国开放的债券市场上。譬如特别提款权(SDR)计价债券、境外绿色债券(2016 年)、境外企业绿色熊猫债券(2017 年)、自贸区市场债券等特色产品。随着中债指数登陆境外交易所,我国债券衍生品在国际市场上也应运而生。2019 年,新光中国政金绿债交易型开放式基金(ETF)在我国台湾证券交易所上市交易。

开放市场上丰富的债券产品,为国际投资者提供多元化的投资品种,加快了我国债券市场的国际化进程。

随着我国金融改革开放的深化,债券市场开放程度将进一步提高,具有中国特色的债券创新产品将会更加喷薄而出。

回顾我国债券市场发展的历程,市场的创新动力推动着债券产品创新、设计开发,从零开始,到井喷爆发。目前我国债券市场产品丰富,交易活跃,运行高效,走出了一条弯道超车的发展轨迹,实现了大国债券市场的梦想。截至2019年12月31日,我国债券市场总托管存量达到98.09万亿元,同比增长13.47%。其中,中央结算公司债券托管存量达64.98万亿元,占全市场66.24%,同比增长12.77%;上海清算所债券托管存量达22.35万亿元,占全市场22.78%,同比增长12.77%;交易所债券托管存量10.76万亿元,占全市场10.97%,同比增长19.52%。(见表12-2-1)

表12-2-1 2019年债券市场托管量(单位:亿元)

全 市 场	980 875.10
中央结算公司登记托管的债券	649 780.21
上海清算所登记托管的债券	223 490.43[①]
中证结算登记托管的债券	107 604.46

数据来源:中国债券信息网、上海清算所、中国结算。

由表12-2-1可见,从2019年债券市场总托管量中扣除中证结算登记托管的债券量,余额873 270.64亿元为我国银行间债券市场总托管量。这一数额已超过沪深两地交易所存管证券总市值,足以说明银行间债券市场与我国场内证券市场一样,是推动我国经济快速发展的又一重要资本市场。中国经济为什么能够在改革开放的40年内实现了弯道超车,经济总量规模仅次于美国而位于全球第二?答案是非常清晰的。

---

① 上海清算所债券托管存量包括同业存单,笔者认为同业存单在银行间市场可以转让,具有债券特性。

第十三章
利率期限结构理论与模型

经过40年的坚持不懈的努力,我国债券市场终究建设成为具有一定规模、产品丰富、功能齐全、交易活跃的市场体系。回溯往昔,我国债券市场并非一帆风顺,而是经历了一次次风险动荡,才实现了跨越式的发展。与国际上成熟的市场相比较而言,我国的债券市场还是比较粗放的,风险依然充斥市场。今后要想在风险中把握好市场的发展方向,我们必须充分运用金融工程的技术方法——数学建模、数值方法、仿真模拟、网络图解、优化控制等工程技术方法,对市场上的债券及其风险进行科学的定价与评估,才能有效地规避市场风险,从质的方面促进我国债券市场转型提升。

在对债券进行定价建模之前,本节将先讨论利率期限结构理论以及适合我国债券市场的利率模型。

第一节 利率期限结构理论

利率期限结构是指资金的收益率与其相应期限之间的关系,反映不同期限的资金供求关系。试图解释利率期限结构的理论有多种假说,目前理论界较流行的有如下几种假说。

一、预期假说

预期假说首先由 Fisher(1896)提出,是最古老的也是最著名的期限结构理论。这一假说认为,预期未来的即时利率(短期即期利率)等于收益率曲线隐含的远期利率。该理论反映了投资者对远期利率的预期。向上倾斜的收益率曲线反映了投资者预期未来的即时利率会上升,向下倾斜的收益率曲线反映了投资者预期未来的即时利率会下降。如果预期即时利率保持不变,收益率曲线就应该是平坦的。根据这一理论,长期债券的即期利率是由一系列预期远期利率构成的,因此我们可以计算出一个预期的即时利率序列。该理论的优点是容易操作,应用方便;缺陷是,假定过于理想化。

二、流动性偏好假说

流动性偏好假说是 Hicks(1939)和 Culbertson 等(1957)对纯粹预期假说进行修正而提出的。这一理论认为短期债券的流动性比长期债券高。由于短期债券的期限较短,导致其价格波动风险比长期债券要小,易于定价。风险回避者对高流动性的短期债券的偏好,使得其利率低于长期债券。这就是说,确定远期利率时除包括预期信息之外,应该考虑因风险因素而引起的流动性偏好。

根据这一假定,大多数投资者偏好持有短期证券。为了鼓励人们投资长期债券,必须支付流动性补偿。长期利率应该是预期的短期利率与补偿流动性偏好的利率之和,即远期利率总是高于未来预期的即期利率。

比较纯粹预期假说与流动性偏好假说,由后者所获得的远期利率总是要比前者所预计的更高。实际上,流动性偏好假说解释收益率曲线的形状要比纯粹预期假说更好一些。但也有缺陷,有时并不像流动偏好假说认为的那样,所有的投资者都更偏好短期债券而不是长期债券,如养老金基金自然偏好长期期限债券投资。

三、区间偏好假说

这一假说的代表人物 Modigliani and Sutch(1966)认为,投资者对收益率曲线的特定部分有很强的偏好,市场就是由这些不同的区间偏好投资者所组成的。例如,保险投资者喜欢投资于与保单期限责任相一致的较长期限的债券;拥有临时性资金而又急于投资的公司,则会偏好于短期证券投资,等等。各种不同的投资者总是想使其资产期限与相应的投资期限相匹配。

根据这一假说,债券的收益率是由其期限的供求来决定的,供求不平衡就要在预期收益的基础上溢价或折价,而未来的预期短期利率与远期利率没有明显关系。

然而,实证分析的结果相对较少地支持区间偏好假说。

第二节 利率期限结构模型

早期的利率期限结构理论,从定性分析的角度,阐述了市场上各种利率期限结构假说。特别是,假定利率为常数或者是时间的确定性函数,这和现实并不相符。现实的市场存在种种不确定性因素,是一个风险市场。风险市场下的未来利率难以确定,具有随机性。人们将随机过程引入利率期限结构中,形成了现代的利率期限结构模型。

现代的利率期限结构模型始于 Merton(1973)提出的利率随机微分方程,具体形式为

$$dr = \mu dt + \sigma dZ,$$

其中 μ 和 σ 均为常数,$dZ = dZ(t)$ 表示标准的维纳过程。Merton 模型的意义在于首次将随机微分方程引入利率模型,从而刻画出利率的随机动态变化过程,为利率期限结构问题的研究开拓了一种新思路。Merton 模型过于简单,存在不足之处,如利率不存在均值回复特征,利率可能为负,这些都与现实不符。

为了克服 Merton 模型的不足之处,人们提出了更一般的利率模型:

$$dr = \mu(r, t)dt + \sigma(r, t)dZ。 \qquad (13.2.1)$$

式中 $r = r(t)$ 表示 t 时的即时利率(t 时的瞬时利率),表示剩余期限很短的债券的收益率,$\mu(r, t)$、$\sigma(r, t)$ 分别表示 t 时即时利率的漂移率和波动率,是 t 和 r 的函数,它们共同决定了即时利率的过程。下面我们将选择 $\mu(r, t)$ 和 $\sigma(r, t)$ 的形式来描述现代各种利率期限结构模型。

一、一般仿射期限结构的利率模型

一般情况下,利率模型(13.2.1)被用来描述真实利率的随机变化过程。虽然这与现实相符,但是直接用它为风险债券进行定价,还是不方便的。为了克服风险债券定价遇到的困难,理论上引进风险中性的即时利率 $r(t)$,如国库券利率、央行公布的利率等无风险利率。风险中性的利率模型具有如下形式:

$$dr = (\mu(r,t) - \lambda(r,t)\sigma(r,t))dt + \sigma(r,t)dZ \text{。} \quad (13.2.2)$$

这里,风险中性即时利率的漂移项 $\mu(r,t) - \lambda(r,t)\sigma(r,t)$ 替代了真实即时利率的漂移项 $\mu(r,t)$,$\lambda(r,t)$ 表示风险的市场价格,即承担单位额外风险的回报。

若零息票债券价格[①]为

$$B(r,t;T) = e^{A(t;T) - rB(t;T)}, \quad (13.2.3)$$

则相应的即时利率模型被称为仿射期限结构模型。

针对零息票债券价格的仿射期限结构解(13.2.3),一些研究者(Duffie,1992;Klugman,1992;Klugman and Wilmott,1994;Ritchken 等,1995)选择风险中性的利率随机微分方程为如下形式

$$dr = (\mu_\eta(t) - \mu_\gamma(t)r)dt + \sqrt{\sigma_\alpha(t)r - \sigma_\beta(t)}\, dZ \text{。} \quad (13.2.4)$$

比较式(13.2.2)与式(13.2.4),两个利率模型中的漂移项和波动率分别满足以下关系式:

$$\mu(r,t) - \lambda(r,t)\sigma(r,t) = \mu_\eta(t) - \mu_\gamma(t)r, \quad (13.2.5)$$

$$\sigma(r,t) = \sqrt{\sigma_\alpha(t)r - \sigma_\beta(t)} \text{。} \quad (13.2.6)$$

式(13.2.4)具有仿射期限结构特征。由于式(13.2.4)中的参数 μ_η、μ_γ、σ_α 与 σ_β 均是时间 t 的一般函数,故称为一般仿射期限结构的利率模型。

为了避免负利率现象出现,规定 $\sigma_\alpha(t) > 0$,$\sigma_\beta(t) \geqslant 0$,即时利率下

---

① 有关零息票债券价格 $B(r,t;T)$ 的微分方程及其解,请见本书第十四章第一节内容。T 为零息票债券的到期日,$A(t,T)$、$B(t,T)$ 均为时变参量。

限为 $\frac{\sigma_\beta}{\sigma_\alpha}$。特别地,若 $\sigma_\alpha(t)=0$ 时,则必须使 $\sigma_\beta(t) \leqslant 0$;若 $r(t)$ 将趋向于无穷大,则概率为 0;而且要求 $\mu_\eta(t) \geqslant \frac{\mu_\gamma(t)\sigma_\beta(t)}{\sigma_\alpha(t)} + \frac{\sigma_\alpha(t)}{2}$,即时利率在达到下限 $\frac{\sigma_\beta}{\sigma_\alpha}$ 后将会上升(Wilmott,2006)。

考虑到利率具有均值回复的特征,$\mu_\gamma(t)$ 必须为正。如果即时利率高于长期均衡值 $\frac{\mu_\eta}{\mu_\gamma}$,则即时利率就有下降至长期均衡值 $\frac{\mu_\eta}{\mu_\gamma}$ 的趋势,其变化可能是时间的函数。如果即时利率小于长期均衡值 $\frac{\mu_\eta}{\mu_\gamma}$,就有上升至长期均衡值 $\frac{\mu_\eta}{\mu_\gamma}$ 的趋势。

事实上,许多利率期限结构模型均可以归结为仿射期限结构的利率模型。

二、常系数均值回复的利率模型

常系数均值回复利率模型主要有 Vasicek 模型(Vasicek,1977)和 CIR 模型(Cox,Ingersoll and Ross,1985)。

1977 年,Vasicek 第一次提出利率具有均值回复特征的模型,即时利率的变化服从如下随机过程:

$$dr = \kappa(\mu - r)dt + \sigma dZ \quad (dr = (\mu_\eta - \mu_\gamma r)dt + (-\sigma_\beta)^{1/2}dZ), \kappa > 0。$$

(13.2.7)

Vasicek 模型为一般期限结构利率模型的一种特殊形式,式中 k、μ 和 σ 均为常数,且 k 和 σ 均为正数,且 $\kappa = \mu_\gamma$,$\mu = \frac{\mu_\eta}{\mu_\gamma}$,$\sigma = (-\sigma_\beta)^{1/2}$,$\sigma_\alpha = 0$。

虽然 Vasicek 模型在刻画利率期限结构的静态特征和利率波动率方面有了较大改进,但由于该模型中参数 $\sigma_\alpha(t)=0$,$\sigma_\beta(t) \leqslant 0$,利率可能为负值。

为了解决 Vasicek 模型的负利率问题,1985 年 Cox、Ingersoll 和 Ross 等人应用跨期均衡资产定价理论,导出非负利率的 CIR 模型:

$$dr = \kappa(\mu - r)dt + \sigma\sqrt{r}dZ, \kappa > 0。 \quad (13.2.8)$$

该模型属于仿射期限结构利率模型。模型中的参数均为常数,且利率同样具有均值回复特征,与 Vasicek 模型不同的是,式中的波动率设定为与即时利率平方根大小成正比的随机项,这意味着仿射结构利率模型中参数 $\sigma_\alpha = \sigma^2$,$\sigma_\beta = 0$,决定了即时利率的下限为零,从而解决了利率可能为负值的问题。

实际应用中,常系数的利率模型还有更多的形式,其中有些利率模型不一定属于仿射期限结构型的利率模型,这类利率模型可以归结为如下的统一形式:

$$dr = (\mu_\eta - \mu_\gamma r)dt + \sigma_a r^\nu dZ。 \quad (13.2.9)$$

式中,$\nu = 0$ 和 $\nu = \dfrac{1}{2}$ 分别表示 Vasicek 模型和 CIR 模型;

$\mu_\eta = 0$、$\mu_\gamma = 0$ 和 $\nu = 1$ 表示 Dothan 模型(1978):

$$dr = \sigma_a r dZ;$$

$\nu = 1$ 表示 Brennan‐Schwartz 模型(1982):

$$dr = (\mu_\eta - \mu_\gamma r)dt + \sigma_a r dZ;$$

$\mu_\eta = 0$ 表示 Cox 和 Ross 模型(1976):

$$dr = (-\mu_\gamma r)dt + \sigma_a r dZ;$$

等常系数模型。

三、时变参数的利率模型

模型进一步发展为时变参数的利率模型。这类利率模型容许参数随时间而改变,避免在利率期限结构的动态变化过程中出现套利机会,故又被称为无套利模型。时变参数的无套利模型主要包括 Ho 和 Lee 模型、Hull 和 White 模型以及 BDT 模型等。

(一) Ho 和 Lee 模型

1986 年 Ho 和 Lee 利用离散二叉树首次提出利率期限结构的无套利模型,如下所示:

$$dr = \mu_\eta(t)dt + (-\sigma_\beta)^{1/2}dZ。 \qquad (13.2.10)$$

式中,$(-\sigma_\beta)^{1/2}$ 为即时利率的方差率,$\mu_\eta(t)$ 为即时利率的动态漂移率,是时间的函数。这意味着,通过选择一定的 $\mu_\eta(t)$ 函数形式,可以使得通过本模型推出的零息债券理论价格等于市场价格,从而实现无套利。从该模型确定出来的利率不具有均值回复特征。

(二) Hull 和 White 模型

1990 年,Hull 和 White 通过时变参数扩展了 Vasicek 和 CIR 模型,建立了 Hull 和 White 模型:

$$dr = (\mu_\eta(t) - \mu_\gamma(t)r)dt + \sigma_a(t)r^\nu dZ。 \qquad (13.2.11)$$

若上式中的参数 $\nu=0$,则模型(13.2.11)可以被理解为扩展的 Vasicek 模型;而当 $\nu = \dfrac{1}{2}$ 时,它又可以认为是扩展的 CIR 模型。此外,Hull 和 White 模型还具有均值回复特征,均值回复的水平 $\dfrac{\mu_\eta(t)}{\mu_\gamma(t)}$ 不同于常系数 Vasicek 和 CIR 模型的静态均值回复水平,是随着时间变化的。时变参数的 Hull 和 White 模型能更好拟合当前时刻市场上的利率期限结构,为一种灵活的无套利模型。

(三) BDT 模型

1990 年,Black、Derman 和 Toy 提出了 BDT 模型:

$$d\log r = (\theta(t) - \dfrac{\sigma'(t)}{\sigma(t)}\log r)dt + \sigma(t)dZ。 \qquad (13.2.12)$$

模型中的即时利率变量分布被设定为对数正态分布,体现利率非负性。模型中第一项时变参数反映了即时利率漂移率的期限结构,第二项时变

参数 $\sigma(t)$ 反映了即时利率波动率的期限结构。BDT 模型和 Hull-White 模型一样,均值回归是时变的,且可以通过调整均值回归项来更好地拟合各种情况的即时利率期限结构。实证结果表明,BDT 模型的风险调整漂移率的性质比起其他模型要更好。

第三节 即时远期利率模型——HJM 模型

本书第三章、第五章所讨论的远期利率是确定性的。现实金融市场将受到诸多不确定性的因素影响,是一个风险市场,因此,远期利率也是不确定性的,即是随机的。毫无疑问,除了上述的即时利率模型外,给远期利率建模对债券定价来说也是一项重要的工作。

1992 年,Heath、Jarrow 和 Merton 不是从即时利率模型去获得远期利率,而是直接从远期利率期限结构出发为即时远期利率建模。该方法在固定收益产品定价史上可谓是一个重大突破,人们将此模型称为 HJM 模型。下面将阐述该模型的核心内容。

在连续复利的情况下,定义到期日为 T 的零息票债券在 t 时的价格为 $B(t,T)$, $B(T,T)=1$,相应期限 $(T-t)$ 的即时远期利率为 $r_F(t,T)$,于是有

$$B(t,T) = e^{-\int_t^T r_F(t,s)ds}, \quad (13.3.1)$$

$$r_F(t,T) = -\lim_{\Delta T \to 0} \frac{\ln B(t,T+\Delta T) - \ln B(t,T)}{\Delta T} = -\frac{\partial \ln B(t,T)}{\partial T}. \quad (13.3.2)$$

假设在风险中性测度下的零息票债券价格 $B(t,T)$ 遵循以下随机微分方程:

$$dB(t,T) = r(t)B(t,T)dt + \sigma_B(t,T)B(t,T)dZ, \quad (13.3.3)$$

其中,$r(t)$ 表示风险中性世界中 t 时的即时利率。根据式(13.3.2)和式(13.3.3),得

$$dr_F(t, T) = \frac{\partial}{\partial T}\left(\frac{1}{2}\sigma_B^2(t, T) - r(t)\right)dt - \frac{\partial}{\partial T}\sigma_B(t, T)dZ。$$

进一步有

$$dr_F(t, T) = \sigma_B(t, T)\frac{\partial}{\partial T}\sigma_B(t, T)dt - \frac{\partial}{\partial T}\sigma_B(t, T)dZ。 \tag{13.3.4}$$

令远期利率波动率为

$$\sigma_F = -\frac{\partial}{\partial T}\sigma_B(t, T), \tag{13.3.5}$$

注意到，$\sigma_B(t, t) = 0$，远期利率漂移率为

$$\mu_F = \sigma_F(t, T)\int_t^T \sigma_F(t, s)ds, \tag{13.3.6}$$

$$dr_F(t, T) = \mu_F dt + \sigma_F(t, T)dZ。 \tag{13.3.7}$$

综合式(13.3.5)、式(13.3.6)和式(13.3.7)，便可获得著名的 HJM 模型。

通过运用 HJM 模型对金融资产及其衍生品进行定价，有着诸多的优势。第一，相对于其他利率模型来说，HJM 模型在资产定价方面操作性更强，只要通过现实数据估计出即时远期利率的波动率，就可得到远期利率的漂移率，便可应用于债券以及其他金融资产定价；第二，通过对即时远期利率波动率的设定，可以导出各种时变参数的利率模型，包括本文所述的时变参数的理论模型；第三，通过 HJM 方法建模，可以分辨即时利率的随机过程的马尔科夫性质，如果利率过程不具有马尔科夫性质，一般来说就无法运用偏微分方程方法为资产进行定价。所幸的是，上述那些重要的时变参数的理论模型大多具有马尔科夫性质。

上述的利率期限结构模型均属于单因子连续性即时利率模型。

第四节　多因子利率模型

根据利率期限结构理论，人们不仅积极预期利率，而且对金融资产的

流动性、债券的期限长短等种种因素持有偏好。为了进一步满足市场上各种投资者的定价需求,自然而然地要扩展单因子利率模型,进行多因子利率建模。

目前金融市场上较为流行的多因子利率模型有:(1)短期利率与长期利率的两因子利率模型;(2)随机利率与其波动率的两因子利率模型;(3)多因子 HJM 利率模型。

一、Brennan 和 Schwartz 模型

市场上的利率有长期与短期之分,长期利率是指期限大于 10 年甚至 30 年的债券利率;短期利率是指期限小于 1 年的国债、商业票据等融资工具的利率。1982 年,Brennan 和 Schwartz 认为短期利率 $r(t)$ 和长期利率 $R(t)$ 之间存在一定的内在联系性,建立了具有均值回复特性的利率随机微分方程:

$$dr = (a_1 + a_2(R - r))dt + \sigma_1 r dZ_1, \quad (13.4.1)$$

$$dR = (b_1 - b_2 r + b_3 R)R dt + \sigma_2 R dZ_2 。 \quad (13.4.2)$$

式中,a_1、a_2、b_1、b_2、b_3、σ_1、σ_2 均为常数,dZ_1、dZ_2 分别表示来自即时短期利率 $r(t)$ 和即时长期利率 $R(t)$ 的两个随机源,都遵循标准的维纳过程,且两个随机变量的相关系数为 ρ。与单因子模型不同,Brennan 和 Schwartz 模型中的即时短期利率和即时长期利率相互影响,最终被共同决定。利用该模型可以解释两个不同的利率期限结构。

二、Fong 和 Vasicek 模型

1991 年,Fong 和 Vasicek 假设经风险调整后的即时利率 $r(t)$ 及其波动率 $\sigma(t)$ 分别满足以下的随机微分方程:

$$dr = a(\bar{r} - r)dt + \sqrt{v} dZ_1, \quad (13.4.3)$$

$$dv = b_1(\bar{v} - v)dt + b_2 \sqrt{v} dZ_2 。 \quad (13.4.4)$$

式中,a、b_1、b_2 均为参数,$\bar{r}$、$\bar{v}$ 分别表示即时利率及其波动率平方的均值,dZ_1、dZ_2 分别表示来源于即期利率及其波动率平方的标准维纳过

程。该模型的主要特点是,引进利率波动率的随机过程、简捷的均值回复过程,能够用解析解描述简单利率衍生品的价格。但该模型也有一个明显的弱点,引进利率的随机波动率是不易被观察到的。

三、多因子 HJM 模型

为了进一步增强单因子 HJM 模型的定价功能,自然引进 n 个布朗运动的随机源,构建多因子的 HJM 模型。在风险中性测度下,假设 $dZ_i(i=1, 2, \cdots\cdots, n)$ 为第 i 个标准维纳过程,且 n 个标准维纳过程相互独立,即时远期利率 $r_F(t, T)$ 的漂移率函数为 $\mu_F(t, T)$,第 i 个即时远期利率的波动率函数为 $\sigma_{iF}(t, T)$,类似于单因子 HJM 模型的推导过程,可以获得多因子 HJM 模型:

$$dr_F(t, T) = \mu_F dt + \sigma_F(t, T) dZ。 \quad (13.4.5)$$

式中,

$$\mu_F(t, T) = \sum_{i=1}^{n} \sigma_{iF}(t, T) \int_t^T \sigma_{iF}(t,s) ds, \quad (13.4.6)$$

$$\sigma_F(t, T) = \sum_{i=1}^{n} \sigma_{iF}(t, T)。 \quad (13.4.7)$$

通过多因子 HJM 模型可以捕捉到影响收益率的更多微妙变化,更加适用于金融衍生品定价。

第五节 利率期限结构模型在我国的适应性

上述的种种利率模型,是人们在为市场上债券定价时适应不同层面的具体情况而提出的,有其适应性,但也有它的局限性。

与发达的债券市场相比,虽然我国债券市场发展较晚,市场化程度、市场建设、运行机制、法规环境、监管体系以及从业人员结构等各个方面需要进一步深化改革,但是我国的债券市场经过 40 多年的奋起直追,与成熟市场的差距逐步减小,甚至在有些方面已经实现了超车。譬如,我国债券的市场规模已位居全球第二位;市场创新活力充沛;债券产品不仅丰富,而且很多产品具有中国市场特色;市场交易比较活跃,特别是场外市场。种种迹象表明,我国的债券市场正在健康而有效运行。

总体来说,与发达的债券市场一样,我国债券市场的有效程度不及股票市场,但就某些局部的层面、某段时期而言,有效性将凸显。凭着笔者的实证经验,上述的各种利率模型在为我国债券定价时同样具有它们的实用性。只要我们认真分析市场环境,正确把握债券产品的结构,选择贴近市场价格的利率模型,就能避免利率期限结构理论在我国债券市场上出现水土不服的现象。

第十四章
适应我国债券的定价模型

目前在我国债券市场上,不仅产品数量众多,而且种类齐全。截至2009年12月底,全国市场上托管的债券总数达5.28万只,其中中国证券登记结算公司(简称中国结算)托管债券1.59万只,包括资产证券化4 653只,中央结算公司托管债券1.03万只,上海清算所托管债券2.66万只[①]。债券品种几乎涵盖了本书第十二章第二节所述的每一种债券。从归类托管债券的市值来看,中国结算公司托管债券的总市值主要由国债、地方债、企业债、可转债、中小企业私募债与资产证券化这六大类产品的市值构成(见附录C表C.1);中央结算公司托管债券的总市值主要来源于政府债券、央行票据、政策性银行债、政府支持机构债券、商业银行债券、非银行金融机构债券、企业债券、资产支持证券与中期票据这九大类产品的市值(见附录C表C.2);上海清算所托管的债券总市值主要集中在公司信用类债券、金融债券与同业存单等若干类产品(见附录C表C.3)。

随着我国债券市场的日益深化,投资者队伍不断壮大,并且其素质逐步提高,人们对市场的预期愈加重视。因此,市场迫切需要对债券及其衍生品进行科学定价,从而达到有效防范市场风险、推动市场高效而又健康发展的目的。

本章首先应用金融工程的组合原理、技术方法以及金融经济学理论,阐述债券定价的基本原理,其次,将针对我国债券市场上创新与开发出来

---

① 资料来源:中国结算网,www.chinaclear.cn;中国债券信息网,www.chinabond.com.cn;上海清算所网,www.shclearing.com。

的产品,并联系上一节的利率模型,讨论一些适合我国债券的定价模型。须注意,这里的模型并不包括我国市场上的债券衍生产品(如含权债券、可转换债券以及资产证券化等衍生产品)。有关债券衍生产品的定价建模,可参见下一章内容。

第一节 债券定价的基本原理

一、无套利债券价格模型

通常,人们运用无套利原则或者某种均衡理论为债券进行定价。所谓无套利原则是指市场上任意一种无风险资产组合的收益率均等于无风险利率,即风险中性世界中的利率。鉴于目前我国债券市场的情况,可以应用金融工程的组合原理,通过构建无风险资产组合,在无套利原则下寻求在我国市场上可交易债券的理论价格,从而进一步指导市场价格的变动方向。

假设市场上的即时利率服从式(13.2.1)所示的随机微分方程:

$$dr = \mu(r, t)dt + \sigma(r, t)dZ,$$

不失一般性,假设 t ($t<T$) 时的零息票债券价格为 $B(r, t; T)$ (T 表示到期日), $B(r, T; T)=1$。运用 ITO 定理, $B(r, t; T)$ 在 dt 时间内价格的变化为

$$dB = \left(\frac{\partial B}{\partial t} + \mu \frac{\partial B}{\partial r} + \frac{1}{2}\sigma^2 \frac{\partial^2 B}{\partial r^2}\right)dt + \sigma \frac{\partial B}{\partial r}dZ. \quad (14.1.1)$$

对应的对数形式为

$$\frac{dB}{B} = \mu_B(r, t; T)dt + \sigma_B(r, t; T)dZ. \quad (14.1.2)$$

式中,债券价格的漂移率和波动率分别为

$$\mu_B(r, t; T) = \frac{1}{B}\left(\frac{\partial B}{\partial t} + \mu \frac{\partial B}{\partial r} + \frac{1}{2}\sigma^2 \frac{\partial^2 B}{\partial r^2}\right), \quad (14.1.3)$$

第十四章　适应我国债券的定价模型

$$\sigma_B(r,t;T) = \frac{\sigma}{B}\frac{\partial B}{\partial r}。 \tag{14.1.4}$$

与股票衍生品定价不同,利率衍生品债券价格 $B(r,t;T)$ 依赖的利率变量 r,是不可交易的。在这里一个替代的方式是,在 t 时,用到期日分别为 T_1、$T_2(T_1 < T_2)$ 的两只债券来构造一个资产组合。记到期日 T_1 的零息票债券价格为 $B_1(r,t;T_1)$,到期日 T_2 的零息票债券价格为 $B_2(r,t;T_2)$。t 时,持有 $\dfrac{\partial B_2}{\partial r}$ 单位的前一种债券和 $-\dfrac{\partial B_1}{\partial r}$ 单位的后一种债券,该投资组合的价值为

$$\Pi = \frac{\partial B_2}{\partial r}B_1 - \frac{\partial B_1}{\partial r}B_2; \tag{14.1.5}$$

投资组合价值在 t 时的微分形式为

$$d\Pi = \frac{\partial B_2}{\partial r}dB_1 - \frac{\partial B_1}{\partial r}dB_2。$$

由式(14.1.2)、式(14.1.3)和(14.1.4)知,

$$d\Pi = \left(\frac{\partial B_2}{\partial r}B_1\mu_B(r,t;T_1) - \frac{\partial B_1}{\partial r}B_2\mu_B(r,t;T_2)\right)dt \tag{14.1.6}$$

该投资组合在 t 时是无风险的。根据无套利原则,投资组合的收益率等于无风险收益率,在风险中性测度下,无风险利率就是即时利率,于是有

$$d\Pi = r\Pi dt; \tag{14.1.7}$$

整理得

$$\frac{\mu_B(r,t;T_1) - r}{\sigma_B(r,t;T_1)} = \frac{\mu_B(r,t;T_2) - r}{\sigma_B(r,t;T_2)}。$$

等式左边是的 T_1 函数而与 T_2 无关,等式右边是 T_2 的函数而与 T_1 无关。在这种情况下,比值唯一的形式就是与任意的到期日 T 无关,即可

表示成为

$$\frac{\mu_B(r, t; T) - r}{\sigma_B(r, t; T)} = \lambda(r, t), \qquad (14.1.8)$$

式中的 $\lambda(r, t)$ 被称为风险的市场价格。

将式(14.1.3)和式(14.1.4)代入上式，得

$$\frac{\partial B}{\partial t} + \frac{1}{2}\sigma^2 \frac{\partial^2 B}{\partial r^2} + (\mu - \lambda\sigma)\frac{\partial B}{\partial r} - rB = 0, \qquad (14.1.9)$$

其终值条件为 $B(r, T; T) = 1$。

为了得到式(14.1.9)的唯一解，还需要引入两个边界条件。实际上，微分方程(14.1.9)的两个边界条件与 $\mu(r, t)$、$\sigma(r, t)$ 的形式有关，这将在后续的特定模型的求解中体现出来。一旦利率的随机微分方程中的 $\mu(r, t) - \lambda(r, t)\sigma(r, t)$ 和 $\sigma(r, t)$ 确定，债券价格 $B(r, t; T)$ 可以由微分方程(14.1.9)解出。

二、风险中性测度下的债券价格

回顾第十三章所述的利率模型，在风险中性测度 Q 下，即时利率的随机微分方程为

$$dr = (\mu(r, t) - \lambda(r, t)\sigma(r, t))dt + \sigma(r, t)dZ。 \qquad (13.2.2)$$

需注意，$Z(t)$ 是风险中性测度 Q 下的布朗运动，不是现实测度下的布朗运动。在风险中性世界里，债券价格 $B(r, t; T)$ 遵循鞅过程，微分方程(14.1.9)的解为

$$B(r, t; T) = E_Q^t \Big(B(r, T; T)\exp\Big(-\int_t^T r(s)ds\Big)\Big)。$$

因为 $B(r, T; T) = 1$，所以

$$B(r, t; T) = E_Q^t \Big(\exp\Big(-\int_t^T r(s)ds\Big)\Big)。 \qquad (14.1.10)$$

显然，一旦利率随机微分方程中的 $\mu(r, t) - \lambda(r, t)\sigma(r, t)$ 和 $\sigma(r, t)$ 及其概率 Q 分布被确定，债券价格 $B(r, t; T)$ 可以从微分方程

(14.1.9)或者从式(14.1.10)解出。

第二节　单因子利率的债券定价模型

一、Vasicek 利率模型下的债券价格微分方程及其解

Vasicek 利率模型如式(13.2.7)所示，即

$$dr = \kappa(\mu - r)dt + \sigma dZ。$$

由式(14.1.9)知，Vasicek(1977)利率模型下的零息票债券价格 $B(r, t; T)$ 微分方程为

$$\frac{\partial B}{\partial t} + \frac{1}{2}\sigma^2 \frac{\partial^2 B}{\partial r^2} + \kappa(\mu - r)\frac{\partial B}{\partial r} - rB = 0; \quad (14.2.1)$$

终值条件：$B(r, T; T) = 1$。

其解为

$$B(r, t; T) = e^{a(t; T) - rb(t; T)}; \quad (14.2.2)$$

其中，

$$b(t, T) = \frac{1}{\kappa}(1 - e^{-\kappa(T-t)}), \quad (14.2.3)$$

$$a(t, T) = \frac{1}{\kappa^2}(b(t; T) - T + t)(\mu\kappa^2 - \frac{1}{2}\sigma^2) - \frac{\sigma^2 b(t; T)^2}{4\kappa}。$$

$$(14.2.4)$$

二、CIR 利率模型下的债券价格微分方程及其解

用风险中性的 CIR 利率模型(13.2.8) $dr = \kappa(\mu - r)dt + \sigma\sqrt{r}dZ$，$\kappa > 0$ 中的系数 $\kappa(\mu - r)$ 和 $\sigma\sqrt{r}$ 分别替代式(14.1.9)中的系数 $\mu - \lambda\sigma$ 和 σ，便可获得 CIR 利率模型下的债券价格微分方程

$$\frac{\partial B}{\partial t} + \frac{1}{2}\sigma^2 r \frac{\partial^2 B}{\partial r^2} + \kappa(\mu - r)\frac{\partial B}{\partial r} - rB = 0; \quad (14.2.5)$$

终值条件：$B(r, T; T)=1$。

该方程的解（Cox，Ingersoll and Ross，1985）为

$$B(r, t; T)=e^{a(t; T)-rb(t; T)}; \tag{14.2.6}$$

其中，

$$a(t, T)=\frac{2\kappa\mu}{\sigma^2}\ln\left[\frac{2\gamma e^{[(\kappa+\gamma)(T-t)]/2}}{(\gamma+\kappa)(e^{\gamma(T-t)}-1)+2\gamma}\right], \tag{14.2.7}$$

$$b(t, T)=\frac{2(e^{\gamma(T-t)}-1)}{(\gamma+\kappa)(e^{\gamma(T-t)}-1)+2\gamma}, \tag{14.2.8}$$

定义 $\gamma=(\kappa^2+2\sigma^2)^{1/2}$。

综上可见，Vasicek 利率模型或 CIR 利率模型下的债券价格微分方程，均可用完美的解析式来表述他们的解。只要人们通过市场信息（市场数据）获取（估计出）参数 k、μ 和 σ，就可以通过公式（14.2.2）～（14.2.4）或者公式（14.2.6）～（14.2.8）算出零息票债券的理论价格，继而可以推算市场上一般付息债券的理论价格，以此指导市场人士的投融资行为。然而，实际的债券市场瞬息万变，纷纭繁杂，特别是我国的债券市场，更是如此。也就是说，采用常系数的利率模型为我国债券定价，有时会显得捉襟见肘。为了挖掘出更多的适应我国市场的债券定价模型，下文将继续讨论时变参数和多因子等利率模型下的债券定价问题。

三、Ho 和 Lee 利率模型下的债券价格微分方程

将 Ho 和 Lee 利率模型（13.2.10）$dr=\mu_\eta(t)dt+(-\sigma_\beta)^{1/2}dZ$ 中的常系数 $(-\sigma_\beta)^{1/2}$ 和时变参数 $\mu_\eta(t)$ 分别替换债券价格微分方程（14.1.9）中的参数 σ 和 $\mu-\lambda\sigma$，便可获得 Ho 和 Lee 利率模型下的债券价格微分方程

$$\frac{\partial B}{\partial t}-\frac{1}{2}\sigma_\beta\frac{\partial^2 B}{\partial r^2}+\mu_\eta(t)\frac{\partial B}{\partial r}-rB=0, \sigma_\beta<0; \tag{14.2.9}$$

终值条件：$B(r, T; T)=1$。

由此可得，零息票债券价格（Ho and Lee，1986）

$$B(t,T) = e^{-\int_t^T \mu_\eta(s)(T-s)ds - \frac{1}{6}\sigma_\beta(T-t)^3 - r(T-t)} \text{。} \quad (14.2.10)$$

零息票的这个理论价格,看似简单明了,实则并非是一个显式。上式中的时变参数 $\mu_\eta(t)$ 在债券的有限期限内依赖时间而变化,并不能像常系数 σ_β 那样立即被确定下来。

四、Hull 和 White 利率模型下的债券价格微分方程

上一节,讨论了一族 Hull 和 White 利率模型,如式(13.2.11)所示:

$$dr = (\mu_\eta(t) - \mu_\gamma(t)r)dt + \sigma_a(t)r^\nu dZ \text{。}$$

同样,在这里用时变参数 $\mu_\eta(t) - \mu_\gamma(t)r$ 和 $\sigma_a(t)r^\nu$ 分别替换式(14.1.9)中参变量 $\mu - \lambda\sigma$ 和 σ,得到了 Hull 和 White 利率模型下的债券价格微分方程

$$\frac{\partial B}{\partial t} + \frac{1}{2}(\sigma_a(t)r^\nu)^2\frac{\partial^2 B}{\partial r^2} + (\mu_\eta(t) - \mu_\gamma(t)r)\frac{\partial B}{\partial r} - rB = 0;$$
$$(14.2.11)$$

终值条件: $B(r,T;T) = 1$。

从此式可以演变出形形色色的时变参数的债券价格模型,如:参数 $\nu = 0$,微分方程(14.2.11)为扩展的 Vasicek 型债券价格方程;参数 $\nu = \frac{1}{2}$,为扩展的 CIR 型债券价格方程;$\nu = \mu_\gamma(t) = 0$,且 σ_a 为常数,便再次获得 Ho 和 Lee 型债券价格方程;等等。

一般的 Hull 和 White 型债券价格微分方程所涉及的时变参数的个数,远多于 Ho 和 Lee 型债券价格方程的时变参数个数。如同 Ho 和 Lee 型,Hull 和 White 型的时变参数也是不能立即确定。如何选择恰当的时变参数 ($\mu_\eta(t)$、$\mu_\gamma(t)$ 和 $\sigma_a(t)$) 的函数形式,从而获得理想的零息票债券价格?这既需要市场环境的支持,又必须借助于金融工程上的技术方法。选择特定时变参数 ($\mu_\eta(t)$、$\mu_\gamma(t)$ 和 $\sigma_a(t)$) 形式的原则是,要使得方程(14.2.11)所示的零息票债券的理论价格与其市场价格相一致。正因为如此,人们将时变参数 Hull 和 White 型包括 Ho 和 Lee 型债券价格

模型称之为无套利模型。

实际上,目前我国银行间债券市场已经拥有众多的、各种不同期限的零息票债券,市场环境已经支持 Hull 和 White 型包括 Ho 和 Lee 型债券价格方程为我国债券进行定价。但是,我国债券市场上缺乏债券定价的技术人才,未能较好地发挥出金融工程的技术功能,因而市场上债券的发行价、交易价乃至其风险溢价,时常偏离正确轨道运行,风险事件(异常交易、操作风险、债券违约风险等重大事件)不断发生,动荡在所难免。

五、BDT 利率模型下的债券价格方程

除了上述的单因子利率的债券方程,BDT 利率模型下的债券价格方程也是一种比较适合我国市场情况的债券定价模型。

BDT 利率模型(13.2.12)有如下的等价形式:

$$dr = \left(\theta(t) + \frac{1}{2}\sigma^2(t) - \frac{\sigma'(t)}{\sigma(t)}\log r\right)rdt + \sigma(t)rdZ。$$

(14.2.12)

相应地,风险中性测度下的 BDT 型债券价格微分方程应该为

$$\frac{\partial B}{\partial t} + \frac{1}{2}\sigma^2(t)r^2\frac{\partial^2 B}{\partial r^2} + \left(\theta(t) + \frac{1}{2}\sigma^2(t) - \frac{\sigma'(t)}{\sigma(t)}\log r\right)r\frac{\partial B}{\partial r} - rB = 0;$$

(14.2.13)

终值条件:$B(r, T; T) = 1$。

与其他时变系数的债券价格方程不同,该方程采用了即时利率及其波动率的非线性形式来影响债券价格的漂移项和扩散项,能反映风险市场上债券价格的动态趋势。如何选择时变参数 $\theta(t)$、$\sigma(t)$ 及其导数来对债券价格进行校准,这需要应用金融工程上的数值方法来实现。

第三节 多因子利率的债券定价模型

与成熟的国际金融市场相比,我国的债券市场存在着更多的不确定因素,因此,研究多因子利率的债券定价问题,这在我国是有着重要的现

实意义的。

这里仍然应用金融工程的组合原理和无套利原则,先讨论一般情况下的两因子利率的债券定价模型,接着将其推广至多因子利率建模框架,最后说明适应我国债券定价的若干个多因子债券价格方程及其解的形式。

一、一般的两因子利率的债券定价模型

这里将从一般的角度出发,为两因子利率的债券进行建模。

假设影响债券价格的两个随机变量 ξ_1 和 ξ_2 分别满足以下随机过程:

$$d\xi_1 = \mu_1(\xi_1, \xi_2, t)dt + \sigma_1(\xi_1, \xi_2, t)dZ_1, \quad (14.3.1)$$

$$d\xi_2 = \mu_2(\xi_1, \xi_2, t)dt + \sigma_2(\xi_1, \xi_2, t)dZ_2, \quad (14.3.2)$$

式中,dZ_1、dZ_2 分别为标准的维纳过程,两者之间的相关系数为 ρ,即 $E(dZ_1 dZ_2) = \rho dt$,两变量的漂移率和波动率均为 ξ_1、ξ_2 和 t 的函数。$B(\xi_1, \xi_2, t; T)$ 为依赖于两变量 ξ_1、ξ_2 以及到期日 T 的零息票债券价格。由 ITO 引理,债券价格的随机过程为

$$\frac{dB}{B} = \mu_B(\xi_1, \xi_2, t; T)dt + \sigma_{B1}(\xi_1, \xi_2, t; T)dZ_1$$
$$+ \sigma_{B2}(\xi_1, \xi_2, t; T)dZ_2; \quad (14.3.3)$$

其中

$$\mu_B(\xi_1, \xi_2, t; T) = \frac{1}{B}\left(\frac{\partial B}{\partial t} + \mu_1 \frac{\partial B}{\partial \xi_1} + \mu_2 \frac{\partial B}{\partial \xi_2} + \frac{1}{2}\sigma_1^2 \frac{\partial^2 B}{\partial \xi_1^2}\right.$$
$$\left. + \rho \sigma_1 \sigma_2 \frac{\partial^2 B}{\partial \xi_1 \partial \xi_2} + \frac{1}{2}\sigma_2^2 \frac{\partial^2 B}{\partial \xi_2^2}\right), \quad (14.3.4)$$

$$\sigma_{B1}(\xi_1, \xi_2, t; T) = \frac{\sigma_1}{B}\frac{\partial B}{\partial \xi_1}, \quad (14.3.5)$$

$$\sigma_{B2}(\xi_1, \xi_2, t; T) = \frac{\sigma_2}{B}\frac{\partial B}{\partial \xi_2}\text{。} \quad (14.3.6)$$

由债券价格的随机微分方程式(14.3.3)可见,模型中含有两个随机

因子,因此,至少需要 3 只不同到期日的债券,才能对债券的风险进行对冲。假定对冲组合中的 3 只零息票债券的到期日分别为 T_1、T_2 和 T_3,价格分别为 $B_1=B_1(\xi_1, \xi_2, t; T_1)$、$B_2=B_2(\xi_1, \xi_2, t; T_2)$ 和 $B_3=B_3(\xi_1, \xi_2, t; T_3)$,所占的比例分别为 Δ_1、Δ_2 和 Δ_3,组合价值为

$$\Pi = \Delta_1 B_1 - \Delta_2 B_2 + \Delta_3 B_3; \qquad (14.3.7)$$

其中,

$$\Delta_1 = \begin{vmatrix} \dfrac{\partial B_2}{\partial \xi_1} & \dfrac{\partial B_3}{\partial \xi_1} \\ \dfrac{\partial B_2}{\partial \xi_2} & \dfrac{\partial B_3}{\partial \xi_2} \end{vmatrix}, \ \Delta_2 = \begin{vmatrix} \dfrac{\partial B_1}{\partial \xi_1} & \dfrac{\partial B_3}{\partial \xi_1} \\ \dfrac{\partial B_1}{\partial \xi_2} & \dfrac{\partial B_3}{\partial \xi_2} \end{vmatrix}, \ \Delta_3 = \begin{vmatrix} \dfrac{\partial B_1}{\partial \xi_1} & \dfrac{\partial B_2}{\partial \xi_1} \\ \dfrac{\partial B_1}{\partial \xi_2} & \dfrac{\partial B_2}{\partial \xi_2} \end{vmatrix}。$$

$$(14.3.8)$$

对式(14.3.7)两边微分,得

$$d\Pi = \Delta_1 dB_1 - \Delta_2 dB_2 + \Delta_3 dB_3。$$

因为

$$\Delta_1 \frac{\partial B_1}{\partial \xi_1} - \Delta_2 \frac{\partial B_2}{\partial \xi_1} + \Delta_3 \frac{\partial B_3}{\partial \xi_1} = 0, \ \Delta_1 \frac{\partial B_1}{\partial \xi_2} - \Delta_2 \frac{\partial B_2}{\partial \xi_2} + \Delta_3 \frac{\partial B_3}{\partial \xi_2} = 0,$$

所以,由式(14.3.3)至式(14.3.6)得

$$d\Pi = (\Delta_1 B_1 \mu_B(\xi_1, \xi_2, t; T_1) - \Delta_2 B_2 \mu_B(\xi_1, \xi_2, t; T_2)$$
$$+ \Delta_3 B_3 \mu_B(\xi_1, \xi_2, t; T_3))dt。 \qquad (14.3.9)$$

由此可见,该债券组合是一个无风险资产组合,其收益率等于无风险利率,即

$$d\Pi = r\Pi dt。$$

将式(14.3.7)和式(14.3.9)代入上式,得

$$\Delta_1 B_1 (\mu_B(\xi_1, \xi_2, t; T_1) - r) - \Delta_2 B_2 (\mu_B(\xi_1, \xi_2, t; T_2) - r)$$
$$+ \Delta_3 B_3 (\mu_B(\xi_1, \xi_2, t; T_3) - r) = 0;$$

上式两边同乘以 $\sigma_1 \sigma_2$,再除以 $B_1 B_2 B_3$,稍加整理,得到下面的行列式

方程

$$\begin{vmatrix} \mu_B(\xi_1,\xi_2,t;T_1)-r & \mu_B(\xi_1,\xi_2,t;T_2)-r & \mu_B(\xi_1,\xi_2,t;T_3)-r \\ \dfrac{\sigma_1}{B_1}\dfrac{\partial B_1}{\partial \xi_1} & \dfrac{\sigma_1}{B_2}\dfrac{\partial B_2}{\partial \xi_1} & \dfrac{\sigma_1}{B_3}\dfrac{\partial B_3}{\partial \xi_1} \\ \dfrac{\sigma_2}{B_1}\dfrac{\partial B_1}{\partial \xi_2} & \dfrac{\sigma_2}{B_2}\dfrac{\partial B_2}{\partial \xi_2} & \dfrac{\sigma_2}{B_3}\dfrac{\partial B_3}{\partial \xi_2} \end{vmatrix} = 0。$$

(14.3.10)

行列式的值等于零,这意味着第一行可以由其他两行线性表示。也就是说,存在两个不依赖于具体的到期日 T_1、T_2 和 T_3 的参变量 $\lambda_1(\xi_1,\xi_2,t)$ 和 $\lambda_2(\xi_1,\xi_2,t)$,使得

$$\mu_B(\xi_1,\xi_2,t;T)-r = \lambda_1(\xi_1,\xi_2,t)\sigma_{B1}(\xi_1,\xi_2,t;T) \\ +\lambda_2(\xi_1,\xi_2,t)\sigma_{B2}(\xi_1,\xi_2,t;T)$$

(14.3.11)

成立。其中,$\lambda_1(\xi_1,\xi_2,t)$ 和 $\lambda_2(\xi_1,\xi_2,t)$ 分别是随机变量 ξ_1,ξ_2 的风险的市场价格。将式(14.3.4)、(14.3.5)和(14.3.6)代入上式,得

$$\frac{\partial B}{\partial t}+\frac{1}{2}\sigma_1^2\frac{\partial^2 B}{\partial \xi_1^2}+\rho\sigma_1\sigma_2\frac{\partial^2 B}{\partial \xi_1 \partial \xi_2}+\frac{1}{2}\sigma_2^2\frac{\partial^2 B}{\partial \xi_2^2} \\ +(\mu_1-\lambda_1\sigma_1)\frac{\partial B}{\partial \xi_1}+(\mu_2-\lambda_2\sigma_2)\frac{\partial B}{\partial \xi_2}-rB=0;$$

(14.3.12)

加上终值条件 $B(\xi_1,\xi_2,t;T)=1$,形成了一般情况下的两因子利率的债券价格模型。

二、推广至一般多因子利率的债券价格模型

类似于一般两因子利率的债券建模过程,可以获得一般多因子利率的债券价格模型。

假定影响债券价格的 n 维随机变量 $\xi=(\xi_1,\xi_2,\cdots\cdots,\xi_n)$ 服从以下的随机过程:

$$d\xi_i = \mu_i(\xi, t)dt + \sigma_i(\xi, t)dZ_i, i = 1, 2, \cdots\cdots, n, \quad (14.3.13)$$

其中，$dZ_i(i=1, 2, \cdots\cdots, n)$ 为标准的维纳过程，因子间的相关系数为 $\rho_{ij}(\xi, t)(i, j = 1, 2, \cdots\cdots, n)$。$B(\xi, t; T)$ 为依赖于 n 维随机变量 ξ 且到期日 T 的零息票债券价格。由 ITO 引理，债券价格的随机过程为

$$\frac{dB}{B} = \mu_B(\xi, t; T)dt + \sum_{i=1}^{n} \sigma_{Bi}(\xi, t; T)dZ_i; \quad (14.3.14)$$

其中，

$$\mu_B(\xi, t; T) = \frac{1}{B}\left(\frac{\partial B}{\partial t} + \sum_{i=1}^{n} \mu_i \frac{\partial B}{\partial \xi_i} + \frac{1}{2} \sum_{i=1}^{n}\sum_{j=1}^{n} \rho_{ij}\sigma_i\sigma_j \frac{\partial^2 B}{\partial \xi_i \partial \xi_j}\right),$$
$$(14.3.15)$$

$$\sigma_{Bi}(\xi, t; T) = \frac{\sigma_i}{B} \frac{\partial B}{\partial \xi_i}, i = 1, 2, \cdots\cdots, n; \quad (14.3.16)$$

注意，式(14.3.15)中的 $\rho_{ii} = 1, i = 1, 2, \cdots, n$。

由于债券价格的随机微分方程(14.3.14)中含有 n 个随机因子，因此，需要选择 $n+1$ 个不同到期日的债券，构造无风险资产组合。类似于两因子利率的债券建模原理，运用无套利原则，可导出多因子利率的债券价格微分方程

$$\frac{\partial B}{\partial t} + \frac{1}{2}\sum_{i=1}^{n}\sum_{j=1}^{n}\rho_{ij}\sigma_i\sigma_j\frac{\partial^2 B}{\partial \xi_i \partial \xi_j} + \sum_{i=1}^{n}(\mu_i - \lambda_i\sigma_i)\frac{\partial B}{\partial \xi_i} - rB = 0;$$
$$(14.3.17)$$

其中，$\lambda_i = \lambda_i(\xi, t)(i = 1, 2, \cdots\cdots, n)$ 表示来自第 i 个随机因子的风险的市场价格。

多因子利率的债券价格模型包括了各种因子利率的债券价格模型，甚至退化为单因子利率的债券价格模型，更具有一般性。

第四节　常见的两因子利率债券价格模型

回顾上一章内容，那里介绍了两种重要的两因子利率模型，即 Brennan

和 Schwartz 模型以及 Fong 和 Vasicek 模型。相对于单因子利率的债券模型来说,Brennan 和 Schwartz 型的债券价格模型以及 Fong 和 Vasicek 型的债券价格模型可能更加适应我国的债券市场。因此,这里将重点来认识这两种类型的债券价格模型。

一、Brennan 和 Schwartz 型的债券价格模型

如果在风险中性测度下的 Brennan 和 Schwartz 利率模型如式(13.4.1)和式(13.4.2)所示(Brennan 和 Schwartz,1982),那么,Brennan 和 Schwartz 型的零息票债券价格微分方程为

$$\frac{\partial B}{\partial t} + \frac{1}{2}\sigma_1^2 r^2 \frac{\partial^2 B}{\partial r^2} + \rho\sigma_1\sigma_2 rR \frac{\partial^2 B}{\partial r \partial R} + \frac{1}{2}\sigma_2^2 R^2 \frac{\partial^2 B}{\partial R^2}$$
$$+ (a_1 + a_2(R-r))\frac{\partial B}{\partial r} + (b_1 - b_2 r + b_3 R)R\frac{\partial B}{\partial R} - rB = 0,$$
$$B(r, R, T; T) = 1; \qquad (14.4.1)$$

其中,$r(t)$、$R(t)$ 分别表示即时短期利率和长期利率,参数 ρ 表示长期与短期两种因子之间相关程度,两种利率均具有均值回复特性。

Brennan 和 Schwartz 型的债券价格模型能够较多地反映债券市场的信息,比较适合我国多变的债券市场。

类似于单因子债券价格的仿射期限结构解,两因子零息票债券价格的仿射期限结构有如下形式的解

$$B(\xi_1, \xi_2, t; T) = e^{a(t; T) - \xi_1 b(t; T) - \xi_2 c(t; T)}。 \qquad (14.4.2)$$

将上式代入式(14.3.12),获得 $a(t; T)$、$b(t; T)$ 和 $c(t; T)$,即可得到债券价格方程的解。

二、Fong 和 Vasicek 型的债券价格模型

根据风险中性测度下的 Fong 和 Vasicek 两因子利率方程式(13.4.3)和式(13.4.4)(Fong and Vasicek,1991),可以推导出 Fong 和 Vasicek 型的零息票债券价格微分方程

$$\frac{\partial B}{\partial t} + \frac{1}{2}v\frac{\partial^2 B}{\partial r^2} + \rho b_2 v \frac{\partial^2 B}{\partial r \partial v} + \frac{1}{2}b_2^2 v \frac{\partial^2 B}{\partial v^2}$$

$$+ a(\bar{r} - r)\frac{\partial B}{\partial r} + b_1(\bar{v} - v)\frac{\partial B}{\partial v} - rB = 0,$$

$$B(r, v, T; T) = 1 。 \tag{14.4.3}$$

Fong 和 Vasicek 型两因子零息票债券价格的仿射期限结构解可表示成如下形式：

$$B(r, v, t; T) = e^{a(t; T) - rb(t; T) - vc(t; T)} 。 \tag{14.4.4}$$

根据式(14.4.3)和式(14.4.4)，可建立有关 $a(t; T)$、$b(t; T)$ 和 $c(t; T)$ 的常微分方程，再根据零息票债券价格的终值条件，解出这三个参数，获得债券价格的解析式。

显然，债券价格的解析式中引进随机的利率波动率，这比较贴近我国的风险债券市场。

第五节 我国附息债券与零息票债券之间的定价关系

以上讨论的仅仅是单位面值的零息票债券定价问题，而在我国债券市场上许多债券为附息债券（在债券有效期限内的若干时点支付息票），这两种债券定价问题似乎无关联，其实并非如此。

我国市场上发行的附息债券通常一年支付一次息票，也有的债券每半年支付一次息票，并在到期日以面值偿还债务。实际上，一只附息债券价值 $V(r, t; T)$ 为不同到期日的零息票价格的线性组合，即

$$V(r, t; T) = \sum_{i=1}^{n} c_i B(r, t; t_i) + MB(r, t; T), \tag{14.5.1}$$

其中，时间 $t \leqslant t_1 \leqslant \cdots \leqslant t_n = T$，$c_i$ 为债券在期限 $(T-t)$ 内的时刻 $t_i (i = 1, 2, \cdots, n)$ 支付的息票，$B(r, t; t_i)$ 为单位面值且到期日为 $t_i (i = 1, 2, \cdots, n)$ 的贴现债券价值，M 表示到期日 T 的债券面值。

因为无论是单因子零息票债券价格的微分方程，还是双因子或多因

子零息票债券价格的微分方程,在时间 t 都具有线性特性,所以由式(14.5.1)所示的附息债券价值 $V(r,t;T)$ 仍然满足微分方程式(14.1.9)(单因子利率模型),或微分方程式(14.3.12)(双因子利率模型),或微分方程式(14.3.17)(多因子利率模型),统一形式

$$\frac{\partial V}{\partial t}+\frac{1}{2}\sum_{i=1}^{n}\sum_{j=1}^{n}\rho_{ij}\sigma_i\sigma_j\frac{\partial^2 V}{\partial \xi_i\partial \xi_j}+\sum_{i=1}^{n}(\mu_i-\lambda_i\sigma_i)\frac{\partial V}{\partial \xi_i}-rV=0 \text{。}$$

(14.5.2)

若 $i,j=1,2,\cdots,n$,则表示一般的 n 种因子附息债券价格方程;若 $i,j=1,2$,则表示一般的双因子附息债券价格方程;若 $i=1,j=1$,则表示一般的单因子附息债券价格方程。

实践中,要根据我国市场上债券的具体情况,首先建立相适应的利率模型,其次确定方程式(14.5.2)及其边值条件,最后去求出债券价格的解。如果采用简单的常系数利率模型,而且债券价格方程的边值条件并不复杂,那么就有可能写出清晰的债券价格解析式。然而,我国的债券市场情况比较复杂,投资结构、市场环境、信息披露、监管调控等各方面处于动态变革的过程中,市场的不确定因素较多。对应多变的债券市场,就需要应用时变参数的利率模型,甚至更加复杂的利率模型,来为我国的债券进行定价建模。在复杂的情况下,尽管建立了债券价格模型,但是对价格模型求解并非一件易事,无法写出解的显式,只能通过工程上的数值方法或模拟等技术方法,来解决债券的定价问题。

第十五章
我国可回售、可赎回债券与可转换债券的定价模型

上一章建立了适应我国债券的定价模型,但这些模型并没有包括我国市场上的债券衍生品。实际上,我国债券衍生产品也是相当丰富的,如可回售债券、可赎回债券、可回售又可赎回债券、可转换债券、债券ETF、资产支持债券以及众多的资产证券化等债券衍生产品;另外还有许多具有中国特色的债券衍生产品,如专项债券、绿色债券、扶贫债券以及熊猫债券等各种特色债券衍生产品。限于篇幅,加之金融经济理论的局限性,因此本章仅对我国市场上应用比较广泛的4种债券衍生品,即可回售债券、可赎回债券、可回售又可赎回债券和可转换债券进行定价建模。

第一节 我国可回售债券的定价模型

可回售债券是在一定的条件下赋予投资者一种回售权利的债券。回售条件是指,债券价格在一定的时期内持续低于一定程度时,允许债券持有人按某一约定价格将其债券回售给债券发行人。可回售债券是一种维护投资者利益的金融产品。当债券价格下跌,亦即利率上升时,债券持有人行使回售权利,可以减少损失。实际上,可回售债券是一只普通债券和一只债券价格看跌期权的组合。

在成熟的国际金融市场上,投资渠道畅通,资金来源比较充足,有一定资质的债券发行人并不担心债券的发行问题,因此大多数债券发行人并不使用回售条款。而我国的债券发行情况就不那么乐观。回顾第十二

第十五章 我国可回售、可赎回债券与可转换债券的定价模型

章第一节，在 1980 年代—1990 年代，我国债券的发行渠道并不十分畅通。在改革开放的动力推动下，我国金融市场创新活力充沛，金融产品层出不穷，债券产品丰富多彩。其中，我国可回售债券就是众多债券产品中的一种具有特色的企业融资产品。目前，许多企业在发行的债券中嵌入可回售条款，吸引了广大的投资者，筹得了大量的资金，推动了我国企业经济发展。

鉴于可回售债券在我国债券市场上的重要地位，因此为我国可回售债券价格进行建模，是一项非常有意义的工作。

假设一只固定利率可回售债券的面值为 M，不含上调利率条款，共有 n 个付息期，时间 $t \leqslant t_1 \leqslant \cdots \leqslant t_n = T$，第 i 次利息 c_i 是在时刻 $t_i(i=1, 2, \cdots, n)$ 支付的，即时的回售价值为 $M_p(r, t)$。

如果即时利率为 r_t，可回售债券价格为 $V_p(r, t)$，那么单因子可回售债券价格 $V_p(r, t)$ 满足微分方程

$$\frac{\partial V_p}{\partial t} + \frac{1}{2}\sigma^2 \frac{\partial^2 V_p}{\partial r^2} + (\mu - \lambda\sigma)\frac{\partial V_p}{\partial r} - rV_p = 0; \quad (15.1.1)$$

即时的约束条件：

$$V_p(r, t) \geqslant M_p(r, t),$$

终值条件：

$$V_p(r, T) = M。$$

其中，$M_p(r, t)$ 具有如式(14.5.1)所示的形式。

综上可见，我国可回售债券的回售价值 $M_p(r, t)$ 不同于成熟市场上的债券回售价值，不仅随时间变化，而且还依赖于利率、息票、回售条件等其他因素。

类似地，可以获得如式(14.5.2)所示的多因子可回售债券价格的微分方程。

与普通债券边值条件不同，可回售债券施加了约束条件。无论是采用单因子利率模型，还是多因子利率模型，增加的约束条件给求解可回售债券价格微分方程(15.1.1)或(14.5.2)增加了一定的难度。

实践中,人们可以通过数值、模拟以及优化等工程技术方法,为我国可回售债券进行定价。谢为安和蔡益润(2011a)运用了蒙特卡罗模拟技术,对我国市场上的可回售债券进行了定价,计算出我国可回售债券价格、95%的置信区间、回售权价值及其相应的普通债券与可回售债券之间的价差,对投资者和市场监管层都有着重要的指导意义。

第二节 我国可赎回债券和可回售、可赎回债券的定价模型

在我国创设的含权债券中,除了可回售债券,可赎回债券和可回售、可赎回债券却是我国金融机构、公司乃至企业的两个重要的融资工具。

一、我国可赎回债券的定价模型

可赎回债券是在一定的条件下赋予债券发行人一种赎回权利的债券。赎回条件是指,债券价格在赎回期内持续高于一定程度时,允许债券发行人按某一约定价格从债券持有人手中买回债券。可赎回债券是一种维护债券发行人利益的金融产品。当债券价格上涨,亦即利率下降时,债券持有人行使赎回权利。其主要目的是降低发行债券的成本,避免因市场利率下降而给自己造成利率损失。实际上,可赎回债券是一只普通债券和一只债券价格看涨期权的组合。

类似于可回售债券,引进符号 c_i 表示固定利率可赎回债券在时刻 $t_i(i=1,2,\cdots\cdots,n)$ 支付的息票,r_t、$V_c(r,t)$ 和 $M_c(r,t)$ 分别表示即时的利率、可赎回债券价格和赎回价值。类似的,有单因子可赎回债券价格微分方程

$$\frac{\partial V_c}{\partial t} + \frac{1}{2}\sigma^2 \frac{\partial^2 V_c}{\partial r^2} + (\mu - \lambda\sigma)\frac{\partial V_c}{\partial r} - rV_c = 0; \quad (15.2.1)$$

即时的约束条件:

$$V_c(r,t) \leqslant M_c(r,t),$$

终值条件:

第十五章 我国可回售、可赎回债券与可转换债券的定价模型　　387

$$V_c(r, T) = M,$$

其中，M 表示可赎回债券的面值；$M_c(r, t)$ 具有如式(14.5.1)所示的形式，不仅随时间变化，而且还会依赖于利率、息票、赎回条件等其他因素。

同样，不难获得如式(14.5.2)所示的多因子可赎回债券价格微分方程。

比较式(15.1.1)与式(15.2.1)，可回售与可赎回两种债券的价格微分方程式一致，两者的边值条件不一样，不等号互为反向。这似乎是一种数学话题，其实每一种数学问题都对应着一种相应的实际背景。前面已经提及，可回售债券是我国企业融资的一种重要的金融工具。根据不同于可回售债券价格方程的边值问题，自然可以推断可赎回债券理应为其他经济实体的融资工具。事实上，我国的可赎回债券大部分为金融债。理由很简单，与企业债券相比，我国的政策性银行、商业银行和一些大的金融公司的债券风险较小，投资者偏好金融债券的可能性大，金融机构设置的可赎回条款并不会影响他们的债券发行，因此可赎回债券在我国金融界得到大力推行。这是我国可赎回债券的特点。

二、可回售、可赎回债券的定价模型

在我国债券市场上，除了可回售债券和可赎回债券，还有一种债券综合了这两种债券的特性，这就是可回售、可赎回债券。我们知道，可回售债券是企业发行债券时嵌入可回售条款达到保护投资者利益的债券。一个自然的问题是，企业也可以在发债的公告中附加可赎回条款来维护自己的利益。这样的企业债券同时嵌入了可回售和可赎回两项条款，兼顾了债券发行人和投资者双方的利益。我国可回售、可赎回债券主要为企业债券。

这里，用 $V_b(r, t)$ 表示相应的可回售、可赎回债券价格，取代式(15.1.1)和式(15.2.1)中的变量 $V_p(r, t)$ 和 $V_c(r, t)$，可回售债券与可赎回债券的其他变量符号基本上保持不变。根据可回售、可赎回债券的特性，可获得如下形式的价格微分方程：

$$\frac{\partial V_b}{\partial t} + \frac{1}{2}\sigma^2 \frac{\partial^2 V_b}{\partial r^2} + (\mu - \lambda\sigma)\frac{\partial V_b}{\partial r} - rV_b = 0; \quad (15.2.2)$$

可回售的约束条件：

$$M_p(r, t) \leqslant V_b(r, t),$$

可赎回的约束条件：

$$V_b(r, t) \leqslant M_c(r, t),$$

终值条件：

$$V_b(r, T) = M.$$

为了更好地适应我国的债券市场，可以将单因子可回售、可赎回债券价格模型推广到多因子可回售、可赎回债券价格模型。

可回售、可赎回债券的边值条件更加复杂。

尽管上述的含权债券价格方程的边值条件多么复杂，我们总可以通过工程上的技术方法来获得债券价格方程的数值解，从而指导投资者的决策行为。谢为安和蔡益润(2011b)从理论上证明了我国可赎回债券蒙特卡罗模拟的实用性，拟定了蒙特卡罗模拟的程序，给出了我国可赎回债券价格、赎回权价值及其价格95%的置信区间，为市场交易者提供了投资依据。

第三节　适应我国可转换债券的定价模型

可转换债券(convertible bond)是指，债券发行人赋予债券持有人在规定期限内按事先约定条件将其债券转换为一定数量股票权利的公司债券。债券持有人在不执行转换权利之前，该发债公司必须按时向他支付利息，如果到期日仍然不愿转换，则该发债公司必须全额偿还本金。

可转换债券是一种集债券和股票为一体的混合型金融衍生品。可转换债券除包括面值、票面利率、发行数量、发行价格、发行期限等一些基本要素外，还嵌入了转股、回售、赎回等特别条款。有关可转换债券的基本要素，这是比较容易理解的。关于可转换债券的回售条款和赎回条款，这些在可回售债券和可赎回债券的内容中已经阐明过。下面主要联系我国可转换债券来理解其转股条款。

可转换债券转换条款一般包括转股期限、转股比率与转股价格等内容。

转换期限是指可转换债券转换为股份的起始日至截止日的期间。我国可转换债券的转换期限不同于国外的可转换债券的转换期限。我国只对可转换债券转换期限的起始日进行了规定。第一,根据我国《可转换公司债券管理暂行办法》(1997年3月25日)的规定,重点国有企业发行的可转换债券,转换期限的起始日是该企业改制为股份有限公司且股票上市后,债券持有人可以依据约定的条件随时转换股份。第二,我国《上市公司发行可转换公司债券实施办法》(2001年4月26日)第20条明确规定:"可转换公司债券自发行之日起六个月后方可转换为公司股票。可转换公司债券的具体转股期限应由发行人根据可转换公司债券的存续期及公司财务情况确定。"我国可转换债券的转股期限一般为自发行结束之日起6个月后至可转换债券到期日之间的交易日。第三,当公司股票价格因送股、配股或派息等情况发生变动时,发行可转换债券的公司应当调整转股价格。当发行公司的股票价格在一段时间内持续低于转股价格的一定程度时,发行公司行使向下调整转股价格。目前只有我国和日本市场上存在可转换债券向下调整转股价格条款。该条款的设定,可以促进债券持有人的转股行为,有效地实现发行公司的融资目的。

转换比率是指一个单位的可转换债券面值能够转换成公司普通股票的数量。转换比率等于单位可转换债券面值除以其发行时转股价格。发行时转股价格是指发行时确定的将可转换债券转换成每股股票所支付的价格。须注意,可转换债券发行时的转股价格不同于交易时的市场转股价格:

市场转股价格＝可转换债券价格／转股比例。

根据我国《可转换公司债券管理暂行办法》和《上市公司发行可转换公司债券实施办法》,从两个方面规定可转换债券的发行时转股价格:第一,重点国有企业发行可转换债券,以拟发行股票的价格为基准,折扣一定比例作为转股价格;第二,上市公司发行可转换债券,以公告募集说明书前30个交易日公司股票的日均收盘价格为基础,上浮一定幅度,作为转股价格。通常,上市公司可转换债券发行时转换溢价率大于重点国企发行可转债时转换溢价率。

与国外市场上的可转换债券相比,我国可转换债券有自身的特征。(1) 可转换债券设置的条款较为灵活;(2) 嵌入较多的含权条款;(3) 票面利率较低;(4) 期限相对较短;(5) 转股价格向下调整条款;(6) 发行门槛较高等特征,不仅有利于企业融资,而且还降低了企业融资成本和财务费用,同时又能够保护投资者的收益。特别是第 6 个特征,使得我国市场上的可转换债券发行人大多是大型优质公司,信用违约风险大大降低。这些不仅激发了市场参与人的积极性,而且还为可转换债券进行定价时不必考虑信用风险问题,简化其定价模型。

可转换债券兼具筹集资金和规避风险双重功能的特性,使其成为当今金融市场上独具魅力的筹资和投资工具。2016 年,全球可转换债券共发行 43 093 只,融资规模达 9 186.01 亿美元(资料来自《中国货币市场》)。目前全球最大的可转换债券市场是美国,不过,发行的可转换债券大多数为信用评级较低的次级债券。全世界市场规模第二大的市场是欧洲可转换债券市场,发行公司主要集中在英国、法国、德国等发达国家。日本曾一度成为世界上最大的可转换债券市场,占全球市场份额一半以上。但在日本经济泡沫破灭之后,可转债的市场规模逐渐萎缩。近年来,亚太市场成为全球发展较快的可转换债券市场。其中,中国、韩国、新加坡以及我国香港、台湾地区等发展最为迅速。

我国可转换债券市场可以追溯到 20 世纪 90 年代。1991 年,海南新能源股份有限公司发行了琼能源可转换债券,标志着我国探索可转换债券市场发展道路正式开始。虽然我国可转换债券市场起步较早,但由于多方面(市场、制度、环境以及投资者结构等)的先天性不足,加之可转换债券结构复杂,导致在 2015 年之前历年发行的数量有限,发行规模较小。市场不成熟性严重地阻挠了我国可转换债券市场的发展。随着我国债券市场的不断深化改革,不断地完善发展,我国可转换债券市场终于在 2016 年开始急剧升温。中国证券登记结算公司统计数据显示[1],2015—

---

[1] 资料来源:中国结算网,www.chinaclear.cn。

2019 年，登记存管的可转换债券数量分别是 6 只、17 只、49 只、120 只和 223 只，总市值分别为 162.46 亿元、397.21 亿元、902.35 亿元、1 857.16 亿元和 4 053.34 亿元，年均增长率分别为 145%、127%、106% 和 118%。短短的 4 年内，我国可转换债券市场迅速形成了一个重要的资本市场。

综上可见，可转换债券在我国市场上是一种别具一格的投融资工具。第一，可转换债券兼具股票和债券的双重属性；第二，嵌入了多种可选择的权利，如，可赎回、可回售、可转股以及可调整等权利；第三，风险的来源较多，有利率、股票价格、市场波动等多种风险；第四，期限较短而信用级别较高；这些特点决定了我国可转换债券的复杂性和特殊性。这些特性为我国可转换债券定价提供了有益的思路。

鉴于我国可转换债券市场的多变性，应该采取多因子建模思路。这里参考 Brannan and Schwartz(1980) 提出的基于公司市场价值的两因子可转换债券定价模型、Ho and Pfeffer(1996) 描述的基于股票价格的两因子可转换债券定价模型、Kimura and Shinohara(2006) 研究的包括转股价格向下调整条款的可转换债券定价问题，建立适应我国可转换债券特性的两因子定价模型。

假设 t 时股票价格为 S，股票红利为 $D(S,t)$、利率 r，可转换债券价格为 $V(r,S,t;T)$，剩余期限为 $T-t$，面值为 M，赎回价值为 $M_c(r,S,t)$，回售价值为 $M_p(r,S,t)$，转股比例为 $N_b(S,t)$，利率 r 为 Hull 和 White 模型

$$dr = (\mu_\eta(t) - \mu_\gamma(t)r)dt + \sigma_a(t)r^\nu dZ_1 \text{。} \quad (15.3.1)$$

股票价格 S 服从几何布朗运动

$$dS = \mu_s S dt + \sigma_s S dZ_2, \quad (15.3.2)$$

其中，dZ_1 和 dZ_2 均为标准的维纳过程，两者之间的相关系数为 ρ。

根据 ITO 定理和无套利原则，风险中性下的可转换债券价格 $V(r,S,t;T)$ 方程为

$$\frac{\partial V}{\partial t} + \frac{1}{2}(\sigma_a(t)r^\nu)^2 \frac{\partial^2 V}{\partial r^2} + \rho \sigma_s \sigma_a(t)r^\nu S \frac{\partial^2 V}{\partial r \partial S} + \frac{1}{2}\sigma_s^2 S^2 \frac{\partial^2 V}{\partial S^2}$$

$$+(\mu_\eta(t)-\mu_\gamma(t)r)\frac{\partial V}{\partial r}+(rS-D(S,t))\frac{\partial V}{\partial S}-rV=0;$$

(15.3.3)

可回售的约束条件：

$$M_p(r, S, t) \leqslant V(r, S, t; T),$$

可赎回的约束条件：

$$V(r, S, t; T) \leqslant M_c(r, S, t),$$

可转股的约束条件：

$$V(r, S, t; T) \geqslant N_b S,$$

终值条件：

$$\text{Max}(N_b S, M),$$

边值条件：

$$当 S \to \infty, V(r, S, t; T) \sim N_b S,$$

$$当 S=0, V(r, S, t; T) = \sum_{i=1}^{n} c_i B(r, t; t_i) + MB(r, t; T),$$

其中，c_i 为债券在时刻 $t_i (i=1, 2, \cdots\cdots, n)$ 支付的息票，$B(r, t; t_i)$ 是面值为 1、期限为 $(t_i - t)$ 的零息票债券价格，时间 $t \leqslant t_1 \leqslant \cdots\cdots \leqslant t_n = T$。

事实上，我国可转换债券兼具股票和债券的双重属性，因而其价格 $V(r, S, t; T)$ 依赖于利率、股票价格和剩余期限，这是其一；其二，Hull 和 White 利率模型的时变漂移率和波动率是比较贴近我国利率市场的，能较好地反映我国市场利率均值回复的时变性以及波动的集群效应；其三，我国可转换债券的回售条款规定，当公司的股票价格在一定时期内持续低于转股价格的一定程度时（一般为转股价格的 70%）持有者有权按照事先约定的价格将可转换债券卖给发行人，这就决定了其回售价值 $M_p(r, S, t)$ 既依赖于利率 r 和时间 t、又依赖于股票价格 S；其四，我国可转换债券的赎回条款规定，股票的价格持续高于转股价格的一定程度(一般为130%)时,公司按照事先约定的价格买回未转股的可转换债券,这说明赎回价值 $M_c(r, S, t)$ 也是随利率 r、时间 t 和股票价格 S 变化的;其五,特别向下修正条款规定,当股票价格持续低于转股价格的一定程度时(一般为80%),该条款允许发行公司在约定的时间内将转股价格向下修正,因而转股比例 $N_b(S, t)$ 将随着股票价格 S 和时间 t 而变化;其六、根据股票特性,股票红利 $D(S, t)$ 自然为股票价格 S 和时间 t 的函数;其七,嵌入在我国可转换债券中的各种条款(可回售、可赎回、可转股以及向下调整等条款)大多都不在其期限内的某一确定的时点处实行,而是在其期限内的某一时段或者几乎整个期限内任意时刻被行使,这些条款的特点充分说明了债券中所涉及的各种期权(选择权)大多为百慕大期权或为美式期权;最后再强调一点,我国可转换债券的发行门槛较高,发行公司的信用评级较高,基本上都在 AA$^-$ 以上,并且发行债券的期限也相对较短,所以在为其定价建模时,可以忽略信用违约风险。

上述特征表明,微分方程式(15.3.3)及其边值条件作为我国可转换债券定价模型,是比较适合的。

显而易见,我国可转换债券的定价模型还是相当复杂的,我们只能借助于数值方法给以求解。谢一青(2019)运用有限差分法对我国的两因子可转换债券定价方程进行了数值求解,实证研究进一步验证了式(15.3.3)所示的定价模型在我国可转换债券市场上的适应性。

尽管,本章和上一章从8个不同的层面阐述了适应我国债券及其衍生品的定价理论与模型,但是,这还是远远不够的。实际上,我国债券市场上的产品已经相当丰富,而且很多债券产品具有我国市场特色。要想应用现有的经济理论和金融工程技术,解决好我国市场上的每一种债券价格问题,这是不现实的。理由有两点:第一,金融经济理论与本土债券产品,会出现水土不服的现象。譬如,经济发达国家或地方住房抵押贷款证券(mortgage backed securities,MBS)与我国 MBS 资产池的构成有差异,资产池中每一小分子(投资者)信用风险不一样,还有社会环境影响就业的程度不同等因素,将导致西方的 MBA 理论不一定适合我国的 MBA 定价建模;第二,理论永远落后于现实发展。由第十二章的第二节内容可见,我国结合市场自身的特点,创设了许多具有中国特色的债券及其证券化等产品,其中有些债券及其证券化产品在国际市场上也是前所未闻的,目前根本就没有有关这些债券的理论研究。毫无疑问,今后我国金融理论及其工程技术研究的道路仍是艰难而又漫长的。

附 录

A：ITO 定理的推导

ITO 定理：设函数

$$\eta = f(\xi, t) \tag{A.1}$$

$$\Delta \xi = a(\xi, t)\Delta t + b(\xi, t)\Delta Z \tag{A.2}$$

$$d\xi = a(\xi, t)dt + b(\xi, t)dZ \quad (当 \Delta t \to 0 时) \tag{A.2a}$$

式中，$dZ = \varepsilon \sqrt{dt}$，$\varepsilon$ 服从标准正态分布，即 $\varepsilon \sim N(0,1)$。如果 $\eta = f(\xi, t)$ 及其导数均为连续函数，则

$$df = \left[\frac{\partial f}{\partial t} + a(\xi, t)\frac{\partial f}{\partial \xi} + \frac{1}{2}b^2(\xi, t)\frac{\partial^2 f}{\partial \xi^2}\right]dt + b(\xi, t)\frac{\partial f}{\partial \xi}dZ \tag{A.3}$$

证明：运用 Δf 的泰勒展开式：

$$\Delta f = \frac{\partial f}{\partial \xi}\Delta \xi + \frac{\partial f}{\partial t}\Delta t + \frac{1}{2}\frac{\partial^2 f}{\partial \xi^2}(\Delta \xi)^2 + \frac{\partial^2 f}{\partial \xi \partial t}\Delta \xi \Delta t$$

$$+ \frac{1}{2}\frac{\partial^2 f}{\partial t^2}(\Delta t)^2 + o(\Delta t) \tag{A.4}$$

因为 $\Delta \xi = a(\xi, t)\Delta t + b(\xi, t)\Delta Z$

$$(\Delta \xi)^2 = b^2(\xi, t)\varepsilon^2 \Delta t + o(\Delta t) \xrightarrow{\Delta t \to 0} b^2(\xi, t)dt$$

$$\Delta\xi\Delta t \xrightarrow{\Delta t} 0 \text{ ①}$$

所以,当 $\Delta t \to 0$ 时,式(A.4)转化为

$$df = \left[\frac{\partial f}{\partial t} + a(\xi, t)\frac{\partial f}{\partial \xi} + \frac{1}{2}b^2(\xi, t)\frac{\partial^2 f}{\partial \xi^2}\right]dt + b(\xi, t)\frac{\partial f}{\partial \xi}dZ$$

这便是ITO定理得最终表达式。

B: 遵循几何布朗运动的股票价格 $S(t+\Delta t)$ 的均值与方差

在布莱克-斯科尔斯的期权定价模型中,股票价格 $S(t)$ 满足

$$dS(t) = \mu S(t)dt + \sigma S(t)dZ(t) \tag{B.1}$$

式中,μ、σ 分别为 $S(t)$ 的期望收益率与波动率,$dZ(t)$ 为标准的维纳过程,即 $dZ \sim N(0, dt)$。

下面根据上式,分3个步骤来导出股票价格 $S(t)$ 的均值与方差。

第一步,证明

$$S(t) = S(0)e^{\left(\mu - \frac{1}{2}\sigma^2\right)t + \sigma Z(t)} \tag{B.2}$$

是随机微分方程(B.1)的解。

---

① 因为 $E_t(\Delta\xi) = a(\xi, t)\Delta t, D(\Delta\xi) = b^2(\xi, t)\Delta t$
所以
$$E_t[(\Delta\xi)^2] = D(\Delta\xi) + [E_t(\Delta\xi)]^2 = b^2(\xi, t)\Delta t + o(\Delta t)$$
$$D[(\Delta\xi)^2] = E_t[(\Delta\xi)^4] - [E_t(\Delta\xi)^2]^2 = o(\Delta t)$$
$$E_t(\Delta\xi\Delta t) = o(\Delta t)$$
$$D(\Delta\xi\Delta t) = E_t[(\Delta t)^2(\Delta\xi)^2] - [E_t(\Delta\xi\Delta t)]^2 = o(\Delta t)$$
因而当 $\Delta t \to 0$ 时
$$E_t(d\xi)^2 = b^2(\xi, t)dt, D(d\xi)^2 = 0$$
$$E_t(d\xi dt) = 0, D(d\xi dt) = 0$$
由于 $(d\xi)^2$ 与 $(d\xi dt)$ 的方差等于零,因此 $(d\xi)^2$ 与 $(d\xi dt)$ 为非随机变量,故 $(d\xi)^2 = b^2(\xi, t)dt$,$(d\xi dt) = 0$。

证明:记

$$S(t) = S(0)e^{\left(\mu-\frac{1}{2}\sigma^2\right)t+\sigma Z(t)} = \eta[t, Z(t)] \qquad (B.3)$$

由(A.4)得

$$d\eta = \frac{\partial \eta}{\partial t}dt + \frac{\partial \eta}{\partial Z(t)}dZ(t) + \frac{1}{2}\frac{\partial^2 \eta}{\partial Z^2(t)}[dZ(t)]^2 \qquad (B.4)$$

将式(B.3)代入上式,得

$$dS(t) = S(0)e^{\left[\left(\mu-\frac{1}{2}\sigma^2\right)t+\sigma Z(t)\right]}\left[\left(\mu-\frac{1}{2}\sigma^2\right)dt + \sigma dZ(t) + \frac{1}{2}\sigma^2 dt\right]①$$

整理上式,并注意到式(B.2),得

$$dS(t) = S(t)\mu dt + \sigma S(t)dZ(t)$$

这就证明了式(B.2)为随机方程(B.1)的解。

第二步,求 $S(t+\Delta t)$ 的均值

根据式(B.2),

$$S(t+\Delta t) = S(0)e^{\left(\mu-\frac{1}{2}\sigma^2\right)(t+\Delta t)}e^{\sigma Z(t+\Delta t)} \qquad (B.5)$$

对上式两边取均值

$$\begin{aligned}
E_t[S(t+\Delta t)] &= E[S(t+\Delta t) \mid \Gamma_t] \\
&= S(0)e^{\left(\mu-\frac{1}{2}\sigma^2\right)(t+\Delta t)}E[e^{\sigma Z(t+\Delta t)} \mid \Gamma_t] \\
&= S(0)e^{\left(\mu-\frac{1}{2}\sigma^2\right)(t+\Delta t)}e^{\sigma Z(t)}E[e^{\sigma[Z(t+\Delta t)-Z(t)]} \mid \Gamma_t] \\
&= S(t)e^{\left(\mu-\frac{1}{2}\sigma^2\right)\Delta t}E[e^{\sigma[Z(t+\Delta t)-Z(t)]}]
\end{aligned}$$

其中,

---

① 因为 $E_t[dZ(t)] = 0$,$D[dZ(t)] = dt$,所以 $E_t[(dZ(t))^2] = D[dZ(t)] + [E_t(dZ(t))]^2 = dt$;$D[(dZ(t))^2] = E_t[(dZ(t))^4] - [E_t(dZ(t))^2]^2 = o(dt) = 0$。因此,$[dZ(t)]^2$ 的方差等于零,为非随机变量,$[dZ(t)]^2 = dt$。

$$E[e^{\sigma[Z(t+\Delta t)-Z(t)]}] = \int_{-\infty}^{\infty} \frac{e^{-\frac{x^2}{2\Delta t}}}{\sqrt{2\pi\Delta t}} e^{\sigma x} dx$$

$$= e^{\frac{1}{2}\sigma^2 \Delta t} \int_{-\infty}^{\infty} \frac{e^{-\frac{(x-\sigma\Delta t)^2}{2\Delta t}}}{\sqrt{2\pi\Delta t}} dx$$

$$= e^{\frac{1}{2}\sigma^2 \Delta t}$$

$$E_t[S(t+\Delta t)] = S(t)e^{(\mu-\frac{1}{2}\sigma^2)\Delta t} \cdot e^{\frac{1}{2}\sigma^2 \Delta t} = S(t)e^{\mu\Delta t} \quad (B.6)$$

这便是式(1.5.22)。

第三步,求 $S(t+\Delta t)$ 的方差

有方差公式,可见

$$D_t[S(t+\Delta t)] = E_t[S^2(t+\Delta t)] - E_t^2[S(t+\Delta t)] \quad (B.7)$$

上式等号右边的第一项

$$E_t[S^2(t+\Delta t)] = S^2(0)e^{2(\mu-\frac{1}{2}\sigma^2)(t+\Delta t)} E[e^{2\sigma Z(t+\Delta t)} \mid \Gamma_t]$$

$$= S^2(0)e^{2(\mu-\frac{1}{2}\sigma^2)(t+\Delta t)} \cdot e^{2\sigma Z(t)} \cdot E[e^{2\sigma[Z(t+\Delta t)-Z(t)]} \mid \Gamma_t]$$

$$= S^2(t)e^{2(\mu-\frac{1}{2}\sigma^2)\Delta t} E[e^{2\sigma[Z(t+\Delta t)-Z(t)]}]$$

$$= S^2(t)e^{2(\mu-\frac{1}{2}\sigma^2)\Delta t} \cdot e^{2\sigma^2 \Delta t}$$

$$= S^2(t)e^{2\mu\Delta t} e^{\sigma^2 \Delta t} \quad (B.8)$$

上式等号右边的第二项

$$E_t^2[S(t+\Delta t)] = S^2(t)e^{2\mu\Delta t} \quad (B.9)$$

将式(B.8)和式(B.9)代入式(B.7),得到

$$D_t[S(t+\Delta t)] = S^2(t)e^{2\mu\Delta t}[e^{\sigma^2 \Delta t} - 1] \quad (B.10)$$

这是式(1.5.23)。

C：托管债券种类

附表 C.1　2019 年中国结算公司存管的债券总市值(单位：亿元)

存管债券类别	上海分公司	深圳分公司	合　计
债券现货	91 189.34	16 415.12	107 604.46
1. 国债	5 778.43	235.26	6 013.69
2. 地方债	4 434.87	100.42	4 535.29
3. 政策性金融债	900.04	603.85	1 503.89
4. 企业债	6 554.67	92.33	6 647.00
5. 公司债	69 517.03	7 653.79	77 170.82
6. 可转债	3 046.95	1 006.39	4 053.34
7. 中小企业私募债	957.35	6 723.08	7 680.43
资产证券化产品	10 895.01	4 436.20	15 331.21
总计			122 935.67

资料来源：中国结算网，www. www.chinaclear.cn。

附表 C.2　2019 年中央结算公司托管的债券市值

	本月末面额（亿元）	同比(%)	相较上年末变化(%)
合计	649 780.21	12.77%	12.77%
1. 政府债券	372 228.96	14.77%	14.77%
2. 央行票据	220.00	—	—
3. 政策性银行债	156 946.98	8.11%	8.11%
4. 政府支持机构债券	16 725.00	3.59%	3.59%
5. 商业银行债券	46 963.58	23.38%	23.38%
6. 非银行金融机构债券	5 559.50	32.56%	32.56%
7. 企业债券	29 782.36	−4.11%	−4.11%
8. 资产支持证券	19 716.18	33.25%	33.25%

续 表

	本月末面额（亿元）	同比(%)	相较上年末变化(%)
9. 中期票据	1 547.93	−33.89%	−33.89%
10. 外国债券	30.00	−25.00%	−25.00%
11. 其他债券	59.72	0.00%	0.00%

资料来源：中国债券信息网，www.chinabond.com.cn。

附表 C.3　上海清算所托管的债券市值

统计月份：2020-01　　　　　　　　　　　　　　　　单位：亿元

	本月末	本月净增	本年净增
1. 公司信用类债券	112 046.67	3 342.14	3 342.14
2. 金融债券	5 518.00	13.00	13.00
3. 同业存单	106 832.81	−406.64	−406.64

资料来源：上海清算所网，www.shclearing.com。

参考文献

一、中文部分

1. 陈绍昌编著.国际金融计算技术[M].北京:中国对外经济贸易出版社,1992.
2. 刁阳炫.我国股市有效性的实证检验——基于波动率视角的分析[D].复旦大学,2016.
3. 复旦大学数学系主编.数学物理方程[M].上海:上海科学技术出版社,1961.
4. 洛伦茨·格利茨.金融工程学[M].唐旭等,译.北京:经济科学出版社,1998.
5. 江婕,张柏龄,郑飞虎.我国境外主权债券发行历程、意义及展望[J].债券,2019(12):70-76.
6. 王梓坤.随机过程论[M].北京:科学出版社,1965.
7. 谢为安,蔡益润.我国可赎回债券的定价问题[J].世界经济文汇,2011(3):87-97.
8. 谢为安,蔡益润.我国可回售债券的定价[J].复旦学报(自然科学版),2011(50):103-108.
9. 谢一青.我国股票指数期货市场有效性与套利机会的分析[C].复旦大学金融研究中心"金融学术前沿Seminar",2018(9):工作论文.
10. 谢一青.我国三种股票指数期货套利的比较研究[C].复旦大学金融研究中心"金融学术前沿Seminar",2019(1):工作论文.
11. 谢一青.我国两因子可转换债券的有限差分法定价研究[C].复旦大学金融研究中心"金融学术前沿Seminar",2019(6):工作论文.

12. 中央结算公司统计监测部. 2018 年债券市场统计分析报告[R]. www. chinaclear. cn.
13. 中央结算公司统计监测部. 2018 年债券市场统计分析报告[R]. www. chinaclear. cn.

二、英文部分

1. Abken, P. A. (2000). An empirical evaluation of value at risk by scenario simulation. *Journal of Derivatives*, 7(4), 12 - 29.
2. Ahn, D., Gao, B., & Figlewski, S. (2002). Pricing discrete barrier options with an adaptive mesh model. in M. Avellaneda (ed.), *Quantitative Analysis in Financial Markets* (pp. 296 - 313). Singapore: World Scientific Publishing Company.
3. Andrews C., Ford D., & Mallison K. (1986). The Design of Index Funds and Alternative Methods of Replication. *The Investment Analysis*, 10, 16 - 23.
4. Bakshi, G., Cao, C., & Chen, Z. (2000). Do call prices and the underlying stock always move in the same direction? *The Review of Financial Studies*, 13(3), 549 - 584.
5. Bali, T. G. (2000). Testing the empirical performance of stochastic volatility models of the short-term interest rate. *The Journal of Financial and Quantitative Analysis*, 35(2), 191 - 215.
6. Beasley, J. E., Meade, N., & Chang, T. J. (2003). An evolutionary heuristic for the index tracking problem. *European Journal of Operational Research*, 148(3), 621 - 643.
7. Bishop, P. M., & Dixon, D. (1992), *Foreign Exchange Handbook: Managing Risk and Opportunity in Global Currency Markets*, New York, NY: McGraw-Hill.
8. Black, F. (1976). The pricing of commodity contracts. *Journal of Financial Economics*, 3(1 - 2), 161 - 179.

9. Black, F., Derman, E., & Toy, W. (1990). A one-factor model of interest rates and its application to Treasury bond options. *Financial Analysts Journal*, 46(1), 33–39.
10. Black, F., & Scholes, M. (1972). The Valuation of Option Contracts and a Test of Market Efficiency. *The Journal of Finance*, 27(2), 399–417.
11. Black, F., & Scholes, M. (1973). The Pricing of Options and Corporate Liabilities. *Journal of Political Economy*, 81(3), 637–654.
12. Brennan, M. J., & Schwartz, E. S. (1980). Analyzing convertible bonds. *The Journal of Financial and Quantitative Analysis*, 15(4), 907–929.
13. Brennan, M. J., & Schwartz, E. S. (1982). An Equilibrium Model of Bond Pricing and a Test of Market Efficiency. *The Journal of Financial and Quantitative Analysis*, 17(3), 301–329.
14. Brennan, M. J., & Schwartz, E. S. (1990). Arbitrage in stock index futures. *The Journal of Business*, 63(1), 7–31.
15. Briys, E., Bellalah, M., Mai, H., & de Varenne, F. (1998). *Options, Futures, and Exotic Derivatives: Theory, Application and Practice*. West Sussex: John Wiley & Sons Ltd.
16. Charles, E. (1994). *Financial Engineering — A handbook for managing risk-reward relationship*. London: Macmillan Publishers Ltd.
17. Chance, D. M. (1995). *An Introduction to Derivatives*. New York, NY: The Dryden Press.
18. Clifford, W. S., & Smithson, C. W. (1990). *The Handbook of Financial Engineering: new financial product innovations, applications, and analyses*. New York: Harper Business.
19. Cornell, B., & French, K. R. (1983). The pricing of stock index

futures. *Journal of Futures Markets*, 3(1), 1-14.
20. Cox, J. C., Ingersoll, J. E., & Ross, S. A. (1985). A theory of the term structure of interest rates. *Econometrica*, 53(2), 385-407.
21. Cox, J. C., & Ross, S. A. (1976). The valuation of options for alternative stochastic processes. *Journal of Financial Economics*, 3(1), 145-166.
22. Culbertson, J. M. (1957). The Term Structure of Interest Rates. *The Quarterly Journal of Economics*, 71(4), 485-517.
23. Dempster, M. A. H., & Pliska, S. R. (1997). *Mathematics of Derivative Securities*, Cambridge: Cambridge University Press.
24. Dothan, L. U. (1978). On the term structure of interest rates. *Journal of Financial Economics*, 6(1), 59-69.
25. Duffie, D. (1992). *Dynamic Asset Pricing Theory*. New Jersey, NJ: Princeton University Press.
26. Fabozzi, F. J. (1997), *The Handbook of Fixed Income Securities*. Chicago: Irwin Professional Publishing.
27. Francis, J. C., & Wolf, A. S. (1994) *The Handbook of Interest-Rate Risk Management*, Chicago: Irwin Professional Publishing.
28. Fisher, D. E., & Jordan, R. J. (1991). *Security Analysis and Portfolio Management*. New York, NY: Prentice Hall.
29. Fisher, I. (1896). Appreciation and Interest. *Publications of the American Economic Association*, 11(4), 1-98.
30. Fong, G., & Vasicek, O. (1991). Interest rate volatility as a stochastic factor. Working Paper.
31. Haug, E. G. (1998). *The Complete Guide to Option Pricing Formulas*. New York, NY: McGraw-Hill.
32. Heath, D., Jarrow, R., & Morton, A. (1992). Bond pricing and the term structure of interest rates: a new methodology for contingent claims valuation. *Econometrica*, 60(1), 77-105.

33. Hicks, J. R. (1939). *Value and Capital*. London: Oxford University Press.
34. Ho, T. S. Y., & Lee, S. (1986). Term structure movements and pricing interest rate contingent claims. *The Journal of Finance*, 41(5), 1011–1029.
35. Ho, T. S. Y., & Pfeffer, H. D. M. (1996). Convertible bonds: model, value attribution, and analytics. *Financial Analysts Journal*, 52(5), 35–44.
36. Hsu H., & Wang J. (2004). Price Expectation and the Pricing of Stock Index Futures. *Review of Quantitative Finance and Accounting*, 23, 167–184.
37. Hull, J. C. (1999). *Options, Futures and Other Derivatives*. Englewood Cliffs, NJ: Prentice-Hall.
38. Hull, J., & White, A. (1990). Pricing interest rate derivative securities. *The Review of Financial Studies*, 3(4), 573–592.
39. Kimura, T., & Shinohara, T. (2006). Monte Carlo analysis of convertible bonds with reset clauses. *European Journal of Operational Research*, 168(2), 301–310.
40. Klemkosky, R. C., & Lee, J. H. (1991). The intraday ex post and ex ante profitability of index arbitrage. *Journal of Futures Markets*, 11(3), 291–311.
41. Klugman, R. (1992). Pricing interest rate derivative securities. M. Phil. Thesis, Oxford University.
42. Klugman, R. & Wilmott, P. (1994). A class of one-factor interest rate models. *Proceedings of the 7th European Conference on Mathematics in Industry*: 419–426.
43. Leland, H. E. (1980). Who Should Buy Portfolio Insurance? *The Journal of Finance*, 35(2), 581–594.
44. Meade N., & Salkin, G. R. (1990). Developing and maintaining an equity index fund. *Journal of the Operational Research Society*,

41, 599-607.
45. Merton, R. (1973). Theory of Rational Option Pricing. *The Bell Journal of Economics and Management Science*, 4(1), 141-183.
46. Merton, R. (1974). On the Pricing of Corporate Debt: The Risk Structure of Interest Rates. *The Journal of Finance*, 29(2), 449-470.
47. Merton, R. (1998). Applications of Option-Pricing Theory: Twenty-five Years Later. *The American Economic Review*, 88(3): 323-349.
48. Modigliani, F., & Sutch, M. R. (1966). Innovations in interest rate policy. *The American Economic Review*, 56(1-2), 178-197.
49. Moyer, R. C., McGuigan, J. R., Kretlow, W. J., & Dunkelberg, J. S. (1998). *Contemporary Financial Management*. Cincinnati: South-Western College Publishing.
50. Neal, R. (1996). Direct tests of index arbitrage models. *The Journal of Financial and Quantitative Analysis*, 31(4), 541-562.
51. Philippe, J. (1997). *Value at Risk: the new benchmark for managing financial risk*. New York, NY: McGraw-Hill Education.
52. Posch, P. N., & Kreiner, W. A. (2006). Analysing digits for portfolio formation and index tracking. *Journal of Asset Management*, 7(1), 69-80.
53. Riccardo, R. (1998), *Interest-Rate Option Models: Understanding, Analysing and Using Models for Exotic Interest-Rate Options*. West Sussex: John Wiley & Sons Ltd.
54. Ritchken, P., & Sankarasubramanian, L. (1995). Volatility structures of forward rates and the dynamics of the term structure. *Mathematical Finance*, 5(1), 55-72.
55. Roll. R. (1992). A mean/variance analysis of tracking error.

Journal of Portfolio Management, 18(4), 13-22.

56. Ross, A. S. (1976). The Arbitrage Theory of Capital Asset Pricing. *Journal of Economic Theory*, 13(3), 341-360.
57. Rubinstein, M. (1985). Alternative paths to portfolio insurance. *Financial Analysts Journal*, 41(4), 42-52.
58. Rudolf M., Wolter, H., & Zimmermann H. (1999). A linear model for tracking error minimization. *Journal of Banking and Finance*, 23(1), 85-103.
59. Salih, N. (1996). *An Introduction to the Mathematics of Financial Derivatives*. San Diego: Academic Press.
60. Suresh, S. (1996). *Fixed Income Markets and their Derivatives*, Cincinnati: South-Western College Publishing.
61. Vasicek, O. (1977). An equilibrium characterization of the term structure. *Journal of Financial Economics*, 5(2), 177-188.
62. Wilmott, P. (2006). *On Quantitative Finance*, *Volume 3*, West Sussex: John Wiley & Sons Ltd.

图书在版编目(CIP)数据

金融工程及其在中国的应用研究 / 谢一青著.— 上海：上海社会科学院出版社，2020
 ISBN 978-7-5520-3192-8

Ⅰ.①金… Ⅱ.①谢… Ⅲ.①金融工程—研究—中国 Ⅳ.①F832.29

中国版本图书馆 CIP 数据核字（2020）第 090548 号

金融工程及其在中国的应用研究

著　　者：谢一青
责任编辑：刘欢欣
封面设计：周清华
出版发行：上海社会科学院出版社
　　　　　上海顺昌路 622 号　邮编 200025
　　　　　电话总机 021-63315547　销售热线 021-53063735
　　　　　http://www.sassp.cn　E-mail:sassp@sassp.cn
排　　版：南京展望文化发展有限公司
印　　刷：上海信老印刷厂
开　　本：720 毫米×1000 毫米　1/16
印　　张：26.25
插　　页：1
字　　数：388 千字
版　　次：2020 年 8 月第 1 版　2020 年 8 月第 1 次印刷

ISBN 978-7-5520-3192-8/F·617　　　　　　定价：88.00 元

版权所有　翻印必究